Auf dem Weg zu einem europäischen Scheidungskollisionsrecht

Schriften zum internationalen Privat- und Verfahrensrecht

Herausgegeben von Rainer Hausmann und Astrid Stadler

Band 2

PETER LANG
Frankfurt am Main · Berlin · Bern · Bruxelles · New York · Oxford · Wien

Sinja Rüberg

Auf dem Weg zu einem europäischen Scheidungskollisionsrecht

PETER LANG
Europäischer Verlag der Wissenschaften

Bibliografische Information Der Deutschen Bibliothek
Die Deutsche Bibliothek verzeichnet diese Publikation in der Deutschen Nationalbibliografie; detaillierte bibliografische Daten sind im Internet über <http://dnb.ddb.de> abrufbar.

Zugl.: Konstanz, Univ., Diss., 2005

D 352
ISSN 1862-099X
ISBN 3-631-55177-0

www.peterlang.de

Meinen lieben Eltern

Vorwort

Mein aufrichtiger Dank gilt allen, die mir die Entstehung der Dissertation ermöglicht haben, allen voran Prof. Dr. Rainer Hausmann. Er hat die vorliegende Arbeit angeregt und mich während ihrer Anfertigung in umfassender Weise betreut und unterstützt. Seine Ideen und Ratschläge waren mir stets eine große Hilfe.
Frau Prof. Dr. Astrid Stadler danke ich ebenso für die Erstellung des Zweitgutachtens.
Den Mitarbeiterinnen und Mitarbeitern der Universitätsbibliothek Konstanz möchte ich für ihre unentwegte Freundlichkeit und Hilfsbereitschaft danken.

Besonders Herrn Andreas Spreng danke ich für die fortwährende Korrektur des Manuskripts und die mir entgegengebrachte ausnahmslose Unterstützung.
Ebenfalls danke ich meinem Kollegen Herrn Dr. Gerolf Sonntag als einen beherzten und ermutigenden Gesprächspartner, der mit seiner Erfahrung in großem Maße zur Erarbeitung dieser Dissertation beitrug. Schließlich möchte ich Herrn Jörg Friedrich für die unermüdliche Mithilfe bei der formellen Bearbeitung des Manuskripts danken.

Ohne diese Menschen hätte die Arbeit nicht entstehen können.

Dankerfüllt bin ich im Besonderen dafür, dass mir das Leben einen Menschen an meiner Seite geschenkt hat – meinen Freund Thorsten Bröder.

Meine innigste Dankbarkeit möchte ich meinen Eltern, Sigrid und Rolf Rüberg, zum Ausdruck bringen, die mir die akademische Ausbildung ermöglicht und mich in jeder Hinsicht vollumfänglich unterstützt haben.

Sinja Rüberg

Konstanz, im November 2005

Inhaltsübersicht

Inhaltsverzeichnis

Abkürzungsverzeichnis

a. A.	andere Auffassung
a. a. O.	am angegebenen Ort
abl.	ablehnend
ABl. EG	Amtsblatt der Europäischen Gemeinschaften
Abs.	Absatz
AcP	Archiv für die civilistische Praxis
a. E.	am Ende
ÄktB	Äktenskapsbalken (schwedisches Ehegesetz v. 14. 5. 1987)
a. F.	alte Fassung
AG	Amtsgericht
Alt.	Alternative
a. M.	anderer Meinung
Anm.	Anmerkung
Art.	Artikel
Aufl.	Auflage
AVAG	Gesetz zur Ausführung zwischenstaatlicher Verträge und zur Durchführung von Verordnungen der Europäischen Gemeinschaft auf dem Gebiet der Anerkennung und Vollstreckung in Zivil- und Handelssachen
Bd.	Band
betr.	betreffend
BGB	Bürgerliches Gesetzbuch
BGBl.	Bundesgesetzblatt
BGH	Bundesgerichtshof
BGHZ	Entscheidungen des Bundesgerichtshofes in Zivilsachen
BS	Belgisches Staatsblatt
Bspw.	Beispielsweise
BT-Drucks.	Bundestagsdrucksache
BVerfG	Bundesverfassungsgericht
BVerfGE	Entscheidungen des Bundesverfassungsgerichts

BW	Burgerlijk Wetboek (niederländisches Bürgerliches Gesetzbuch)
bzw.	beziehungsweise
ca.	circa
CMLR	Common Market Law Review
dass.	dasselbe
ders.(dies.)	derselbe (dieselbe/n)
d. h.	das heißt
Diss.	Dissertation
DKK	Dänemark Krone (Dänische Krone)
Dok.	Dokument
EG	Europäische Gemeinschaften
EGBGB	Einführungsgesetz zum Bürgerlichen Gesetzbuch idF vom 21. September 1994
EGMR	Europäischer Gerichtshof für Menschenrechte
EGV	EG-Vertrag in der Fassung durch den Vertrag von Amsterdam
EheG	österreichisches Ehegesetz
EheVO I	Verordnung (EG) Nr. 1347/2000 des Rates über die Zuständigkeit und die Anerkennung und Vollstreckung von Entscheidungen in Ehesachen und in Verfahren betreffend die elterliche Verantwortung für die gemeinsamen Kinder der Ehegatten vom 29. Mai 2000
EheVO II	Verordnung (EG) Nr. 2201/2003 des Rates vom 27. November 2003 über die Zuständigkeit und die Anerkennung und Vollstreckung von Entscheidungen in Ehesachen und in Verfahren betreffend die elterliche Verantwortung und zur Aufhebung der Verordnung (EG) Nr. 1347/2000
EheGVÜ	Übereinkommen aufgrund von Artikel K.3 des Vertrages über die Europäische Union über die Zuständigkeit und die Anerkennung und Vollstreckung von Entscheidungen in Ehesachen vom 28. Mai 1998.
Einl.	Einleitung
endg.	endgültig
etc.	et cetera
EU	Europäische Union

EuGH	Europäischer Gerichtshof
EuGRZ	Europäische Grundrechte-Zeitschrift
EuGVÜ	Brüsseler EWG-Übereinkommen über die gerichtliche Zuständigkeit und die Vollstreckung gerichtlicher Entscheidungen in Zivil- und Handelssachen vom 27. September 1968
EuLF	The European Legal Forum
e. V.	eingetragener Verein
evtl.	eventuell
EVÜ	Römisches EWG-Übereinkommen über das auf vertragliche Schuldverhältnisse anzuwendende Recht vom 19. Juni 1980
f., ff.	folgend(e), fortfolgend(e)
FamRZ	Zeitschrift für das gesamte Familienrecht
FamRÄndG	Familienrechtsänderungsgesetz
FFE	Forum Familien- und Erbrecht
FGG	Gesetz über die Angelegenheiten der freiwilligen Gerichtsbarkeit
FN	Fußnote
FS	Festschrift
FuR	Familie und Recht
GBP	Great Britain Pound (Britisches Pfund)
griech. ZGB	griechisches Zivilgesetzbuch
GVG	Gerichtsverfassungsgesetz
h. L.	herrschende Lehre
h. M.	herrschende Meinung
Hrsg./hrsg.	Herausgeber/herausgegeben
HS	Halbsatz
IÄL	Lag (1904:26 s1) om vissa internationella rättsförhalladen rörande äktenskap och förmyndarskap (schwedisches Gesetz über gewisse internationale Rechtsverhältnisse betreffend Ehe und Vormundschaft)
idF	in der Fassung
IPR	Internationales Privatrecht
IPRax	Praxis des Internationalen Privat- und Verfahrensrechts

IPRspr.	Die deutsche Rechtsprechung auf dem Gebiete des Internationalen Privatrechts
iVm	in Verbindung mit
JSZ	Schweizerische Juristenzeitung
JuS	Juristische Schulung
JUSTCIV	Dokument des Rates (Justizielle Zusammenarbeit in Zivilsachen)
JZ	Juristenzeitung
KOM	Dokumentenkennung der Europäischen Kommission
lit.	litera
M. a. W.	Mit anderen Worten
MCA	Matrimonial Causes Act
MDR	Monatszeitschrift für Deutsches Recht
MPI	Max-Planck-Institut
MSA	Haager Minderjährigenschutzabkommen
MüKo	Münchner Kommentar
m. w. N.	mit weiteren Nachweisen
n.	numero
n. F.	neue Fassung
NJW	Neue Juristische Wochenzeitschrift
Nr.	Nummer
OECD	Organisation for Economic Co-Operation and Development (Organisation für wirtschaftliche Zusammenarbeit und Entwicklung)
ÖJZ	Österreichische Juristenzeitung
öst. IPRG	österreichisches Gesetz über das Internationale Privatrecht
OGH	Oberster Gerichtshof in Österreich
OLG	Oberlandesgericht
RabelsZ	Rabels Zeitschrift für ausländisches und internationales Privatrecht
RGBl	Reichsgesetzblatt
RN	Randnummer(n)
Rspr.	Rechtsprechung
S.	Satz

S.	Seite
s.	siehe
s. a.	siehe auch
schweiz. IPRG	schweizerisches Gesetz über das Internationale Privatrecht
SJZ	Schweizerische Juristenzeitung
s. o.	siehe oben
sog.	sogenannte
StAZ	Das Standesamt
Stb	(niederländisches) Staatsblad
Str.	Strich
str.	strittig
s. u.	siehe unten
u. a.	unter anderem
u. ä.	und ähnliches
UN	United Nation (Vereinte Nationen)
UStA	Haager Übereinkommen über das auf Unterhaltspflichten anzuwendende Recht vom 2. Oktober 1973
u. U.	unter Umständen
v.	vom/von
vgl.	vergleiche
VO	Verordnung
WTO	World Trade Organisation (Welthandelsorganisation)
Z. B.	Zum Beispiel
ZEuP	Zeitschrift für Europäisches Privatrecht
ZeuS	Zeitschrift für Europäische Studien
ZfRV	Zeitschrift für Rechtsvergleichung, Internationales Privatrecht und Europarecht
ZfVglRWiss	Zeitschrift für vergleichende Rechtswissenschaft
Ziff.	Ziffer
zit.	zitiert
ZPO	Zivilprozessordnung

Einleitung

Der freie Personenverkehr gehört zu den Grundfreiheiten des EG-Vertrages, Art. 61 ff. EGV. Mit zunehmender Migration der Gemeinschaftsbürger in der EU gehen immer mehr Menschen grenzüberschreitend eine Ehe ein; eine Freiheit, die auch Art. 6 GG verbürgt.[1] Damit steigt die Zahl internationaler Familienbeziehungen. In Deutschland stieg die Zahl der geschlossenen Ehen mit einem Ausländer von (1985) 5,86 %, (1995) 9,06 %, (1998) 9,82 % auf (2001) 12,04 %[2]. Diese Ehen scheitern aber ebenso oft, wenn nicht gar öfter als national homogene. In der Bundesrepublik werden jährlich 20.000 Ehen mit wenigstens einem ausländischen Ehepartner geschieden.[3] Das sind von den 194.408 im Jahre 2000 ausgesprochenen Ehescheidungen[4] ca. 10 %. In den meisten anderen Mitgliedstaaten existieren keine nationalen Statistiken und aussagekräftiges Zahlenmaterial ist schwer zu finden. Nach einer Befragung von erfahrenen Richtern und Anwälten aus den Mitgliedstaaten durch das *Asser Instituut* im Dezember 2002[5] liegt der Prozentsatz der internationalen Scheidungsfälle, die jährlich durch die Gerichte verhandelt werden, nicht über 10 %.[6] Dagegen beschäftigen sich die Anwälte prozentual mit mehr internationalen Scheidungsfällen als die Richter aus dem jeweils gleichen Mitgliedstaat. Die Zahlen liegen zwischen 10 bis 70 %.[7] Vielfältig sind die Auswirkungen dieser Entwicklung. Sie treten häufig im arbeits-, aufenthalts- oder sozialrechtlichen Bereich auf. Sie können auch als Vorfrage – bspw. im Erbrecht – entscheidend sein. Sollte im Zuge der Integration daher nicht eine Anpassung oder Vereinheitlichung des Arbeits-, Ausländer- und Sozialrechts angestrebt werden? Damit wäre aber die für den Bürger ebenso entscheidende Frage, nach welchem Recht die Ehe geschieden werden soll, nicht beantwortet. Zurzeit wenden die Gerichte in Europa

---

1 Vgl. KOM (1999) 220 – C5-0045/1999 – 1999/0110 (CNS), S. 2.

2 Statistisches Jahrbuch für Deutschland 2003, S. 69.

3 Wagner, IPRax 2000, S. 512. „Jede zehnte Ehe ist international": Wagner, FamRZ 2003, S. 803. S. a. ausführlich zu den Fakten die Einleitung bei Andrae, S. 5.

4 Statistisches Jahrbuch für die Bundesrepublik Deutschland 2003, S. 74, Tabelle 3. 33.

5 Final Report JAI/A3/2001/04 „Practical problems resulting from the non-harmonization choice of law rules in divorce matters", T.M.C Asser Instituut, The Hague, The Netherlands, Dec. 2002.

6 In Italien ca. 2-5 %, Österreich unter 10 %, Frankreich ca. 25 % (davon werden aber in weniger als 1 % der Fälle Fragen des IPR angesprochen), Belgien ca. 10 % (davon in Brüssel aber 15-20 %), Finnland ca. 25-30 %, Irland ca. 1 %. In Luxemburg ist die Anzahl der internationalen Fälle wegen der hohen Zahl an ausländischen Mitbürgern beträchtlich höher: Final Report, S. 7.

7 Dänemark 10 %, Spanien 10 %, Österreich 10 %, Großbritannien 25 %, Deutschland 30 %, Belgien 40 %, Luxemburg 40 %, Frankreich 50-60 %, Schweden 70 %: Final Report, S. 8. Siehe die nähere Erläuterung zu der Differenz zwischen der Zahl von Scheidungsfällen bei Richtern und bei Anwälten s. u. Zweiter Teil 3. Abschnitt § 4.

im Bereich des Scheidungsrechts auf ein und denselben Sachverhalt verschiedene Kollisions- und Sachrechte an. Diese Rechtslage ermöglicht es dem scheidungswilligen Antragsteller, das für ihn günstigste Forum auszusuchen. Das Problem des „forum shopping" ist nicht neu. Doch bisher hat sich im Hinblick auf eine Lösung im Ehescheidungsrecht keine einhellige Meinung herausgebildet. Der Konflikt kann nur durch ein einheitliches Recht im Bereich des Familienrechts gelöst werden, sei es materiell-, verfahrensrechtlich[8] oder internationalprivatrechtlich. Die Notwendigkeit und die Möglichkeit, dieses Ziel zu erreichen, sind größer denn je.

Der Amsterdamer Vertrag vom 1. Mai 1999[9] hat in Art. 61 lit. c EGV den Rat dazu ermächtigt, u. a. „Maßnahmen im Bereich der justiziellen Zusammenarbeit in Zivilsachen nach Art. 65 EGV" zu erlassen. Bisher hat der europäische Gesetzgeber im Bereich des Familienrechts nur Zuständigkeits-, Anerkennungs- und Vollstreckungsregelungen in der EheVO I[10] getroffen, die am 1. 3. 2005[11] durch die EheVO II[12] ersetzt wird. Da in Zukunft die Fälle, in denen die EheVO I gemäß Art. 65 EheVO II angewendet wird, schwinden werden, ist Grundlage dieser Arbeit bereits die neue EheVO II. Zwei Gründe sind es, die eine Befassung mit einem einheitlichen Scheidungskollisionsrecht so dringlich erscheinen lassen: Zum einen gibt die Kompetenzrevolution[13] durch den Amsterdamer Vertrag Anlass, sich über die Chancen und gleichzeitig auch die Grenzen der europäischen Gesetzgebung, insbesondere in bislang beinahe unberührten Rechtsgebieten wie dem Familienrecht, bewusst zu werden. Zum zweiten müssen die Defizite der EheVO II dahingehend überprüft werden, mit welchen europäischen gesetzlichen Regelungswerken sie schnellstmöglich überwunden werden können.

---

8 So der Vorschlag von Martiny, RabelsZ 1999, S. 435.

9 BGBl. 1999 II 296.

10 Verordnung (EG) Nr. 1347/2000 des Rates vom 29. Mai 2000 über die Zuständigkeit und die Anerkennung und Vollstreckung von Entscheidungen in Ehesachen und in Verfahren betreffend die elterliche Verantwortung für die gemeinsamen Kinder der Ehegatten. Der Text dieser Verordnung und der meisten hier angeführten Übereinkommen und Verordnungen findet sich in Jayme/Hausmann, Internationales Privat- und Verfahrensrecht, 12. Auflage 2004. Hier Jayme/Hausmann, Nr. 161.

11 Zu den Übergangsvorschriften s. Art. 64 der Verordnung (EG) Nr. 2201/2003.

12 Verordnung (EG) Nr. 2201/2003 vom 27. November 2003 des Rates über die Zuständigkeit und die Anerkennung und Vollstreckung von Entscheidungen in Ehesachen und in Verfahren betreffend die elterliche Verantwortung und zur Aufhebung der Verordnung (EG) Nr. 1347/2000: ABl. EG 2003 L 338 S. 1. Die Verordnung (EG) Nr. 2201/2003 wird am 1. 3. 2005 in Kraft treten. Text in Jayme/Hausmann, Nr. 162.

13 Diese Terminologie verwendet *Mansel* in seiner Eröffnungsrede im Kölner Institut für internationales und ausländisches Recht im Sommer 2001: Mansel, Vergemeinschaftung, S. 3.

Unter Einbeziehung der vorgenannten europäischen Aspekte versucht die vorliegende Arbeit ein Konzept für ein einheitliches Scheidungskollisionsrecht auszuarbeiten, das sich die Europäische Kommission bereits als Verordnung „Rom III" zur Aufgabe gemacht hat. Ziel muss es sein, das Rechts- bzw. Ehegattenverhältnis so gut wie möglich zu lokalisieren und den Staat zu bestimmen, mit dem es die engsten Verbindungen aufweist. Die Arbeit soll einen Beitrag zu der notwendigen europaweiten Diskussion der Gründe und Argumente für die verschiedenen international privatrechtlichen Regelungen leisten. Das neue Scheidungskollisionsrecht soll die Bedürfnisse der Betroffenen passgenau treffen. Es werden keine prinzipiellen Neuerungen geschaffen, die bahnbrechend für die zukünftige Entwicklung im Internationalen Privatrecht sein könnten. Vielmehr werden dort eingehende Ausführungen erfolgen, wo es die Sache erfordert und der Stand der Erkenntnis es gestattet.

Dass die Rechtslage im Hinblick auf die Scheidung in den Mitgliedstaaten sehr verschieden ist, ergibt sich aus den jeweiligen materiellen Scheidungsrechten. Zuvörderst will diese Arbeit dem Leser im ersten Teil einen Überblick über die verschiedenen Regelungen einiger Alt-Mitgliedstaaten im materiellen und internationalen Ehescheidungsrecht verschaffen, um deutlich zu machen, wie unterschiedlich die Auswirkungen eines Scheidungsrechtsfalles mit Auslandsbezug sein können. Die Rechtslage in den Mitgliedstaaten, die seit dem 1. 5. 2004 der EU angehören, wird in dieser Arbeit nicht durchleuchtet. Zum einen war die Dissertation im Zeitpunkt der EU-Erweiterung bereits weit fortgeschritten. Zum zweiten würde eine Befassung mit den materiellen und internationalen Scheidungsrechten von 25 Mitgliedstaaten den Rahmen der Arbeit sprengen. Wenn künftig von „Mitgliedstaaten" die Rede sein wird, sind damit die Alt-Mitgliedstaaten gemeint.
Im Anschluss an die Darstellung der Rechtsunterschiede im Scheidungsrecht in den Mitgliedstaaten wird die Frage geklärt, welche Harmonisierungsmöglichkeiten es in der EU gibt und Literaturmeinungen werden diesbezüglich kritisch beleuchtet.[14]
Ohne Kenntnis der historischen Entwicklung im Bereich des Familienrechts auf europäischer Ebene bleibt das Verständnis für die gegenwärtige Notwendigkeit eines einheitlichen Scheidungskollisionsrechts unvollständig. Deshalb beschäftigt sich der zweite Teil zunächst mit den historischen Hintergründen des Familienrechts auf europäischer Ebene. Anschließend werden die Defizite der EheVO II vor dem Hintergrund untersucht, inwieweit die Vereinheitlichung des Internationalen Ehescheidungsrechts Abhilfe leisten kann.[15] Dabei wird sich zeigen, dass nur ein einheitliches Kollisionsrecht in der Lage ist, forum shopping und dessen weitreichende Auswirkungen, verstärkt durch das umfassende

---

[14] Siehe dazu Erster Teil 2. Abschnitt.
[15] Siehe unten Zweiter Teil 3. Abschnitt.

Anerkennungssystem der EheVO II, zu verhindern. Im Hinblick auf die Frage, ob forum shopping im Familienrecht nicht nur rein dogmatisch denkbar ist, sondern bereits existent, wird sein tatsächliches Vorkommen in den Mitgliedstaaten untersucht und rechtlich gewürdigt.[16] Außerdem wird dargelegt, dass der europäische Gesetzgeber die Problematik erkannt und ernst genommen hat und „Rom III" nicht nur ein längst erloschener Stern auf der europäischen Agenda ist. Im Anschluss daran wird die umstrittene Frage nach dem Kompetenzrahmen des europäischen Gesetzgebers zum Erlass eines europäischen Scheidungskollisionsrechts diskutiert.[17]

Im dritten Teil, dem Hauptteil der Arbeit, steht die konkrete Ausgestaltung von „Rom III" im Mittelpunkt. Dafür werden alle denkbaren Anknüpfungsregelungen zueinander in Beziehung gesetzt und auf ihre Eignung für „Rom III" hin untersucht: Bei der Schaffung eines europäischen Kollisionsrechts sollte eine Orientierung zum einen an bereits bestehenden europäischen Regelungen in dem betroffenen Rechtsgebiet, hier dem Anknüpfungssystem der EheVO II, stattfinden. Zum zweiten sollten die autonomen Internationalen Privatrechte im Ehescheidungsrecht der Mitgliedstaaten respektiert werden und die Gründe, auf denen sie basieren, dahingehend untersucht werden, ob sie auf ein Regelungssystem im europäischen Scheidungskollisionsrecht übertragbar sind. Aufgabe dieser Dissertation ist es nicht, Streitigkeiten und Problempunkte in Wissenschaft und Rechtsprechung in den einzelnen Mitgliedstaaten zu erörtern, sofern sie nicht für die Frage entscheidend sind, welche Regelungen in „Rom III" Eingang finden sollen. Jedoch werden die jeweiligen Vor- und Nachteile der Regelungen mit ihren möglichen Auswirkungen dargestellt. Dabei können einzelne Normen eines Gesetzes als nachahmenswertes Vorbild erscheinen. Das ist insbesondere der Fall, wenn sie in ihren Anknüpfungstatbeständen nicht auf die nationalen Besonderheiten abzielen, sondern „darüber stehen" und so Grundlage von *gemeinsamen* praktischen Bedürfnissen und Überzeugungen im IPR sein können. Eine mittlerweile gemeinsame europäische Überzeugung ist bspw. die Gleichberechtigung von Mann und Frau.[18] Bevor auf die Regelungen im Detail eingegangen wird, wird eingehend erörtert, ob die Staatsangehörigkeit als bisheriger Hauptanknüpfungspunkt im Internationalen Privatrecht in „Rom III" im Zuge der europäischen Entwicklung heute noch gerechtfertigt ist.

Die so erzielten Anknüpfungspunkte werden zueinander in Beziehung gesetzt, um eine Reihenfolge in der Normierung festschreiben zu können. Ergebnis ist eine europäische Regelung zum Scheidungskollisionsrecht – „Rom III", wie sie die Verfasserin dieser Arbeit dem europäischen Gesetzgeber vorschlagen würde.

---

16 Siehe dazu Zweiter Teil 3. Abschnitt § 1. II.

17 Unten Zweiter Teil 4. Abschnitt.

18 Siehe den rechtsvergleichenden Überblick bei Staudinger/Mankowski, Art. 14 RN 219.

ERSTER TEIL
SCHEIDUNG IN EUROPA MIT AUSLANDSBEZUG

Folgender Beispielsfall[19] sensibilisiert vorab für die Scheidungsrechtsproblematik in Europa:

> Ein Ehepaar, der Mann Grieche und die Frau Niederländerin, haben während ihrer Ehe fortlaufend zwanzig Jahre in Griechenland gelebt. Die Ehefrau hat ihre verwandtschaftlichen und gesellschaftlichen Beziehungen zu ihrem Heimatland vollständig abgebrochen. Das Ehepaar lebte entsprechend der Kultur und Mentalität Griechenlands. Als die Ehe zerbricht, beantragt die Ehefrau in Griechenland die Scheidung. Das griechische Gericht verweigert die Scheidung, weil die vierjährige Trennungszeit noch nicht abgelaufen sei. Ihr Anwalt rät ihr in die Niederlande zu ziehen, um dort nach sechs Monaten erneut den Antrag zu stellen. Das nach Art. 2 Abs. 1 lit. a. Strich 6 EheVO II nunmehr zuständige niederländische Gericht urteilt gemäß seinem Internationalen Privatrecht nach der lex fori. Das niederländische Scheidungsrecht spricht unverzüglich die Scheidung aus.

Der Fall stellt den erfolgreichen Versuch einer Partei dar, die Sache vor das Gericht zu bringen, das die für sie vorteilhafteste Entscheidung trifft. Ist dieser Versuch auch legitim, so löst er dennoch beim Betrachter Unbehagen aus. Es erscheint unbillig, dass über die Scheidung ein Gericht urteilt, zu dem die Eheleute gegenwärtig keinerlei Bezug mehr haben. Der halbjährliche Aufenthalt der Ehefrau war rein vom Ausgang des Rechtsgangs motiviert. Weiterhin ist nicht einzusehen, warum der Ehemann gegen seinen Willen einer ihm fremden und im Vergleich zum französischen Recht scheidungsfreundlicheren Regelung unterworfen wird. Die Auswirkungen sind immens, der Aufwand für die Ehefrau verhältnismäßig gering.
Es widerstrebt dem europäischen Bürger, dass innerhalb Europas ein und derselbe Scheidungsrechtsfall derart unterschiedlich entschieden werden kann. Solche Konstellationen sind, wie eingangs erläutert,[20] kein Einzelfall mehr. Bevor die verschiedenen Möglichkeiten zur Lösung dieses Problems mit ihren Vor- und Nachteilen aufgezeigt werden, wird vorerst der Konflikt dargestellt, in dem sich die europäischen Mitgliedstaaten im Bereich des Scheidungsrechts befinden. Es folgt ein breiter Überblick sowohl über die das Familienrecht prägenden

---

[19] Ein ähnlicher Fall – zwischen einer Niederländerin und einem Franzosen – wurde vor dem Obersten Gerichtshof der Niederlande entschieden, dessen Entscheidung sich noch an der EheVO I orientierte. Nachweise bei Final Report, FN 8: Hoge Raad 26. Januar 1969, Nederlandse Jurisprudentie 1997, 258 (ThMdB).

[20] S. o. zum prozentualen Vorkommen internationaler Scheidungsfälle die Einleitung.

materiellrechtlichen Regelungen der EU-Mitgliedstaaten als auch die autonomen Scheidungskollisionsrechtsnormen.

1. Abschnitt Scheidung in den EU-Mitgliedstaaten

§ 1. Unterschiede im materiellen Scheidungsrecht

Im Vergleich zu den Anfängen bis Mitte des 19. Jahrhunderts haben sich die materiellen Scheidungsrechte innerhalb Europas einander angeglichen. Inzwischen kann in allen Mitgliedstaaten der EU eine Ehe durch Scheidung (streitige wie auch einverständliche) aufgelöst werden.[21] Daneben existiert in allen Staaten, ausgenommen Finnland und Schweden, auch die Möglichkeit, eine Ehe ohne Auflösung des Ehebandes zu trennen, aufzuheben oder die Ehe für ungültig zu erklären. Fast überall wurde die Verschuldensscheidung aufgegeben und durch einen Zerrüttungstatbestand[22] abgelöst. Jedoch sind nach wie vor die Voraussetzungen, unter denen all dies geschieht, in den Mitgliedstaaten durchaus verschieden. So gilt etwa in Deutschland eine Trennungsfrist von 3 Jahren (§ 1566 Abs.2 BGB), um die Zerrüttung zu vermuten, in Griechenland vier Jahre (Art. 1439 Abs. 3 griech. ZGB), in Österreich sechs Jahre (§ 55 Abs. 3 EheG), in Spanien fünf Jahre (Art. 86 Nr. 4 Código civil). Auch der Bericht von *Borrás* betont die Vielfalt der Ehescheidungsrechte in den 15 Alt-Mitgliedstaaten und sieht darin Aspekte von verfassungsrechtlicher Bedeutung.[23] Das deutet zum einen darauf hin, dass künftig ein internationaler Konsens unter den Mitgliedstaaten im Hinblick auf ein einheitliches materielles Scheidungsrecht schwer zu finden sein wird. Zum zweiten kommt damit zum Ausdruck, welche folgenreichen Konsequenzen für den Bürger entstehen kön-

---

21 Irland hat als letzter Staat in der EU nach Änderung seiner Verfassung die Scheidung dem Bande nach eingeführt, s. den Family Law (Divorce) Act, 1996, nachdem schon zuvor die Anerkennung von Auslandsentscheidungen unter relativ engen Voraussetzungen zugelassen worden war, s. den Domicile and Recognition of Foreign Divorces Act, 1986. Siehe dazu auch Bergmann/Ferid/Coester-Waltjen/Jakob, Irland, S. 19. Irland kennt aber als einziger Mitgliedstaat bis heute keine einverständliche Scheidung.

22 So in Italien, siehe dazu unten in diesem Inhaltsabschnitt. Frankreich dagegen hat das Schuldprinzip mit kleinen Abschwächungen beibehalten, vgl. Art. 242, 243 Code Civil. Das neue französische Scheidungsrecht, das am 12. 5. 2005 in Kraft getreten ist, hat aber den Scheidungsgrund der „Veränderung des ehelichen Bandes" eingeführt, der als Alternative zum nur selten einschlägigen Scheidungsgrund wegen Verschuldens dienen soll: s. FN 35. Siehe zu den Veränderungen im französischen Scheidungsrecht auch Spellenberg, FS für Schumann, S. 424; Pintens, FamRZ 2003, S. 332, 334 f. m. w. N. in FN 73; ausführlich damals Henrich, FS für Ferid, S. 525 ff.; Martiny, RabelsZ 1995, S. 443.

23 Borrás Bericht, Nr. 4. Ebenso betont *Pintens* die Verschiedenheit der Ehescheidungsrechte, bemerkt aber auch die Tendenzen zur Angleichung der materiellen Rechte: Pintens, FamRZ 2003, S. 505

nen, will er sein Trennungs- oder Scheidungsbegehren in dem einen oder dem anderen Mitgliedstaat realisieren.[24]

Das zeigt folgender Beispielsfall:

> Zwei niederländische Zwillingsschwestern lernen im Urlaub zwei spanische Brüder kennen. Es kommt zu einer Doppelhochzeit. Daraufhin zieht ein Paar nach Spanien, das andere in die Niederlande. Beide Ehen zerbrechen kurz nach der Eheschließung, so dass die Zwillingsschwestern im Hinblick auf die Scheidung an ihren Wohnorten anwaltliche Hilfe in Anspruch nehmen. Der niederländische Anwalt teilt seiner Mandantin mit, sie könne sich sofort scheiden lassen, wenn sie vorträgt, dass die Ehe zerrüttet ist und der Ehegatte der Zerrüttung nicht widerspricht. Der spanische Anwalt erklärt seiner Mandantin, sie müsse eine Trennungszeit von fünf Jahren abwarten, wenn ihr Ehegatte der Scheidung widerspricht.

Dieser Fall zeigt, dass innerhalb Europas beträchtliche Differenzen über die anzuwendenden Wertmaßstäbe bestehen.
Im Folgenden werden diejenigen einschlägigen Regelungen einiger Alt-Mitgliedstaaten vorgestellt, die geeignet sind, den Bürger im Falle einer Lösung des Ehebandes die unterschiedlichen Auswirkungen der verschiedenen Rechtsordnungen deutlich spüren zu lassen. Zweck dieser Dissertation ist es nicht, das geltende nationale Recht zu kommentieren. Nur um deutlich zu machen, welche Folgen es für die Ehegatten haben kann, nach welchem Recht eine Ehe in Europa geschieden wird, werden nun die markanten Unterschiede der materiellrechtlichen Scheidungsrechte in den einzelnen Mitgliedstaaten dargestellt.

Das materielle Scheidungsrecht der Mitgliedstaaten unterscheidet sich im Erfordernis und der Möglichkeit einer vorherigen rechtlichen Trennung, in den Scheidungsvoraussetzungen, in der Frage, wie und ob ihr Vorliegen vor Gericht bewiesen oder bloß vorgetragen werden muss, ob eine Scheidung in bestimmten Fällen gar unmöglich ist und nach welchem Zeitraum eine einverständliche Scheidung zulässig ist. Dabei kommt ein deutliches Gefälle der Staaten von streng bis liberal zum Ausdruck.
Irland hat eine starke Tradition des Familienschutzes und misst der Familie bei der Scheidung eine große Bedeutung bei. Eine Scheidung wird nach Art. 41 (3) 2 der Verfassung erst dann bewilligt, wenn das Gericht gemäß Sec 5

---

24 Gleiches gilt für den Bereich der elterlichen Verantwortung. Hier haben die jüngsten nationalen Reformen die Sachnormkonflikte sogar verschärft. Während das deutsche Recht bei der Übernahme des Sorgerechts der Mutter den Vorrang gibt, wenn die Eltern der Kinder nicht verheiratet sind, § 1626 a Abs. 2 BGB, sind nach der jüngsten Reform des französischen Rechts Vater und Mutter gleichberechtigt: Jayme/Kohler, IPRax 2002, S. 462.

Abs. 1 lit. c Family Law (Divorce) Act 1996 mit den zugunsten der Ehegatten und der Kinder getroffenen vermögensrechtlichen Vereinbarungen zufrieden ist. Auch die zu erfüllenden Scheidungsvoraussetzungen sind streng: Gemäß Sec 5 Abs. 1 lit. a Family Law (Divorce) Act 1996 muss innerhalb der dem Scheidungsantrag vorausgehenden fünf Jahre eine Trennungszeit von vier Jahren nachgewiesen werden. Des Weiteren darf keine Aussicht auf eine Versöhnung vorliegen, Sec 5 Abs. 1 lit. b Family Law (Divorce) Act 1996. Im Gegensatz dazu haben die Niederlande eine sehr liberale Einstellung zur Lösung des Ehebandes. Dort kann die Scheidung sofort – falls es gewünscht wird, am Tag nach der Eheschließung – ausgesprochen werden, vgl. Art. 151, 154 BW. Eine Trennungszeit ist nicht erforderlich. Schließlich kann die Ehe dann aufgelöst werden, wenn die Ehegatten drei Jahre lang seit ihrer gerichtlichen Trennung von Tisch und Bett getrennt leben, Art. 179 Abs. 3 BW.

Besondere Strenge bzw. Liberalität der anderen Mitgliedstaaten im Hinblick auf die Ehescheidung lässt sich nicht nur anhand der vorausgesetzten Trennungsjahre, sondern auch durch Darstellung weiterer materieller und prozessualer Scheidungsrechtsregelungen aufzeigen. Zu unterscheiden sind die Staaten, deren Scheidungsvoraussetzungen dem Zerrüttungsprinzip folgen, von jenen, bei denen das Verschulden eines oder beider Ehegatten für die Scheidung ausschlaggebend ist.

In Deutschland, Griechenland, Irland, den Niederlanden, dem Vereinigten Königreich und zum Teil auch in Österreich, Frankreich[25] und Portugal wird die Scheidung ausgesprochen, wenn die Ehe zerrüttet ist.[26] Dort können die Eheleute allerdings (mit Ausnahme Griechenlands) auch nach einer fünfjährigen Trennungszeit nicht geschieden werden, wenn die Eheauflösung für den einen Ehepartner oder die Kinder eine unzumutbare Härte bedeuten würde.[27] In den Niederlanden wird der Scheidungsantrag zurückgewiesen, wenn für den Antragsgegner das Risiko besteht, dass bei Vorversterben des Ehegatten, der den Scheidungsantrag gestellt hat, die Aussicht auf Zahlungen an den anderen Ehe-

---

25 In Frankreich wurde am 12.05.2004 in der Nationalversammlung das neue materielle Scheidungsrecht angenommen, welches am 01.01.2005 in Kraft getreten ist. Im Folgenden wird auf dieses neue Scheidungsrecht Bezug genommen.

26 Vgl. in Deutschland §§ 1565, 1566 BGB; in Griechenland Art. 1438 griech. ZGB; in Irland Sec 5 Abs. 1 lit. a Family Law (Divorce) Act 1996 sowie Sec 2 Abs. 2 lit. f Family Law Divorce Act 1989 und Bergmann/Ferid/Coester-Waltjen/Jakob, Irland, S. 34; in den Niederlanden Art 151 Abs. 1 BW; in dem Vereinigten Königreich Sec 1 MCA 1973; in Österreich §§ 50, 55 EheG; in Frankreich Art. 233 alinéa 1 nouveau Code Civil bei Scheitern der Ehe und gegenseitigem Einverständnis und Art. 238 alinéa 1 nouveau Code Civil bei einer streitigen Scheidung; in Portugal Art. 1782-1784 Código civil.

27 Vgl. in Deutschland § 1586 BGB; im Vereinigten Königreich Sec 5 MCA 1973; in Irland Sec 5 Abs. 1 lit. c Family Law (Divorce) Act 1996; in Österreich § 54 EheG; in Frankreich Art. 240 Code Civil, wenn die Scheidung für den Antragsgegner immaterielle oder materielle Konsequenzen von außergewöhnlicher Härte zur Folge hat.

gatten verloren geht oder sich in ernsthaftem Maße vermindern sollte, Art. 153 Abs. 1 BW.[28]
Im Vereinigten Königreich gilt ausschließlich das Zerrüttungsprinzip, welches anhand des Vorliegens von fünf alternativen Voraussetzungen nachgewiesen werden muss, Sec 1 MCA 1973. Entweder muss der Antragsgegner Ehebruch begangen haben und es ist dem Antragsteller nicht mehr zumutbar, mit dem Antragsgegner zusammenzuleben, Sec 1 Abs. 2 lit. a MCA, oder dem Antragsteller ist aufgrund tadelnswerten Verhaltens des Antragsgegners das Zusammenleben nicht mehr zumutbar, Sec 1 Abs. 2 lit. b MCA 1973, oder der Antragsgegner hat den Antragsteller für eine Dauer von zwei Jahren verlassen, Sec 1 Abs. 2 lit. c MCA 1973. Scheidungsgründe können auch eine Trennungszeit von mehr als zwei Jahren bei einverständlicher Scheidung sein, Sec 1 Abs. 2 lit. d MCA, bzw. mehr als fünf Jahren bei streitiger Scheidung, Sec 1 Abs. 2 lit. e MCA. Außerdem ist der Nachweis eines fruchtlosen, außergerichtlichen Versöhnungsversuches erforderlich, Sec 6 MCA 1973.
Die griechische, die österreichische und die deutsche Rechtsordnung verfügen über widerlegbare gesetzliche Vermutungen für eine Ehezerrüttung, wenn bestimmte Umstände nachgewiesen werden. In Griechenland ist das der Fall bei Bigamie, Ehebruch oder Verlassen eines Ehegatten, bei einem Anschlag auf das Leben des anderen Ehepartners, bei Verschollenheit des Ehegatten, gegenseitigem Einverständnis, Art. 1439 Abs. 2 griech. ZGB, und „unstreitig" nach einer vierjährigen ununterbrochenen Trennungszeit, Art. 1439 Abs. 3 griech. ZGB. Etwas liberaler erscheint hier Deutschland, wo dieser Zeitraum drei Jahre beträgt.[29] Bei der einverständlichen Scheidung oder der Scheidung mit Zustimmung des anderen Ehegatten müssen in Deutschland die Ehepartner nur ein Jahr seit Eheschließung voneinander getrennt sein, § 1566 Abs. 2 BGB. In Griechenland muss die Ehezeit ein Jahr betragen haben, Art. 1441 Abs. 2 griech. ZGB. Nach österreichischem Recht kann ein Ehegatte die Scheidung begehren, wenn die häusliche Gemeinschaft der Ehegatten seit drei Jahren aufgehoben ist, daher die Ehe unheilbar zerrüttet ist und die Wiederherstellung der ehelichen Lebensgemeinschaft nicht zu erwarten ist, vgl. § 55 Abs. 1 EheG. Die Zerrüttung der Ehe wird gemäß § 55 Abs. 3 EheG vermutet, wenn die häusliche Lebensgemeinschaft seit sechs Jahren aufgehoben ist.
Scheidungsfreundlicher als die vorgenannten Staaten sind Finnland und Schweden. In Finnland reicht es aus, dass die Eheleute übereinstimmend die eheliche

---

[28] Art. 153 Abs. 1 BW findet jedoch gemäß Art. 153 Abs. 2 BW keine Anwendung, (a) wenn der andere Ehegatte für diesen Fall Vorsorge getroffen hat, oder (b) wenn die dauerhafte Zerrüttung der Ehe in überwiegendem Maße dem anderen Ehegatten zuzuschreiben ist.

[29] Vgl. § 1566 Abs. 2 BGB.

Gütergemeinschaft nicht mehr fortführen wollen.[30] Spezielle Gründe müssen nicht angeführt werden. Ein Jahr nach Bewilligung der Aufhebung der ehelichen Gütergemeinschaft kann die Ehescheidung von jedem der beiden Ehegatten beantragt werden.[31] Aber auch ohne vorherige Aufhebung der ehelichen Gemeinschaft kann die Scheidung nach Ablauf von zwei Jahren tatsächlicher Trennung der Eheleute ausgesprochen werden.[32] Bereits nach Ablauf von sechs Monaten kann die Ehe geschieden werden, wenn besondere Gründe wie Ehebruch, eine Geisteskrankheit, eine Geschlechtskrankheit, eine strafrechtliche Verurteilung, die lange Abwesenheit des Partners vorliegen, oder wenn der eine Ehegatte dem anderen nach dem Leben trachtet.[33] In Schweden sind die Scheidungsgründe in den Paragraphen des fünften Kapitels im zweiten Abschnitt des Ehegesetzes geregelt. Dort haben die Ehegatten ein Recht auf Scheidung, wenn beide eine vorherige Bedenkzeit verlangt haben und diese nach Ablauf von sechs Monaten fruchtlos verstrichen ist, vgl. § 1 S. 1 und 2, 1. Alt. iVm § 3 ÄktB. Diese Bedenkzeit ist nach § 1 S. 2, 2. Alt. ÄktB auch erforderlich, wenn sie ein gemeinsames Kind unter 16 Jahren haben. Wünscht nur einer der Ehegatten die Scheidung, so steht ihm das Recht ebenfalls nach der Bedenkzeit zu, vgl. § 2 ÄktB. Leben die Ehegatten seit zwei Jahren voneinander getrennt, hat jeder Ehegatte das Recht auf Ehescheidung, § 4 ÄktB. Des Weiteren wird die Ehe auf Antrag geschieden, wenn ein Fall von Bigamie oder Polygamie eines Ehepartners vorliegt, § 5 ÄktB.

Der liberale Charakter dieser beiden Rechtsordnungen zeigt sich zum einen in den kurzen Trennungszeiten als auch darin, dass es keine gesetzlichen Gründe gibt, bei deren Vorliegen eine Scheidung unmöglich ist.

Belgien, Italien, Luxemburg, Österreich, Spanien und Portugal kennen neben der einverständlichen Scheidung eine Anzahl von Scheidungsgründen, die größtenteils auf dem Verschuldensprinzip basieren.[34] In Frankreich soll eine Schei-

---

30 Bergmann/Ferid/Arends, Finnland, S. 28 und § 24 der Verordnung v. 28. 12. 1929/419 idF v. 21. 2. 2002/140 über die Anwendung des Gesetzes betreffend gewisse familienrechtliche Verhältnisse internationaler Natur (im Folgenden: Verordnung v. 28. 12. 1929/419).

31 Bergmann/Ferid/Arends, Finnland, S. 28.

32 § 25 S. 2 der Verordnung v. 28. 12. 1929/419.

33 Bergmann/Ferid/Arends, Finnland, S. 28.

34 In Italien Art. 1 und Art. 3 Legge 1. Dezember 1970 n. 898 (im Folgenden: legge 898/70); in Spanien Art. 86 Nr. 2, 3 iVm Art. 82, Art. 86 Nr. 4, 5 Código civil; a. A. Roth, ZfRV 2004, S. 94, die von einem „modernen Zerrüttungssystem" spricht; in Portugal Art. 1779 Código civil; in Luxemburg Art. 229 Code civil; in Österreich § 49 EheG und in Belgien Art. 231 BS. Ausnahmsweise hat sich in einer belgischen Regelung das Zerrüttungsprinzip durchgesetzt: Nach Art. 232 BS kann jeder Ehegatte aufgrund einer faktischen Trennung von zwei Jahren, woraus die Ehezerrüttung hervorgeht, die Scheidung beantragen, wenn die Gestattung der Ehescheidung die materielle Situation für die minderjährigen Kinder (...) nicht erheblich verschlechtert.

dung wegen Verschuldens nur noch in Fällen eines besonders schwerwiegenden Fehlverhaltens eines Ehegatten Anwendung finden.[35] Außerdem können in Portugal, Belgien und Luxemburg Gründe vorliegen, die eine Scheidung ausschließen.[36]

Nach dem neuen französischen Recht kann eine Ehe im gegenseitigen Einverständnis, Art. 230 nouveau Code Civil, bei Verschulden, Art. 242 nouveau Code Civil, bei einer endgültigen Veränderung des ehelichen Bandes („altération du lien conjugal") Art. 238 nouveau Code Civil, geschieden werden. Im Gegensatz zum bisherigen Scheidungsrecht, das eine Trennungszeit von sechs Jahren voraussetzte, wird nun eine Trennungszeit von zwei Jahren ab Anhängigkeit des Scheidungsantrags als ausreichend erachtet. Die Eheleute haben zukünftig in prozessrechtlicher Hinsicht die Möglichkeit, über einen Rechtsanwalt den Scheidungsantrag stellen zu können, ohne diesen bereits bei Antragstellung begründen zu müssen, vgl. Art. 251 nouveau Code Civil.

In Luxemburg ist neben einer Reihe von Scheidungsgründen, die in Art. 229 Code civil festgeschrieben sind und auf dem Verschuldensprinzip beruhen, die Scheidung aufgrund der Zerrüttung der Ehe möglich. Erforderlich ist ein wirkliches und ununterbrochenes Getrenntleben der Ehegatten seit mindestens drei Jahren, wenn sich daraus ergibt, dass die Entzweiung der Ehegatten nicht behoben werden kann, vgl. Art. 230 Code civil. Prozessrechtlich muss nachgewiesen werden, dass die eheliche Partnerschaft unwiederbringlich zerbrochen ist.[37] Beruht die tatsächliche Trennung auf einer Geisteskrankheit des anderen Ehegatten, muss eine Trennungszeit von mindestens fünf Jahren dem Scheidungsantrag vorausgegangen sein.

Das belgische Recht kennt drei Scheidungsgründe. Hat sich der andere Ehegatte eine Verfehlung zu Schulden kommen lassen, kommt gemäß Art. 231 BS eine sog. „Ehescheidung aufgrund bestimmter Tatsachen" in Betracht. Wollen sich

---

35 Le Monde v. 13. 4. 2004; Le FIGARO v. 15. 4. 2004; Liberation v. 14. 4. 2004.

36 In Portugal etwa ist eine Scheidung gemäß Art. 1780 Código civil ausgeschlossen, wenn der Scheidungswillige den anderen dazu bestimmt hat, die zur Begründung des Antrags herangezogene Handlung zu begehen, oder absichtlich günstige Bedingungen zu ihrer Begehung geschaffen hat, lit. a. Er hat auch dann keinen Anspruch auf die Scheidung, wenn er durch sein späteres Verhalten (...) zu erkennen gegeben hat, dass er die begangene Handlung nicht als das gemeinsame Leben hindernd ansieht, lit. b. In Belgien kann die Scheidung eine unzumutbare Härte für die Kinder hervorrufen, sodass die Scheidung nicht ausgesprochen wird, s. FN 34. In Luxemburg kann der Richter gemäß Art. 232 Code civil den Scheidungsantrag abweisen, wenn er feststellt, dass die Scheidung für den Beklagten insbesondere im Hinblick auf sein Alter und die Dauer der Ehe oder für die Kinder außerordentlich harte materielle oder moralische Folgen hätte.

37 In Luxemburg muss der Antragsteller das Vorliegen des subjektiven und objektiven Tatbestandes beweisen, vgl. Art. 232 Abs. 2 Code civil: Sowohl das Nichtzusammenleben für einige Zeit bzw. die geistige Störung des Ehepartners, als auch den eigenen Wunsch auf Dauer getrennt zu leben.

die Eheleute einverständlich scheiden lassen, muss die Ehe mindestens zwei Jahre bestanden haben, das Alter beider Ehegatten über 20 Jahren liegen und das Ehepaar zweimal seinen Scheidungswillen zu erkennen gegeben haben. Als letzter Scheidungsgrund kommt die Zerrüttung der Ehe in Betracht, wenn die Ehepartner zwei Jahre voneinander getrennt waren und sich die materielle Situation für die gemeinsamen Kinder durch die Ehescheidung nicht verschlechtert, vgl. Art. 232 Abs. 1 BS.

Österreich unterscheidet zwischen der Scheidung durch Verschulden gemäß § 49 EheG und der Scheidung ohne Verschulden nach § 50 ff. EheG. Liegt kein Verschulden vor und wollen sich die Ehegatten einvernehmlich scheiden lassen, dann müssen sie vor dem Scheidungsantrag mindestens sechs Monate getrennt voneinander gelebt haben und die Scheidung aufgrund der Zerrüttung des ehelichen Verhältnisses begehren, vgl. § 55 a Abs. 1 EheG. Zudem ist gemäß § 55 a Abs. 2 EheG eine vertragliche Regelung über die Scheidungsfolgen erforderlich. Ist die Scheidung streitig und liegt kein Verschulden eines Ehepartners vor, kann ein Ehegatte entweder aufgrund eines auf geistiger Störung beruhenden Verhaltens, einer Geisteskrankheit oder ansteckenden oder ekelerregenden Krankheit des anderen die Scheidung beantragen, §§ 50-52 EheG.

Nach Art. 1 legge 898/70 wird in Italien eine Ehe geschieden, wenn der Richter überzeugt ist, dass die geistige und materielle Gemeinschaft der Eheleute aufgrund der in Art. 3 legge 898/70 normierten Gründe nicht mehr fortgeführt oder wiederhergestellt werden kann. Neben der Scheidung aufgrund Verschuldens eines Ehegatten gemäß Art. 3 Nr. 2 a legge 898/70 existiert das Zerrüttungsprinzip mit einem möglichen Schuldausspruch für die Scheidungsfolgen als weiterer Scheidungsgrund in der italienischen Rechtsordnung. Nach Art. 3 Nr. 2 b legge 898/70 kann die Scheidung beantragt werden, wenn die gerichtliche Trennung rechtskräftig bzw. die einverständliche Trennung anerkannt worden ist oder wenn die „separazione di fatto" mindestens zwei Jahre vor dem 18. Dezember 1970 angefangen hat. Erforderlich ist weiterhin, dass die Trennung ununterbrochen drei Jahre angedauert hat, unabhängig davon, ob dem Scheidungsantrag eine gerichtliche oder einverständliche Trennung vorausgegangen ist.

Das spanische Recht knüpft die Scheidungsvoraussetzungen vorwiegend an ein zuvor eingeleitetes oder bereits durch gerichtliches Urteil abgeschlossenes Trennungsverfahren.[38] Wurde das Trennungsverfahren einvernehmlich oder durch einen Ehegatten und mit Zustimmung des anderen eingeleitet, so können die Ehegatten ein Jahr später die Scheidung beantragen, vgl. Art. 86 Nr. 1 Código civil. Da die einvernehmliche gerichtliche Trennung neben einer Vereinbarung über die Scheidungsfolgen eine Ehedauer von mindestens einem Jahr voraussetzt,[39] ist eine Scheidung, die nicht auf dem Verschulden eines Ehegatten be-

---

[38] Zur Trennungsfrist in Spanien siehe ausführlich Wagner, IPRax 2000, S. 514.

[39] Vgl. Art. 81 Nr. 1 Código civil.

ruht, daher frühestens zwei Jahre nach der Eheschließung möglich. Wenn entweder der Antrag auf gerichtliche Trennung nur von einem Ehegatten gestellt oder die gerichtliche Trennung ausgesprochen wurde oder wenn innerhalb eines Jahres keine Entscheidung erging und seit dem Antrag ein Jahr vergangen ist, in dem die Ehegatten kein eheliches Zusammenleben geführt haben, kann der Antragsteller die Scheidung begehren, vgl. Art. 86 Nr. 2 Código civil. Hat ein Trennungsverfahren vor dem Scheidungsantrag nicht stattgefunden, verlängert sich die Dauer des Getrenntlebens um zwei Jahre bei einvernehmlicher tatsächlicher Trennung oder bei Vorliegen eines gesetzlichen Scheidungsgrundes nach Art. 82 Código civil, vgl. Art. 86 Nr. 3 Código civil. Kann der scheidungswillige Ehegatte hingegen nur das Vorliegen einer tatsächlichen Beendigung des ehelichen Zusammenlebens geltend machen, so beträgt der erforderliche Trennungszeitraum gemäß Art. 86 Nr. 4 Código civil fünf Jahre.
Nach portugiesischem Recht kann gemäß Art. 1775 Código civil die einvernehmliche Scheidung von den Ehegatten zu jeder Zeit beantragt werden. Sie setzt aber eine vollständige vertragliche Regelung über die Scheidungsfolgen voraus, vgl. Art. 1775 Abs. 2 Código civil. Eine streitige Scheidung erfordert entweder die schuldhafte Verletzung der ehelichen Pflichten eines Ehegatten, Art. 1779 Código civil, oder die Zerrüttung der Ehe infolge dreijähriger Trennung, Art. 1781 lit. a Código civil bzw. einjähriger Trennung, wenn die Scheidung von einem Ehegatten ohne Widerspruch des anderen beantragt wird, Art. 1781 lit. b Código civil. Weitere Scheidungsgründe können die Veränderung des Geisteszustandes eines Ehegatten sein, Art. 1781 lit. c Código civil, oder die Verschollenheit des anderen, Art. 1781 lit. d Código civil.
In einigen dieser Mitgliedstaaten zeigt sich, dass sie sehr um den Erhalt der Ehe bemüht sind. So wird in Österreich und Portugal das Scheidungsverfahren ausgesetzt, wenn die Schuld vergeben oder provoziert wurde.[40] Gleiches gilt in Luxemburg gemäß Art. 272-274 Code civil, wenn die Ehegatten sich wieder versöhnt haben, was sich auch darin zeigen kann, dass beide stillschweigend das eheliche Zusammenleben wieder begonnen haben[41].
Vor der Scheidung kann in den Mitgliedstaaten mit Ausnahme von Deutschland, Österreich, Griechenland, Finnland und Schweden unter unterschiedlichen Voraussetzungen die „Trennung der Ehegatten" durch das Gericht ausgesprochen werden.[42] Diese kann in den Niederlanden, in Frankreich, Spanien, Portugal und

---

40 Siehe zu Portugal FN 36; zu Österreich § 56 EheG.

41 Dies ergibt sich aus einem Umkehrschluss des Art. 273 Abs. 2 Code Civil, wonach ein nur *vorübergehendes* Zusammenleben in einem Notstand nicht ausreicht.

42 Vgl. in den Niederlanden Art. 168-167 BW; in Frankreich Art. 296-309 Code Civil; in Luxemburg Art. 306 Code civil; zu Griechenland siehe Bergmann/Ferid/Kastrissios, Griechenland, S. 33 und Art. 16 griech. ZGB; in Italien Art. 3 Nr. 2 b legge 898/70; in Irland siehe Sec 2 Judicial Separation and Family Law Reform Act 1989; in Portugal Art. 1794-1795 Código civil; in Belgien Art. 308 ff.; in Spanien Art. 81-84 Código Civil.

Luxemburg in eine Scheidung übergehen, wenn dies vom Gericht ausgesprochen wird.[43] Die gerichtliche Trennung ist keine notwendige Vorbedingung für die Scheidung und für Ehegatten interessant, die den Versuch zur Versöhnung noch nicht gänzlich aufgegeben haben. Sie löst das Ehebündnis nicht auf[44] und verbietet deshalb eine Wiederheirat.

Unter bestimmten Voraussetzungen kann die Ehe in allen Mitgliedstaaten mit Ausnahme von Schweden und Finnland aufgehoben oder für nichtig erklärt werden.[45] Die Gründe dafür können Missverständnisse bei der Eheschließung, Gewalt, Betrug, Formfehler, Inzucht etc. sein. Liegen bei einem Ehepaar diese Voraussetzungen vor und möchte es deshalb die Ehe aufheben oder für nichtig erklären, muss es beachten, dass der Antrag nach schwedischem und finnischem Recht keinen Erfolg haben wird.
Die vermögensrechtliche Auseinandersetzung zwischen den Ehegatten erfolgt meist bei der Scheidung oder kurze Zeit später. Da in internationalen Scheidungsfällen das Unterhaltsstatut sich meist am Scheidungsstatut orientiert,[46] kann später für die Höhe oder sogar für die Existenz des Unterhaltsanspruchs ausschlaggebend sein, nach welchem Recht die Ehegatten geschieden worden sind. Zwar sind in allen Mitgliedstaaten Regelungen vorhanden, die die Versorgung für den Ehepartner, der kein ausreichendes Einkommen hat, sichern. Unter welchen Voraussetzungen dies geschieht und in welcher Höhe, ist jedoch sehr verschieden.
In den Mitgliedstaaten, in denen das Verschuldensprinzip herrscht, ist für die Zahlungspflicht und deren Höhe entscheidend, welchen der Ehepartner die

---

43 Vgl. in Frankreich Art. 306 Code Civil; in Spanien Art. 86 Nr. 2 Código civil; in Portugal Art. 1795-B, 1975-D Código civil. In Luxemburg spricht der Richter die Scheidung auf Antrag nach einer dreijährigen Trennung aus, wenn der andere Ehegatte nicht widerspricht, vgl. Art. 310 Code civil. In den Niederlanden muss der Scheidung gemäß Art. 179-183 BW ebenfalls eine dreijährige Trennung von Tisch und Bett vorausgehen.

44 Vgl. etwa in Frankreich Art. 299 Code Civil; in Luxemburg ergibt sich dies zum einen aus dem Umkehrschluss aus Art. 311 Code civil und zum anderen aus Art. 227 Code civil; in Spanien Art. 83 Código civil; in den Niederlanden Art. 168 BW; in Portugal Art. 1795-A Código civil. Allgemein dazu Rauscher, Europäisches Zivilprozeßrecht, Art. 1 Brüssel II-VO, RN 1.

45 Vgl. in Deutschland §§ 1313, 1314 BGB; in Frankreich Art. 180-202 Code Civil; in Griechenland Art. 1372-1385 griech. ZGB; in Italien Art. 117-129 Codice civile; im Vereinigten Königreich Sec 11-16 MCA 1973; in Portugal Art. 1631 ff. Código civil; in den Niederlanden Art. 69-77 BW; in Österreich §§ 20-28 EheG; in Belgien Art. 180-202 BS; in Spanien Art. 73-80 Código civil; in Luxemburg Art. 180-202 Code civil; zu Irland siehe Bergmann/Ferid/Coester-Waltjen/Jakob, Irland, S. 25 f.

46 Vgl. etwa Art. 8 des Haager Übereinkommens über das auf Unterhaltspflichten anzuwendende Recht vom 2. Oktober 1973 (Jayme/Hausmann, Nr. 41); s. a. Art. 18 Abs. 4 EGBGB.

Schuld am Scheitern der Ehe trifft. Der Ehepartner, der für die Ehescheidung verantwortlich ist, muss mit finanziellen Einbußen bzw. Pflichten rechnen.
In den Mitgliedstaaten, in denen eine Schuldzuweisung nicht existiert, wirken sich die Scheidungsgründe nicht auf die Scheidungsfolgesachen aus. Nur die Fragen, wie hoch der Bedarf, in wieweit der Berechtigte bedürftig und der Pflichtige zahlungsfähig ist, bestimmen die Höhe der Unterhaltssumme und die Zuteilung der ehelichen Wohnung. Aufgrund der Privatautonomie können die Ehegatten in allen Mitgliedstaaten[47], mit Ausnahme des Vereinigten Königreichs, Vereinbarungen über die güterrechtliche Auseinandersetzung oder über die Pflicht und den Umfang von Unterhaltszahlungen treffen.[48]
Zusammenfassend ist festzustellen, dass die Eheleute, die in der Regel ohnehin nur über geringe Kenntnisse im Familienrecht verfügen, die Fülle unterschiedlicher Voraussetzungen und Rechtsfolgen im Scheidungsrecht kaum ermessen können. Auch der beratende Jurist wird selten in der Lage sein, ohne Zuhilfenahme fremder Gutachten eine Gegenüberstellung von verschiedenen Rechtssystemen auszuarbeiten. Was diese unterschiedlichen Konsequenzen damit auslösen, warum sie für beide Eheleute oder insbesondere für den einen gegenüber dem anderen Ehegatten unbillig sind, durch welche europäischen Regelungen die Rechtsunterschiede sich ausnutzen lassen und in ihren Folgen noch verstärkt werden, wird im Folgenden untersucht.

---

47 Vgl. in Deutschland §§ 1408 und 1585 c BGB, Ausnahmen: § 1614 für den Verwandtenunterhalt und § 1585 c BGB für den Ehegattenunterhalt vor der Scheidung; in Finnland §§ 33, 41 ff. der Verordnung v. 28. 12. 1929/419; in Frankreich vgl. Art. 278 Code Civil in Bezug auf die sog. „Ausgleichsleistung" und Bergmann/Ferid/Chaussade-Klein, Frankreich, S. 40 b im Hinblick auf die Wahl des Güterstandes; in Griechenland Art. 1444 griech. ZGB; in Portugal Art. 1689 Código Civil; in Schweden 3. Abschnitt 9. Kapitel § 1 S. 2 ÄktB und 3. Abschnitt 6. Kapitel § 11 ÄktB; in den Niederlanden Art 158 BW; in Belgien Art. 1387 BS; zu Irland siehe Bergmann/Ferid/Coester-Waltjen/Jakob, Irland, S. 33. Das Ehegüterrecht ist in Spanien in den Foralrechten geregelt, mithin auch die Zulässigkeit von Vereinbarungen im Hinblick auf das Ehegüterrecht. Dass derartige Vereinbarungen gesetzlich zulässig sind, ergibt sich aber auch aus Art. 9 Abs. 3 Código civil. Siehe in Luxemburg Art. 300 Abs. 6 Code civil in Bezug auf Unterhaltsforderungen und Art 1387 Code civil im Hinblick auf die güterrechtliche Auseinandersetzung. In Italien ergibt sich die Freiheit der Parteien, Vereinbarungen zu treffen, aus Art. 4 Abs. 13 legge 898/70.

48 Es gibt jedoch Regeln, von denen die Parteien nicht abweichen dürfen. So kann etwa in Österreich vor der Scheidung keine Abstimmung über die Unterhaltspflichten geschlossen werden, § 80 S. 1 EheG. In Deutschland sind Einigungen über einen Unterhaltsverzicht des Kindes und des Ehepartners im Hinblick auf den Unterhalt vor der Scheidung ungültig, vgl. §§ 1614, 1585 c BGB. In Finnland gelten für Unterhaltsverträge besondere Vorschriften: s. Bergmann/Ferid/Arends, Finnland, S. 26. Belgisches Ehegüterrecht erlaubt Vereinbarungen der Ehegatten nur unter den Voraussetzungen der Art. 1388-1397 BS.

§ 2. Unterschiede im Anerkennungsrecht

Die Regeln darüber, ob eine in einem anderen Staat ergangene Entscheidung in einer Ehesache anzuerkennen ist, sind von Staat zu Staat verschieden. Frankreich bspw. verweigert die Anerkennung von Scheidungen im Ausland, wenn die französische Partei darauf bestanden hatte, nur in Frankreich vor Gericht zu gehen, Art. 14 f. Code Civil, womit ihr u. U. zugleich der Zugang zu ihrem Heimatrecht gesichert wird.[49] In Deutschland hingegen versagt das Gericht die Anerkennung u. a., wenn das Gericht des Entscheidungsstaates nach den deutschen Gesetzen nicht zuständig war, § 328 Abs. 1 Nr. 1 ZPO. So kann sich die missliche Situation ergeben, dass das Personalstatut des einen Ehegatten die Ehe als gültig geschlossen und fortbestehend ansieht, das Recht des anderen Ehegatten aber von der Ungültigkeit oder Auflösung der Ehe dem Bande nach ausgeht und daher eine Wiederheirat gestattet. Man spricht von hinkenden Ehen. Dies ist nicht nur der Rechtssicherheit abträglich, hinkende Ehen bringen auch Komplikationen bei familienrechtlichen Folgesachen (Güterrecht etc.) und erbrechtlichen Auseinandersetzungen mit sich. In Europa wurde das Problem erkannt. Mit der EheVO II wurde ein umfassendes Anerkennungssystem geschaffen, nach dem alle in Europa ergangenen gerichtlichen Entscheidungen unter Beachtung bestimmter Ausschlussgründe *ipso iure* anerkannt werden. Ob diese europäische gesetzliche Neuregelung bei nach wie vor unterschiedlichen Internationalen Privatrechten der Mitgliedstaaten als Endlösung Bestand haben kann, wird insbesondere bei näherer Untersuchung der EheVO II beantwortet.

§ 3. Unterschiede im Kollisionsrecht

Bei einer Gegenüberstellung der internationalen Scheidungsrechte der Mitgliedstaaten lassen sich folgende markante Rechtsunterschiede erkennen. In Deutschland, Griechenland, Luxemburg, den Niederlanden, Österreich, Italien, Spanien und Portugal wird dem gemeinsamen Heimatrecht der Ehegatten erste Priorität eingeräumt.[50] Für den Fall, dass nur noch ein Ehegatte dem letzten gemeinsamen Heimatrecht angehört, gilt in Deutschland, Österreich und Griechenland subsidiär dieses Recht.[51]

---

49 Vgl. Spellenberg, FS für Schumann, S. 425. Siehe dazu auch ausführlich Pfisterer, Die Ehescheidung im deutsch-französischen Rechtsverkehr, S. 180 ff., 190.

50 Vgl. in Deutschland Art. 17 Abs. 1 iVm Art. 14 Abs. 1 Nr. 1, 1. HS EGBGB; in Griechenland Art. 17 iVm Art. 14 Nr. 1 griech. ZGB; in Luxemburg Art. 305 Nr. 1 Code civil; in den Niederlanden § 1 Abs. 1 lit. a Stb 166; in Österreich §§ 20 Abs.1 iVm 18 Abs. 1 Nr. 1, 1. HS öst. IPRG; in Italien Legge 31 maggio 1995 n. 218 (= Art. 31 Abs. 1 des Gesetzes Nr. 218 v. 31. Mai 1995; im Folgenden: legge 218/95); in Spanien Art. 9, 107 Abs. 1, 1. HS Código civil; in Portugal Art. 55 iVm Art. 52 Abs. 1 Código civil.

51 Vgl. in Deutschland Art. 17 Abs. 1 iVm Art. 14 Abs. 1 Nr. 1, 2. HS EGBGB; in Griechenland Art. 17 iVm Art. 14 Nr. 1 griech. ZGB und in Österreich §§ 20 Abs. 1 iVm 18 Abs. 1 Nr. 1, 2. HS öst. IPRG.

Nach luxemburgischem Recht hingegen ist für diesen Fall sofort das Recht des gemeinsamen gewöhnlichen Aufenthalts anwendbar.
In den Niederlanden kommt das gemeinsame Heimatrecht jedoch nicht zur Anwendung, wenn einer der Ehepartner keine tatsächliche, soziale Verbindung zu dem Land der gemeinsamen Staatsangehörigkeit hat, vgl. § 1 Abs. 1 lit. c Stb 166. Wenn ein Ehepartner mehr als eine Staatsangehörigkeit hat (Doppelstaater), ist das Recht des Landes anwendbar, zu dem die engsten Verbindungen bestehen, und zwar auch dann, wenn eine der beiden Staatsangehörigkeiten die deutsche bzw. niederländische ist.[52] Man spricht in Deutschland und den Niederlanden von der „effektiven Staatsangehörigkeit".[53]
Die italienische Rechtsordnung erklärt gemäß Art. 31 Abs. 1 des Gesetzes Nr. 218 v. 31. Mai 1995 (im Folgenden: legge 218/95) italienisches Recht für anwendbar, wenn nach dem gemeinsamen Heimatrecht die Scheidung nicht ausgesprochen werden kann. Eine ähnliche Regelung enthält Art. 17 Abs. 1 S. 2 EGBGB, wonach die Scheidung deutschem Recht unterliegt, wenn der die Scheidung begehrende Ehegatte Deutscher ist oder dies bei der Eheschließung war. Hatten die Eheleute zu keinem Zeitpunkt der Ehe eine gemeinsame Staatsangehörigkeit, so findet in Deutschland, Griechenland, Österreich, Luxemburg, den Niederlanden, Spanien und Portugal das Recht des gemeinsamen gewöhnlichen Aufenthalts Anwendung.[54] Fehlt es an einem solchen, so gilt in Deutschland, Griechenland und Österreich das Recht des letzten gemeinsamen Aufenthalts, wenn einer der Ehegatten dort noch lebt.[55] Schlussendlich, d. h. in Ermangelung eines letzten gemeinsamen Aufenthalts, ist in Deutschland, Griechenland

---

52 Vgl. in Deutschland Art. 5 Abs. 1 EGBGB; in den Niederlanden § 1 Abs. 3 Stb 166.

53 Vgl. in Deutschland Palandt/Heldrich, Art. 5 RN 2; in den Niederlanden siehe Bermann/Ferid/Weber, Niederlande, S. 26.

54 Vgl. in Deutschland Art. 17 Abs. 1 iVm Art. 14 Abs. 1 Nr. 2, 1. HS EGBGB; in Griechenland Art. 17 iVm Art. 14 Nr. 2 griech. ZGB; in Österreich §§ 20 iVm 18 Abs. 1 Nr. 2, 1. HS öst. IPRG; in Luxemburg Art. 305 Nr. 2 Code civil, der jedoch an den gemeinsamen „Wohnsitz" der Ehegatten anknüpft; in Spanien Art. 107 Abs. 1 2. HS Código civil und in Portugal Art. 55 iVm Art. 52 Abs. 2 Código civil. In den Niederlanden kommt das Recht am gemeinsamen gewöhnlichen Aufenthalt gemäß § 1 Abs. 1 lit. b Stb 166 entweder dann zur Anwendung, wenn die Ehegatten keine gemeinsame Staatsangehörigkeit besitzen, oder wenn die Staatsangehörigkeit nicht als Ausdruck tatsächlicher Verbundenheit mit dem Heimatland zu betrachten ist, Art. 1 Abs. 1 lit. c Stb 166.

55 Vgl. in Deutschland Art. 17 Abs. 1 iVm Art. 14 Abs. 1 Nr. 2, 2. HS EGBGB; in Griechenland Art. 17 iVm Art. 14 Nr. 2 griech. ZGB; in Österreich § 20 iVm § 18 Abs. 1 Nr. 2, 2. HS öst. IPRG.

und Portugal das Recht des Staates anwendbar, zu dem die Ehegatten die engste Verbindung haben.[56] In Luxemburg und den Niederlanden gilt für diesen Fall die lex fori.[57] In Spanien ist mangels eines gemeinsamen gewöhnlichen Aufenthalts gemäß Art. 107 Abs. 1, 2. HS Código civil spanisches Recht anwendbar, sofern die spanischen Gerichte international zuständig sind. In Italien bestimmen sich in Ermangelung einer gemeinsamen Staatsangehörigkeit die Scheidung, die gerichtliche Trennung und die Ungültigkeit der Ehe nach dem Recht des Staates, in dem das „eheliche Zusammenleben" nachweislich in erster Linie stattgefunden hat, Art. 31 Abs. 1 legge 218/95. Für den Fall, dass ein eheliches Zusammenleben – etwa aus beruflichen Gründen – gar nicht stattgefunden hat, gibt es keine gesetzliche Regelung. Der Richter hat daher anhand der tatsächlichen Umstände festzustellen, wo das eheliche Zusammenleben in erster Linie stattgefunden hat. Einen wichtigen Anhaltspunkt für diese Beurteilung stellt eine Vereinbarung der Eheleute gemäß Art. 144 Codice Civil dar. Demnach können die Eheleute entsprechend ihren Bedürfnissen und denen der Familie den Schwerpunkt des Familienlebens festlegen.

Ganz andere Anknüpfungspunkte bestimmt das Recht in Großbritannien, Irland, Finnland, Schweden und Frankreich. In Großbritannien, Irland, Finnland und Schweden[58] gilt grundsätzlich für die Auflösung der Ehe durch Aufhebung der Ehe oder Scheidung das Recht der lex fori.[59] In Frankreich wird dem eigenen Recht eine starke Präferenz eingeräumt. Dort wird auf die Scheidung und die gerichtliche Trennung französisches Recht angewendet, wenn beide Ehegatten Franzosen sind oder in Frankreich wohnen und wenn sich kein ausländisches Recht für anwendbar erklärt und nicht gleichzeitig die französischen Gerichte zuständig sind, vgl. Art. 130 Code Civil. Hilfsweise greift die lex fori ein, wenn die Anknüpfungstatsachen nicht festzustellen sind, wenn der Inhalt des anzuwendenden Rechts nicht ermittelt werden kann oder wenn die Anwendung des ausländischen Rechts deswegen nicht durchführbar ist, weil es im französischen Recht an den vom ausländischen Recht vorausgesetzten verfahrens- oder ge-

---

56 Vgl. in Deutschland Art. 17 Abs. 1 iVm Art. 14 Abs. 1 Nr. 3 EGBGB; in Griechenland Art. 17 iVm Art. 14 Nr. 3 griech. ZGB und in Portugal Art. 55 iVm Art. 52 Abs. 3 Código civil. Zur Rechtswahlmöglichkeit im deutschen internationalen Scheidungsrecht s. u. Dritter Teil 3. Abschnitt § 5. II. 3. a).

57 In den Niederlanden § 1 Abs. 1 lit. c Stb 166; in Luxemburg Art. 305 Nr. 3 Code civil. Zur Rechtswahlmöglichkeit im niederländischen internationalen Scheidungsrecht s. u. Dritter Teil 3. Abschnitt § 5. II. 3. a).

58 Für Schweden gibt es eine Ausnahme im 3. Kapitel § 4 IÄL. Siehe dazu FN 732.

59 Bzgl. Großbritannien siehe Bergmann/Ferid/Henrich, Großbritannien, S. 56; in Irland vgl. Bergmann/Ferid/Coester-Waltjen/Jakob, Irland, S. 17; in Finnland siehe § 120 der Verordnung v. 28. 12. 1929/419 idF v. 21. 2. 2002/140 über die Anwendung des Gesetzes betreffend gewisse familienrechtliche Verhältnisse internationaler Natur; in Schweden 3. Kapitel § 4 Gesetz IÄL.

richtsverfassungsmäßigen oder auch sonstigen organisatorischen Institutionen fehlt.[60]
In Belgien wurde am 16. 7. 2004 das neue belgische Internationale Privatrecht[61] beschlossen, das am 1. 10. 2004 in Kraft getreten ist und gemäß seinem Art. 139 Abs. 9 das vorherige Gesetz v. 27. 6. 1960 ablöst. Nach Art. 55 § 1 Abs. 1 des neuen Gesetzes v. 27. 7. 2004 wird auf die Scheidung vorrangig das Recht des Staates angewendet, in dem die beiden Ehegatten im Zeitpunkt des Scheidungsantrags ihren gemeinsamen gewöhnlichen Aufenthalt haben. Subsidiär gilt gemäß Art. 55 § 1 Abs. 2 des Gesetzes v. 27. 7. 2004 das Recht des Staates, in dem sich der letzte gemeinsame gewöhnliche Aufenthalt der Ehegatten befindet, sofern ein Ehegatte dort im Zeitpunkt des Scheidungsbegehrens noch seinen gewöhnlichen Aufenthalt hat. Wenn ein (letzter) gemeinsamer gewöhnlicher Aufenthalt nicht existiert, kommt gemäß Art. 55 § 1 Abs. 3 des Gesetzes v. 27. 7. 2004 das Recht des Staates zur Anwendung, dem beide Ehegatten angehören. Sofern keine dieser Anknüpfungen einschlägig ist, gilt die lex fori, vgl. Art. 55 § 1 Abs. 4 des Gesetzes v. 27. 7. 2004.[62] Eine Ausnahme davon, dass bei der Anknüpfungsleiter die Suche nach dem anwendbaren Recht auf der obersten Stufe beginnt und dort endet, wo ein Anknüpfungstatbestand einschlägig ist, findet sich in Art. 55 § 3 des Gesetzes v. 27. 7. 2004. Demnach ist die Anwendbarkeit des Rechts, das gemäß Art. 55 § 1 bestimmt wurde, ausgeschlossen, wenn diese Rechtsordnung das Institut der Scheidung nicht kennt. In diesem Fall greift dann die nach Art. 55 § 1 zu dem an sich tatbestandsmäßig einschlägigen Recht subsidiäre Rechtsordnung ein. Im Ehescheidungskollisionsrecht hat Belgien damit als erster Mitgliedstaat ein Anknüpfungssystem geschaffen, das vorrangig an den gemeinsamen gewöhnlichen Aufenthalt der Ehegatten anknüpft. Dies ist umso erstaunlicher, als sich das alte belgische Internationale Privatrecht grundsätzlich am Staatsangehörigkeitsprinzip orientierte.[63] Eine Ausnahme galt zwar für das Internationale Ehescheidungsrecht, das dem Gesetz v. 27. 6. 1960 über die Zulässigkeit der Ehescheidung, wenn mindestens einer der Ehegatten

---

60 In den Fällen, in denen nur ein Ehegatte einen französischen Wohnsitz hat und nicht beide Ehegatten Franzosen sind, ist es – wie *Chaussade-Klein* zu Recht feststellt – gerechtfertigt, dass französische Gerichte im Hinblick auf die Anknüpfungsprinzipien die Stufenleiter des Art. 130 Code Civil anwenden: Bergmann/Ferid/Chaussade-Klein, Frankreich, S. 25.

61 Moniteur Belge Nr. 269 v. 27. 7. 2004 (im Folgenden: Gesetz v. 27. 7. 2004).

62 Zur Rechtswahlmöglichkeit im neuen belgischen internationalen Scheidungsrecht s. u. Dritter Teil 3. Abschnitt § 5. II. 3. a).

63 Siehe eingehend zum Staatsangehörigkeitsgrundsatz in Belgien, insbesondere zum Familienstatut: Lenaerts, Der Staatsangehörigkeitsgrundsatz im belgischen Internationalen Privatrecht, in: Jayme/Mansel, Nation und Staat, S. 165 ff. (174 ff., 180 ff.). Den Reformbedarf des vorherigen belgischen Scheidungskollisionsrechts hatte das belgische Parlament schon früher erkannt: JUSTCIV 66, S. 17.

Ausländer ist[64], unterstand. Dieses Gesetz räumte aber der belgischen Staatsangehörigkeit eine Priorität ein,[65] die im neuen belgischen Internationalen Privatrecht nicht mehr auftaucht.
Unterschiede finden sich auch in Regelungen, die die anderweitige Rechtshängigkeit betreffen. Die Bereitschaft der Mitgliedstaaten, ein in einem anderen Mitgliedstaat anhängiges Verfahren zu beachten, ist verschieden.[66] So kann es insbesondere bei unterschiedlicher Staatsangehörigkeit oder Getrenntleben der Ehegatten zu parallelen Gerichtszuständigkeiten in mehreren Staaten kommen. Zwar kann die EheVO II durch die Prioritätsregelung in Art. 19 Abhilfe schaffen[67], indem das später angerufene Gericht das Verfahren zunächst aussetzt. Doch solange diese erheblichen Unterschiede im materiellen Scheidungsrecht und internationalen Kollisionsrecht bestehen, wird zu untersuchen sein, ob die EheVO II nicht andere neue Probleme hervorgebracht hat.

Dieser Überblick über das autonome Kollisionsrecht der Mitgliedstaaten zeigt zum einen, dass sich benachbarte Länder in Bezug auf ihre Rechtsordnung trotz ihrer gemeinsamen kulturellen Überzeugungen, ihrer daraus resultierenden gemeinsamen praktischen Bedürfnisse oder ihrer gemeinsamen Sprache im Scheidungsrecht nicht unbedingt einander anlehnen. Wie *Müller-Freienfels*[68] zutreffend feststellt, neigen benachbarte Staaten dazu, sich voneinander abzugrenzen. Geographisch nahe beieinander liegende Staaten stellen sich einem Konkurrenzkampf um das originellste Kollisionsrecht. Ähnlichkeiten bestehen zwar unter den nordischen Ländern; in Kontinentaleuropa jedoch herrscht eine völlig unterschiedliche Rangordnung der einzelnen Anknüpfungspunkte.
Zum zweiten lassen die verschiedenen Kollisionsrechte erahnen, wie viel Willkür bestimmt, welche Rechtsordnung über die Scheidung oder die gerichtliche Trennung entscheidet. Denn welcher Rechtsanwalt verfügt über das Wissen von Rechtsprechung und Auslegung fremder Kollisionsnormen, um beurteilen zu können, welche Rechtsordnung auf den Sachverhalt anzuwenden ist und welche Konsequenzen dies mit sich bringt? Die Unterschiede im materiellen Recht werden damit durch das autonome Kollisionsrecht in Europa noch verstärkt.

---

64 Im Folgenden: Gesetz v. 27. 6. 1960.

65 So war gemäß Art. 3 Abs. 3 BS belgisches Recht anwendbar, wenn beide Ehegatten Belgier waren und gemäß Art. 2 des Gesetzes v. 27. 6.1960, wenn nur einer der Ehepartner Belgier war. Wurde die Scheidung aufgrund einer bestimmten Tatsache beantragt, galt belgisches Recht, selbst wenn beide Eheleute eine gemeinsame fremde Staatsangehörigkeit hatten, es sei denn, dass das Heimatrecht des Antragstellers sich dem widersetzte, vgl. Art. 1 des Gesetzes v. 27. 6. 1960.

66 Siehe die rechtsvergleichende Übersicht bei Staudinger/Spellenberg, Internationales Eheverfahrensrecht, RN 313-321.

67 Vgl. dazu näher unten Zweiter Teil 2. Abschnitt § 5.

68 Müller-Freienfels, FS für Vischer, S. 245.

§ 4. Probleme bei der Anwendung ausländischen Rechts

In jedem internationalen Rechtsfall tritt das Problem auf, dass der Richter mit der Anwendung ausländischen Rechts nicht vertraut ist.[69] Wissenschaftliche Institute können helfen; es bedarf aber Einiges an Eigeninitiative seitens des Richters, um sich die Informationen zu beschaffen. Die meisten Richter sind daher aus Zeitgründen oder mangels einer fachspezifisch ausgestatteten Bibliothek mit der Anwendung ausländischen Rechts überfordert.[70] Die Gerichtsorganisationen der meisten Mitgliedstaaten sind derart ausgestaltet, dass internationale Fälle nur einen kleinen Teil des Betätigungsfeldes des einzelnen Richters darstellen. Er hat also kaum die Möglichkeit, im Laufe der Zeit Erfahrungen zu sammeln oder sich Wissen anzueignen; dabei wäre in diesem schwierigen Rechtsbereich sogar eine Spezialisierung erforderlich. Vor denselben Problemen stehen auch die Rechtsanwälte der Parteien. Wenn sie, wie in den meisten Fällen, auf grenzüberschreitende Sachverhalte nicht spezialisiert sind, verfügen sie ebenfalls nicht über die erforderlichen Kenntnisse der Rechtssysteme anderer Mitgliedstaaten.
Vielfach fällt es den Rechtsanwendern aus den kontinentaleuropäischen Staaten schwer, das common law anzuwenden. Es sei nahezu unmöglich, dieses nichtkodifizierte Fallrecht den Parteien hinreichend zu vermitteln, da es sich konzeptionell von kontinentaleuropäischen Rechtsordnungen unterscheidet (z. B. auch infolge des nicht geregelten ehelichen Güterrechts und auch aufgrund des großen Ermessensspielraumes des Richters).[71] Aber auch für einen Richter ist es schwierig, dieses, auf Präzedenzfällen basierende System zu erklären; er wurde dazu ausgebildet, Gesetzesrecht anzuwenden. Ein anderer Punkt, der die Kluft zwischen beiden Systemen verdeutlicht, ist die Frage der Nachforschungsmöglichkeit. Engländer sind der Ansicht[72], es sei unmöglich, englisches Recht ohne vollständige und wahrheitsgemäße Offenlegung des Sachverhaltes anzuwenden. Im folgenden Abschnitt wird nun untersucht, wie mit den dargelegten Rechtsunterschieden in den Mitgliedstaaten im Bereich des Scheidungsrechts umgegangen werden kann, um mehr Rechtssicherheit und Gerechtigkeit in einem internationalen Scheidungsrechtsfall zu gewährleisten.

---

69 Siehe schon damals Heldrich, Internationale Zuständigkeit und anwendbares Recht, S. 12; ebenso Staudinger/Sturm/Sturm, Einl. zum IPR, RN 292; ausführlich Flessner, RabelsZ 1970, S. 549 ff.

70 Dies wird in der Länderbefragung deutlich: Final Report, S. 4, 9, 10, 11, 12, ausdrücklich S. 14; ebenso Kropholler, IPR, § 7 I.

71 So etwa die Erfahrungen spanischer und portugiesischer Juristen, Final Report, S. 29.

72 Final Report, S. 49.

2. Abschnitt
Vermeidung der Konfliktsituation

Zu Recht erkennt die Wissenschaft, dass diese Rechtsvielfalt zum Integrationshemmnis zu werden droht.[73] Dieses Problem hat der europäische Gesetzgeber erfasst und teilweise gebannt: Mit den Mitteln des internationalen Verfahrensrechts hat er die mitgliedstaatlichen Regelungen über Ehescheidung, -trennung und -ungültigerklärung koordiniert. Am 29. 5. 2000 trat die vom Rat der EU verabschiedete Verordnung (EG) Nr. 1347/2000[74] über die Zuständigkeit und die Anerkennung und die Vollstreckung von Entscheidungen in Ehesachen und in Verfahren betreffend die elterliche Verantwortung für die gemeinsamen Kinder der Ehegatten[75] in Kraft, die am 1. 3. 2005 durch die Verordnung (EG) Nr. 2201/2003 über die Zuständigkeit und die Anerkennung und Vollstreckung von Entscheidungen in Ehesachen und in Verfahren betreffend die elterliche Verantwortung und zur Aufhebung der Verordnung (EG) Nr. 1347/2000 ersetzt wird.[76] Bislang waren konkurrierende gerichtliche Zuständigkeiten, einander widersprechende Entscheidungen[77] sowie die Nichtanerkennung ausländischer Entscheidungen, die einer inländischen widersprachen, und die damit einhergehenden hinkenden Personenstandsverhältnisse häufig.
In der EheVO II sind, wie der Titel schon sagt, einheitliche Regeln über die gerichtliche Zuständigkeit und die Anerkennung von Entscheidungen in Ehesachen und damit zusammenhängende Entscheidungen über die elterliche Verantwortung festgelegt worden.[78] Letztere sind nicht Gegenstand der folgenden Ausfüh-

---

73 Kohler, 2001, S. 10; Vogel, MDR 2000, S. 1045: Beide Wissenschaftler sehen insbesondere eine Hindernis für den freien Personenverkehr. Gegen diese Ansicht Schack, RabelsZ 2001, S. 618, der die Unterschiede des materiellen und des Scheidungsverfahrensrechts bloß als *störend* empfindet. Er bezieht sich aber nur darauf, dass der Marktbezug des Familienrechts fehle, „solange der Handel mit Ehegatten verboten sei". Auf den freien Personenverkehr geht er hingegen nicht ein.

74 ABl. EG 2000 L 160/19; Jayme/Hausmann, Nr. 161.

75 Da sie dem Brüsseler Übereinkommen vom 28. 9. 1969 (EuGVÜ) nachgebildet ist und zunächst auch als Vertrag zwischen den EG-Staaten konzipiert wurde, ist die Bezeichnung „Brüssel II" verbreitet. Als Abkürzungen sind EuEheGVO, EheGVO oder, wie in dieser Arbeit, EheVO bekannt. Angesichts der neuen Verordnung (EG) Nr. 2201/2003 wird hier die Bezeichnung EheVO I verwendet.

76 Im Folgenden wird für die Verordnung (EG) Nr. 2201/2003 die Bezeichnung EheVO II gewählt.

77 Insbesondere deutsch-französische Scheidungssachen verursachten wegen der unterschiedlichen innerstaatlichen Regelungen Probleme; siehe Boele-Woelki, ZfRV 2001, S. 122 FN 17.

78 Ergänzend sind die Zuständigkeit für Entscheidungen über die elterliche Verantwortung für gemeinsame Kinder aus Anlass einer Ehesache sowie die Anerkennung und Vollstreckung derartiger Entscheidungen geregelt worden. Dieser Bereich ist, wie bereits bemerkt, nicht Thema der Dissertation.

rungen. Ziel dieser Verordnung ist es, Hemmnisse des freien Personenverkehrs[79] in der EU abzubauen, die sich aus der erwähnten widersprüchlichen Beurteilung des Familienstandes in den Mitgliedstaaten ergeben. Die EheVO II beansprucht als Sekundärrecht Vorrang vor dem autonomen innerstaatlichen Recht, soweit ihr Anwendungsbereich betroffen ist. Ebenso verdrängt die EheVO II gemäß Art. 59, 60 die zwischen den Mitgliedstaaten geschlossenen multilateralen wie bilateralen Staatsverträge über die Anerkennung und Vollstreckung von Entscheidungen in Ehesachen.

Leider konnten sich die Mitgliedstaaten nicht parallel auf ein einheitliches Kollisionsrecht verständigen. Dies kann im Anschluss an die EheVO II der richtige Weg für weitere Schritte in Richtung europäischer Integration sein. Weiterhin bieten sich Angleichungsmaßnahmen in den Mitgliedstaaten oder gar eine Vereinheitlichung im materiellen Familienrecht an. Fraglich ist auch, ob nicht die EMRK ausreichend Standards setzt, um Gleichberechtigung in den Mitgliedstaaten zu schaffen.

§ 1. Angleichungsmaßnamen / Vereinheitlichung des materiellen Scheidungsrechts

Eine Vereinheitlichung oder Harmonisierung der mitgliedstaatlichen Rechtsordnungen wird heute von vielen als erstrebenswert angesehen.[80] Im Gegensatz zum Vertragsrecht[81] wurde jedoch eine Vereinheitlichung des Familienrechts schon

---

[79] So Erwägungsgrund (7) EheVO I. Die EheVO II hat diesen Erwägungsgrund zwar nicht ausdrücklich mit übernommen. Sie stellt jedoch primär eine *Erweiterung* der EheVO I im Bereich der elterlichen Verantwortung dar, sodass die Ziele und Zwecke der Verordnungen, die Beseitigung von Hemmnissen des freien Personenverkehrs, identisch sind.

[80] Siehe nur statt vieler Kuchinke, FS für Söllner, S. 589; Pintens, FamRZ 2003, S. 503; Martiny: Möglichkeit der Vereinheitlichung des Familienrechts innerhalb der Europäischen Union, in: Martiny/Witzleb, Auf dem Weg zu einem Europäischen Zivilgesetzbuch, S. 182; Werwigk-Hertneck/Mauch, FamRZ 2004, S. 574; Roth, ZfRV 2004, S. 93; De Groot, ZEuP 2001, 622 f.; a. A. Spellenberg, FS für Schumann, S. 425; kritisch *Wagner* in der Sitzung des *Deutschen Rats für IPR* vom 12. 4. 2002 in Würzburg, Protokoll S. 5.

[81] So auch die Feststellung auf der Sitzung des Rats am 15./16. 9. 1999 in Tampére: Dok. 12735/01 (JUSTCIV 124), S. 2.

früher[82], und auch derzeit noch[83], mit der Begründung abgelehnt, dass die Bestimmungen auf diesen Rechtsgebieten zu eng mit nationalen Traditionen und Kulturen verknüpft seien, mit unterschiedlichen Ansichten über das Leben und die Religion. *Bangemann*[84] spricht von einem „emotional belasteten" Rechtsgebiet, *Luther*[85] von der „Kapsel nationaler Rechtsvorstellungen". Hinzu kommt, dass zwei Mitgliedstaaten der EU auf dem Gebiet des Familienrechts keine völlige Rechtseinheit kennen: Großbritannien und Spanien.[86] Diese Überzeugungen haben sich geändert. Zum einen, weil mit *Pintens*[87] festzustellen ist, dass ein Recht, bewahrt und schützt man es wie ein Kulturgut, nur zu Starrheit und Versteinerung führen kann. Recht sei ein Instrument, um zwischenmenschliche Beziehungen zu regeln, kein Zweck an sich. Etwas mehr Vereinheitlichung oder Angleichung im Scheidungsrecht könne Probleme lösen, die das Internationale Privatrecht nicht immer bewältigen kann und es würde den freien Personenverkehr nur begünstigen und Europa und seine Bürger näher zusammenbringen.
Einlenken muss man nun insofern, als auch die Rechtseinheit kein Selbstzweck ist. Nationale Grund- und Wertanschauungen sollen dem einzelnen Staat genauso uneingeschränkt überlassen werden wie auch international abweichende Regelungen in seiner Rechtsordnung.[88]
Dies sind heute aber keine derart unüberwindbaren Hindernisse mehr, dass sie eine Entwicklung in Richtung Rechtsangleichung oder sogar -vereinheitlichung ausschließen würden. So wie sich die soziologischen Lebens- und Arbeitsbedingungen und damit auch die gesetzlichen Formen in Europa angleichen, sind Rückwirkungen auf die allermeisten Institute des Personen- und Familienrechts

---

82 Neuhaus, FS Dölle 1963, S. 419. Dies galt insbesondere für das Ehescheidungsrecht. So bemerkte *Dölle* im Jahre 1964: „Im Ehescheidungsrecht prallen mehr als in irgendeinem anderem Bereich des Familienrechts die entgegengesetzten, durch Geschichte und Religion (...) beeinflussten Weltanschauungen aufeinander.": Nachweise bei Helms, FamRZ 2001, S. 257. Weitere Nachweise bei Martiny, RabelsZ 1995, Fn. 106 und 124 sowie bei De Groot, ZEuP 2001, S. 618 FN 8.

83 Martiny, a. a. O., in: Martiny/Witzleb, Auf dem Weg zu einem Europäischen Zivilgesetzbuch, S. 179; ders. in: RabelsZ 1995, S. 419 ff.; Pintens, ZEuP 1998, S. 670, 671; Basedow, ZEuP 1994, S. 197 ff.; Schack, RabelsZ 2001, S. 616; Vogel, MDR 2000, S. 1046; Rauscher, FS für Geimer, S. 889 mit dem Hinweis auf das klaglose Funktionieren des U.S.-amerikanischen Binnenmarktes mit 50 verschiedenen Eherechten; weitere Nachweise bei De Groot ZEuP 2001, S. 618 FN 9; Wagner, RabelsZ 2004, S. 122; a. A. Kuchinke, FS für Söllner, S. 611.

84 Nachweise bei Basedow, ZEuP 1994, S. 197.

85 Luther, RabelsZ 1981, S. 256.

86 In Spanien müssen in gewissen Teilen des Familienrechts (z. B. im Ehegüterrecht) die „derechos forales" (Foralrecht) beachtet werden: De Groot, ZEuP, 2001, S. 623 FN 22.

87 Pintens, ZEuP 1998, S. 672, 673; ders. in FamRZ 2003, S. 331.

88 Zutreffend Kuchinke, FS für Söllner, S. 591.

unausweichlich.[89] Das ist auch der Grund dafür, dass sich in den letzten 30 Jahren die Scheidungsrechte der Mitgliedstaaten einander angenähert haben. Viele familienrechtliche Divergenzen sind schon durch eine ähnliche nationale Gesetzgebung verschwunden oder zumindest abgemildert worden. Die grundlegenden Wertungen im Familienrecht sind im Europa der Alt-Mitgliedstaaten nahezu gleich: In allen alt-mitgliedstaatlichen Rechtsordnungen ist die Gleichberechtigung der Geschlechter verankert und die Ehescheidung zulässig. Überwiegend herrscht das Zerrüttungsprinzip; eheliche und nichteheliche Kinder werden immer mehr gleichgestellt. Fraglich ist auch, ob die Mitgliedstaaten nicht schon so viele Reformen von den Nachbarn übernommen haben, dass inzwischen sehr viel an Eigenart verloren gegangen ist.[90] Ohne dieser Frage gründlicher nachzugehen, wäre diese Entwicklung zumindest nahe liegend und wünschenswert. Insbesondere wird von der Wissenschaft des Öfteren ein „europäisches Familienrecht" verlangt.[91] Aber sowohl der europäische Gesetzgeber als auch der europäische Bürger haben begriffen, dass im Zuge der europäischen Integration eine Angleichung *aller* Rechtsgebiete, auch des Familienrechts, unausweichlich ist. So ist der Rat der EU zu der Einsicht gekommen, dass auf Dauer sein Ziel, einen einheitlichen Raum der Freiheit, der Sicherheit und des Rechts zu verwirklichen, nur durch eine Vereinheitlichung des materiellen (Familien-) Rechts erreicht werden kann.[92] Damit wären zugleich die Schwierigkeiten für die Richter behoben, die sich mit der Anwendung ausländischen Rechts regelmäßig schwer tun. Es mangelt nicht nur an Kenntnissen im fremden Recht. Auch die Informationsbeschaffung verursacht heute noch viele organisatorische Probleme. Will bspw. ein österreichischer Richter ihm unbekanntes irisches Recht anwenden, so muss er die österreichische Botschaft in Dublin einschalten.

Die Zeit für ein europäisches Scheidungsrecht scheint dennoch nicht reif zu sein. Zwar zeigt das Beispiel der skandinavischen Staaten, dass es durchaus möglich ist, Teile des Familienrechts zu harmonisieren, auch wenn Schweden, von Finnland gefolgt, das vereinheitlichte Recht mit einer progressiven Gesetzgebung ab und zu durchbricht. Dabei darf aber auch nicht übersehen werden, dass in allen

---

89 In diesem Sinne auch Basedow, ZEuP 1999, S. 197; ebenso Boele-Woelki, ZfRV 2001; S. 122; *Martiny* bemerkt, in Europa ließen sich in der Familienentwicklung gemeinsame Züge nachweisen. Allerdings würden solche Entwicklungen eine gezielte Angleichung der Familienrechte erst bei entsprechenden Initiativen bewirken. Häufig handele es sich lediglich um eine „ungezielte Parallelität" angesichts vergleichbarer Lebensverhältnisse: Martiny, RabelsZ 1995, S. 440; s. a. Pintens, FamRZ 2003, S. 330.

90 Darauf verweist Pintens, FamRZ 2003, S. 331.

91 So wurde am 1. 9. 2001 eine ständige „Kommission für Europäisches Familienrecht" (CEFL) gegründet. Deren Hauptziel ist es, wegbereitende theoretische und praktische Überlegungen zur Harmonisierung des Familienrechts in Europa zu entwickeln. Siehe dazu ZEuP 2002, S. 194; Pintens, FamRZ 2003, S. 504 f.

92 Nr. 18 des Ratsdokuments 13017/01 v. 29. 10. 2001.

drei skandinavischen Staaten schon immer eine sehr liberale Familienpolitik und -gesetzgebung herrschte, was auch im dargestellten Scheidungsrecht zum Ausdruck kommt. Innerhalb Europas zeigt sich dagegen – wie bereits festgestellt – ein deutliches Gefälle von strengem bis scheidungsfreundlichem Eherecht. Dabei handelt es sich heute nicht mehr unbedingt um einander völlig konträre Grundanschauungen. Doch wäre es bspw. sowohl für die Niederlande, deren Scheidungsrecht keine Trennungsfrist erfordert, als auch für Österreich, wo eine sechsjährige Trennungszeit vorausgesetzt wird, jeweils schwer vorstellbar, sich auf eine einheitliche europäische dreijährige Frist zu einigen. Daran zeigt sich, dass in Europa mit der Gleichberechtigung und der Möglichkeit der Scheidung in allen Staaten erst *ein* Schritt auf dem Weg zu einer Vereinheitlichung des Scheidungsrechts vollzogen ist. Eine *konkrete* Entwicklung in Richtung eines europäischen Familienrechts ist indes nicht zu verzeichnen:[93] Schließlich fehlt es an einer Regelungskompetenz auf supranationaler Ebene.[94] Art. 65 EGV ermächtigt nicht zur Rechtsvereinheitlichung im materiellen Recht. Art. 95 EGV erlaubt nur den Erlass von Richtlinien, soweit sich die Rechtsvorschriften *unmittelbar* auf das Funktionieren des Binnenmarktes auswirken. Ob das im materiellen Familienrecht der Fall ist, ist zweifelhaft.[95] Richtlinien bewirken außerdem nur eine Angleichung der mitgliedstaatlichen Rechtsordnungen, die bereits ohne gesetzliche Vorgaben in vollem Gange ist. Andere europäische Übereinkommen und Verordnungen beeinflussen nur *mittelbar*[96] das materielle Familienrecht in den Mitgliedstaaten. Ansätze einer „punktuellen" Harmonisierung finden sich

---

93 Im Oktober 1993 hat zwar das Parlament empfohlen, Möglichkeiten zur Harmonisierung des Familienrechts auf europäischer Ebene auszuloten. Jedoch fehlt es heute noch an einer Einigung darüber, ob eine Vereinheitlichung des Familienrechts überhaupt wünschenswert ist oder nicht. Wie können dann Gespräche über die konkrete Ausformung eines europäischen Familienrechts stattfinden? Dies bestätigt auch der Referatsleiter der Generaldirektion Justiz und Inneres, *Mario Tenreiro*, in Bezug auf die Erwartungen im Familienrecht seitens des Europäischen Gesetzgebers: http://europa.eu.int/comm/dgs/ justice_home/ dg_judicialcivil_en.htm (Stand: 15. 2. 2004).

94 Deutlich EuGH 1999, I-3475 (3493 RN 18) zur Rechtslage vor Inkrafttreten des Amsterdamer Vertrags v. 2. 10. 1997, der diesbezüglich keine Änderung mit sich brachte. Roth, ZfRV 2004, S. 93, 94; ebenso Wagner, RabelsZ 2004, S. 122; Pintens, FamRZ 2003, S. 502 m. w. N. in FN 236; Martiny, a. a. O., in: Martiny/Witzleb, Auf dem Weg zu einem Europäischen Zivilgesetzbuch, S. 185; unklar Spellenberg, FS für Schumann, S. 425, FN 16, der die Kompetenz ohne Begründung „annimmt".

95 Zu Recht verneinend Martiny, RabelsZ 1995, S. 430, der sich 1995 zwar noch nicht mit Art. 65 EGV befassen konnte, aber bereits die Erforderlichkeit für das „Funktionieren des Binnenmarktes" abstreitet. So auch Pintens, FamRZ 2003, S. 502.

96 Es gibt nur wenige Übereinkommen, die direkt das Familienrecht oder familienrechtliche Verfahren harmonisieren. Vielmehr werden die internationale Zusammenarbeit und die Koordination familienrechtlicher Verfahren gefördert, nicht so sehr das materielle Familienrecht.

im Bereich des Kindschaftsrechts,[97] indem bspw. das materielle Kindeswohlprinzip explizit in das Haager Übereinkommen vom 25. 10. 1980 über die zivilrechtlichen Aspekte internationaler Kindesentführung[98] aufgenommen wurde. Trotz aller Skepsis aber, was die europäische Familienpolitik angeht, kann optimistisch in die Zukunft gesehen werden. Aufgabe des Rats der EU ist es, durch Abkommen zur Entwicklung eines gemeinsamen europäischen Rechtsraums – der auch das Familienrecht impliziert – beizutragen. Das Fehlen einer Kompetenzgrundlage ist das kleinere Problem: Sollte sich im Laufe der Zeit zeigen, dass eine Vereinheitlichung notwendig ist, können die entsprechenden Normen geschaffen werden. Die Entwicklungen der letzten zehn bis 20 Jahre[99] beweisen den entsprechenden erforderlichen Aktivismus auf diesem Gebiet, insbesondere seit 1990 auf dem Gebiet des Familienrechts. Der Europarat hat außerdem an die Mitgliedstaaten zahlreiche Empfehlungen zu familienpolitischen und familienrechtlichen Themen adressiert.[100]

Im Ergebnis ist damit festzuhalten, dass es gegenwärtig ohne die explizite Kompetenzgrundlage, die zur Vereinheitlichung des materiellen Familienrechts ermächtigt, mit den europäischen Übereinkommen – und seit dem Amsterdamer Vertrag auch mit den Rechtsakten nach Art. 65 EGV – bei einer *Annäherung* des Familienrechts bleibt.[101] Ein fertiges umfassendes Konzept für eine europäische Familienpolitik mit den notwendigen Rechtsinstrumenten ist vom Europarat weder von heute auf morgen zu erwarten noch wünschenswert.[102] Die eingeschlagene Richtung aber, mit der sich der Rat der EU im Familienrecht überhaupt befasst und sein Handlungswille, der sich in den Aktionsprogrammen zeigt, ist

---

97 Hohnerlein, EuLF 2000/01, S. 253.

98 Jayme/Hausmann, Nr. 222.

99 Zu den Entwicklungen des Familienrechts auf europäischer Ebene näher unten Zweiter Teil 1. Abschnitt.

100 Allerdings handelte es sich um Empfehlungen im Bereich des Kindschaftsrechts und des allgemeinen Zusammenlebens in der Familie, nicht des Eherechts. Siehe Hohnerlein, EuLF 2000/01, S. 253 FN 16: Empfehlungen R (79) 17 über den Schutz von Kindern vor Misshandlungen; R (84) 4 über Elternverantwortung; R (85) 4 über Schutz vor Gewalt in der Familie; R (90) 2 über soziale Maßnahmen betreffend Gewalt in der Familie; R (93) 2 über medizinisch-soziale Aspekte von Kindesmissbrauch. Diese Bestrebungen vermitteln den Eindruck, der Rat wolle sich primär um das Kindschaftsrecht im europäischen Rechtsraum kümmern, nicht um das Eherecht. So stellt auch die EheVO II in Bezug auf das Kindschaftsrecht eine Erweiterung der EheVO I dar. Gegen diese Priorität ist jedoch nichts einzuwenden; Bestrebungen im Eherecht werden nicht lange auf sich warten lassen.

101 Vgl. zu dieser Feststellung Hohnerlein, EuLF 2000/01, S. 253; Kuchinke, FS für Söllner, S. 592; ebenso Rauscher, Europäisches Zivilprozeßrecht, Art. 2 Brüssel II-VO, RN 4.

102 Dass überhastete Rechtssetzungsverfahren auch Schattenseiten haben, wird oben (Zweiter Teil 4. Abschnitt § 6. I. 2.) dargestellt. Vgl. zu diesem Vorwurf auch Pintens, FamRZ 2003, S. 504, der in diesem Zusammenhang zu Recht auch an ein entsprechend höheres Niveau bei der Richterausbildung appelliert.

zu begrüßen. Die Bestimmung des auf die Scheidung anzuwendenden Rechts wird unter den EU-Staaten nun entscheidende Bedeutung haben.
Die Arbeiten wissenschaftlicher internationaler Organisationen wie der am 1. 10. 2001 gegründeten *Kommission für europäisches Familienrecht*[103] oder der *Internationalen Zivilstandskommission*[104] und des *Deutschen Rats für IPR* sind erforderlich, um dem europäischen Gesetzgeber den Weg in eine wünschenswerte Richtung auf europarechtlichem Weg[105] zu ebnen. Diese kommende Entwicklung wird ihre Krönung in einem europäischen Familienrecht haben.[106] Es ist in jedem Fall noch ein langer Weg bis dahin, den es zu überbrücken gilt.

§ 2. Einfluss der EMRK

Wenn ein direkter europäischer Einfluss auf das internationale Familienrecht bislang noch nicht möglich ist, so wird häufig daran gedacht, eine europäische familienrechtliche Grundlage könne Standards setzen, die die einzelnen innerstaatlichen Familienrechte angleiche.[107] Gemeint ist die Europäische Menschenrechtskonvention (EMRK), die inzwischen den „Rang einer Grundrechtsverfassung Europas"[108] genießt. Die EMRK enthält keine ausdrücklichen Normen des

103 Bei der *Commission on European Family Law (CEFL)* mit Sitz in Utrecht, Niederlande, handelt es sich um ein Gremium aus 25 namhaften Experten. Ziel des *CEFL* ist es, wegbereitende theoretische und praktische Überlegungen zur Harmonisierung des Familienrechts in Europa zu entwickeln. Dazu näher Roth, ZfRV 2004, S. 96.

104 Die *Commission Internationale de l'Etat Civil* besteht aus zehn Mitgliedstaaten der EU (Belgien, Deutschland, Frankreich, Griechenland, Italien, Luxemburg, Niederlande, Österreich, Portugal, Spanien) sowie der Schweiz und der Türkei.

105 Zutreffend Bangemann, ZEuP 1994, S. 379, der meint, eine gesamteuropäische Rechtsordnung sei wichtig für das weitere Zusammenwachsen Europas. Die unterschiedlichen nationalen Rechtsordnungen verhinderten noch, dass die nationalen Märkte auch faktisch miteinander verschmelzen. Zur fortschreitenden Marktintegration gehöre daher auch die europäische Rechtsvereinheitlichung, die allerdings mutig und *behutsam zugleich* erfolgen muss (Hervorhebung zugefügt). *Kuchinke* betont die Notwendigkeit, in allen Grundsatzfragen eine Übereinstimmung innerhalb Europas zu erreichen: Kuchinke, FS für Söllner, S. 598. In diesem Sinne und für eine stetige Rechtsvergleichung Jayme, FamRZ 81, S. 226.

106 Darauf verweist *Pintens*, der sogar von einem europäischen Zivilgesetzbuch spricht: Pintens, FamRZ 2003, S. 330; ebenso Boele-Woelki, ZfRV 2001, S. 129; Martiny, a. a. O., in: Martiny/Witzleb, Auf dem Weg zu einem Europäischen Zivilgesetzbuch, S. 183; Roth, ZfRV 2004, S. 93 ff.

107 So Kuchinke, FS für Söllner, S. 592 ff., mit einigen Beispielen.

108 Siehe dazu Martiny, RabelsZ 1995, S. 426. *Martiny* räumt aber ein, für das deutsche Familienrecht habe die EMRK bislang keine zentrale Rolle gespielt, weil ihr Rang nur der einfachen Bundesrechts sei und bereits der verfassungsrechtliche Schutz in Art. 6 GG vorhanden sei, der mit der Auslegung von Art. 8 EMRK stark differiere: Martiny, RabelsZ 1995, S. 428.

Familienrechts, sondern die allgemeine Regelung des Art. 8 Abs. 1 EMRK[109], wonach jedermann Anspruch auf Achtung seines Privat- und Familienlebens hat. Ebenso ist in diesem Zusammenhang die Vorschrift über das Verbot der Diskriminierung gemäß Art. 14 EMRK zu nennen, die u. a. eine Diskriminierung nach Geschlecht verbietet. Des Weiteren spielt Art. 12 EMRK eine Rolle, der das Recht zur Eingehung einer Ehe und zur Gründung der Familie verbürgt. Der Vertrag von Maastricht betont, dass die Grundrechte, die in der EMRK garantiert werden, als allgemeine Grundsätze des Gemeinschaftsrechts zu berücksichtigen sind, Art. F II EUV. Ebenso hat die Spruchpraxis der Straßburger Richter zu wünschenswerten Rechtsangleichungen im materiellen Familienrecht in den europäischen Mitgliedstaaten geführt.[110] Wie *Hohnerlein* aber zu Recht feststellt, führt der Einfluss der EMRK nicht zu einer umfassenden Kodifizierung eines einheitlichen Familienrechts.[111] Vielmehr sind es die Einzelfallentscheidungen, die den Mitgliedstaaten bestimmte Grundwerte vorschreiben und ein einheitliches europäisches Bewusstsein entwickeln.[112] Viele Fragen im Bereich der Ehescheidung aber, wie bspw. an welche Voraussetzungen eine Ehescheidung geknüpft werden soll, bleiben offen. Zudem geht der Einfluss des EGMR eher zurück, als dass er zunimmt: Zum einen sind die großen familienrechtlichen Diskriminierungen abgebaut, zum zweiten bleibt der Stand der Menschenrechte in den Mitgliedstaaten weiterhin unterschiedlich, sodass der EGMR nur Minimumstandards festsetzen kann.[113]

Somit sind der Einfluss der EMRK und die Spruchpraxis der Straßburger Kontrollorgane wichtig, um für die nationalen Gesetzgeber und die Rechtsprechung Standards und Prinzipien zu setzen. Für den einzelnen Bürger sind ihre Wirkungen unabdingbar, jedoch noch nicht ausreichend. Viele rechtliche Einzelheiten im Familienrecht tangieren zwar kaum die Grundeinstellungen und das Verhalten der europäischen Bürger. Dies ist z. B. beim Zugewinnausgleich der Fall.

---

[109] So z. B. der EGMR in seiner Entscheidung vom 13. 6. 1979 = EuGRZ 1979, S. 454 ff.; ebenso die Entscheidung des EGMR vom 9. 10. 1979 = EuGRZ 1979, S. 626, 629: „Der Schutz des Privat- und Familienlebens erfordert es manchmal, dass Ehegatten von der Pflicht zum Zusammenleben befreit werden.".

[110] Siehe dazu ausführlich Hohnerlein, EuLF 2000/01, S. 254 FN 22 und S. 254 ff.; ebenso Pintens, ZEuP 1998, S. 670, 674; mit einigen Beispielen Kuchinke, FS für Söllner, S. 592 ff.

[111] Hohnerlein, EuLF 2000/01, S. 260; so auch Kuchinke, FS für Söllner, der ferner die Gefahr sieht, dass die eine nationale Kultur tragenden Überzeugungen durch ein überregionales Rechtsprechungsorgan unterdrückt werden.

[112] Martiny, RabelsZ 1995, S. 427; siehe dazu weitere Nachweise bei Pintens, FamRZ 2003, S. 500 f.: Entscheidungen ergingen etwa im Bereich familienrechtlicher Diskriminierungen, vermögensrechtlicher Art oder auch solcher in Bezug auf Homosexuelle oder allgemein die sexuelle Orientierung betreffend.

[113] Pintens, FamRZ 2003, S. 500; ebenso Hohnerlein, EuLF 2000/01, S. 260.

Allerdings treffen sowohl unterschiedliche Trennungszeiten in den Mitgliedstaaten als auch die Höhe von Unterhaltsansprüchen und das Bestehen oder Nichtbestehen eines Versorgungsausgleichs nach der Ehescheidung die Einstellungen des Bürgers zur Ehe und auch seine Zielvorstellungen im konkreten Streitfall. Im Hinblick auf ein Leben in einem europäischen Rechtsraum kann das Ziel nur ein einheitliches Familienrecht sein. Nunmehr gilt es festzustellen, welche Rechtsinstrumente vorhanden sind, inwieweit sie verbesserungswürdig sind bzw. welche Möglichkeiten bestehen, vorhandene Fehler auszumerzen, und welches die nächsten Schritte auf dem Weg zu einer europäischen Familienpolitik sind. Die Dissertation versucht diese Fragen im Bereich des Scheidungsrechts zu beantworten.

§ 3. Vereinheitlichung des Scheidungskollisionsrechts

Sinnvoll erscheint zunächst ein einheitliches Kollisionsrecht. Später wird seine Notwendigkeit aufgrund der gegenwärtigen Situation seit Schaffung der Verordnung (EG) Nr. 1347/2000 und der ihr nachfolgenden und sie ersetzenden Verordnung (EG) Nr. 2201/2003 erörtert. Vorerst werden abstrakt die Vor- und Nachteile dargelegt. Jede Kollisionsrechtsvereinheitlichung mildert Gegensätze ab, wie sie etwa in Europa im Familienrecht herrschen.[114] Sie verhindert als unbillig empfundene Ungleichbehandlungen der EU-Bürger durch die Verschiedenheiten des materiellen Rechts, ohne dass in die Rechtsordnungen der einzelnen Mitgliedstaaten zu sehr eingegriffen wird.[115] *Kropholler* zitiert eine treffende Stellungnahme von *Müller-Freienfels*[116]:

> „Wohl lebt das Kollisionsrecht, indem es Rechtskollisionen voraussetzt, von der Verschiedenheit nebeneinander bestehender Rechtsordnungen. Aber gerade deshalb muss es zur Ordnung und Überwindung eben dieser Unterschiedlichkeiten das Grundziel des IPR speziell sein, auf die Entwicklung übernationaler gemeinsamer Nenner hinzuwirken ...“[117] Sonst sei das Hauptziel des IPR verfehlt: „Dies zeigt sich schon daran, dass sie sonst mehr oder weniger hilflos gegenüber den beliebten und sehr aussichtsreichen >Ausflügen< zu fremden Gerichten bleiben müssen, die mit internationalem >forum shopping< ... umschrieben werden.“ Nur wenn die Unterschiede zwischen den Internationalrechten beseitigt seien, könnten sie ein „Recht zur Lösung von Kollisionen“ sein.“

---

[114] Martiny, RabelsZ 1995, S. 423; in diesem Sinne auch Jayme, FamRZ 1981, S. 221 f.

[115] Besonders deutlich Martiny, RabelsZ 1995, S. 436: „Eine Vereinheitlichung des Sachrechts scheint solange nicht erforderlich zu sein, wie eine kollisionsrechtliche Lösung ausreicht.

[116] Siehe Kropholler, FS für Müller-Freienfels, S. 409.

[117] In diesem Sinne auch betonend: Flessner, RabelsZ 1970, S. 558.

Wie bereits v. *Savigny*[118] erkannt hat, soll schließlich im Internationalen Privatrecht *die* Rechtsordnung angewandt werden, mit der der Lebenssachverhalt die engste Beziehung hat. Das kann definitionsgemäß nur *eine* sein.
Das Problem der parallelen Anwendung verschiedener Kollisionsrechte ist nicht nur dogmatischer Natur. Anhand des folgenden Beispiels wird deutlich, dass der betroffene Bürger den variablen Ausgang eines Scheidungsprozesses nur schwer verstehen kann.
Ein deutsch-italienisches Ehepaar lebt in Lissabon. Nach der Trennung zieht der Ehemann wieder in seinen Heimatstaat Deutschland zurück, in dem er auch den Scheidungsantrag stellt. Nach deutschem IPR wäre über Art. 17 Abs. 1 S. 2 EGBGB deutsches Recht anwendbar, wonach bei „Scheitern der Ehe" nach einem Jahr Trennung die Ehe geschieden wird. Nach portugiesischem Recht kommt eine Scheidung auf einseitigen Antrag ohne vorherige gerichtliche Trennung nur nach sechs Jahren in Betracht. Hätte der Ehemann den Antrag in Portugal gestellt, wäre mangels einer gemeinsamen Staatsangehörigkeit portugiesisches Recht anwendbar gewesen. Die Unterschiede im Prozessausgang sind groß. Die gesellschaftlichen Verhältnisse innerhalb Europas sind hingegen nicht so verschieden, dass jeder Staat auf den Regelungen seines Internationalen Privatrechts beharren müsste und eine Einigung auf einen gemeinsamen Text ausgeschlossen ist.[119]
Im Wirtschaftsrecht kann unterschiedliches Kollisionsrecht und damit die Möglichkeit zum forum shopping unter Wahrung eines ausreichenden Verbraucherschutzes einen positiven Effekt haben.[120] Die Wahlmöglichkeit der EU-Bürger führt zu einem Wettbewerb unter den Mitgliedstaaten um das wirtschaftlich günstigste Recht. Schließlich will jeder Staat Anreize für Investoren schaffen und wirtschaftliche Interaktionen fördern. Familienrecht soll dagegen keine wirtschaftlichen Prozesse ordnen und fördern. Ehe und Familie sind die natürlichsten und ältesten Formen menschlicher Gemeinschaft, deren Regelungen sich außerhalb finanzieller und wettbewerbsrechtlicher Gründe abspielen. Sie spiegeln die Stellung der Familie in einem Staat wieder; sowohl moralisch-ethische Wertungen als auch das tatsächliche äußere Erscheinungsbild und die innere Struktur der Familie kommen zum Ausdruck. Gesetzliche Reformen werden nur durch Änderungen der gesellschaftlichen Einstellung und tatsächliche Wandlungen in der familienrechtlichen Struktur ausgelöst; gegenüber einem Scheidungstourismus ist das Bedürfnis nach Gesetzesreformen wünschenswerter Weise resistent. Sachrechtsunterschiede der Mitgliedstaaten bleiben im Eherecht daher naturgemäß bestehen. Sie würden bei einem einheitlichen Kollisionsrecht dadurch erträglich, dass der Fall überall nach der gleichen, am engsten damit

---

[118] V. Savigny, S. 32 f.
[119] Vgl. Kropholler, FS für Müller-Freienfels, S. 413.
[120] Dazu eingehend Lurger, FS für Posch, S. 195 ff. m. w. N. in FN 70.

verbundenen Rechtsordnung entschieden wird, unabhängig davon, wo er anhängig gemacht wird. Man könnte nun noch auf die Idee kommen, dass ein Wettbewerb um das jeweils „sozialste“ Familienrecht erstrebenswert sei. Will sich z. B. eine französische Ehefrau von ihrem luxemburgischen Mann scheiden lassen, könnte sie ein Interesse an einem Verfahren in Frankreich haben. Denn in Luxemburg gibt es mit Ausnahme einer Familienrente keinen Anspruch auf Entschädigung oder Ausgleich hinsichtlich der Versorgungsbezüge.[121] Dieses Beispiel ist so gewählt, dass es im Zuge der Gleichberechtigung tatsächlich objektiv wünschenswert ist, wenn alle Mitgliedstaaten einen dem deutschen Recht vergleichbaren Versorgungsausgleich vorsehen würden. Anders kann aber die Einstellung zur Höhe der Unterhaltszahlungen sein. Dort ist nicht immer das Recht sozialer als ein anderes, welches die höheren Unterhaltsleistungen des Besserverdienenden vorsieht. Aus Sicht des Leistungspflichtigen können überhöhte Zahlungen genau das Gegenteil sein. Ein Wettbewerb im Bereich der Scheidungsfolgesachen ist damit auch nicht zu begrüßen.
Weiterhin führt die Harmonisierung der Kollisionsrechtsregeln zu mehr Rechtssicherheit und Vorhersehbarkeit der Ergebnisse.[122]
De Groot[123] ist dagegen der Ansicht, vereinheitlichtes Kollisionsrecht verursache im Allgemeinen komplizierte Verweisungsregeln, da die betreffenden Normen häufig das Ergebnis von Kompromissen sind. Gerade das Anwenden von komplizierten Kollisionsnormen auf komplexe Sachverhalte führe zu Gefühlen der Rechtsunsicherheit bei den Betroffenen. *De Groot* verweist im Vergleich und zur Unterstützung seiner These auf das EVÜ, das nur durch die Möglichkeit der Rechtswahl akzeptabel sei. Um diese These zu belegen, reicht es allerdings nicht aus, vom EVÜ auf alle denkbaren Kollisionsrechtsvereinheitlichungen zu schließen. In jedem Rechtsgebiet herrschen unter den Mitgliedstaaten verschiedene Toleranzgrenzen. So kann bspw. ein Staat eher geneigt sein, bei der Kodifikation eines bestimmten Rechtsbereichs nachzugeben als ein anderer, dessen Normen besonders detailliert erarbeitet wurden. Ziel von „Rom III“ soll es nicht sein, alle Anknüpfungspunkte der autonomen internationalen Scheidungsrechte in ihren jeweiligen Modifikationen zu addieren bzw. so zusammenzufügen, dass jeder Staat einen Teil seiner Anknüpfungen wieder findet. Angestrebt wird vielmehr ein Kollisionsrecht, das die Interessen der Parteien, nicht der Staaten, passgenau trifft; die Rechtsordnungen der Staaten werden als gleichwertig betrachtet. Dabei entsteht eine Verordnung, die auf ganz neuen, *europäischen* Vorzeichen basiert. Kompromisse werden dadurch schon begrifflich ausgeschlossen. Denn der einzelne Staat muss bspw. nicht nachgeben, wenn er, statt

---

[121] So das Beispiel eines luxemburgischen Anwalts, Final Report, S. 27.
[122] So auch die Ansicht der meisten Befragten aus den Mitgliedstaaten, Final Report, S. 18 ff., 26 ff., 40 ff.
[123] De Groot, ZEuP, 2001, S. 623.

ehemals an die lex fori anzuknüpfen, nunmehr an den gewöhnlichen Aufenthalt in seinen verschiedenen Formen (gemeinsamer, letzter gemeinsamer etc.) anknüpft. Denn hinter der neuen Anknüpfung steht u. U. ein anderes, mit der alten nationalen Regelung gar nicht vergleichbares Interesse. Wird dennoch unabhängig von seiner terminologischen Bedeutung ein Kompromiss befürchtet, so ist zu entgegnen, dass sich in vielen europäischen Staatsverträgen naturgemäß Kompromisse finden. So erweist sich auch die Zuständigkeitsregelung des Art. 3 EheVO II, die Art. 2 EheVO I entspricht, als eine Kompromisslösung[124], die aber zugunsten der europäischen Integration hinzunehmen und trotz aller Kritik, wie sich später zeigen wird, vertretbar ist.

Schon in den 80-er Jahren wurde Kritik an kollisionsrechtlichen Staatsverträgen geübt: Sie würden die Effizienz der Rechtsordnungen doppelt stören: Mit einem Maximum an Aufwand würde vielfach ein Minimum an Wirkungen erzielt, etwa wegen der Vereinheitlichung in nur wenigen Staaten.[125] Normen würden vervielfacht, Rechtsklarheit in wenigen Kernfragen mit neuen Unklarheiten in den Randzonen bezahlt.[126] Derartige Kritik beruht dem Grunde nach auf einer bevorzugten Gewichtung der Systemeinheit des nationalen Gesetzes zu Lasten der internationalen Entscheidungsgleichheit. Angesichts fortschreitender europäischer Integration ist diese Ansicht heute nicht mehr vertretbar. Den nationalen IPR-Gesetzen darf nach ihrem inneren Rang letztlich nur subsidiäre Funktion zukommen. Einen Bruch der nationalen Systemeinheit wird man in Grenzen hinnehmen müssen. Die Gefahr eines starken Eingriffs ist ohnehin gering, weil zum einen die Hauptanknüpfungspunkte, das Aufenthalts- und das Staatsangehörigkeitsprinzip, in die Internationale Privatrechte nahezu aller Mitgliedstaaten Eingang gefunden hat. Zum zweiten wird „Rom III" auf heute vorwiegend europaweit einheitlichen Grundüberzeugungen basieren;[127] ein „Bruch" mit dem autonomen Internationalen Privatrecht liegt daher fern.

Eine weitere Ansicht schätzt die Bedeutung des Internationalen Privatrechts für den Binnenmarkt als zu gering ein.[128] Eine Beschränkung des freien Personenverkehrs würde zwar durch die Nichtanerkennung von Scheidungsurteilen entstehen, nicht aber durch unterschiedliche Kollisionsnormen für die Scheidung. Dieser Ansicht ist insoweit beizupflichten, als die EheVO II durch die automatische Anerkennung von Scheidungsurteilen die unerwünschten hinkenden Ehen beseitigt hat. Sie verkennt aber die ebenso „marktstörende" Wirkung des forum shopping, wodurch das Anerkennungsprinzip seine Rechtfertigung größtenteils

---

[124] So Pirrung, ZEuP 1999, S. 845, der sich auf Art. 2 EheVO I bezieht. Aufgrund der Identität von Art. 3 EheVO II und Art. 2 EheVO I wird *Pirrung* auch die EheVO II als Kompromisslösung ansehen.

[125] Siehe zu diesem Vorwurf Lüderitz, RabelsZ 1982, S. 479 f.

[126] Lüderitz, RabelsZ 1982, S. 481.

[127] In diesem Sinne auch Kropholler, FS für Müller-Freienfels, S. 414.

[128] Vgl. Freudenthal/van der Velden, in: Liber Amicorum Paul Meijknecht, S. 88.

wieder verliert.[129] Denn anerkannt wird jede Entscheidung, auch diejenige, die vom Kollisionsrecht des Anerkennungsstaates abweicht. Damit ist dieser gezwungen, ein zweites Kollisionsrecht neben dem eigenen zuzulassen. Einen anderen Ansatz wählt *Freudenthal*: Er will einheitliche Rahmenbedingungen, insbesondere Mindestharmonisierungen der Sachnormen schaffen. Die Vereinheitlichung der materiellen Ehescheidungsrechte wurde allerdings bereits oben mangels europäischer Kompetenznorm und aufgrund der bislang herrschenden großen Unterschiede zwischen den einzelnen Familienrechten abgelehnt. Ebenso wenig reicht die von *Freudenthal* empfohlene Kollisionsnorm aus, die nur die Maßgeblichkeit des im Herkunftsland einer Person geltenden Rechts vorschreibt. Bei der späteren Ausarbeitung eines europäischen Scheidungskollisionsrechts wird die begrenzte Tragfähigkeit einer solchen einzigen Kollisionsnorm für einen gesamten Rechtsbereich deutlich.[130]

Zwei Argumente von tätigen Juristen in den Mitgliedstaaten sollten noch kurz angesprochen werden: Englische, finnische und schwedische Juristen halten die Vereinheitlichung der Kollisionsrechtsregeln für ein riskantes Unterfangen.[131] Sie führe zu einer vermehrten Anwendung ausländischen Rechts und darauf folgenden Auslegungs- und Anwendungsproblemen. Sie äußern Bedenken, dass die Beweisführung im fremden Recht den Antragsteller vor Schwierigkeiten stellt, die einem zügigen und kostengünstigen Gerichtsverfahren abträglich seien.[132] Dies ist nur aus Sicht derjenigen Staaten richtig, die im autonomen Kollisionsrecht ausschließlich oder vorwiegend an die lex fori anknüpfen. Dann führt aber nicht die Vereinheitlichung des Kollisionsrechts an sich, sondern die Abkehr von der pauschalen Anwendung der lex fori dazu, dass die Richter u. U. ausländisches Recht anwenden müssen. Gegen diese Ansicht spricht, dass es in Europa nicht mehr vertretbar ist, sich gegen die Anwendung ausländischen Rechts zu wehren.

Ein belgischer Anwalt war von der Realisierbarkeit einer Harmonisierung der Kollisionsrechtsregeln nicht überzeugt, weil die kulturellen Unterschiede zu groß seien.[133] Zuzustimmen ist dieser Ansicht insoweit, als es schwierig sein wird, unter den Mitgliedstaaten eine Einigung im Hinblick auf die Auswahl der Anknüpfungsregelungen und ihrer Reihung zu erzielen. Das liegt aber in der Regel nicht an den kulturellen Unterschieden innerhalb der EU. In den meisten Mitgliedstaaten, insbesondere den kontinentaleuropäischen, basiert das IPR auf der Suche nach der engsten Verbindung der Betroffenen zu einem Staat und seiner Rechtsordnung. Anders ist es in den Niederlanden, den skandinavischen

---

129 Siehe dazu später mit ausführlicher Begründung unten Zweiter Teil 2. Abschnitt § 6. III.

130 Siehe die Darstellungen von Staatsangehörigkeits- und Aufenthaltsprinzip: Dritter Teil 3. Abschnitt § 4.

131 Final Report, S. 18; ebenso 8838/00 JUSTCIV 66, S. 19.

132 Vgl. 8838/00 JUSTCIV 66, S. 19.

133 Final Report, S. 20.

Staaten und Irland, deren IPR-Regelungen auf dem Wertesystem des Staates beruhen[134]; nur in diesen Staaten besteht eine direkte Verbindung zwischen Kultur, Grundanschauungen und den Kollisionsrechtsregeln. Wie später noch näher erläutert wird,[135] muss bei den Diskussionen um ein europäisches Scheidungskollisionsrecht die Suche nach der engsten Verbindung der Ausgangspunkt sein, nicht die unterschiedlichen Wertesysteme der Mitgliedstaaten. Die Schwierigkeit, sich über die Anknüpfungen einig zu werden, liegt darin, dass einige Mitgliedstaaten bspw. immer noch die engste Verbindung einer Person zu einem Staat in der Staatsangehörigkeit begründet sehen, andere dagegen in dem Ort des gewöhnlichen Aufenthalts. Dieser Konflikt ist aber lösbar, weil alle Mitgliedstaaten, mit Ausnahme des Vereinigten Königreiches, Irlands, Finnlands und Schwedens, sowohl das Staatsangehörigkeitsprinzip, den gewöhnlichen Aufenthalt als auch die lex fori bereits kennen. Keine Anknüpfung ist den autonomen Internationalen Privatrechten daher neu.
Boele-Woelki[136] meint ohne nähere Begründung, die Vereinheitlichung des Scheidungskollisionsrechts verfestige gerade die unterschiedlichen materiellen Regelungen. Dieser Gedanke ist ohne weitere Erklärung nicht nachvollziehbar. Im Übrigen muss man auch sehen, welche Schritte vom europäischen Gesetzgeber überhaupt realisiert werden können. Eine Angleichung der Scheidungsrechte und später eine Vereinheitlichung, wie sie *Boele-Woelki*[137] fordert, kann vorerst nicht verwirklicht werden.[138] Da aber das forum shopping gegenwärtig ein Handeln auf absehbarer Zeit erforderlich macht, muss der Schritt gegangen werden, der zu einem großen Teil Abhilfe schafft und den geringsten Eingriff darstellt: Ein europäisches Scheidungskollisionsrecht.

Dabei darf nicht verkannt werden, dass das vereinheitlichte Scheidungskollisionsrecht nicht alle Probleme lösen kann, die sich bei internationalen Familienrechtsfällen stellen. Sein Aufgabenbereich ist darauf beschränkt, auf ein und denselben internationalen Scheidungsrechtsfall auch nur ein Sachrecht anzuwenden.
So bleibt selbst bei einheitlichen Kollisionsnormen die Schwierigkeit, das ausländische Recht zu ermitteln und anzuwenden. Diese Arbeit kann den Richtern und Anwälten[139] vorerst nicht erspart bleiben. Ob irgendwann ein einheitliches Familienrecht eine Änderung herbeiführt, bleibt offen. Die Anwendung auslän-

---

134 Vgl. Final Report, S. 43.
135 S. u. Dritter Teil 3. Abschnitt § 1.
136 Boele-Woelki, ZfRV 2001, S. 129.
137 Boele-Woelki, ZfRV 2001, S. 129.
138 S. o. Erster Teil 2. Abschnitt § 1.
139 Die anwaltliche Recherchearbeit wird immerhin erleichtert: Der Anwalt muss seinen Fall nicht mehr auf alle alternativ in Frage kommenden Kollisions- und Sachrechte der Mitgliedsländer hin überprüfen, um herauszufinden, welches das für seinen Mandaten günstigste Recht ist. Er kann sich auf das einzig anwendbare Sachrecht konzentrieren.

dischen Rechts ist allerdings ein nicht familienspezifisches Problem. Der europäische Gesetzgeber sollte sich aber Gedanken darüber machen, wie der Informationsaustausch über die ausländischen Gesetze und ihrer Anwendung zwischen den Mitgliedstaaten verbessert werden könnte. Schon allein im Hinblick auf die daraus resultierenden finanziellen Konsequenzen für die Mandanten (höhere Anwalts- und Verfahrenskosten) muss der Zugang zu den Rechtsordnungen der anderen Mitgliedstaaten deutlich optimiert werden. Bspw. könnten die Botschaften neue Stellen schaffen, die mit fachspezialisierten Personen besetzt sind, und deren Aufgabe es ist, dieses Wissen dem Gesetzesanwender zu vermitteln. Hilfreich kann auch ein System sein, das es den Richtern erlaubt und mit Hilfe von Dolmetschern ermöglicht, Amtskollegen aus anderen Staaten zu konsultieren. Eine Datenbank mit verlässlichen Informationen, so bereits der Vorschlag eines belgischen Anwalts[140], wurde von der Europäischen Kommission eingerichtet. Mit ihrer Hilfe können ausländische Rechtsquellen abgefragt und auf ihre Richtigkeit überprüft werden. Bei all diesen Möglichkeiten werden die zwangsläufig erhöhten Verfahrenskosten bei der Anwendung ausländischen Rechts weitestgehend vermieden. Vielfach wird auch zu Recht eine Spezialisierung von Richtern vorgeschlagen. Wissen und Erfahrungen der Gerichte gilt es zu konzentrieren; nicht jeder Richter sollte der Gefahr ausgesetzt sein, internationale Fälle bearbeiten zu müssen.[141]
Ergebnis muss sein, dass bspw. ein deutsches Paar, das die Scheidung in Italien beantragt und deutsches Recht als Scheidungsstatut gewählt hat[142], die Möglichkeit hat, in hinreichender Übereinstimmung mit deutschem Recht und deutscher Gerichtspraxis geschieden zu werden. Nur „hinreichend" deshalb, weil ein Richter mangels Kenntnissen der Landeskultur, die im Familienrecht mehr als bspw. im Wirtschaftsrecht verwurzelt ist, das ausländische Recht niemals genau so anwenden wird, wie ein Richter dieses Landes.

Des Weiteren ist ein vereinheitlichtes Scheidungskollisionsrecht auch nicht in der Lage, die Schwierigkeiten zu beheben, die sich naturgemäß daraus ergeben,

---

140 Final Report, S. 40.

141 Mit § 119 Abs. 1 Nr. 1 b und c GVG hat der deutsche Gesetzgeber für Sachen mit Auslandsberührung eine neue Zuständigkeit für Oberlandesgerichte zur Entscheidung in Berufungen und Beschwerden gegen Entscheidungen der Amtsgerichte eingeführt, im übrigen aber an der Zuständigkeit der Landgerichte gemäß § 72 GVG festgehalten. Diese Sonderzuweisung soll dem Umstand Rechnung tragen, dass durch die Internationalisierung des Rechts und den zunehmenden grenzüberschreitenden Rechtsverkehr ein großes Bedürfnis nach Rechtssicherheit durch eine obergerichtliche Rechtsprechung besteht: vgl. BGH, Beschluss v. 19. 2. 2003 – IV ZB 31/02. Vgl. dazu auch Hein, IPRax 2004, S. 418 ff.

142 Nach dem in dieser Dissertation vorgeschlagenen Entwurf zu „ROM III" wird das Heimatrecht der Eheleute nur noch im Falle des gemeinsamen Antrags oder bei Rechtswahl angewendet. S. u.: Dritter Teil 3. Abschnitt § 4. IV. 4. d).

dass Paare über die Grenzen hinweg ziehen. So bleibt es nach wie vor fast unmöglich, bei der Verteilung des ehelichen Vermögens die entsprechenden Informationen über ausländische Vermögensgegenstände zu erhalten. Gleiches gilt auch für die Bereiche des Güter- und Erbrechts[143], die eng mit der Scheidung zusammenhängen. Der europäische Gesetzgeber wird auch hier in Zukunft Maßnahmen treffen.

---

[143] Dies wurde auch vom Rat der EU erkannt. Im Aktionsplan des Rats der EU v. 3. 12. 1998 unter Nr. 41 c) und im Maßnahmenprogramm vom 24. 11. 2000 unter III. C. und D.

ZWEITER TEIL
DIE PROBLEMATIK DES INTERNATIONALEN SCHEIDUNGSRECHTSFALLES IN EUROPA

Der zweite Teil gibt eine Antwort auf die Frage, welche Faktoren ein einheitliches Scheidungskollisionsrecht erforderlich machen und warum dieser Schritt im Bereich des Scheidungsrechts auf europäischer Ebene geboten und dringlich ist. Indikatoren sind sowohl die europäischen Entwicklungen auf dem Gebiet des Familienrechts, die Kompetenzerweiterung für die Gemeinschaft als auch konkrete einzelne Defizite der EheVO II.

1. Abschnitt
Europäische Entwicklungen im familienrechtlichen Bereich

Nach dem Zweiten Weltkrieg bemühte man sich um eine dauerhafte europäische Integration zunächst auf wirtschaftlichem Gebiet. Deshalb waren auch die zu dieser Zeit entstandenen Rechtsinstrumente auf diese Art der Integration ausgerichtet. Diese Situation hat sich heute grundlegend gewandelt, sodass die EU sich nun zunehmend um die private Sphäre des Bürgers kümmert.[144] Dieser hat nach all den Fortschritten im vermögensrechtlichen Bereich nur schwer Verständnis für Schwierigkeiten im Bereich des Familienrechts. Deshalb war im Rahmen der europäischen Integration auch der familienrechtliche Aspekt in Angriff zu nehmen.[145] Um nachvollziehen zu können, warum im Familienrecht, und zwar im Internationalen Privatrecht, eine Vereinheitlichung nun ansteht, wird diese Entwicklung mit den für die anstehende „Rom III“-Verordnung wichtigsten Eckpfeilern kurz dargestellt.
Schon in den 60-er Jahren wurde erkannt, dass ein gemeinsamer Markt nicht ohne die gegenseitige Anerkennung juristischer Personen sowie die Freizügigkeit nationaler Gerichtsentscheidungen in Zivil- und Handelssachen funktionieren kann. Diese Erkenntnis setzte sich dann im Laufe der Jahrzehnte auch für den Status natürlicher Personen durch: Seit 1968 besteht das EuGVÜ.[146] Es enthält einheitliche Zuständigkeits- und Rechtshängigkeitsvorschriften für grenzüberschreitende Prozesse in der EG und garantiert die gegenseitige Anerkennung von Vollstreckungstiteln. In seinem sachlichen Anwendungsbereich hat

---

144 Borrás Bericht, S. 28; s. a. die Einleitung des Maßnahmenprogramms des Rats der EU v. 30. 11. 2000 = ABl. EG C 12 v. 15. 1. 2001; in diesem Sinne auch die Ergebnisse der Ratssitzung in Tampére vom 15./16. 9. 1999: Dok. 12735/01, S. 11.

145 Borrás Bericht, S. 28; ebenso Dok. 12735/01, S. 12 Nr. 23.

146 Auf Grundlage des Art. 220 des Vertrages über Gründung der Europäischen Wirtschaftsgemeinschaft trat am 27.09.1968 das erfolgreiche Brüsseler EWG-Übereinkommen über die gerichtliche Zuständigkeit und die Vollstreckung gerichtlicher Entscheidungen in Zivil- und Handelssachen (EuGVÜ) in Kraft.

das EuGVÜ Ehe- und Familiensachen mit Ausnahme von Unterhaltssachen[147] in Art. 1 Abs. 2 ausdrücklich ausgeschlossen.[148] Es wurde befürchtet, dass es angesichts der zwischen den materiellen Rechtssystemen bestehenden Unterschiede zu einer ausgedehnten Anwendung des ordre public geführt hätte.[149] Ebenso wenig sollte die Kontrolle über die Anerkennung fremder Entscheidungen aus der Hand gegeben werden, weil das Sach- und Kollisionsrecht der Scheidung zu verschieden waren. Der Ausschluss wurde nicht nur mit der ursprünglichen Fixierung der EG auf die Schaffung eines einheitlichen Wirtschaftsraums, sondern vielmehr mit den erheblichen Rechtsunterschieden in sechs Mitgliedstaaten auf dem Gebiet des internationalen Familienrechts begründet.[150] Eine effektive Urteilsfreizügigkeit (ohne inhaltliche Nachprüfung ausländischer Gestaltungsurteile) erschien nicht möglich.[151]
Gleichzeitig wurden aber auch die bereits oben erwähnten widersprüchlichen Entscheidungen über den Bestand der Ehe und die Auswirkungen einer Scheidung im Unterhalts- und Erbrecht missbilligt. Bemühungen der Haager Konferenz sowie der Internationalen Kommission für Zivilstandswesen, das Haager Übereinkommen über die Anerkennung von Ehescheidungen und Ehetrennungen vom 1. 6. 1970 und das CIEC-Übereinkommen über die Anerkennung von Entscheidungen in Ehesachen vom 8. 9. 1967 waren aufgrund geringer Anzahl von Ratifikationen wenig erfolgreich.
Bestrebungen der 90-er Jahre im Bereich des Familienrechts wurden von der europäischen Gruppe für internationales Privatrecht eingeleitet, auf deren Arbeiten das Brüssel II-Übereinkommen in Form des sog. „Heidelberger Entwurfs" zurückzuführen ist.[152] Die Ausarbeitungen dieser Arbeitsgruppe weckten die Sensibilität Europas für diesen Rechtsbereich. Man erkannte schließlich, dass familienrechtliche Regelungen die einzelnen Marktbürger in ihrer Freizügigkeit behindern könnten.[153] Die Gemeinschaft erhielt neue Rechtssetzungsbefugnisse: Zunächst wurden im Vertrag von Maastricht die Kompetenzen der Gemein-

---

147 Siehe Art. 1 I, Art. 5 Nr. 2 EuGVÜ.

148 Sie wurden ausgeschlossen, obwohl Art. 220 EGV diese Möglichkeit eröffnet hätte. Letzteres ist str.; abl. Martiny, RabelsZ 1995, S. 435 f.

149 Jenard-Bericht, ABl. EG C 59 v. 5. 3. 1979, S. 10.

150 Jenard-Bericht, ABl. EG C 59 v. 5. 3. 1979, S. 10.

151 Heß, NJW 2000, S. 26.

152 Der „Heidelberger Entwurf", der nach dem Model des GVÜ das gesamte Familien- und Erbrecht betraf, wurde im späteren Brüssel II-Übereinkommen drastisch eingeschränkt. Französischer Text abgedruckt in: IPRax 1994, S. 67.

153 Die zunehmende Aufmerksamkeit des Europäischen Parlaments am Familienrecht betont auch *Borrás* Bericht: Borrás Bericht, Nr. 1. Sie zeigte sich auch in der Entschließung des Europäischen Parlaments vom 9. Juni 1983 zur Familienpolitik in der Gemeinschaft sowie seine Entschließung vom 14. 12. 1994 zum Schutz der Familie und familienähnlichen Formen des Zusammenlebens zum Abschluss des Internationalen Jahres der Familie (ABl. C 184 (1983), S. 116).

schaft auf dem Gebiet der „justiziellen Zusammenarbeit in Zivilsachen“ erweitert, insbesondere durch Art. K 3. Die primär zwischenstaatliche Zusammenarbeit in der „Dritten Säule“ wurde von einem Koordinierungsausschuss hoher Ministerialbeamter beim Rat (Art. K.4 EUV) umgesetzt. Der EG-Kommission (die im Bereich der justiziellen Zusammenarbeit in Zivilsachen ein konkurrierendes Initiativrecht hatte) und dem Parlament wurden lediglich Beteiligungs- bzw. Anhörungsrechte zugestanden (Art. K.4 II und K.6 EUV). Art. K.3 II lit. c sah als Harmonisierungsinstrument völkerrechtliche Verträge vor. Nach 1993 hat der Rat die justizielle Zusammenarbeit in Zivilsachen intensiviert[154]. Neben anderen[155] unterzeichneten daraufhin die Mitgliedstaaten am 28. 5. 1998 das EG-Übereinkommen über die Zuständigkeit und die Anerkennung und Vollstreckung gerichtlicher Entscheidungen in Ehesachen[156], das jedoch nicht in Kraft getreten ist.

Ein weiterer Meilenstein in der Europäischen Geschichte ist der Vertrag von Amsterdam vom 2. 10. 1997[157]. Er erklärt in den Art. 61-69 EGV die Errichtung eines europäischen Justizraums zu einer eigenständigen Aufgabe der Gemeinschaft.[158] In diesem neuen Politikbereich stehen der EG effiziente Rechtssetzungsverfahren und alle Handlungsformen des sekundären Gemeinschaftsrechts gemäß Art. 249 EGV zur Verfügung. Es handelt sich zwar um eine konkurrierende Zuständigkeit; trotzdem steht seither der Aufbau eines „Europäischen Rechtsraums ganz oben auf der Agenda von Kommission und Rat. Neben Rechtsakten, die in für die EU neue Rechtsgebiete vorstoßen, ist für die Brüsseler und Römer Konventionen die „Abendstunde“ angebrochen[159]. So wurden mit außerordentlicher gesetzgeberischer Dynamik viele Übereinkommen in Verord-

---

154 Die verstärkte Aktivität im grenzüberschreitenden Zivilrechtsverkehr führte zu Abgrenzungsproblemen gegenüber anderen rechtsvereinheitlichenden Institutionen, insbesondere zur Haager IPR-Konferenz und zum Europarat. Es stellte sich zunehmend die Frage, ob und inwieweit sich die justizielle Zusammenarbeit der EU von der weltweiten Rechtsvereinheitlichung in Zivilsachen abkoppeln sollte. Siehe dazu ausführlich Helms, FamRZ 2002, S. 1600 f.

155 Z. B. das europäische Zustellungsübereinkommen vom 26. 5. 1997.

156 ABl. EG Nr. C 221 v. 16. 7. 1998, S. 1.

157 Die justizielle Zusammenarbeit in Zivilsachen, die der Maastrichter Vertrag in die „dritte Säule“ der intergouvernementalen Zusammenarbeit aufgenommen hatte, wurde in die „erste Säule“ der EG überführt und konkretisiert.

158 Siehe dazu ausführlich Heß, NJW 2000, S. 23 ff.; grundlegend Besse, ZEuP 1999, S. 107 ff.

159 So Jayme/Kohler, IPRax 1999, S. 401; Kohler, FS für Geimer, S. 461 ff.: „Das internationale Zivilprozessrecht in Europa durchlebt einen Generationenwechsel. Die Zeit der Staatsverträge läuft ab.“; Kohler, ZEuS 2001, S. 2; Lurger, S. 194; Mansel in: Baur/Mansel, Systemwechsel, S. 1 ff.

nungen umgewandelt.[160] Die spürbarste Folge der Vergemeinschaftung des Internationalen Privatrecht- und Verfahrensrechts wird die bereits heute absehbare Aufhebung der autonomen Kollisionsrechte in den EU-Staaten sein.[161]. Am 3. 12. 1998 hat der Rat einen „Aktionsplan zum Aufbau eines Raumes der Freiheit der Sicherheit und des Rechts“[162] beschlossen. Demnach ist Ziel des Art. 65 die Schaffung eines „europäischen Rechtsraums, der den Unionsbürgern greifbare Vorteile bringt“.[163] Die niedergelegten Zielsetzungen umfassen die unproblematische Feststellung des zuständigen Gerichts, die eindeutige Festlegung des anwendbaren Rechts, zügige und gerechte Verfahren und eine wirksame Vollstreckung. Im Detail sollten u. a.[164] bis 2004 das vereinheitlichte Scheidungskollisionsrecht („Rom III“) sowie ein Rechtsakt zur Zuständigkeit und Urteilsanerkennung in Ehegüter- und in Erbsachen (Brüssel III) ergehen.[165] Auf der Konferenz von Tampére im Oktober 1999 wurde die Harmonisierung des Familienrechts ausdrücklich angesprochen.[166] Parallel zu dieser Gesetzesentwicklung, die große Chancen im Bereich des internationalen Familienrechts eröffnet hat, erkannte die Union in der europäischen Grundrechtscharta vom 7. 12. 2000[167] die Bedeutung der Familie an. Das Recht auf Achtung des Privat- und Familienlebens, Art. 7, das Recht, eine Ehe einzugehen und eine Familie zu gründen,

---

[160] So wurde das EuGVÜ am 1. 3. 2002 in die Verordnung (EG) Nr. 44/2001 nach Art. 65, 249 EGV umgewandelt; das Zustellungsübereinkommen wurde in die Verordnung Nr. 1348/2000 am 31. 5. 2001 umgesetzt. Die schon erwähnte Verordnung (EG) Nr. 1347/2000 beruhte auf dem EuGVÜ. Des Weiteren wurde die Insolvenzverordnung (EuInsVO) am 31. 5. 2002 erlassen. Am 1. 1. 2004 trat die Verordnung über die Zusammenarbeit zwischen den Gerichten auf dem Gebiet der Beweisaufnahme in Zivil- oder Handelssachen in Kraft. Die Kommission hat am 18. 4. 2002 einen Vorschlag für eine Verordnung des Rats zur Einführung eines europäischen Vollstreckungstitels für unbestrittene Forderungen angenommen.

[161] Vgl. Mansel in: Mansel, Vergemeinschaftung, S. 3, 4; Heß, NJW 2000, S. 30.

[162] ABl. EG 1999 Nr. C 19, S. 1 ff.

[163] ABl. EG 1999 Nr. C 19, S. 1, 4 Rn. 16.

[164] Ebenso soll das IPR der außervertraglichen Schuldverhältnisse, sowie die grenzüberschreitende Beweisaufnahme harmonisiert werden. Weitere Möglichkeiten zur Rechtsangleichung im grenzüberschreitenden Zivilverfahrensrecht (Prozesskostenhilfe, Ausländersicherheit und die allg. Stellung des Ausländers im Prozess) sollen überprüft werden. Die Verordnung (EG) Nr. 2201/2003 regelt zivilgerichtliche Verfahren über die „elterliche Verantwortung“ nunmehr *umfassend.*

[165] Aktionsplan, oben FN 162. Vgl. dazu auch den Bericht von *Paul Lagarde* auf der Tagung der *Wissenschaftlichen Vereinigung für Internationales Verfahrensrecht e. V.* in Tübingen vom 9. bis 12. April 2003: IPRax 2004, S. 372.

[166] Siehe Nr. 45 der Schlussfolgerungen. Zuvor hatten sich die Justizminister betreffend einer Vereinheitlichung zivilrechtlicher Vorschriften eingehend mit dem Familienrecht befasst, siehe Dok. 13017/01 v. 29. 10. 2001.

[167] ABl. EG C 364/1 v. 18. 12. 2000, abgedruckt in FamRZ 2000, S. 78 ff.

Art. 9, und die Rechte des Kindes, Art. 24, wurden in die Charta aufgenommen. An Perspektiven im Bereich des Familienrechts fehlt es nicht.
Die gegenwärtige Entwicklung lässt eine nachhaltige Beschleunigung der Rechtsangleichung im internationalen Privat- und Verfahrensrecht erwarten, hierin liegt ein ganz wesentlicher Integrationsschritt.[168] Er dient zum einen der Rechtsklarheit, weil auf der Grundlage des Art. 220 EWGV und später auf der des Art. K.3 II lit. c des Maastrichter Vertrages im internationalen Zivilprozessrecht eine unübersichtliche Fülle von bi- und multilateralen Übereinkommen, die oft nur Einzelfragen regeln, geschaffen wurden.

Allerdings sind für gesetzgeberische Schritte noch viele Fragen offen. Unklar ist der Kompetenzrahmen „Visa, Asyl, Einwanderung und andere Politiken betreffend den freien Personenverkehr“[169]. Das IPR umfasst nämlich das gesamte Zivilrecht, ohne eine solche Einschränkung. Ebenso bleibt unbestimmt, welchen konkreten Inhalt die „Förderung der Vereinbarkeit der in den Mitgliedstaaten geltenden Kollisionsnormen und Vorschriften zur Vermeidung von Kompetenzkonflikten“ haben soll. Sehr umstritten ist daher die Frage nach der Gesetzgebungskompetenz für ein einheitliches Scheidungskollisionsrecht, der sich diese Arbeit später widmen wird[170]. Eine Gewissheit in Bezug auf das Familienrecht hat der Vertrag von Nizza[171] mit sich gebracht. Vor Inkrafttreten des Vertrages von Nizza war zweifelhaft, ob familienrechtliche Fragen in den sachlichen Anwendungsbereich des Art. 65 EGV fallen.[172] Der Wille des Gesetzgebers ist nunmehr deutlich geworden: Das Familienrecht ist in den Grenzen des Art. 65 EGV der Gemeinschaft übertragen worden.

---

168 So zutreffend Heß, NJW 2000, S. 28; Mansel in: Mansel, Vergemeinschaftung, S. 3 f., a. A. Schack, ZEuP 1999, S. 805.

169 Nach Jayme/Kohler sind die Kompetenzverschiebungen von der Zwischenstaatlichkeit zur Supranationalität dem Amsterdamer Vertrag in dem Umfang, wie sie von der Kommission praktiziert werden, nicht zu entnehmen: Jayme/Kohler, IPRax, 1999, S. 413.

170 S. u. zum Kompetenzrahmen des Art. 65: Zweiter Teil 4. Abschnitt.

171 Art. 67 EGV wurde durch Art. 2 Nr. 4 des Vertrags von Nizza vom 1. 2. 3003 in einem Abs. 5 wie folgt ergänzt: Abweichend von Abs. 1 beschließt der Rat gemäß dem Verfahren des Art. 251 die Maßnahmen nach Art. 65 mit Ausnahme der familienrechtlichen Aspekte.

172 Die ausdrückliche Bezugnahme auf den Binnenmarkt im Text des Art. 65 EGV legt vielmehr die Interpretation nahe, dass Harmonisierungsmaßnahmen primär der Angleichung im Binnenmarkt dienen sollen, bei dem man an den Verkehr von Waren, Kapital und Dienstleistungen denkt. Schließlich beinhaltet Art. 14 Abs. 2 EGV diesen Marktbezug, der den freien Personenverkehr nur mit umfasst. Die Marktrelevanz des internationalen Scheidungskollisionsrechts mag man mit Fug und Recht zunächst bezweifeln: So auch Sonnenberger, ZVglRWiss 2001, S. 121. Im Ergebnis aber zustimmend, dass die Zukunft der EU sich nicht auf die im engeren Sinne marktrelevanten Bereiche beschränken kann: Kohler, ZEuS, S. 3 ff.; Mansel in: Baur/Mansel, Systemwechsel, S. 5.

Festzuhalten ist, dass allein der *Entschluss* zu einer Regelung über die Ehe- und Kindschaftsverfahren durch Brüssel II einen integrationsfördernden Schritt darstellt. Um diesen Weg der EU weiterzugehen, ist es an der Zeit, konstruktive Kritik an den vorhandenen Regelungen zu üben, wie es vielfach schon geschehen ist, um Verbesserungen und neue Vorschläge für die Zukunft aufzuzeigen. Daher wird nachfolgend die EheVO II daraufhin untersucht, welche konkreten Mängel sie aufweist und ob sie durch ein europäisches Scheidungskollisionsrecht überwunden würden.

2. Abschnitt
Auswirkungen der EheVO II

Der folgende Abschnitt untersucht, welche Motive den europäischen Gesetzgeber zur EheVO II bewegt haben und ob er seine Ziele erreicht hat. Im Anschluss werden die Mängel einzelner Regelungen aufgezeigt und in einem weiteren Schritt wird geprüft, wie sie zu beheben sind. Um die Defizite der EheVO II verständlich zu machen, kann teilweise nicht darauf verzichtet werden, Anwendung, Sinn und Zweck der einzelnen Regelung kurz darzustellen.
Dabei werden Autoren herangezogen, deren Auffassungen sich auf die Verordnung (EG) Nr. 1347/2000, die EheVO I, beziehen. Ihre Ansichten können ohne Einschränkungen auf die neue Verordnung (EG) Nr. 2201/2003 übertragen werden, weil die hier einschlägigen Vorschriften zum Eheverfahrensrecht beider Verordnungen inhaltlich identisch sind.[173]

§ 1. Der Weg zur EheVO II

Vor Schaffung des EheGVÜ[174] gab es weder eine einheitliche internationale Zuständigkeit in Ehesachen noch Regelungen über parallele Rechtshängigkeit von Scheidungsanträgen und die Anerkennung und Vollstreckung von Entscheidungen in Ehesachen. Die Folge waren unnötig hohe Kosten und hinkende Scheidungen. Aufgrund konkurrierender Parallelverfahren in verschiedenen Mitgliedstaaten ergingen einander widersprechende Entscheidungen, aus denen unklare Folgen resultierten, wie etwa in Bezug auf den Versorgungsausgleich. Das EheGVÜ sollte dem Wunsch nach einheitlichen Vorschriften für die Zuständigkeit in Ehesachen gerecht werden; das Erfordernis, die Vorschriften für die Anerkennung und Vollstreckung einheitlich und zeitgemäß auszugestalten sowie

---

173 Vgl. Erwägungsgrund (3) a. E. der Verordnung (EG) Nr. 2201/2003, der darauf hinweist, dass der Inhalt der Verordnung weitgehend aus dem diesbezüglichen Übereinkommen vom 28. Mai 1998 übernommen wurde. Nach Erwägungsgrund (6) der Verordnung (EG) Nr. 1347/2000 wurde der Inhalt der EheVO I ebenfalls vom Übereinkommen übernommen.

174 ABl. EG 1998 C 221/27.

die Notwendigkeit, Parallelverfahren in Europa auszuschließen, sollte hier realisiert werden.[175]
Am 1. 3. 2000 ist nach Maßgabe des Art. 68 EGV die Verordnung (EG) Nr. 1347/2000 an die Stelle des EheGVÜ getreten. Die Verordnung (EG) Nr. 1347/2000 wird am 1. 3. 2005 durch die Verordnung (EG) Nr. 2201/2003 aufgehoben und ersetzt.[176] Der Bericht des Sachverständigenausschusses zum Übereinkommen unter Federführung von *Alegría Borrás*[177] ist daher auch zur Auslegung von EheVO I und EheVO II heranzuziehen.[178] Der Regelungsgegenstand wurde beibehalten, die Rechtsnatur von EuGVÜ und EheVO I bzw. EheVO II ist aber unterschiedlich. Während das EuGVÜ dem Völkerrecht angehört und erst innerstaatliche Geltung durch das jeweilige nationale Recht erhält, gehören die EheVO I und die EheVO II dem sekundären Gemeinschaftsrecht an und gelten daher gemäß Art. 249 EGV verbindlich und unmittelbar in jedem Mitgliedstaat, mit Ausnahme von Dänemark[179]. Sie sind am Primärrecht zu messen. Dasselbe wird auch für „Rom III“ gelten. Die Anknüpfungsmerkmale müssen den primärrechtlichen Vorgaben uneingeschränkt entsprechen, was etwa der Anknüpfung an die Staatsangehörigkeit enge Grenzen setzt. Die Ziele, die in Brüssel II und Brüssel IIa realisiert werden sollten, waren somit erstrebenswert. Wie sich an den gesetzlichen Neuerungen zeigt, wurden diese Ziele auch zum Teil erreicht. Im Einzelnen weisen die Regelungen jedoch erhebliche Mängel auf.

§ 2. Anwendungsbereich der EheVO II

Gemäß Art. 1 Abs. 1 lit. a findet die EheVO II, ungeachtet der Art der Gerichtsbarkeit[180], Anwendung auf Zivilsachen, die die Ehescheidung, die Trennung oh-

---

175 Siehe die Auflistung der Gründe für das EheGVÜ in Borrás Bericht, Nr. 7.

176 Die neue Verordnung ist am 1. 8. 2004 in Kraft getreten, ihre wesentlichen Bestimmungen werden jedoch erst ab dem 1. 3. 2005 gelten, vgl. Art. 72 EheVO II. Ab 1. 8. 2004 gelten lediglich die Art. 67-70 EheVO II.

177 Erläutender Bericht zu dem Übereinkommen über die Zuständigkeit und die Anerkennung und Vollstreckung in Ehesachen, erstellt von *Prof. Dr. Alegría Borrás Bericht*, Professorin für Internationales Privatrecht an der Universität Barcelona, ABl EG 1998, C. 221 v. 16. 7. 1998, S. 27 ff.

178 Vgl. den Erwägungsgrund (3) FN (5) der EheVO I sowie den Erwägungsgrund (3) FN (5) der EheVO II, die einen Hinweis auf diesen Bericht enthalten.

179 Siehe dazu ausführlich unten Zweiter Teil 4. Abschnitt § 6. I. 3.

180 Unter „Gericht“ fallen gem. Art. 2 Nr. 1 EheVO II Verfahren vor allen Behörden, die für Rechtssachen zuständig sind, die gem. Art. 1 EheVO II in den Anwendungsbereich der Verordnung fallen. Vom Anwendungsbereich der EheVO II ausgeschlossen bleiben reine Privatscheidungsverfahren, die z. B. von Angehörigen islamischer Staaten ohne die Beteiligung von Gerichten oder Behörden in den Mitgliedstaaten durchgeführt werden. Vgl. Borrás Bericht, Nr. 20 A.

ne Auflösung des Ehebandes oder die Ungültigerklärung einer Ehe betreffen.[181] Die EheVO II wird gemäß Art. 1 Abs. 1 lit. b auch auf zivilgerichtliche Verfahren, die die elterliche Verantwortung für die gemeinsamen Kinder der Ehegatten betreffen, angewendet.
Erfasst wurden nach der EheVO I ausdrücklich nur statusändernde, nicht hingegen antrags- bzw. klageabweisende Entscheidungen. Dies ließ sich zum einen dem Erwägungsgrund Nr. (15) der EheVO I entnehmen, wonach der Begriff „Entscheidung" sich nur auf Entscheidungen bezog, mit denen eine Ehescheidung (...) *herbeigeführt* wurde. Zum zweiten betont der Bericht von *Alegría Borrás* ebenfalls, dass unter „Entscheidungen" nur positive Entscheidungen fallen.[182] Die EheVO II hat diesbezüglich insoweit eine Veränderung erfahren, als Art. 2 Nr. 4 EheVO II für die „Entscheidung" jede von einem Gericht eines Mitgliedstaates erlassene Entscheidung über die Ehescheidung, (...) bestimmt. Der Wortlaut schließt eine ablehnende Entscheidung nicht aus. Ein Argument für den Einbezug von negativen Entscheidungen in den Anwendungsbereich der EheVO II kann daher darauf beruhen, dass der europäische Gesetzgeber den Wortlaut bewusst verändert hat, um den Begriff „Entscheidung" nicht mehr auf positive Entscheidungen zu beschränken. Der Gesetzgeber wäre damit der, zu der ehemaligen Rechtslage kritischen Literatur[183] gefolgt. Diese wies zu Recht darauf hin, dass es wünschenswert wäre oder eine richtige Auslegung des Art. 13 EheVO I es sogar gebiete, sämtliche Statusentscheidungen in Ehesachen

[181] Hier weist ein Teil der Literatur auf die Regelungslücke hin, dass die in verschiedenen europäischen Staaten neu geschaffenen, „eheähnlichen Lebenspartnerschaften" nicht in den sachlichen Anwendungsbereich der EheVO I bzw. der EheVO II miteinbezogen wurden: Heß, JZ 2001, S. 575; siehe umfassend zu diesem Thema Hausmann, FS für Henrich, S. 241 ff.; Wagner, IPRax 2001, S. 282; Pintens, FamRZ 2003, S. 335 m. w. N.; zu Recht auch Helms, FamRZ 2001, S. 258: „Die mitgliedstaatlichen Sachrechte weisen diesbezüglich *noch* keine ausreichende Konvergenz auf (Hervorhebung zugefügt). Es ist aber an der Zeit, sich mit diesem Rechtsbereich auch im internationalen, bzw. europäischen Normgefüge auseinanderzusetzen.". Ders. in FamRZ 2002, S. 1594; ähnlich Kohler, NJW 2001, S. 15: „Die EheVO bleibt hinter der gesellschaftlichen Entwicklung zurück. Andere Lebensgemeinschaften zweier Personen als die Ehe, die innerstaatlich zunehmend rechtliche Anerkennung erlangen, werden von der EheVO nicht erfasst. Die Zeit hierfür wäre aber auch kaum reif gewesen.". Die rechtliche Bewältigung derartiger Lebensgemeinschaften, so *Kohler*, habe erst begonnen, auch die Diskussion über die Bewertung im Kollisionsrecht sei von gesicherten Positionen weit entfernt. Dennoch will was Maßnahmenprogramm des Rats der EU (s. o. FN 189) den „außergerichtlich entstandenen Familienständen" als „neuer gesellschaftlicher Realität" Rechnung tragen. Zu diesem Zweck soll die EheVO I, mithin auch die EheVO II, auf Entscheidungen zur elterlichen Verantwortung für Kinder nicht verheirateter Paare ausgedehnt werden, was bisher aber noch nicht geschehen ist.

[182] Borrás Bericht, Nr. 60.

[183] Hau, FamRZ 1999, S. 487; Hausmann, EuLF 2000, S. 273 a. E.; Helms, FamRZ 2001, S. 258.

in den sachlichen Anwendungsbereich der Verordnung einzubeziehen. Passendes Korrekturinstrument und ausreichend, um die Eheauflösungsfreiheit nicht zu beeinträchtigen, sei schließlich der in Art. 15 lit. a EheVO I (entsprechend Art. 22 lit. a EheVO II) normierte ordre public und nicht die Beschränkung auf statusändernde Entscheidungen.

Trotz dieser begründeten Einwände, die auf die EheVO II genauso wie auf die EheVO I zutreffen, sprechen gewichtige Argumente für eine Beschränkung der EheVO II auf negative Entscheidungen.

Hinter dieser Einschränkung stand bei den Beratungen zur EheVO I die Befürchtung, scheidungsfreundliche Staaten, wie die nordischen Länder, seien sonst zur Beachtung und sogar Anerkennung negativer Entscheidungen gezwungen.[184] Einem weiteren Scheidungsantrag stünde dann die Präklusion von Scheidungsgründen des Urteilsstaates entgegen. Würde ein Scheidungsantrag im Staat A abgewiesen, könnte nämlich die Anerkennung des antragsabweisenden Urteils der Geltendmachung derselben oder auch anderer im Zeitpunkt der Erstentscheidung bereits vorliegender Scheidungsgründe in einem zweiten Scheidungsverfahren im Staat B entgegenstehen. Hätte der europäische Gesetzgeber der EheVO II insoweit eine andere Intention verleihen wollen, hätte er dies aus Gründen der Rechtsklarheit in den Erwägungsgründen ausdrücklich festgeschrieben. Stattdessen verweist Erwägungsgrund Nr. (3) darauf, dass der Inhalt der Verordnung weitgehend aus dem diesbezüglichen Übereinkommen vom 28. Mai 1998 übernommen wurde. Konkludent wird somit auf den erläuternden Bericht von Alegría Borrás und damit insbesondere auf die Erklärung zur Auslegung des Begriffs „Entscheidung“ Bezug genommen.

Aufgrund des auf statusändernde Entscheidungen begrenzten Anwendungsbereichs der EheVO II wird niemand zur Fortführung der Ehe gezwungen, nur weil ein Gericht in einem anderen Mitgliedstaat aufgrund eines strengen Scheidungsrechts den Scheidungsantrag abgewiesen hat.[185]

Von der EheVO II werden gemäß Erwägungsgrund Nr. (8) nur Statusverfahren[186] erfasst. Es fehlen dagegen Scheidungsfolgesachen wie bspw. Namensrecht, Güterstand, Unterhalt[187] und Versorgungsausgleich.[188] Dem Maßnahmen-

---

184 Borrás Bericht, Nr. 60.

185 So auch im Hinblick auf die EheVO I: Hausmann, EuLF 2000/01, S. 348; Hau, FamRZ 1999, S. 485; Wagner, IPRax 2001, S. 76.

186 Insbesondere sind Feststellungsklagen ausgeschlossen (str.; so aber zu Recht Hausmann, EuLF 2000/01, S. 274. A. A. Rauscher, Europäisches Zivilprozeßrecht, Art. 1 Brüssel II-VO RN 2).

187 Der Unterhalt fällt unter Art. 5 Nr. 2 EuGVO.

188 Der Heidelberger Entwurf vom 2. 10. 1993 enthielt dagegen generalklauselartig sämtliche Familien- und Erbsachen. Bei den Arbeiten zum EheGVÜ war nur der in der EheVO I bzw. heutigen EheVO II gesteckte Kreis von Ehe- und Kindschaftssachen konsensfähig. Zu Recht kritisiert von Helms, FamRZ 2001, S. 257, 258.

katalog der Europäischen Justizminister v. 24. 11. 2000[189] ist jedoch zu entnehmen, dass Rechtsinstrumente über die gerichtliche Zuständigkeit sowie die Anerkennung und die Vollstreckung von Entscheidungen über die Auflösung der ehelichen Güterstande sowie in Erbrechtssachen innerhalb von fünf Jahren in Angriff genommen werden sollen. Vor diesen Schritten sollte aber die „Grundfrage“[190] für diese Rechtsbereiche, die Scheidung, in Europa interessengerecht und fehlerfrei geregelt werden.

§ 3. Zuständigkeiten in Ehesachen[191]

Für die Mitgliedstaaten der EU ist die internationale Zuständigkeit für Ehesachen und für die mit der Ehesache zusammenhängenden Kindschaftssachen durch die EheVO II einheitlich geregelt. Art. 3 EheVO II enthält für Ehesachen eine erschöpfende Aufzählung der Kompetenzgründe, die untereinander gleichrangig sind.[192] Die Verordnung nimmt bewusst die Möglichkeit in Kauf, in einer Angelegenheit wahlweise den Zugang zu den Gerichten mehrerer Mitgliedstaaten zu eröffnen. Dem liegt der Gedanke des *favor divortii* zugrunde[193], also die Begünstigung der Scheidung und die Erkenntnis, dass aufgrund ehelicher Krisen immer häufiger eine sofortige Änderung der Lebenssituation eintritt[194]. Ob der Gesichtspunkt des *favor divortii* zu begrüßen ist und ob auf veränderte Lebenssituationen mit Alternativanknüpfungen reagiert werden muss, ist fraglich und wird später erörtert. Im Folgenden werden die Anknüpfungstatbestände des Art. 3 EheVO II primär unter dem Gesichtspunkt vorgestellt, welche Möglichkeiten sich dem Antragsteller bieten, den ihm günstigsten Gerichtsstand auszuwählen.

I. Ausschließlichkeit der Zuständigkeitsregelungen, Art. 6 EheVO II

Wenn der Antragsgegner im Zeitpunkt der Antragstellung[195] entweder seinen gewöhnlichen Aufenthaltsort im Hoheitsgebiet eines Mitgliedstaats der

---

[189] ABl. EG 2001, C 12, III C und D; Text in IPRax 2001, S. 163 ff. (168).

[190] *Borrás* spricht vom „bedeutendsten Thema im familienrechtlichen Bereich“: Borrás Bericht, Nr. 3.

[191] Nicht behandelt werden die Annex-, Verbunds- und Folgezuständigkeiten.

[192] KOM (EG) Nr. 2000/0515 endg. zu Art. 2 EheVO I (Art. 2 EheVO I entspricht Art. 3 EheVO II); ebenso Borrás Bericht, Nr. 6 und 28. Die Alternativanknüpfung widerspricht den Vorschlägen der deutschen Delegation, s. Pirrung, ZEuP 1999, S. 844. Unzutreffend Finger, FuR 1998, S. 347, der einen Vorrang des gemeinsamen Aufenthaltsortes annimmt.

[193] So Boele-Woelki, ZfRV 2001, S. 129.

[194] Borrás Bericht, Nr. 28.

[195] Dass dieser Zeitpunkt ausschlaggebend ist, stellen zu Recht fest: Hau, FamRZ 2000, S. 1340; Hausmann, EuLF 2000, S. 279 mit dem Verweis auf Art. 11 Abs. 4 EheVO I (entsprechend Art. 16 EheVO II), der ebenso auf den Zeitpunkt der Antragstellung abstellt.

EheVO II hat (Art. 6 lit. a) oder wenn er Staatsangehöriger eines solchen Mitgliedstaats ist (Art 6 lit. b) bzw. im Vereinigten Königreich oder Irland sein „domicile" hat, darf ein Verfahren vor den Gerichten eines anderen Mitgliedstaats nur nach Maßgabe der Art. 3-5 EheVO II geführt werden. Erst wenn sich eine Zuständigkeit nach Art. 3-5 EheVO II nicht ergibt, dann ist nationales Recht der Mitgliedstaaten anwendbar. Jedoch gilt nur das Recht jenes Staates, in dem der Antragsgegner seinen gewöhnlichen Aufenthalt hat oder dessen Staatsangehörigkeit er besitzt.[196] Diese Einschränkung ergibt sich zwar so nicht aus dem Wortlaut des Art. 7 Abs. 1 EheVO II. Wäre aber, wenn Art. 3-5 EheVO II zu keiner Zuständigkeit führen würde, jedes autonome Recht innerhalb der Mitgliedstaaten anwendbar, so wäre Art. 6 EheVO II überflüssig. Allein Art. 7 Abs. 1 EheVO II mit seiner Einschränkung, „*soweit* sich aus Art. 3-5 keine Zuständigkeit ergibt", käme zur Anwendung nationalen Rechts. Die Existenz des Art. 6 EheVO II rechtfertigt sich durch seinen Schutzzweck, der nicht durch die Anwendung des Art. 7 Abs. 1 EheVO II unterlaufen werden darf. Hat der Antragsgegner seinen gewöhnlichen Aufenthalt nicht in einem Mitgliedstaat und ist er auch nicht Staatsangehöriger eines Mitgliedstaats, dann ist die internationale Zuständigkeit immer noch den Art. 3-5 EheVO II zu entnehmen. Ergibt sich hieraus aber keine Zuständigkeit,[197] kann der Antragsteller, anders als im Rahmen des Art. 6 EheVO II, auf jedes nationale Recht der EU zurückgreifen, Art. 7 Abs. 1 EheVO II.[198]

In Ehesachen ist angesichts des Vorrangs der EheVO II und der Ausschließlichkeit der Zuständigkeit nach Art. 3-5 EheVO II der Anwendungsbereich des autonomen Rechts der internationalen Zuständigkeit schmal geworden. Sinn und Zweck der Ausschließlichkeit ist es, den Antragsgegner vor dem nationalen Recht eines anderen Mitgliedstaats als seines Aufenthalts- oder Heimatstaates zu schützen. Die mitgliedstaatlichen Gerichte dürfen die internationale Zuständigkeit mit Ausnahme von Art. 7 Abs. 1 EheVO II nicht mehr auf ihr antragstellerfreundliches innerstaatliches Zuständigkeitsrecht stützen.[199] Nur die örtliche Zuständigkeit in Ehe- und Sorgerechtssachen beurteilt sich weiterhin nach dem nationalen Recht der Mitgliedstaaten.

---

196 So zutreffend Hausmann, EuLF 2000, S. 279.

197 Vgl. Art. 7 Abs. 1 EheVO II: „*Soweit* sich aus den Art. 3, 4 und 5 keine Zuständigkeit eines Gerichts eines Mitgliedstaats ergibt...".

198 Lebt bspw. ein deutsch-französisches Ehepaar in Japan, ist eine Zuständigkeit nach Art. 3-5 EheVO II nicht eröffnet. Für den Scheidungsantrag sind die deutschen Gerichte nach § 606 a Abs. 1 Nr. 1 ZPO zuständig oder die französischen nach Art. 14 Code Civil, wenn der Antragsteller Franzose ist.

199 Ob diesem Schutz aber mit der ausschließlichen Regelung des Art. 3 EheVO II Genüge getan ist, ist angesichts der großen Freiheit, die dem Antragsteller bei der Zuständigkeitswahl eröffnet ist, fraglich: Siehe dazu kritisch unten Zweiter Teil 2. Abschnitt § 3. II.

II. Aufenthaltszuständigkeit und Heimatzuständigkeit

Das Zuständigkeitssystem der EheVO II beruht auf objektiven Anknüpfungspunkten, und zwar auf dem gewöhnlichen Aufenthalt und der Staatsangehörigkeit bzw. für Großbritannien und Irland das domicile. Beides entspricht den nationalen Rechten, jedoch tritt im Vergleich – zumindest auf den ersten Blick – die Staatsangehörigkeit in den Hintergrund. Ebenso wie im deutschen Prozessrecht (§ 40 II ZPO) vermag eine Gerichtsstandsvereinbarung oder eine rügelose Einlassung auf das Verfahren in Ehesachen wegen der involvierten öffentlichen Interessen nicht zuständigkeitsbegründend zu wirken[200].

An der Spitze der Zuständigkeitsgründe des Art. 3 EheVO II steht der gemeinsame gewöhnliche Aufenthalt[201] der Ehegatten, gefolgt vom letzten gemeinsamen gewöhnlichen Aufenthalt, solange durch die Anwesenheit eines Ehegatten noch ein Gegenwartsbezug besteht. Der Zurückgebliebene soll dem „Auswanderer" das Scheidungsverfahren nicht hinterher tragen müssen.[202] Dieser Fall wird insbesondere bei kürzerer Ehedauer relevant, weil ansonsten der Antragsteller auch die Mindestaufenthaltsdauer nach Art. 3 Abs. 1 a Str. 5 oder 6 EheVO II abwarten kann. Der Grundsatz *„actor sequitur forum rei"* wird in Art. 3 Abs. 1 a Str. 3 EheVO II verwirklicht: Es handelt sich um den bekannten Beklagtengerichtsstand, der hier im Vergleich zu anderen Zuständigkeiten kein allgemeiner Gerichtsstand ist. Geschützt wird der Beklagte, der nicht in für ihn beziehungslosen Ländern verklagt werden soll. Dem gleichgestellt ist gemäß Art. 3 Abs. 1 a Str. 5 und 6 EheVO II auch der gewöhnliche Aufenthalt nur eines Ehegatten, an den im Wesentlichen nur dann zusätzliche Zeitanforderungen (Mindestdauer von einem Jahr bzw. bei Staatsangehörigkeit des Scheidungsstaats sechs Monate vor Verfahrenseinleitung) gestellt werden, wenn es sich bei der betroffenen Person um den Antragsteller handelt.

---

[200] Vgl. Borrás Bericht, Nr. 28; zur Kritik vgl. Boele-Woelki, ZfRV 2001, S. 123.

[201] Den „Wohnsitz" definierte der EuGH als den Ort, den der Betroffene als ständigen oder gewöhnlichen Mittelpunkt seiner Lebensinteressen in der Absicht gewählt hat, ihm Dauerhaftigkeit zu verleihen, wobei für die Feststellung dieses Wohnsitzes alle hierfür wesentlichen tatsächlichen Gesichtspunkte zu berücksichtigen sind, EuGH 15. 9. 1994 – Rs C-452/93 Pedro Magdalena Fernandez/Kommission, Rn. 22. Diese Definition kann auf den „gewöhnlichen Aufenthalt" übertragen werden. Letzterer hat sich aus den unterschiedlichen Wohnsitzbegriffen der Mitgliedstaaten entwickelt, um eine kollisionsrechtliche Anknüpfungsvereinheitlichung zu schaffen: vgl. Keller/Siehr, S. 314 ff. Der Wohnsitzbegriff des EuGH enthält alle wesentlichen Merkmale, die die Rechtsprechung der Mitgliedstaaten zum „Wohnsitz" oder auch zum „gewöhnlichen Aufenthalt" entwickelt hat. So bereits schon Schröder, Wohnsitz und Domizil im deutschen und ausländischen Privatrecht, S. 187; vgl. zu dieser Thematik ausführlich Gollrad, S. 167 ff., 177 ff.; s. a. die Feststellungen von Hausmann, EuLF 2000, S. 276.

[202] Spellenberg, FS für Geimer, S. 1266; kritisch dazu Rauscher, Europäisches Zivilprozeßrecht, Art. 2 Brüssel II-VO, RN 14.

Bei einem Vergleich der Zuständigkeiten nach Art. 3 Abs. 1 a Str. 1-3 EheVO II und nach Art. 1 Abs. 1 a Str. 5 und 6 EheVO II fällt auf, dass entgegen dem bisherigen internationalen Eheverfahrensrecht den fora actoris erhebliche Bedeutung zukommt. Der Beklagtengerichtsstand kommt *ausschließlich* nur noch für den Fall in Betracht, wenn beide Partner das bisherige Aufenthaltsland verlassen haben, der Antragsteller sich im neuen Staat noch keine sechs bzw. zwölf Monate lang aufgehalten hat und der Antragsgegner bereits einen gewöhnlichen Aufenthalt begründet hat.[203] Kann hier überhaupt noch vom *Grundsatz* des actor sequitur forum rei gesprochen werden? Das ist sehr zweifelhaft, wenn eine Grundsatzanknüpfung genauso häufig normiert ist, wie eine Ausnahmeanknüpfung.[204] Die Zweifel werden auch nicht dadurch ausgeräumt, dass zu dem gewöhnlichen Aufenthalt des Antragstellers die bereits erwähnten Voraussetzungen hinzutreten müssen, um eine Zuständigkeit zu begründen. So ist gemäß Art. 3 Abs. 1 Strich 5 EheVO II ein einjähriger Aufenthalt des Antragstellers an seinem gewöhnlichen Aufenthalt erforderlich, damit das Gericht an diesem Ort zuständig wird. Es reicht auch ein sechsmonatiger Aufenthalt aus, wenn der Antragsteller Staatsangehöriger des betreffenden Mitgliedstaats ist, Art. 3 Abs. 1 a Str. 6 EheVO II. Die Einschränkungen ändern nichts daran, dass die Wahlfreiheit des Antragstellers gegenüber jener des Antragsgegners kein geringes Gewicht mehr hat. Diese Nivellierung bedarf einer Begründung, denn sie öffnet dem forum shopping Tür und Tor. Gemäß Art. 3 Abs. 1 Str. 5 EheVO II soll der Kläger bzw. Antragsteller dem Gegner die Klage nicht unbefristet lange hinterher tragen müssen, wenn auch er sich seinen neuen Lebensmittelpunkt in einem anderen Land gesucht hat und dort die Änderung seines Status wünscht. Auch im Vergleich zu Art. 3 Abs. 1 a Str. 2 EheVO II, der zugunsten des Zurückgebliebenen geschaffen wurde, ist es gerechtfertigt, dass auch der „Auswanderer" irgendwann einen Gerichtsstand für sich in Anspruch nehmen kann. Gegen dieses Motiv wird häufig eingewandt, die „Erleichterung der Flucht in die Heimat" gemäß Art. 2 Abs. 1 a Str. 6 EheVO I, der Art. 3 Abs. 2 a Str. 6 EheVO II entspricht, sei systemwidrig, weil sie in ihren Heimatstaat zurückkehrende scheidungswillige Ehefrauen begünstige, während an den Erwerbstätigen, der ohne Kündigung seiner Stelle diese Flucht nicht antreten könne, nicht gedacht worden

---

203 Wenn der Beklagte in dieser Fallkonstellation selbst noch keinen gewöhnlichen Aufenthalt begründet hat, kann es an einem Gerichtsstand ganz fehlen. Es sind dann nicht etwa die nationalen Restzuständigkeiten eröffnet. So zu Recht Schack, RabelsZ 2001, S. 632; abl. Hau, FamRZ 2000, S. 1341.

204 Wie hier auch Rauscher, Europäisches Zivilprozeßrecht, Art. Brüssel II-VO, RN 1; Pirrung, ZEuP 1999, S. 844; Jayme, IPRax 2000, S. 167 f.; Kohler in: Mansel, Vergemeinschaftung, S. 51; Wagner, IPRax 2000, S. 519. Aufgeschlossener Boele-Woelki, ZfRV 2001, S. 123; Hausmann, EuLF 2000/01, S. 276 FN 54; Hau, FamRZ 2000, S. 1334; Spellenberg, FS für Geimer, S. 1268.

sei.[205] Diese Ansicht ist sehr einseitig und nicht mehr zeitgemäß. Zum einen gab es 2002 in den Mitgliedstaaten zwischen mindestens 37, 7 % (Italien) und höchstens 48, 3 % (Finnland) erwerbstätige Frauen.[206] Auch in den Jahren vorher waren die Zahlen nicht wesentlich geringer.[207] Zum zweiten wird hier ein Argument auf ein selektives, willkürliches Beispiel gestützt. Selbst wenn tatsächlich verhältnismäßig mehr Männer als Frauen in Europa erwerbstätig wären, fehlten Nachweise, dass sehr häufig scheidungswillige Ehefrauen in ihrem Heimatland den Scheidungsantrag stellen, während die Ehemänner an ihre Arbeitsstelle gebunden sind. In Ermangelung solcher Nachweise stehen andere Gründe für ein Auswandern und eine Bindung an den gewöhnlichen Aufenthalt dem vorherigen gleich. So ist es genauso denkbar, dass der Ehemann ohne berufliche Einbuße innerhalb derselben Firma in eine Filiale in seinem Heimatstaat wechselt, während die Ehefrau bei ihren pflegebedürftigen Eltern bleiben muss.
Die Frage, ob die Einjahresfrist die Lebenswirklichkeit widerspiegelt bzw. wann in der Regel ein neuer Lebensmittelpunkt entstanden ist, wird nicht zu beantworten sein. Mit anderen Worten lässt sich nicht genau feststellen, wo die Grenze liegt zwischen „manipuliertem" Umzug um des Gerichtsstandes willen und wirklich gewollter geographischer Aufenthalts- und Lebensveränderung. Ein Jahr ist vertretbar[208], ohne dass ausgeschlossen werden kann, dass manch ein Antragsteller auch diese lange Wartezeit nicht scheut, um geschieden zu werden. Art. 3 Abs. 1 a Str. 5 EheVO II ist daher eine Regelung, deren Motiv das forum actoris rechtfertigt. Letzteres ist bei Art. 3 Abs. 1 a Str. 6 EheVO II fragwürdiger. Mit dieser Regelung sollte dem Interesse des in seinen Heimatstaat zurückgekehrten Ehegatten entgegengekommen werden.[209] Gegen das vordergründige Motiv selbst, das Interesse des Klägers nicht völlig außer Acht zu lassen, ist nichts einzuwenden. Vielmehr wird der Klägergerichtsstand ohnehin strenger als in anderen Mitgliedstaaten gehandhabt, weil der sechsmonatige Lebensmittelpunkt als weiteres Anknüpfungsmoment noch hinzukommt. Dem behaupteten Interesse wird allerdings bereits Art. 3 Abs. 1 a Str. 5 EheVO II gerecht; diesbezüglich ist Art. 3 Abs. 1 a Str. 6 EheVO II überflüssig. Vielmehr sind dort die Anforderungen an den Klägergerichtsstand sogar noch geringer. Daran ändert

---

205 Rauscher, FS für Geimer, S. 885, Pirrung, ZEuP 1999, S. 844; Hau, FamRZ 2000, S. 1334.

206 Statistisches Jahrbuch für das Ausland 2003, S. 49, Tabelle 3.2.

207 Vgl. die Zahlen ab 1999: Statistisches Jahrbuch für das Ausland 2003, S. 49, Tabelle 3.2.

208 Vgl. *Levante* zur Mindestdauer des gewöhnlichen Aufenthalts, um eine Integration zu indizieren: Levante, S. 84. Kritisch hierzu Jayme, IPRax 2000, S. 167. Die soziologische Frage, ob und warum aus Sicht des europäischen Gesetzgebers ein Jahr eine angemessene Wartefrist darstellt, kann hier im Übrigen nicht näher behandelt werden.

209 Borrás Bericht, Nr. 32; Rauscher, Europäisches Zivilprozeßrecht, Art. 2 Brüssel II-VO, RN 28.

auch die Ansicht von *Hau*[210] nichts, wonach Art. 2 Abs. 1 a Str. 6 EheVO I (entsprechend Art. 3 Abs. 1 a Str. 6 EheVO II) eine vorzugswürdige Einschränkung der alleinigen Anknüpfung an die Staatsangehörigkeit enthielte. In anderen Mitgliedstaaten reiche die bloße Staatsangehörigkeit eines Ehegatten aus. Letzteres stimmt zwar,[211] sollte aber für eine europäische Regelung keinen Maßstab darstellen. Vielmehr muss für europaweit geltende Regelungen die Anknüpfung an die Staatsangehörigkeit, insbesondere die nur einer Partei, gerade eingedämmt werden.[212] Vorzuziehen ist es daher mit der herrschenden Meinung[213], Art. 3 Abs. 1 Str. 6 EheVO II von einem anderen Blickwinkel aus zu sehen. Ausgangspunkt ist nicht das Staatsangehörigkeitsprinzip, welches durch ein weiteres Tatbestandsmerkmal ergänzt wird, sondern der gewöhnliche Aufenthalt, der in der EheVO II gegenüber der Staatsangehörigkeit vorrangig ist[214]. Die sog. Heimatzuständigkeit steht zwar rechtssystematisch gleichberechtigt neben der Aufenthaltszuständigkeit. Neben den Gerichten am gewöhnlichen Aufenthalt der Ehegatten oder – mit einigen Qualifikationen – eines Ehegatten sind auch die Gerichte des Staates zuständig, dessen Staatsangehörigkeit beide Ehegatten besitzen. Auch die Behauptung, der Aufenthaltsanknüpfung komme faktisch eine größere Bedeutung zu, scheint die EheVO II nicht zu unterstützen. Allerdings drängt die EheVO II die Zuständigkeit kraft Staatsangehörigkeit im Vergleich zu den Anknüpfungssystemen der autonomen Internationalen Privatrechte erheblich zurück, indem die Staatsangehörigkeit nur einer Partei nicht mehr ausreicht.[215]

Die schwerpunktmäßige Anbindung der Zuständigkeit an den gewöhnlichen Aufenthalt ist die logische Konsequenz der Freizügigkeit innerhalb der EU.[216]

---

210 Hau, FamRZ 2000, S. 1340.

211 In Deutschland etwa wird die Flucht in die Heimat und somit der Zugang zum deutschen IPR durch § 606 a Abs. 1 Nr. 1 ZPO und Art. 17 Abs. 1 Nr. 2 EGBGB ermöglicht.

212 Siehe dazu ausführlich später das Ergebnis unten Dritter Teil 3. Abschnitt § 4. IV. 4. d).

213 Hau, FamRZ 2000, S. 1334; Hausmann, EuLF 2000/2001, S. 352; Schack, RabelsZ 2001, S. 623; Heß, JZ 2001, S. 575; Spellenberg, FS für Geimer, S. 1269; Helms, FamRZ 2002, S. 1596; Hohloch, S. 27; Thomas/Putzo/Hüßtege, Art. 2 EheVO RN 3.

214 Siehe *Borrás* Bericht, wonach Art 2 Abs. a Str. 5 und 6 EheGVÜ (entsprechend Art. 3 Abs. 1 a Str. 5 und 6 EheVO II) auf der „Grundlage" des gewöhnlichen Aufenthalts geschaffen wurden: Borrás Bericht, Nr. 32; ebenso Kropholler, Europäisches Zivilprozeßrecht, 7. Auflage, Einl. RN 97; Henrich, FS für Stoll, S. 441.

215 Dem Einwand *Spellenbergs*, in FS für Geimer, S. 1263, dass das vornehmlich deshalb geschehe, um die Klägergerichtsstände zurückzudrängen und nicht um dem Aufenthalt eine vorrangige Position einzuräumen, ist zu widersprechen. *Borrás* Bericht (s. o. FN 214) besagt klar das Gegenteil von diesem Vorwurf.

216 Statt vieler Rauscher, FS für Geimer, S. 884, 885; Henrich, FS für Stoll, S. 437 ff.; Hohloch, FS für Stoll, S. 539. Zum Verhältnis Staatsangehörigkeit und gewöhnlicher Aufenthalt siehe ausführlich unten Dritter Teil 3. Abschnitt § 4. sowie zum Ergebnis der primären Anknüpfung an das Aufenthaltsprinzips Dritter Teil 3. Abschnitt § 4. IV. 4. c).

Wird demnach die Dauer des Aufenthalts von einem Jahr auf sechs Monate gekürzt, muss *hier* vielmehr ein adäquates zusätzliches Merkmal hinzukommen, um die Bevorzugung des Antragstellers zu kompensieren. Daran anschließend lässt sich fragen: Ist die Staatsangehörigkeit ein adäquates Mittel? Stellt man richtigerweise den Beklagtenschutz in den Vordergrund und kann die einseitige Staatsangehörigkeit diesen nicht ausräumen, dann vermag sie auch einen verkürzten Aufenthalt nicht zu rechtfertigen.[217]
Zudem ist diese Regelung nicht in der Lage, eine Bevorzugung des in seinen Heimatstaat Zurückgekehrten zu garantieren. Die sechsmonatige Wartefrist ermöglicht dem am letzten gemeinsamen gewöhnlichen Aufenthalt verbliebenen Ehegatten gegenüber dem „Auswanderer“ mit einem Antrag bei den dortigen Gerichten zuvorzukommen und damit grundsätzlich die Inanspruchnahme einer anderweitigen Zuständigkeit zu verhindern.[218] Angesichts dieser zweifelhaften, wahrscheinlich vom Gesetzgeber nicht beabsichtigten, Auswirkungen wird zusätzlich das Motiv für diese Regelung in Frage gestellt. Die Bedenken liegen daher nunmehr in der *Häufigkeit* des Klägergerichtsstandes gegenüber dem Beklagtengerichtsstand, welche eine Abkehr vom Grundsatz des actor sequitur forum mit sich gebracht hat und dem Kläger die Wahl des Gerichtsstandes ermöglicht.

Art. 3 Abs. 1 a Str. 4 EheVO II bestimmt, dass am gewöhnlichen Aufenthalt jeder Partei, also auch dem neuen des Antragstellers, sofort geklagt werden kann, wenn beide gemeinsam den Antrag stellen. Der Antragsgegner soll nicht gegen seinen Willen geschützt werden. Wie eine Zustimmung zum Scheidungsantrag erfolgt, bestimmt das Scheidungsstatut.[219]
Die zuständigen Gerichtsstände unterliegen der perpetuatio fori.[220] Liegen die Voraussetzungen für die Zuständigkeit eines Gerichts bei Einleitung des Verfahrens vor, so kann bspw. ein Umzug der Ehegatten oder die Annahme einer anderen Staatsangehörigkeit daran nichts ändern.

§ 4. Vor- und Nachteile des Art. 3 EheVO II

Seit Inkrafttreten der EheVO I treten in der Praxis selten Fälle auf, in denen die Zuständigkeit in Zweifel gezogen wird. Fraglich ist, ob dies auf den Wunsch der Parteien zurückzuführen ist, eine schnelle Gerichtsentscheidung zu erhalten, oder darauf, dass die Anwälte mit den nach Art. 2 EheVO I bzw. Art. 3

---

217 In diesem Sinne auch Spellenberg, FS für Geimer, S. 1269.

218 So auch Kohler, NJW 2001, S. 11.

219 Spellenberg, FS für Geimer, S. 1267; zum Begriff und zu den Anforderungen an den gemeinsamen Antrag s. Hausmann, EuLF 2000, S. 276 f.

220 Kropholler, Internationales Zivilprozessrecht, RN 14 vor Art. 2 EuGVÜ. *Kropholler* bezieht sich zwar auf das EuGVÜ; es sind aber keine Gründe ersichtlich, warum der perpetuatio fori-Grundsatz nicht auf die EheVO II übertragen werden sollte.

EheVO II zur Verfügung stehenden Möglichkeiten noch nicht hinreichend vertraut sind[221]. Nahe liegender ist vielmehr, dass meist dem vermuteten Gerichtswunsch der Parteien aufgrund der Bandbreite von Gerichtsstandsmöglichkeiten nichts entgegensteht.

Das Nebeneinander von internationalen Zuständigkeiten ist an sich nicht zu verurteilen. Jeder Anknüpfungstatbestand für sich gesehen beruht auf einer gut durchdachten und um der Gerechtigkeit und dem vermuteten Parteiinteresse willen bemühten Begründung. Diese Begründungen kompensieren auf den ersten Blick auch die zwangsläufig große Anzahl von Möglichkeiten der Parteien, die Voraussetzungen für den Anknüpfungstatbestand selbst zu schaffen. Dabei kann es sich entweder um eine tatsächliche Nähebeziehung zu dem Staat oder um eine Manipulation handeln. Durchaus kann es auch mehrere parallele Anknüpfungspunkte geben, zu denen die Parteien eine Nähebeziehung haben. Je mehr dieser Gerichtsstände, insbesondere Klägergerichtsstände, wahlweise jedoch zur Verfügung stehen, desto größer ist die Auswahl für den Antragsteller, sich den am mühelosesten[222] zu erfüllenden Tatbestand mit dem dazugehörigen Erfolg versprechenden materiellen Recht herauszusuchen. Die mit Art. 3 EheVO II bezweckte Nähebeziehung tritt plötzlich in den Hintergrund.

Spellenberg[223] sieht es zu Recht als bedenklich an, dass der Kläger die *erste Wahl* hat und das ihm räumlich oder auch sprachlich nähere Gericht wählt (Hervorhebung hinzugefügt). Das sei jedoch dann kein Einwand, wenn der Gesetzgeber mit guten Gründen entschieden hat, dass auch ein Klägergerichtsstand berechtigt ist. Letzterem kann mit oben dargelegter Begründung entgegengetreten werden: Es ist gerade die *Vielzahl* von Gerichtsständen, die zur Manipulation geradezu ermutigt[224] – den Anwalt sogar verpflichtet, dem Mandaten zu dem für ihn günstigsten Recht zu verhelfen. Unterstützt werden diese Möglichkeiten noch durch eigens für den Kläger geschaffene Gerichtsstände, deren Häufigkeit gegenüber dem Beklagtengerichtsstand zu kritisieren sind und deren Motive sogar im Falle des Art. 3 Abs. 1 a Str. 6 EheVO II fragwürdig sind. Diese Vielfalt an Gerichtsständen, die gleichwertig nebeneinander stehen, verdrängt die vom Gesetzgeber „gut gemeinten", um den Parteiwillen bemühten Gründe.

Die zahlreichen Klägergerichtsstände erscheinen einer Ansicht[225] nach noch aus einem anderen Grund bedenklich: Der Wegfall der Exequaturkontrolle[226] erhöhe

---

221 So die Aussage vieler europäischer, insbesondere französischer Richter: Final Report, S. 10; 12.

222 Diese Einfachheit betont Boele-Woelki, ZfRV 2001, S. 123.

223 Spellenberg, FS für Geimer, S. 1279.

224 Diese Manipulationsmöglichkeiten missbilligt auch wieder Spellenberg, FS für Geimer, S. 1279.

225 Heß, JZ 2001, S. 578. *Heß* bezieht seine Ausführungen zwar auf die Verordnung (EG) Nr. 1347/2000, sie sind jedoch auf die neue Verordnung (EG) Nr. 2201/2003 übertragbar.

226 Siehe dazu näher unten Zweiter Teil 2. Abschnitt § 6. III.

angesichts der Unterschiede im Bereich der Rechtsbehelfe in den Mitgliedstaaten die Einlassungslast des Beklagten im europäischen Rechtsraum erheblich. Man denke nur an die Notwendigkeit eine Vollstreckungsgegen- oder Abänderungsklage (z. B. §§ 767, 323 ZPO) im Erststaat anzubringen.[227] Diese Ansicht ist für das deutsche Recht mit Inkrafttreten des AVAG vom 1. 3. 2001 hinfällig geworden, weil es auf die EheVO I, mithin auch auf die EheVO II, gemäß § 1 Abs. 1 Nr. 2 AVAG anwendbar ist.

Wesentlich und sachgerecht ist, dass die bisher weithin gebräuchliche Zuständigkeitsanknüpfung an die Staatsangehörigkeit nur eines Ehegatten (vgl. § 606 a Abs. 1 Nr. 1 ZPO in Deutschland, Art. 14 Code Civil in Frankreich, Art. 32 ital. IPRG in Italien) entfällt.[228] Seit dem Inkrafttreten des Art. 65 EGV gilt mit dem Amsterdamer Vertrag das Diskriminierungsverbot des Art. 12 EGV auch für das gesamte, also auch das autonome Internationale Privatrecht. Damit verstößt nun die gebräuchliche Zuständigkeitsanknüpfung an die Staatsangehörigkeit nur eines Ehegatten gegen das Diskriminierungsverbot.[229] Doch man kann daran zweifeln, ob Art. 3 EheVO II im Rahmen der Staatsangehörigkeit eine gerechtere Lösung gefunden hat. In der Literatur wurde schon mehrfach die Frage aufgeworfen, ob Art. 2 Abs. 1 a Str. 6 EheVO I (entsprechend Art. 3 Abs. 1 a Str. 6 EheVO II) und Art. 2 Abs. 2 EheVO I (entsprechend Art. 3 Abs. 2 EheVO II) gegen das Diskriminierungsverbot gemäß Art. 12 EGV verstoßen. An Art.12 EGV konnte zwar das bisherige Scheidungskollisionsrecht, das in den Mitgliedstaaten stark vom Staatsangehörigkeitsrecht geprägt ist, nicht gemessen werden, weil Art. 12 EGV nur im sachlichen Geltungsbereich des EGV Anwendung findet. Mit Art. 65 EGV fällt aber nun die EheVO II unter diesen Bereich und damit unter das Diskriminierungsverbot.[230] Im Rahmen des Art. 3 Abs. 1 a Str. 6 EheVO II wird derjenige Ehegatte begünstigt, der nach dem Scheitern der Ehe seinen gewöhnlichen Aufenthalt in sein Heimatland (zurück-) verlegt, mit dem er – so auch das Motiv der Regelung – sozial und kulturell verbunden ist. Er muss sich dort nur sechs Monate wartend aufhalten, bis er dort seinen Scheidungs- oder Eheauflösungsantrag stellen kann. Wer dagegen aus meist beruflichen Gründen nicht dazu in der Lage ist und in einen anderen EU-Staat oder einen Drittstaat zieht, ist gehalten, gemäß Art. 3 Abs. 1 a Str. 5 EheVO II ein Jahr

---

227 Heß, JZ 2001, S. 578.

228 Einhellige Meinung: Hau, FamRZ 2000, S. 1334; Boele-Woelki, ZfRV 2001, S. 123; Hohloch, FFE 2001, S. 49; ders. in FS für Stoll, S. 539; Hausmann, EuLF 2000/2001, S. 276 FN 54; kritisch dagegen Pirrung, ZEuP 1999, S. 844; Jayme, IPRax 2000, S. 167; Wagner, IPRax 2000, S. 519; Rauscher, FS für Geimer, S. 883 f.

229 Ein Verstoß liegt natürlich auch heute noch vor, wenn deutsches Internationales Privatrecht aufgrund der Verweisung in Art. 7 Abs. 1 EheVO II zur Anwendung kommt. Der Anwendungsbereich ist allerdings gering, weil sich aus Art. 3-5 EheVO II in der Regel eine internationale Zuständigkeit ergibt.

230 Heß, NJW 2000, S. 26 FN 65.

lang zu warten.[231] Die Rechtsprechung hat trotz dieses Gemeinschaftsrechtsverstoßes durch Art. 2 Abs. 1 a Str. 5 EheVO I, der Art. 3 Abs. 1 a Str. 5 EheVO II entspricht, bisher anhand der EheVO I entschieden. Es dürfte aber nur eine Frage der Zeit sein, bis der *EuGH* diese Regelung für unwirksam erklären wird.

Im Rahmen des Art. 3 Abs. 1 b EheVO II, der an die gemeinsame Staatsangehörigkeit anknüpft, ist zweifelhaft, ob nicht gerade dieses Erfordernis der *Gemeinsamkeit* diskriminierend wirkt.[232] Eheleute gemeinsamer Staatsangehörigkeit könnten jederzeit den Scheidungsantrag in ihrem Heimatstaat stellen, während die Ehepartner gemischt-nationaler Ehen die Voraussetzungen des Art. 3 Abs. 1 a EheVO II erfüllen müssten. Rechtfertigungsgründe für diese Diskriminierung sind bislang nicht ersichtlich. Dem Kriterium der gemeinsamen Staatsangehörigkeit liegt zwar die Annahme zugrunde, dass eine Bindung zwischen den Ehepartnern und dem Staat besteht. Diese Begründung könnte eine Diskriminierung somit rechtfertigen. Eine Begründung ist aber gar nicht erforderlich, weil es bereits an einer Diskriminierung fehlt. Sie würde vorliegen, wenn Ehegatten aufgrund einer bestimmten oder einer anderen Staatsangehörigkeit ungleich behandelt werden. Eine Diskriminierung ist es nicht, wenn sie keine *gemeinsame* haben.[233]

§ 5. Anderweitige Rechtshängigkeit, Art. 19 EheVO II

Sobald in einem Fall mit Auslandsbeziehung verschiedene Zuständigkeiten alternativ zur Verfügung stehen, droht die Gefahr parallel konkurrierender Gerichtsverfahren. Im Anschluss an die alternative Zuständigkeitsanknüpfung in Art. 3 EheVO II musste also eine Regelung getroffen werden, die eine Ordnung schafft für den Fall, dass wegen derselben Sache zwei Gerichte verschiedener Staaten gleichzeitig angerufen werden. Art. 19 EheVO II vermeidet doppelte Rechtshängigkeit, indem er dem zeitlich früheren Antrag[234] Priorität einräumt. Damit soll verhindert werden, dass der Antragsgegner genötigt wird, sich in derselben Sache in mehreren Verfahren zu verteidigen, und dass sich widersprechende Urteile ergehen.

Gemäß Art. 19 Abs. 1 EheVO II hat das später angerufene Gericht das Verfahren auszusetzen, sobald Anträge auf Ehescheidung, Trennung und Auflösung

---

[231] Übereinstimmend Hausmann, EuLF 2000/01, S. 352; Spellenberg, FS für Geimer, S. 1270; Schack, RabelsZ 2001, S. 623.

[232] Kritisch dazu Hausmann, EuLF 2000/01, S. 352.

[233] So besonders klar Spellenberg, FS für Geimer, S. 1271, mit einem Beispiel zum gemeinsamen „domicile" der Ehegatten; ebenso Rauscher, Europäisches Zivilprozeßrecht, Art. 2 Brüssel II-VO, RN 35; mit weiteren Argumenten Helms, FamRZ 2002, 1596; gegen diese Lehre Boele-Woelki, ZfRV 2001, S. 123; ferner Hau, FamRZ 2000, S. 336.

[234] Art. 16 EheVO II bestimmt den Rechtshängigkeitszeitpunkt selbst. Siehe zu den Einzelheiten des Art. 11 Abs. 4 EheVO I (entsprechend Art. 16 EheVO II) Gruber, FamRZ 2000, S. 1132 f.

des Ehebandes oder Ungültigerklärung einer Ehe zwischen denselben Parteien bei Gerichten verschiedener Mitgliedstaaten gestellt werden. Das bedeutet, dass nicht nur über identische, sondern auch über abweichende Anträge in Ehesachen – etwa einerseits auf Scheidung, andererseits auf Aufhebung der Ehe – nicht parallel entschieden werden darf. Ziel dieser Bestimmung ist es, Parallelverfahren in Ehesachen überhaupt auszuschließen und dem strengen Prioritätsprinzip zu unterwerfen. Wenn die bei verschiedenen Gerichten anhängigen Fälle vollständig identisch sein müssten, um ein paralleles Verfahren auszuschließen, wie im autonomen Internationalen Privatrecht Österreichs, dann könnte nach wie vor über zwei Scheidungsanträge in verschiedenen Staaten entschieden werden, weil einer bspw. wegen Zerrüttung der Ehe und der andere wegen Verschuldens des Ehepartners eingereicht wird.

Art. 19 Abs. 3, S. 2 EheVO II eröffnet demjenigen, der den Antrag später gestellt hat, die Möglichkeit, dem nunmehr zuständigen Gericht den Antrag vorzulegen.[235] In Ermangelung einer Vereinheitlichung des Scheidungskollisionsrechts in der EU ist diese Vorgehensweise sicher nur dann ratsam, wenn der in dem später anhängig gewordenen Verfahren gestellte Antrag auch nach dem vom zuerst befassten Gericht zugrunde zu legenden Scheidungsrecht Erfolg versprechend ist.[236] *Kohler*[237] nennt beispielhaft den Fall, in dem einige Rechte, z. B. das schwedische, allein die Scheidung, nicht aber die Ungültigerklärung einer Ehe vorsehen und die Gerichte nur eigenes Recht anwenden: „Die in Art. 11 Abs. 3 EheVO I eröffnete Möglichkeit, den Antrag nunmehr bei dem zuerst angerufenen Gericht zu stellen, führt nicht weiter, da das schwedische Gericht nur die Möglichkeit hat, die Ehe nach schwedischem Recht zu scheiden." Der Antragsteller des später gestellten Antrags hat nach wie vor die Möglichkeit, die Rechtskraft der Entscheidung des zuerst befassten Gerichts abzuwarten und dann seinen weitergehenden Antrag bei dem Gericht zu stellen, wo der Rechtsstreit Aussicht auf Erfolg hat. Widersprüchliche Entscheidungen können die Folge sein.

Art. 19 EheVO II ist die zwangsläufige und gut gelöste Folge von alternativen internationalen Zuständigkeiten. Allerdings wird – wie von der Praxis bestätigt[238] – ein unerwünschter Wettlauf der Parteien um die Verfahrenseinleitung in

---

[235] Dieses Gericht entscheidet frei nach der lex fori, ob es über den Antrag entscheidet: Vogel, MDR 2000, S. 1049; s. a. ausführlich zu Art. 11 EheVO I (entsprechend Art. 19 EheVO II): Gruber, FamRZ 2000, S. 1129 ff. (1133).

[236] Hausmann, EuLF 2001, S. 347; ebenso Gruber, FamRZ 2000, S. 1134 FN 55; Kohler, NJW 2001, S. 12.

[237] Kohler, NJW 2001, S. 12, der sich auf Art. 11 Abs. 3 EheVO I bezieht. Diese Regelung entspricht Art. 19 Abs. 3 S. 2 EheVO II, sodass *Kohlers* Ansicht auch auf die Regelung der EheVO II übertragbar ist; s. a. Gruber, FamRZ 2000, S. 1134 f.; Schack, RabelsZ 2001, S. 626.

[238] Vgl. die Stimmen aus der österreichischen und französischen Praxis: Final Report, S. 10.

dem jeweils vorteilhafteren Forum provoziert.[239] Die zeitliche Prioritätsregelung bietet einen Anreiz, möglichst schnell die Scheidung einzureichen bzw. einen Antrag auf Trennung oder Eheauflösung zu stellen, bevor das Gericht eines anderen Mitgliedstaates in derselben Sache über den Gegenantrag entscheidet. Denn ist erst in einem Mitgliedstaat eine Entscheidung ergangen, wird diese gemäß Art. 21 iVm 22 Abs. 1 lit. d EheVO II[240] in allen anderen Mitgliedstaaten anerkannt. Ein solcher Wettlauf zu Gericht fördert nicht das Einvernehmen zwischen den Ehegatten, sondern verstärkt nur Aggressionen. Er bewirkt, dass in Zukunft weniger Raum für eine Versöhnungschance und für eine außergerichtliche Einigung sein wird. Dies ist nur schwerlich mit den Rechtstraditionen einiger Mitgliedstaaten vereinbar, wie etwa in Großbritannien, wo ca. 90 % der Scheidungsfälle im Vergleichswege geregelt werden.[241]

§ 6. Anerkennung und Vollstreckung von Entscheidungen

I. Besonderheit der ipso iure-Anerkennung

Die innovativste und folgenreichste Neuerung der EheVO I und II besteht darin, gemäß Art. 14 Abs. 1 EheVO I bzw. Art. 21 Abs. 1 und 2 EheVO II mitgliedstaatliche Entscheidungen in Ehesachen künftig *ipso iure* anzuerkennen, mithin ohne dass es dafür eines besonderen Verfahrens bedarf.[242] Gerichtliche Entscheidungen sollen „frei" zirkulieren können und ihre Wirkungen, die einer Entscheidung im Ursprungsstaat gleichkommen, sollen in den übrigen Mitgliedstaaten ohne „Beschränkungen" zur Geltung kommen. Bisher traten Probleme dadurch auf, dass Dokumente, die den Personenstand bei der Eheschließung bescheinigten, nicht von allen Mitgliedstaaten gleichermaßen anerkannt wurden und die Betroffenen zusätzliche kosten- und zeitintensive Gültigkeitserklärungen vorlegen mussten. Ist die Scheidung in einem Mitgliedstaat ausgesprochen, so kann die Wiederheirat grundsätzlich in jedem anderen Land erfolgen. Das Prinzip der Anerkennung beruht auf dem Prinzip des „Full faith and credit", dem gegenseitigen Vertrauen in die Gleichwertigkeit der Rechtspflege und wird

---

239 So Hau, FamRZ 1999, S. 488; Schack, RabelsZ 2001, S. 616.

240 Art. 21 iVm 22 Abs. 1 lit. d EheVO II entsprechen Art. 14 Abs. 1 iVm Art. 15 Abs. 1 EheVO I.

241 Vgl. Final Report, S. 37.

242 Damit entfällt in Deutschland das Feststellungsmonopol der Landesjustizverwaltungen, Art. 7 § 1 FamRÄndG.

als „Integrationsmotor“ [243] für die Errichtung eines „Raumes der Freiheit, der Sicherheit und des Rechts“ gesehen. Die damit hergestellte Gleichwertigkeit und Austauschbarkeit der verschiedenen Rechtsordnungen ist zunächst einmal zu begrüßen. Dadurch kann kein Staat behaupten, die eigene Regelung sei die welt- oder zumindest europaweit einzig akzeptable. Auch in der Praxis stellt der Richter fest, dass sich die eigenen materiellen Gerechtigkeitsvorstellungen, denen er im nationalen Sachrecht Ausdruck verliehen hat, mit Zunahme des Auslandsbezuges immer mehr relativieren.
Ein Urteil kann grundsätzlich nicht von sich aus über die Grenzen des Entscheidungsstaates hinaus Rechtswirkungen entfalten.[244] Im Zuge der europäischen Integration bedurfte es innerhalb Europas der internationalen Rechtssicherheit: Jede Partei – insbesondere die begünstigte – will sich auf einen einmal erlassenen und formell gültigen Rechtsakt verlassen, was nur durch eine möglichst weitgehende Anerkennung innerhalb der EU verwirklicht werden konnte. Das Anerkennungsrecht ist in den Mitgliedstaaten, im Europäischen Gemeinschaftsrecht sowie in multi- und bilateralen Staatsverträgen verschieden; die Anerkennungsverfahren sind, sofern diese überhaupt vorgesehen sind, unterschiedlich ausgestaltet[245]. In der EheVO II ist das Anerkennungs- und Vollstreckungsrecht im dritten Kapitel geregelt. Demnach werden auch nur statusändernde[246] Entscheidungen aus EU-Mitgliedstaaten ohne besonderes Verfahren anerkannt, Art. 21 EheVO II.

---

[243] Diesen Begriff verwendet *Sedlmeier*, der ausführlich die Entwicklung von Anerkennung und Vollstreckung in Europa darstellt und diesbezüglich Stellung nimmt: Sedlmeier, EuLF 2002, S. 35 ff., (40 ff.). Ebenso Dieckmann in: Baur/Mansel, Systemwechsel, S. 69: „Die Kommission versteht sich schon selbst zu Recht als „Motor der europäischen Integration“. Daher ist es auch konsequent, dass sie mit allen ihr zu Gebote stehenden Mitteln die europäische Integration vorantreibt.“ Ausführlich zur Entwicklung des Anerkennungsrechts Mansel in: Baur/Mansel, Systemwechsel, S. 10 ff.

[244] Scheidungsurteile aus den EG-Mitgliedstaaten wurden in Deutschland vor der EheVO I und der EheVO II nur nach Durchführung eines Prüfungsverfahrens durch die Landesjustizverwaltung anerkannt, vgl. Art. 7 § 1 FamRÄndG von 1961. Das Feststellungsmonopol besteht seit Inkrafttreten der EheVO I nur noch für Entscheidungen aus Drittstaaten.

[245] So ist etwa in Deutschland ein Anerkennungsverfahren grundsätzlich nicht vorgesehen. Die Anerkennung tritt *ipso iure* ein und die Prüfung der Anerkennungsfähigkeit erfolgt im Allgemeinen inzident (Ausnahme im Familienrecht: Art. 7 § 1 FamRÄndG). Das gilt auch für die EheVO II, Art. 37 iVm Art. 39.

[246] Siehe dazu kritisch bereits oben Erster Teil 2. Abschnitt § 3. Scheidungsfreundliche Staaten sollten nicht zur Anerkennung antragsabweisender Scheidungsurteile verpflichtet werden. Besonders klar in dieser Hinsicht Hausmann, EuLF 2000/01, S. 350; ebenso Helms, FamRZ 2001, S. 265; ders. in FamRZ 2002, S. 1598; Wagner, IPRax 2001, S. 76; Kohler, NJW 2001, S. 13.

II. Funktion des ordre public

Die Anerkennung ausländischer Entscheidungen ist nur bei Vorliegen bestimmter Versagungsgründe[247] ausgeschlossen: In Art. 22 EheVO II sind dies der Verstoß gegen den ordre public (lit. a) und gegen das rechtliche Gehör (lit. b) sowie die Unvereinbarkeit mit einer Entscheidung, die im anerkennenden Staat ergangen ist (lit. c), oder die früher in einem anderen Mitgliedstaat oder in einem Drittstaat ergangen ist (lit. d).[248]

Einer Nachprüfung in der Sache („révision au fond") wird die Entscheidung gemäß Art. 26 EheVO II nicht unterworfen.[249] Dies würde dem Sinn und Zweck des Anerkennungsverfahrens widersprechen. Denn jede Form der Nachprüfung birgt den Vorwurf des Misstrauens in sich. Das zeigt auch der Trend, die Versagungsgründe möglichst gering zu halten. Führte in Art. 27 Nr. 4 EuGVÜ die kollisionsrechtlich abweichende Beurteilung von familienrechtlichen Teilfragen noch zur Versagung der Anerkennung, so wurde diese Regelung in Art. 34 der Verordnung (EG) Nr. 44/2001 ersatzlos gestrichen.

Art. 25 EheVO II schließt eine Nichtanerkennung aus, wenn das erststaatliche Gericht die Ehe auf der Grundlage eines anderen Kollisions- oder Sachrechts geschieden hat, als es das zweitstaatliche Gericht angewendet hätte.[250] Damit wird die Berufung auf den materiellen ordre public weitgehend zurückgedrängt. Die scheidungsfreundlichen Staaten wollten damit verhindern, dass der Anerkennungsstaat die Anerkennung mit der Begründung ablehnt, in seinem Scheidungsrecht würden die dem ausländischen Urteil zugrunde liegenden Scheidungsgründe nicht existieren.[251] Kürzere Trennungsfristen[252] sowie reine Konsensscheidungen sind daher in Italien, Deutschland wie in anderen Mitgliedstaaten hinzunehmen. Auf die Nachprüfung der internationalen Zuständigkeit kann verzichtet werden, weil diese in Art. 3-5 EheVO II vereinheitlicht wurde.

III. Schattenseiten der automatischen Anerkennung

Die großzügige Anerkennung von ausländischen Entscheidungen, insbesondere durch den Ausschluss der kollisionsrechtlichen Prüfung, hat allerdings auch ihre Schattenseiten.

---

247 Vgl. auch §§ 328 ZPO, 16 a FGG, Art. 34 f. EuGVO; siehe dagegen die Positivauflistung der Art. 2 (v. 1958) bzw. 4 und 5 (von 1978) des Haager Unterhaltsvollstreckungsabkommens. Im Ergebnis macht es aber keinen Unterschied, ob „Voraussetzungen" oder „Hindernisse" der Anerkennung normiert werden.

248 Art. 22 EheVO II entspricht Art. 15 Abs. 1 EheVO I.

249 Art. 26 EheVO II entspricht Art. 19 EheVO I.

250 Dieselbe Regelung findet sich in der EheVO I in Art. 18.

251 So die Aussage in Borrás Bericht, Nr. 76.

252 Borrás Bericht, Nr. 76.

Zum einen muss der Anerkennungsstaat auch kollisionsrechtlich abweichende Entscheidungen anerkennen. Er ist daher gehalten, neben seinem Kollisionsrecht ein zweites zuzulassen, das des Entscheidungsstaates. Dies ist mit dem Postulat der Kohärenz und Widerspruchsfreiheit einer jeden Rechtsordnung nicht vereinbar.[253] Weiterhin liegt die Kritik vielfach darin begründet, dass sich in den gesetzlich normierten Scheidungsgründen – wie bspw. der Dauer von Trennungsfristen, dem Verschulden oder der einverständlichen Trennung – die Einstellung der Staaten über die Ehe widerspiegelt. Sie gilt bspw. in Irland als eine grundsätzlich auf Dauer angelegte Institution, von der die Ehegatten nicht nach Lust und Laune einseitig zurücktreten können. Die skandinavischen Staaten haben die Vorstellung, die Ehe sei ein jederzeit einseitig aufkündbarer freiwilliger Zusammenschluss der Beteiligten. Diesen Staaten mit ihren konträren Ansichten gegenseitiges Vertrauen aufzuoktroyieren, lässt sich nur rechtfertigen, wenn der Sachverhalt unabhängig davon, in welchem Staat er entschieden worden ist, nach nur *einem* Sachrecht beurteilt wird. Auch das aus dem amerikanischen Recht übernommene Konzept des „Full faith and credit" legitimiert noch nicht einmal in Amerika die völlige Anerkennung ohne Nachprüfung durch die Gerichte des Anerkennungsstaates.[254]
Die Gründe, die zur Zeit der Schaffung des EuGVÜ dazu geführt haben, in Art. 27 Nr. 4 EuGVÜ eine begrenzte kollisionsrechtliche Kontrolle vorzusehen, bestehen nach wie vor: Art. 27 Nr. 4 EuGVÜ musste im Zusammenhang mit der Vorbehaltsklausel des Art. 27 Nr. 1 EuGVÜ betrachtet werden, wonach die Anerkennung einer Entscheidung ausgeschlossen war, wenn sie zu den Grundgedanken der inländischen Regelung – sei sie kollisionsrechtlich oder materiellrechtlich – in so starkem Widerspruch stand, dass sie für untragbar gehalten werden musste.[255] Im Hinblick auf Vorfragen, die u. a. den Personenstand betrafen, hielt man das Kollisionsrecht des Zweitstaates für so bedeutungsvoll, dass gemäß Art. 27 Nr. 4 EuGVÜ jede Abweichung von den IPR-Normen des Erststaates genügte, um die Entscheidung nicht anzuerkennen.[256] Die Streichung des Art. 27 Nr. 4 EuGVÜ begegnet denselben Bedenken, wie der Ausschluss der kollisionsrechtlichen Prüfung in Art. 25 EheVO II.
Einen weiteren starken Eingriff in die Rechtsordnung des Anerkennungsstaates stellt es dar, wenn seine Gerichte zuvor einen Scheidungsantrag abgelehnt haben, der Antragsteller aber in einem anderen Mitgliedstaat mit seinem Antrag Erfolg hatte und nunmehr dieses Urteil anerkannt werden muss.[257] Der ordre public hilft hier nur wenig, weil er nur *offensichtliche* Widersprüche gegen die öffentliche Ordnung verhindert, Art. 22 lit. a EheVO II. Auch Stimmen aus den

---

253 Zutreffend Kohler, ZEuS 2001, S. 15.
254 Dazu näher Bruns, JZ 1999, S. 278 ff.
255 Vgl. den Jenard-Bericht, S. 44.
256 Kropholler, Europäisches Zivilprozeßrecht, 6. Auflage, Art. 27 RN 13, 52.
257 So auch Kohler, NJW 2001, S. 13.

Mitgliedstaaten bestätigen, dass bisher keine innereuropäischen Fälle bekannt geworden seien, in denen der ordre public zur Anwendung gekommen wäre.[258] Verstöße gegen die verfassungsrechtliche Ordnung spielen nur im Zusammenhang mit islamischen Rechtsordnungen eine Rolle.
Im Rahmen des Anerkennungsrechts taucht auch wieder – allerdings verdeckt – das Problem des forum shopping auf: Die Anerkennungsregeln verstärken seine Wirkung noch[259], indem sie geradezu zur Umgehung des für inländische Gerichte maßgebenden Rechts ermuntern. Dieser Nebeneffekt wird in Kauf genommen, weil man ihn gegenüber einer Nichtanerkennung ausländischer Entscheidungen als das kleinere Übel ansieht.[260] In diesem Zusammenhang erscheint die Ehe – wie Wissenschaftler betonen[261] – als unerwünschter Zustand, dessen Entstehung erschwert und dessen Beseitigung erleichtert werden soll. Denn auffallend ist, welch strenge materielle Voraussetzungen die heiratswilligen Partner in den einzelnen europäischen Ländern erfüllen müssen, um die Ehe schließen zu dürfen. Im Gegensatz dazu werden sie aber aufgrund des frei „wählbaren"[262] Internationalen Privatrechts und mithin Sachrechts geradezu ermuntert, die Ehe wieder aufzulösen. Zudem werden nur die statusändernden, also eheauflösenden Entscheidungen anerkannt. Für denjenigen, der an der Ehe festhalten will, ist es meist nur eine Frage der Zeit, wann er getrennt, geschieden oder wann die Ehe für ungültig erklärt wird. Selbst wenn dieser Ehegatte mit dem Antrag auf Abweisung des Scheidungsantrags im Staat A Erfolg gehabt hat, kann der scheidungswillige Ehegatte im Staat B, dessen Rechtsordnung weniger strenge Voraussetzungen an die Scheidung stellt, mit demselben Sachvortrag die Ehe auflösen lassen. Diese Entscheidung wird dann in allen Mitgliedstaaten anerkannt.
Im Übrigen ist die Nichtanerkennung einer klageabweisenden Entscheidung auch nicht konsequent im Rahmen des Anerkennungsprinzips. Wie *Kohler*[263] zu Recht feststellt, kommt diese Nichtanerkennung der klageabweisenden Entscheidung des Gerichts eines anderen Staates einer kollisionsrechtlichen Nachprüfung gleich, die Art. 26 EheVO II an sich ausschließt. Denn das Gericht des Anerkennungsstaats bringt mit seiner Nichtanerkennung zum Ausdruck, dass es das Kollisionsrecht des Staates des klageabweisenden Gerichts nicht gelten lässt, sondern sein eigenes anwendet. Diese Regelung in der EheVO I und der

[258] Siehe Final Report, S. 31, 38-40. Das liegt auch daran, dass die Scheidung heute in allen Alt-Mitgliedstaaten akzeptiert ist, vgl. Rauscher, FS für Geimer, S. 888.
[259] Neben vielen: Heß, IPRax 2001, S. 391, der den Wegfall der Exequatur aus kollisionsrechtlicher Sicht kritisiert; ebenso auch Wagner, RabelsZ 2004, S. 123.
[260] Kropholler, Internationales Privatrecht, § 60 IV 7.
[261] Siehe Hausmann, EuLF 2000/01, S. 353; Kohler, NJW 2001, S. 15; ders. in: Mansel, Vergemeinschaftung, S. 48; Schack, RabelsZ 2001, S. 617.
[262] Gemeint ist in diesem Zusammenhang nicht die „Rechtswahl", sondern die „Auswahl" unter mehreren alternativ zuständigen Gerichtsständen.
[263] Kohler in: Mansel, Vergemeinschaftung, S. 47 FN 19.

EheVO II wurde getroffen, weil scheidungsfreundliche Staaten nicht zur Anerkennung klageabweisender Entscheidungen gezwungen werden wollten. Die Erfahrung zeigte auch, dass das Haager Übereinkommen vom 12. 6. 1902[264] genau aus dem Grund auf schwache Resonanz gestoßen ist, weil es als zu schwerfällig und scheidungsunfreundlich galt; denn es knüpfte kumulativ an das Heimatrecht und die lex fori an.

Der Grundsatz der gegenseitigen Anerkennung hat damit zu einem schleichenden Methodenwechsel geführt: In den Vordergrund tritt das Prozessrecht und die Anerkennung von Entscheidungen. Die Frage nach dem anwendbaren Recht verliert zunehmend an Interesse. Ihre Beachtung widerspräche sogar dem Sinn und Zweck des Anerkennungsrechts: Das Erfordernis einer kollisionsrechtlichen Konformität stellt eine eingeschränkte „révision au fond" dar und macht die Anerkennung eines Urteils von seiner inhaltlichen Richtigkeit abhängig.[265] Bei einer solchen Nachprüfung wird das Verfahren wiederholt, was durch das Anerkennungsrecht gerade vermieden werden soll.[266] Diese häufig bemängelte Kollisionsrechtsblindheit des Anerkennungsrechts[267] ist in anderen Rechtsbereichen eher hinzunehmen als im sensiblen Familienrecht. Wie *Kohler*[268] zu Recht bemerkt, wird der „Status wie eine Ware" behandelt. Denn ursprünglich sollte das Anerkennungsprinzip die Verkehrsfähigkeit von Waren und Dienstleistungen bezwecken,[269] um wirtschaftliche Gesichtspunkte, Verkehrsfreiheit und die Realisierung des Binnenmarktes zu gewährleisten. Bei Waren ist ein Wettbewerb unter Berücksichtigung der Allgemeininteressen des Bestimmungsstaates u. U. sogar wünschenswert, da Angebot und Nachfrage entscheiden. Aber ist auch – aus europäischer Sicht – ein Scheidungstourismus erstrebenswert, der die scheidungsunfreundlichen Staaten unter Angleichungsdruck setzt? Ein Wettbewerb um das „günstigste Scheidungsrecht" ist im Gegensatz zum Marktwettbewerb sinnlos, da es nicht immer objektiv auch das „bessere Scheidungsrecht" ist, sind doch bei Ehe und Scheidung beide Partner gleichberechtigt. Die Freizügigkeit geht damit auf Kosten desjenigen Ehepartners, der an der Ehe festhalten will. Es besteht daher die Gefahr, dass das Familienrecht für wirtschaftliche Zwecke

---

264 Deutscher Text: RGBl 1904, S. 231. Deutschland gehört dem Übereinkommen seit dem 1. 6. 1934 nicht mehr an.

265 So zu Recht Spellenberg, FS für Geimer, S. 1260.

266 Borrás Bericht, Nr. 77.

267 Ganz einhellige Meinung, vgl. Jayme/Kohler, IPRax 2001, S. 501; Kohler, NJW 2001, S. 14; ders. in: Mansel, Vergemeinschaftung, S. 42; ders. in: ZEuS 2001, S. 13; Spellenberg, FS für Geimer, S. 1260; Helms, FamRZ 2002, S. 1599; Boele-Woelki, ZfRV 2001, S. 129.

268 Kohler in: Mansel, Vergemeinschaftung, S. 41 ff.; dem zustimmend Schack, RabelsZ 2001, S. 617.

269 Entschließung des Rats v. 28. 10. 1999 zur gegenseitigen Anerkennung, ABl. EG. Nr. C 141/5 Nr. 16 d.

missbraucht wird.[270] Und ist es nicht auch aus Sicht des Inländers diskriminierend, wenn jeder europäische Bürger, selbst wenn er nur einen geringen Bezug zum Entscheidungsstaat hat, in den Genuss des „günstigen“ Scheidungsrechts kommt? Erfordert etwa die Personenverkehrsfreiheit, dass jeder Staat in Europa es dem europäischen Bürger ermöglichen soll, unabhängig davon, ob dieser überhaupt einen engen Bezug zum Entscheidungsstaat hat, sich nach dem für ihn günstigsten und damit scheidungsfreundlichsten Recht scheiden zu lassen? Beide Fragen sind zu verneinen. *Kohler*[271] sieht es für diese Problematik als einen Notbehelf an, erhielten die Mitgliedstaaten die Möglichkeit, die Anerkennung einer fremden Entscheidung – jedenfalls in einer streitigen Ehesache – zu verweigern, wenn die Ehe nach dem im Anerkennungsstaat anwendbaren Recht nicht hätte aufgelöst werden können und die Gerichte dieses Staates für die Ehesache konkurrierend zuständig gewesen wären. Dem ist nicht zu folgen, weil diese „Zwischenlösung“ das Leitprinzip des Internationalen Privatrechts verkennt. Zudem wird die Personenverkehrsfreiheit, die grundsätzlich von der EheVO II gewährleistet werden soll, nahezu vollständig wieder aufgehoben: Denn von den Kollisions- und insbesondere den Sachrechten der konkurrierend zuständigen Gerichte wird sich nicht unbedingt dasjenige anerkennungsrechtlich durchsetzen, zu dem der Sachverhalt (bzw. die Beteiligten) tatsächlich die engste Beziehung hat (haben). Die Anerkennung einer Entscheidung orientiert sich nur daran, welche der Rechtsordnungen von Erst- und Zweitstaat die jeweils strengeren Scheidungsvoraussetzungen normiert, die aufgrund kollisionsrechtlicher Verweisung zur Anwendung gekommen sind bzw. gekommen wären. Außerdem muss dann auch gefragt werden, warum überhaupt noch die alternativen Zuständigkeiten des Art. 3 EheVO II existieren, wenn u. U. die Entscheidung in nur *einem* Staat der konkurrierend zuständigen Gerichte anerkannt wird. Nichts wäre der Rechtssicherheit abträglicher. *Kohlers* „Notbehelf“ stellt weder eine Alternative noch eine „Zwischenlösung“ dar.

Das an sich vorbildhafte Vertrauen in die Rechtspflege der Mitgliedstaaten verschleiert zudem die Rechtswirklichkeit. Die Verfahrensführung in den einzelnen Ländern folgt nationalen Besonderheiten. So ist etwa Italien für seine überlange Verfahrensdauer bekannt[272], England für sein sehr freies Beweisführungsrecht.[273] Wie bereits im ersten Teil dargestellt, gibt es trotz Rechtsangleichung

---

[270] Das erkennt zu Recht Pintens, FamRZ 2003, S. 504.

[271] Kohler in: Mansel, Vergemeinschaftung, S. 51.

[272] So die Motive eines deutsch-italienischen Ehepaares, sich in Deutschland und nicht in Italien scheiden zu lassen: Vgl. den Fall vor dem BGH v. 26. 1. 1983 = NJW 1983, S. 1269. Ebenso Hohloch, FFE 2001, S. 46.

[273] Vgl. Siehr, ZfRV 1984, S. 128 f.: „Demnach kann in England jede Partei Sachverständige benennen; diese erläutern ihre Gutachten vor Gericht und verteidigen sie in einem Kreuzverhör. In Deutschland und Frankreich hingegen beauftragt das Gericht einen Gutachter; beschränkt also das Beweismaterial und kann sich mit schriftlichen Gutachten begnügen.“

nach wie vor erhebliche Unterschiede im Internationalen Privatrecht wie auch im materiellen Sachrecht. Das Anerkennungsrecht will einen einheitlichen Rechtsraum erzwingen, der sich erst Schritt für Schritt bilden muss.
Die Verordnung differenziert nicht danach, welche gerichtliche Zuständigkeitsregel angewendet wurde, Art. 24 S. 1 EheVO II.[274] Selbst wenn der Entscheidungsrichter seine Zuständigkeit entgegen Art. 3-6 EheVO II auf sein nationales Recht gestützt hat, sind die anderen Mitgliedstaaten zur Anerkennung und Vollstreckung verpflichtet.

3. Abschnitt
Notwendigkeit eines einheitlichen Kollisionsrechts

Die EheVO I und mithin auch die EheVO II werden zwar zu Recht als Meilensteine auf dem Weg zu einer europäischen Integration im Bereich des Familienrechts bezeichnet.[275] Im Bereich der internationalen Zuständigkeit ist die Bevorzugung der eigenen Staatsangehörigen im Internationalen Privatrecht der Mitgliedstaaten auf ein Minimum, die Fälle des Art. 7 Abs. 1 EheVO II, beschränkt worden. Die Beachtung anderweitiger Rechtshängigkeit verhindert positive Kompetenzkonflikte. Das großzügige Anerkennungsrecht verhindert Rechtshindernisse im Statusbereich.
Allerdings wirkt die EheVO II durch ihren Art. 3 ermutigend zum forum shopping, genauso wie es bereits bei Art. 2 EheVO I der Fall war. [276] Art. 19 EheVO II ist nicht in der Lage, eine Manipulation des Ausgangs der gerichtli-

---

[274] Vgl. entsprechend Art. 17 EheVO I.

[275] So die ganz h. M., vgl. Hausmann, EuLF 2000/01, S. 351; ähnlich Hau, FamRZ 1999, S. 488; ders. in: FamRZ 2001, S. 1129 f.; in diesem Sinne auch Helms, FamRZ 2002, S. 1599; Hohloch in: FS für Hausherr, S. 549, betont, dass die EheVO I aufgrund ihres Inhaltes wie ihrer Form den Namen eines bemerkenswerten „Systems" verdiene; Kropholler, Europäisches Zivilprozeßrecht, 7. Auflage, Einl. RN 85.

[276] Über diese Wirkung des Art. 2 EheVO I herrschte auch Einigkeit in einer der ersten wissenschaftlich konkreten Diskussionen zu „ROM III": Protokoll der Sitzung des *Deutschen Rats für IPR* vom 12. 4. 2002 in Würzburg, S. 2 ff.; ebenso Rauscher, Europäisches Zivilprozeßrecht, Art. 2 Brüssel II-VO, RN 7; Henrich, FS für Hausherr, S. 241; ders., FamRZ 2002, S. 1521; Hau, Europäische und autonome Zuständigkeitsgründe in Ehesachen mit Auslandsbezug, Text zum Vortrag im Dezember 2002 auf der Europäischen Rechtsakademie in Trier, Dokument, S. 10; Hausmann, EuLF 2000, S. 352; Wagner, FamRZ 2003, S. 804; ders., RabelsZ 2004, S. 122 ff.; Heß, JZ 2001, S. 575; Kohler, NJW 2001, S. 14; nachdrücklich ders., FamRZ 2002, S. 711, 713; ders. in: Mansel, Vergemeinschaftung, S. 52; Pirrung, ZEuP 1999, S. 844; Sedlmeier, EuLF 2002, S. 46; Sonnenberger, ZVglRWiss 2001, S. 117; Spellenberg, FS für Geimer, S. 1261; ders. in: FS für Schumann, S. 426; Schack, RabelsZ 2001, S. 625; Finger, FuR 1999, S. 310 ff.; Gruber, FamRZ 2000, S. 1129; Helms, FamRZ 2001, S. 1599; Kropholler, FS für Firsching, S. 171; Kohler, IPRax 2003, S. 409; eher abl. Boele-Woelki, ZfRV 2001, S. 129, die aufgrund des der EheVO I zugrunde liegenden Gedankens des *favor divortii* das forum shopping in Kauf nimmt.

chen Entscheidung durch Wahl der internationalen Zuständigkeit zu verhindern.[277] Vielmehr werden durch sein strenges Prioritätsprinzip die Rechtsunterschiede der Mitgliedstaaten weiter verstärkt.
Ebenso verhält es sich aufgrund des weitgehenden Anerkennungsrechts. Die EheVO II versucht für ihren Geltungsbereich kongruente Inlandsverhältnisse zu simulieren, wo an sich Ungleichheit[278] herrscht und respektiert werden sollte: Wenn eine Ehe in einem Mitgliedstaat geschieden, getrennt oder für ungültig erklärt wurde, soll der hierdurch geschaffene Status europaweit gelten. Es wird keine Rücksicht darauf genommen, ob nach dem anwendbaren Recht des Entscheidungsstaates etwas anderes zu gelten hätte. Das Internationale Privatrecht tritt ganz zurück: In Deutschland etwa gilt die Heimatzuständigkeit nach Art. 17 Abs. 1 S. 2 EGBGB, die dem deutschen Ehegatten die Anwendung deutschen materiellen Rechts sicherte, nur noch im Bereich der Restzuständigkeiten nach Art. 7 Abs. 1 EheVO II.[279]
Jedoch die Vereinheitlichung von Zuständigkeits-, Anerkennungs- und Vollstreckungsregelungen abzuschaffen, wäre ein europäischer Rückschritt im Bereich des Familienrechts. Auch die Verpflichtung in Art. 65 EheVO II, wonach die Kommission spätestens am 1. 1. 2012 nach Inkrafttreten der EheVO II und anschließend alle fünf Jahre einen Bericht vorzulegen und gegebenenfalls Vorschläge zur Anpassung der Verordnung beizufügen hat, garantiert keine Lösung. Eine Reform der EheVO II, möglicherweise auch des Art. 3 EheVO II, wird nie in der Lage sein, forum shopping auszuschließen.
Das Problem liegt vielmehr in der mangelnden Harmonisierung der Kollisionsrechte. Die internationale Zuständigkeit kann sich nicht gemäß dem Gleichlaufprinzip nach dem in der Sache anwendbaren Recht richten.[280] Die EheVO II ist nach ihrer Konzeption kollisionsrechtsblind, weil sie sich nicht am anwendbaren Recht orientiert. Es sollte jedoch nicht ihre Existenzberechtigung bezweifelt werden. Nur der Zeitpunkt, zu dem der europäische Gesetzgeber sie plante und schließlich in Kraft setzte, war zu früh. Mit der EheVO II wurde – wie in der

---

277 Dies wird offenbar von Schack, RabelsZ 2001, S. 632, missverstanden, der meint, die breit gefächerten Entscheidungszuständigkeiten würden durch Art. 11 EheVO (entsprechend Art. 19 EheVO II) *kompensiert* (Hervorhebung hinzugefügt). Eine *Kompensation* benötigt keinerlei weitere Lösungen oder ausgleichende Maßnahmen. Diese sind hier aber in Form eines vereinheitlichten Kollisionsrechts dringend erforderlich. Möglicherweise hat *Schack* nur einen falschen Begriff gewählt, denn auch er sieht die Notwendigkeit eines europaweit geltenden Familienkollisionsrechts: Schack, RabelsZ 2001, S. 633.

278 *Kohler* ist zu Recht der Ansicht, dass sogar das gesamte Maßnahmenprogramm des Rats vom 30. 11. 2000 ein einheitliches Rechtsschutzgebiet *simulieren* würde: Kohler, FamRZ 2002, S. 711; ders, ZEuS 2001, S. 12; ders. in: Baur/Mansel, Systemwechsel, S. 156.

279 Siehe dazu den Beispielsfall Nr. 8 bei Puszkajler, IPRax 2001, S. 83.

280 So zu Recht Spellenberg, FS für Geimer, S. 1279.

Literatur[281] häufig in Bezug auf die EheVO I treffend ausgedrückt – „das Pferd von hinten aufgezäumt“. Bevor ein einheitliches Recht im Bereich internationaler Zuständigkeit und Anerkennung geschaffen wird, muss einheitlich festgelegt werden, welches Recht in dem jeweiligen Rechtsstreit anwendbar ist. Welche Probleme im Einzelnen ein einheitliches Kollisionsrecht lösen kann, wird im Folgenden dargestellt.

§ 1. Forum shopping

Bekannt und normiert ist die Wahl des zuständigen Gerichts durch eine Zuständigkeitsvereinbarung beider oder mehrerer Parteien. Davon zu unterscheiden ist die einseitige Auswahl eines Gerichtsstandes durch den Kläger, das sog. „forum shopping“. Im Folgenden werden Begriff, Bedeutung und Auswirkungen sowie Möglichkeiten zu einer Vermeidung des Phänomens „forum shopping“ erörtert.

I. Begriff und Bedeutung

„Forum Shopping“ leitet sich aus dem englischen und amerikanischen Sprachgebrauch her. Es bedeutet, dass der Anwalt des Klägers das Forum für einen Rechtsstreit unter mehreren zuständigen Gerichtsständen anhand bestimmter Kriterien berechnend auswählt. Die Gründe für die Wahl sind vielfältig. Sie können verfahrensrechtlichen sowie materiellrechtlichen Ursprungs sein. Hinsichtlich der Erscheinungsformen des forum shopping sind daher zwei Stufen zu unterscheiden:

Auf der ersten Ebene kann sich der Antragsteller darüber Gedanken machen, an welches Gericht er sich wenden soll. Ausschlaggebend können ein bequemer Zugang zu Gericht, die Besetzung des Gerichts mit Berufsrichtern oder Laienrichtern, Schnelligkeit, Qualität des Verfahrens, günstige Beweismöglichkeiten, Beweisregeln und Verfahrenskosten sein[282] sowie Aussichten für die Zwangsvollstreckung können Kosten und Mühen der Partei entscheidend beeinflus-

---

[281] Vgl. Heß, IPRax 2001, S. 392 FN 49, der zu Recht kritisiert, dass im Aktionsplan des Rats v. 3. 12. 1998 die Notwendigkeit einer parallelen Vereinheitlichung des Kollisionsrechts nicht hinreichend bedacht wurde; ebenso Spellenberg, FS für Geimer, S. 1260; ders. in: FS für Schumann, S. 426; ähnlich Kohler, ZeuS 2001, S. 9 ff.; ders. in: Mansel, Vergemeinschaftung, S. 52; Wagner, FamRZ 2003, S. 804. Auch das Europäische Parlament bedauert, dass die Kommission die Vergemeinschaftung von Brüssel II nicht zum Anlass genommen hat, auch die Vereinheitlichung des Kollisionsrechts in Angriff zu nehmen: KOM(1999) 220 – C 5-0045/1999 – 1999/0110(CNS), S. 3. Das Bedauern betrifft auch die Brüssel IIa-Verordnung.

[282] Bspw. kann ein und dasselbe Scheidungsverfahren in Großbritannien 30.000 GBP (ca. 48.000 Euro), in Dänemark hingegen 10.000 DKK (ca. 1.350 Euro) kosten. Dieses Beispiel nannte ein vom *Asser Instituut* befragter dänischer Anwalt: Final Report, S. 11. Dass dies ein Grund für forum shopping ist, stellt auch *Henrich* in der Anlage zum Protokoll der Sitzung des *Deutschen Rats für IPR* vom 12. 4. 2002 in Würzburg fest: Anlage 1, S. 35.

sen.[283] Die Suche nach dem günstigsten Gerichtsstand muss gar nicht weiter gehen. Insoweit kann die Auswahl des Gerichtsstandes von der anderen Partei sogar mitgetragen oder zumindest akzeptiert werden. Auch im innerstaatlichen Recht hat der Kläger die Möglichkeit unter mehreren örtlich zuständigen Gerichten eines nach Belieben zu wählen. Entscheidende Punkte sind hier die Nähe des Gerichts zum Wohnort des Klägers, zu Beweismitteln oder anderen Faktoren, die sich allein auf den Ort des Gerichts beziehen.
Weitaus stärkere Bedeutung hat das Wahlrecht des Antragstellers bei Auslandssachverhalten auf der zweiten Ebene, wenn er die materiellrechtlichen Wirkungen der Rechtsordnung des gewählten Staates ausnutzen kann. Dabei spielen die verschiedenen im Scheidungsverfahren zu behandelnden Fragen eine Rolle: zuerst die Scheidungsgründe, in zweiter Linie die Frage, ob sich ein Schadensersatzanspruch eines Ehegatten ergibt (bekannt unter „pension alimentaire" oder „prestation compensatoire"), drittens die Frage, was mit den Kindern geschieht und schlussendlich die Verteilung der Güter und des Vermögens. Materiellrechtlich kann es hier der Anwalt steuern, ob bspw. das deutsche Familienrecht des BGB oder das des französischen Code Civil anwendbar ist und ob bei dem angerufenen Gericht eine Verbundzuständigkeit für die Scheidungsfolgesachen begründet ist. Das liegt daran, dass die Anwendung des Internationalen Privatrechts an den verschiedenen, konkurrierend zuständigen Gerichtsständen zur Maßgeblichkeit von jeweils unterschiedlichem materiellem Recht führen kann.
Meist beachtet der Antragsteller die Aspekte beider Ebenen und trifft seine Entscheidung, wenn er neben dem materiellen Recht auch den Verfahrensablauf, die Sprache des Landes, Prozessdauer, Beweisfragen, Prozesskosten, die Prozessrisiken und die Vollstreckungsmöglichkeiten in Rechnung gestellt und miteinander abgewogen hat.[284] Da die meisten Rechtsordnungen das Recht der lex fori für anwendbar erklären, wird der Antragsteller auch bedenken, dass die Gerichte ihr eigenes materielles Recht in der Regel sicherer und damit gerechter anwenden. Ratsam ist es daher bspw., in dem Land zu klagen bzw. einen Antrag zu stellen, dessen IPR auf das eigene materielle Recht verweist.[285] Der unsichere Umgang mit dem ausländischen Recht kann für den Antragsteller aber auch ein Grund dafür sein, sich *für* einen Gerichtsstand zu entscheiden, der die Vorzüge des Verfahrensverlaufs aufweist und ein fremdes Recht auf den Fall anwendet. Dies ist dann interessant, wenn die Gerichtspraxis in diesem Land bekannt ist: Wenn bspw. der Antragsteller eines seit langem in Deutschland wohnenden italienischen Ehepaares weiß, dass die deutschen Gerichte italienisches Recht in einer Weise anwenden, wie es bei italienischen Gerichten nicht der Fall ist, stellt

---

283 Vgl. Kropholler, FS für Firsching, S. 165.
284 Siehe dazu etwa auch Hohloch, FFE 2001, S. 46: „Es kann angebracht sein, angesichts der in Italien sehr langen Verfahrensdauer, statt dessen in Deutschland zu klagen.".
285 So die Feststellung von Hohloch, FFE 2001, S. 47.

er den Antrag u. U. eher in Deutschland als in seinem Heimatland. So ist in Italien eine deutlich über die gesetzlichen drei Jahre hinausgehende Trennungszeit keine Seltenheit,[286] was das Ergebnis einer strengen Gesetzesauslegung ist.
Zwar schränkt eine gewisse Scheu vor dem unbekannten ausländischen Recht und dem somit schwer abschätzbaren Ausgang des Rechtsstreits die unbegrenzte Wahl ein. In lohnenden Fällen wird der Kläger aber anwaltliche Hilfe in Anspruch nehmen. Da guter Rat sehr teuer ist,[287] hängt damit die Entscheidung, sich mit ausländischem Recht zu befassen und Abwägungen hinsichtlich der Forumswahl zu machen, in entscheidendem Maße von der Liquidität des Klägers ab. Zwar wird dadurch die Möglichkeit des forum shopping nicht für jeden realisierbar sein, jedoch sollte dies kein Grund dafür sein, sich nicht um die Vermeidung dieses Phänomens zu bemühen.

II. Das Phänomen des forum shopping in den EG-Mitgliedstaaten und seine Vermeidung

1. Ehesachen

Tatsächlich zeichnet sich in verschiedenen europäischen Ländern ein vermehrter Scheidungstourismus ab.[288]
Dies ist insbesondere in Großbritannien der Fall. Sogar nach der Einführung des Scheidungsrechts in Irland kommen weiterhin Iren nach Großbritannien, um dort geschieden zu werden, weil dessen Recht und Rechtspraxis die Scheidung unter weniger restriktiven Voraussetzungen zulässt, als es in Irland unter dem Gesetz von 1996 der Fall ist.[289] Damit können diese Scheidungsverfahren nicht nur die strenge irische Familienpolitik untergraben, sie sind auch für den Ehegatten, der an der Ehe festhalten will und entweder die irische Staatsbürgerschaft hat oder dort seinen gewöhnlichen Aufenthalt hat, nicht einzusehen. Forum shopping findet in Großbritannien auch im Verhältnis zu den kontinentaleuropäischen Mitgliedstaaten statt, da erhebliche Unterschiede zwischen deren Rechts-

286 Final Report, S. 17 FN 5.

287 Vgl. auch die Bemerkung aus dem Final Report, S. 9: „Im Hinblick auf internationale Fälle ist Geld mehr als alles andere der entscheidende Moment".

288 Die folgenden Ausführungen beruhen vorwiegend auf den Ergebnissen der Befragung des *Asser Instituuts*. Die Stellungnahmen der befragten Richter und Anwälte können aufgrund ihrer geringen Anzahl keinen *tatsächlichen* repräsentativen Meinungsstand der jeweiligen Mitgliedstaaten darstellen. Trotzdem entsprechen ihre Ansichten vielfach der liberalen oder eher konservativ-strengen Rechtsordnung ihres Landes. Sie sind daher als Anregung und auch als nachvollziehbarer „Grundstimmung" des jeweiligen Mitgliedstaates zu verstehen.

289 Jayme/Kohler, IPRax, 2002, S. 469: „The new regime will undoubtedly encourage divorce planning and „forum shopping". This approach will facilitate the „quickly divorce syndrome" of finding a country to grant divorce, when other countries might not, that must be recognized elsewhere."

systemen und der vom Common Law geprägten Rechtsprechung bestehen. Das kann auch der Grund dafür sein, dass vor allem im Ausland lebende Engländer geringes Vertrauen in die kontinentaleuropäischen Gerichte haben[290] und schon aus diesem Grund, d. h. unabhängig vom materiellen Recht, im Vereinigten Königreich Klage erheben.
In Italien werden die Ehegatten aufgrund der dreijährigen Trennungszeit vielfach dazu veranlasst, sich in einem anderen Staat scheiden zu lassen.[291]
Im Übrigen tritt forum shopping seltener unter benachbarten Staaten, wie Belgien, Frankreich und Luxemburg auf.[292] Gleiches gilt für Spanien und Portugal.[293] Die Scheidungsrechte dieser Staaten unterscheiden sich nicht maßgeblich voneinander. Zwar können für die Parteien schon Trennungszeitunterschiede von einzelnen Jahren entscheidend sein. Da aber forum shopping, wie bereits festgestellt, meist nur für Vermögende erschwinglich ist, werden in diesen Staaten die geringen Unterschiede in der Regel in Kauf genommen. Trotzdem wird die Harmonisierung des Scheidungskollisionsrechts von französischen Richtern befürwortet.[294]
In Italien gab es einige Fälle, in denen es der Antragsteller vermied, die Scheidung dort zu beantragen. Dabei handelte es sich um gemischt-nationale Ehen, die einen Auslandsbezug zu einem Mitgliedstaat hatten, dessen Rechtsordnung keine dreijährige Trennung vor dem Scheidungsantrag vorsieht. So bemühte sich etwa der Scheidungswillige eines italienisch-niederländischen Ehepaares, den Antrag in den Niederlanden zu stellen.[295] „Rom III“ wird von italienischer Seite grundsätzlich befürwortet.[296]
In Finnland traten vor Brüssel II häufig Fälle auf, in denen finnische Staatsangehörige, die mit Ausländern verheiratet waren und lange in einem anderen Staat gelebt hatten, Scheidungsklage in ihrem Heimatstaat erhoben haben, da das finnische Recht relativ niedrige Anforderungen an die Scheidung stellt.[297]
Deutsche Richter bemerkten, dass es bei der Wahl des Gerichtsstandes sowohl um die Scheidung wie auch um die Folgesachen geht. Sie sprachen sich für eine Vereinheitlichung des Scheidungskollisionsrechts aus.[298]

---

290 Final Report, S. 13.
291 Final Report, S. 44.
292 Ergebnisse aus dem Final Report, S. 44 ff.
293 S. FN 292.
294 Final Report, S. 14.
295 Final Report, S. 17.
296 Siehe FN 295.
297 Das war nur möglich, weil die finnischen Gerichte sehr großzügig waren, was die Annahme der eigenen Zuständigkeit anging. Denn an sich war Anknüpfungspunkt für den Gerichtsstand der gewöhnliche Aufenthalt und nicht die Staatsangehörigkeit: Final Report, S. 12.
298 Final Report, S. 14.

2. Unterhaltssachen

Neben dem Eherecht begegnet uns „forum shopping“ auch im übrigen Familienrecht: In Unterhaltssachen, im Versorgungsausgleich und im Ehegüterrecht, nicht dagegen in Sorge- und Umgangsrechtsregelungen.[299] Die Notwendigkeit der Vereinheitlichung des Scheidungskollisionsrechts wird umso dringlicher, wenn auch im Hinblick auf das Unterhalts- und Ehegüterrecht forum shopping betrieben wird. Schließlich ist nach Art. 8 Abs. 1 des Haager Unterhaltsübereinkommens Unterhaltsstatut das auf die Scheidung anwendbare Recht. Das Übereinkommen ist als loi uniforme beschlossen und gilt daher auch im Verhältnis zu Nichtvertragsstaaten.

Die folgenden Fälle von forum shopping im Bereich des Unterhalts- und Güterrechts beziehen sich zwar auf bereits geschiedene Ehen. Doch entscheidend ist schon die Tatsache, dass in diesem Bereich die Wahl des Gerichtsstandes im Hinblick auf das materielle Recht getroffen wird. Allein diese große Neigung zum forum shopping lässt vermuten, dass die Eheleute schon den Scheidungsantrag dort stellen, wo sie später auch das jeweils für sie günstigste Unterhalts- und Güterrecht erwarten können.

Nach dänischem Recht hat die Ehefrau häufig keinen Anspruch auf Scheidungsunterhalt.[300] In Deutschland dagegen erhält z. B. eine berufstätige Ehefrau mit einem unter 8 Jahre alten Kind Unterhalt. Deshalb empfehlen dänische Anwälte den Ehefrauen, das Verfahren außerhalb Dänemarks einzuleiten. In Finnland taucht das Problem forum shopping häufig bei der Geltendmachung von Kindesunterhalt auf. Sehr häufig erheben russische und estnische Frauen, die gemeinsame Kinder mit finnischen Bürgern haben, Kindesunterhaltsklage in Finnland, da nach finnischem Recht der gewährte Unterhalt regelmäßig höher ist als nach russischem oder estnischem Recht.[301] Diese Fälle spielen eine Rolle im Hinblick auf die Drittstaatenproblematik. Denkbar ist es, in Europa ein Kollisionsrecht für Drittstaatenfälle zu schaffen.[302] Ebenso werden in Luxemburg die Verfahren meist aus finanziellen Gründen eingeleitet. Vielmehr als die Scheidung selbst sind dort Folgesachen Grund für das Auftreten von forum shop-

---

299 Siehr, ZfRV 1984, S. 127; vgl. dazu auch die übersichtliche Darstellung von Hohloch, FFE 2001, S. 51 f.

300 Gemäß § 2 des dänischen Ehewirkungsgesetzes obliegt es Mann und Frau, durch Geldleistungen, durch Tätigkeit im Haus oder auf andere Weise, jeder nach seiner Fähigkeit, dazu beizutragen, der Familie den Unterhalt zu verschaffen, der nach den Lebensverhältnissen der Ehegatten angemessen anzusehen ist. Demnach ist es nicht ausgeschlossen, dass von der Frau neben ihrer Kindererziehung verlangt wird, durch Ausübung eines Berufes Geldleistungen zu erbringen.

301 Final Report, S. 12.

302 So Jayme in: Mansel, Vergemeinschaftung, S. 35, der allerdings der Gemeinschaft die Gesetzgebungskompetenz im Hinblick auf das IPR für Drittstaatensachverhalte abspricht.

ping.[303] Die Harmonisierung des IPR stellt aus Sicht luxemburgischer Richter eine sinnvolle Lösung dar. Selbst wenn dieser Vorschlag sich entsprechend den Erfahrungen luxemburgischer Richter nur auf die Folgesachen bezieht, hilft eine Vereinheitlichung des Scheidungskollisionsrechts. Letztere ist eine notwenige Vorstufe für die Harmonisierung des Internationalen Privatrechts, betreffend Folgesachen. Steht das Scheidungsstatut erst fest, folgt dem meist ohnehin das Unterhalts- und Güterrechtsstatut.

III. Beurteilung

Dem Antragsteller, der das für ihn günstigste Recht sucht und das entsprechende Gericht auswählt, ist kein Vorwurf zu machen. Der Rechtsanwalt des Antragstellers ist sogar dazu verpflichtet, das für seinen Mandanten aussichtsreichste Recht auszusuchen. Forum shopping ist weder illegal noch standesrechtlich illegitim.[304] Dennoch löst forum shopping beim europäischen Betrachter – anders als beim amerikanischen – ein gewisses Unbehagen aus. Dies rührt daher, dass den weitreichenden Auswahlmöglichkeiten des Prätendenten keine entsprechenden Rechte des Anspruchsgegners gegenüberstehen.[305] Als besonders unbillig wird das Recht des Klägers empfunden, mit der Wahl des Gerichtsstandes das anwendbare materielle Scheidungsrecht auszusuchen. Aber selbst unabhängig davon, ob der Antragsgegner an der Ehe festhalten will oder nicht, entspricht in jedem Fall das Unterhaltsstatut – das meist mit dem Scheidungsstatut identisch ist – nie dem Interesse *beider* Ehegatten. Die Möglichkeit des Beklagten, seinerseits mit einer negativen Feststellungsklage das ihm günstigste Forum auszuwählen, wird ihm durch Art. 19 EheVO II genommen.[306]

IV. Vermeidung von forum shopping

Abhilfe böte, wie *Kropholler* zu Recht anmerkt[307], bis zu einem gewissen Grad die rechtspolitisch ohnehin erwünschte Reduzierung der konkurrierenden internationalen Zuständigkeiten auf ein vernünftiges Maß, und zwar vor allem die gesetzgeberische Beseitigung oder die richterliche Einschränkung exorbitanter Gerichtsstände. Denkbar wäre eine Anknüpfungsleiter. Auf diese Weise würde sich sogar ein weiterer Lösungsweg für eine einheitliche Kollisionsrechtsanknüpfung eröffnen: Die vielfach befürwortete Anknüpfung an die lex fori bzw.

---

303 Final Report, S. 13.

304 Zu Recht Siehr, ZfRV 1984, S. 133; so auch Kropholler, FS für Firsching, 165, S. 166.

305 So treffend Kropholler, Internationales Privatrecht, § 36 V; ausführlich zum forum shopping ders. in: FS für Firsching, S. 166 ff.

306 Wenn nicht ohnehin eine Feststellungsklage im Rahmen der EheVO II nicht statthaft ist: So zu Recht im Hinblick auf die EheVO I Hausmann, EuLF 2000, S. 273 f.; Helms, FamRZ 2001, S. 260; a. A. Gruber, FamRZ 2000, S. 1130; Hau, FamRZ 1999, S. 484; Pirrung, ZEuP 1999, S. 843 f.; Vogel, MDR 2000, S. 1046.

307 Kropholler, Internationales Privatrecht, § 36 V; ders. in: FS Firsching, S. 170.

der Gleichlauf von internationaler Zuständigkeit und anwendbarem Recht wäre dann interessengerecht, weil auf der Ebene des Verfahrensrechts klare, hierarchisch abgestufte Gerichtsstandsregelungen vorhanden wären. Dabei würde allerdings verkannt, dass es die Aufgabe von Zuständigkeitsregelungen nicht ist, gerechte Anknüpfungen für das Kollisionsrecht zu schaffen. Sind das Zuständigkeits- und das Kollisionsrecht auch eng miteinander verbunden und beeinflusst die internationale Zuständigkeit die Bedeutung der Verweisungsnormen,[308] so kann das Zuständigkeitsrecht nicht die Aufgabe des Kollisionsrechts übernehmen.

Vielmehr gilt es auch im Hinblick auf Art. 3 EheVO II, das Rad nun nicht mehr zurückzudrehen, sondern den Weg, den der europäische Gesetzgeber begonnen hat, fortzuführen. Von österreichischer Seite kam der Vorschlag, den Ehegatten eine Rechtswahl bei der Eheschließung zu gestatten, die sich auf die Folgesachen erstreckt.[309] Gemeint ist damit, eine Rechtswahl im internationalen Scheidungsrecht aller Mitgliedstaaten zuzulassen, die im Falle der Scheidung in jedem EU-Staat anerkannt wird. Richtig ist, dass dann der Hauptgrund für ein forum shopping wegfiele. Damit wäre aber das Problem nur in den Fällen gelöst, in denen die Eheleute bei der Eheschließung eine Rechtswahl getroffen haben. Für die übrigen Ehen, in denen sich die Ehegatten bei Eheschließung noch keine Gedanken über das anwendbare Scheidungsrecht gemacht haben, wie dies meistens der Fall ist, wäre damit keine Lösung gefunden.

Forum shopping ist nur dann für die antragstellende Partei nicht mehr attraktiv, wenn auf den Streitfall nur ein und dasselbe materielle Scheidungsrecht angewendet wird, unabhängig davon, in welchem Mitgliedstaat der Scheidungsantrag gestellt wird. Erst wenn es keine Rolle spielt, ob der Antrag etwa in Italien oder den Niederlanden gestellt wird, tritt Gerechtigkeit und Rechtssicherheit, insbesondere für den Antragsgegner, ein. „Rom III“ ist daher ein notwendiger und dringender Schritt, der die durch die EheVO I und EheVO II geschaffenen Ungerechtigkeiten, insbesondere durch Art. 2 EheVO I bzw. Art. 3 EheVO II, ausmerzt.

Fraglich ist, ob das Kollisionsrecht nur im Hinblick auf die Scheidung oder auch auf die Trennung ohne Auflösung des Ehebandes und die Ungültigerklärung der Ehe vereinheitlicht werden soll. Es werden Stimmen in den Mitgliedstaaten laut, die eine Vereinheitlichung des Scheidungskollisionsrechts befürworten, nicht aber eine Kollisionsrechtsvereinheitlichung in Bezug auf Trennung und Eheauflösung.[310] Begründet wird dies mit den unterschiedlichen Regelungen in den Mitgliedstaaten. Gegen diese Auffassung sprechen zwei Gründe: Zum einen ist es nur konsequent, in Fortführung der einheitlichen Gerichtsstandsregelungen

---

[308] Keller/Siehr, S. 152 f.

[309] Final Report, S. 14.

[310] Final Report, S. 16.

der EheVO II den Anwendungsbereich des Kollisionsrechts ebenfalls nicht aufzuspalten. Es wäre nicht einzusehen, warum es zwar für Ehescheidung, Trennung ohne Auflösung des Ehebandes und Ungültigerklärung der Ehe einen einheitlichen Gerichtsstand gibt, das Kollisionsrecht sich aber nur im Falle der Scheidung nach einer vereinheitlichten europäischen Regelung richtet, während im Falle der Ehetrennung weiterhin das autonome IPR des jeweiligen Forumstaates anwendbar wäre. Zum zweiten ist ein harmonisiertes Kollisionsrecht umso notwendiger, je erheblicher die Unterschiede im materiellen Recht sind. Denn erst große materiellrechtliche Abweichungen machen für den, der es sich leisten kann, die Möglichkeit des forum shopping sichtbar und reizvoll.

§ 2. Weitere Vorzüge einer Vereinheitlichung des Scheidungskollisionsrechts

Nicht nur das Phänomen „forum shopping" würde mit einer Vereinheitlichung des Kollisionsrechts beseitigt, sondern auch die Unbilligkeit des Ausschlusses statuserhaltender Entscheidungen vom Anerkennungsverfahren: Wenn der Antrag auf Ehescheidung im Staat A abgewiesen wurde, wäre ein erneuter Antrag im Staat B uninteressant, weil im Staat B das gleiche Sachrecht wie im Staat A angewendet würde.[311] Die Gefahr, dass der Richter im Staat B anders entscheidet als es der Richter im Staat A getan hätte, ist damit zwar nicht gebannt. Sie besteht sogar in innerstaatlichen Fällen, je nachdem, ob Richter A oder Richter B den Fall entscheidet. In diesem Zusammenhang würde auch die Ehe nicht mehr als ein in Europa unerwünschter Zustand erscheinen. Denn dann stünde dem Antragsteller nicht mehr diese große Auswahl an Kollisions- und Sachrechten zur Verfügung, von denen eines in der Regel zum Erfolg führt. Es stünde vielmehr für alle Mitgliedstaaten fest, ob der Antragsteller gemäß einem scheidungsfreundlichen Recht sofort bzw. in Kürze geschieden wird oder ob er u. U. noch einige Trennungsjahre abwarten muss, um erneut den Antrag erfolgreich stellen zu können.

Das Prioritätsprinzip des Art. 19 EheVO II ist erst dann durchweg eine gute Lösung, um Parallelverfahren auszuschließen, wenn ein Wettlauf zu den Gerichten verschiedener Mitgliedstaaten sinnlos wird. Das ist erst dann der Fall, wenn sich das anwendbare Recht nicht mit der Zuständigkeit ändert.

Ebenso lässt sich die Anerkennung aller Scheidungen, Trennungen, Auflösungen des Ehebandes oder Ungültigerklärungen einer Ehe, die unabhängig davon erfolgt, auf welcher rechtlichen Grundlage sie beruht (vgl. Art. 25 EheVO II), erst rechtfertigen, wenn im Anerkennungsstaat dasselbe Kollisions- und Sachrecht zur Anwendung gekommen wäre.[312] Zwar ist eine unterschiedliche Beur-

---

[311] So Helms, FamRZ 2002, S. 1599.

[312] In diesem Sinne wie viele vgl. nur Hau, FamRZ 1999, S. 488, der bemerkt, nur wenn ein einheitliches Kollisionsrecht existiere, könnten die Mitgliedstaaten dazu bewegt werden, sich über eine weitere Einschränkung der Anerkennungsversagungsgründe zu einigen.

teilung des Rechtsstreits durch die Gerichte der Mitgliedstaaten nicht ausgeschlossen. Schließlich werden Richter durch ihre nationale Sichtweise bei der Entscheidung eines internationalen Streitfalles beeinflusst. Die Eigenheiten und der jeweils unterschiedliche „Stil“[313] der Rechtsordnungen in der EU werden bleiben; der Richter des einen Mitgliedstaates wird die Norm eines anderen Mitgliedstaates nie eins zu eins so anwenden und auslegen, wie sie ein mit diesem Recht vertrauter Richter anwenden und auslegen würde. Dies ist jedoch im Vergleich zu der Gefahr, dass das an sich anwendbare Recht umgangen wird, das geringere Übel und schlicht nicht vermeidbar.[314]

Die Vereinheitlichung des Scheidungskollisionsrechts ist daher zwingend alsbald erforderlich. In fernerer Zukunft sollte daran gedacht werden, einen Gesamtentwurf anzustreben, der die meisten, wenn auch nicht alle Bereiche der Ehe regelt, z. B. Eheschließung, Eheleben, güterrechtliche Ordnung und Auflösung der Ehe durch Scheidung oder Ungültigerklärung. Bei den Diskussionen und ersten Entwürfen zu einem Scheidungskollisionsrecht sollten daher stets die Scheidungsfolgesachen im Auge behalten werden, die später, wenn sie in Angriff genommen werden, im räumlichen und sachlichen Zusammenhang mit der im Vordergrund stehenden Ehestatussache stehen[315].

Zur Unterstützung und Realisierbarkeit von „Rom III“ kann auf Erfahrungen mit der europäischen Kollisionsrechtsvereinheitlichung auf anderen Rechtsgebieten zurückgegriffen werden.

§ 3. Erfahrungen mit der Vereinheitlichung von Kollisionsrecht

Bereits die Gerichtspraxis zum Brüsseler Übereinkommen (EuGVÜ) hat gezeigt, dass die Vereinheitlichung des Zuständigkeitsrechts ohne gleichzeitige Harmonisierung des Kollisionsrechts unerwünschte Konsequenzen hat.[316] Das Kollisionsrecht der Mitgliedstaaten der (damaligen) Europäischen Wirtschaftsgemeinschaft, EWG, war zum Zeitpunkt des Beginns der Vorarbeiten zur Schaffung des EVÜ (Anfang der 70-er Jahre) insoweit zersplittert, als im internationalen Schuldvertragsrecht verschiedene Anknüpfungspunkte für maßgeblich

---

313 Diesen Begriff verwendet Jayme in: Jayme, Kulturelle Identität und Internationales Privatrecht, S. 13: „Es gibt gewisse kulturell geprägte Usancen und Gewohnheiten, welche in das Recht Eingang finden.“.

314 Genauso wenig kann man in einem inländischen Fall mit Sicherheit sagen, dass der Richter eines Gerichts einen Rechtsstreit genauso beurteilt wie sein Kollege. Dort hängt es auch vom (für die Parteien *zufälligen*) Geschäftsverteilungsplan ab, welcher Richter entscheidet.

315 Hohloch, FS für Schumann, S. 542.

316 Dieses Ergebnis folgte aus der Rspr. des EuGH zu Art. 5 Nr. 1 EuGVÜ, der den Erfüllungsort nach der lex causae der streitgegenständlichen Leistung bestimmte, EuGH, Slg. 1976, 1473 = NJW 1977, 491 – *Tessili*; s. a. die Ergebnisse auf der Sitzung des Rats der EU in Tampére: Dok. 12735/01 (JUSTCIV 124), S. 4.

gehalten wurden.[317] Der gut beratene Kläger konnte infolge des vom EuGVÜ geschaffenen Systems zwischen verschiedenen Foren wählen und wurde dadurch in die Lage versetzt, das für ihn günstigste Prozessrecht zu finden. Darüber hinaus konnte der Kläger das ihm eingeräumte Wahlrecht zwischen dem allgemeinen Gerichtsstand und den besonderen Gerichtsständen dazu nutzen, die Gerichte des Staates anzurufen, dessen Internationales Privatrecht zur Anwendung eines dem Klagebegehren günstigen Sachrechts führte. Dies zu verhindern war laut Bericht *Giuliano/Lagarde*[318] und der Denkschrift zum Übereinkommen[319] entscheidendes Motiv für die Ausarbeitung des EVÜ. Dem Kläger bleibt seitdem zwar noch die Wahlmöglichkeit hinsichtlich des anwendbaren Prozessrechts und der unterschiedlichen Verfahrenspraxis der Gerichte. Dies ist angesichts eines dadurch provozierten Wettbewerbs unter den Gerichten sogar begrüßenswert.[320] Nach wie vor hat der Kläger auch die Möglichkeit, seine Informations-, Verteidigungs- und Reisekosten geringer zu halten, als es der Beklagte kann. Hinsichtlich des anwendbaren materiellen Rechts wird ihm die Wahlmöglichkeit jedoch abgeschnitten, weil es infolge der Vereinheitlichung gleichgültig ist, vor welchem forum die Klage eingebracht wird.

Die Notwendigkeit der Vereinheitlichung des Internationalen Privatrechts hat der europäische Gesetzgeber inzwischen in vielen Rechtsbereichen erkannt: Während in der ersten Phase der auf Art. 65 EGV gestützten Gemeinschaftsgesetzgebung das internationale Zivilverfahrensrecht dominierte[321], danach das Anerkennungsrecht das Internationale Privatrecht zu verdrängen drohte[322], richtet der Europäische Gesetzgeber sein Augenmerk wieder mehr auf das Internationale Privatrecht. Das Europäische Schuldvertragsübereinkommen (Rom I)[323] soll mit inhaltlichen Änderungen in eine Verordnung umgewandelt werden, das IPR der außervertraglichen Schuldverhältnisse befindet sich in Arbeit (Rom II[324]). Das Ehekollisionsrecht wurde bislang nur rudimentär vereinheitlicht: Das Haager Eheschließungsübereinkommen aus dem Jahre 1902 gilt für Deutschland nur noch im Verhältnis zu Italien. Das Haager Abkommen über Eheschließung von 1978 ist nur für Australien, die Niederlande und Luxemburg

---

317 So wurde in Italien an den Vertragsabschlussort, in Deutschland an den hypothetischen Parteiwillen und in England an die „most significant relationship" angeknüpft.

318 Bericht *Giuliano/Lagarde* BT-Drucks. 10/503, S. 36. Ebenso Blaurock, FS für Stoll, S. 463.

319 BT-Drucks. 10/503, S. 21.

320 Siehe bereits dazu Erster Teil 2. Abschnitt § 3.

321 Siehe FN 160.

322 Zu dieser Problematik ausführlich Jayme/Kohler, IPRax 2001, S. 501 ff.

323 Die Gefahr des forum shopping erkannte man auch schon vor der Zeit des Art. 65 EGV, sodass 1980 in Rom ein völkerrechtlicher Vertrag zur Vereinheitlichung des internationalen Schuldvertragsrechts, das EVÜ, als Ergänzung zum EuGVÜ beschlossen wurde.

324 Siehe den Aktionsplan des Rats, FN 162 (Ziff. 40 b).

in Kraft getreten und das Haager Ehegüterrechtsabkommen[325] gilt in Frankreich, Luxemburg und den Niederlanden. Mehr ist bislang aber an geltendem Einheitsrecht nicht vorhanden.

§ 4. Tatsächlicher Bedarf an einem europäischen Scheidungskollisionsrecht

Trotz der dargelegten Notwendigkeit eines einheitlichen Scheidungskollisionsrechts darf nicht außer Acht gelassen werden, dass für eine neue europäische Verordnung auch tatsächlich Bedarf bestehen muss. Die vorab genannten Zahlen[326] erwecken den Eindruck, die Zahl der vor Gericht verhandelten internationalen Scheidungsfälle sei verschwindend gering, so dass Regelungen auf internationaler Ebene, insbesondere eine Vereinheitlichung des IPR, ein unverhältnismäßig großer Aufwand seien. Das Phänomen forum shopping kommt in den Mitgliedstaaten zwar vor. Genaue Zahlen konnten aber nicht genannt werden, nicht zuletzt, weil es nur in den seltensten Fällen offen zu Tage tritt. Es wird aber im Vergleich zu allen nationalen Streitfällen ein verschwindend geringer Anteil sein. *Kohler*[327] fragt ebenfalls, ob nicht die streitigen internationalen Scheidungen als „quantité négligeable" angesehen werden könnten.
Um die tatsächliche Zahl von internationalen Scheidungsfällen richtig zu erfassen und zu beurteilen, muss erörtert werden, wie die niedrigen Zahlen von gerichtlichen und die verhältnismäßig hohen von außergerichtlichen internationalen Streitfällen zustande kommen. Eine mögliche Erklärung könnte sein, dass – ob aus juristischem Interesse oder wirtschaftlichen Erwägungen – die Anwälte die Möglichkeit haben, sich auf internationale Fälle zu spezialisieren, während Richtern diese Option nicht in gleichem Maß zusteht.[328] Diese Schlussfolgerung verkennt, dass es nicht im Ermessen der Richter liegt, ob ein Scheidungsfall vor Gericht kommt oder nicht; es sei denn, den Richtern der Mitgliedstaaten wird unterstellt, sie würden sich mangels fehlender Kenntnisse im IPR und ausländischen Recht über die Internationalität mancher Fälle hinwegsetzen und sie als nationale behandeln. Zwar geben einige Richter zu, entgegen der Verweisung des IPR auf ausländisches Recht die lex fori anzuwenden.[329] Dadurch missach-

---

325 Vgl. FN 914.

326 S. o. in der Einleitung: Die internationalen Scheidungsfälle, die jährlich durch die Gerichte verhandelt werden, liegen nicht über 10 %. Dagegen beschäftigen sich die Anwälte prozentual mit mehr internationalen Scheidungsfällen als die Richter aus demselben Mitgliedstaat. Die Zahlen liegen zwischen 10-70 %.

327 *Kohler* in der Sitzung des *Deutschen Rats für IPR* vom 12. 4. 2002: Protokoll S. 14.

328 So die Erklärung von den Bearbeitern der Umfrage des *Asser Instituuts*, Final Report, S. 8.

329 Final Report, S. 12: Dort gaben finnische Richter zu, ohne Beachtung von Brüssel II, die eigene Zuständigkeit anzunehmen. In Finnland wenden die Gerichte daraufhin stets die lex fori an. Ähnlich die Anmerkung von französischen Richtern. Dem entspricht es auch, wenn, wie einige Anwälte betonen, manche Richter gegenüber dem Auslandsbezug die Augen verschließen: Final Report, S. 9.

ten sie aber nicht den internationalen Bezug des Sachverhaltes – was sich schon in der Anwendung des Kollisionsrechts zeigt – sie übergehen „nur" die IPR-Anknüpfung. Bei der Befragung des *Asser Instituuts* betonten zwar einige Anwälte, dass Richter gegenüber einem Auslandsbezug des Falles die Augen verschließen würden. Doch können diese Fälle nicht einen derart großen Anteil haben, dass sie den Prozentsatz von 10 % in hohem Maße verfälschen. Aus den Zahlen ist mit Sicherheit nur zu entnehmen, dass die von den befragten Anwälten zu bearbeitenden Fälle nur zu einem geringen Prozentsatz vor Gericht landen. Eine mögliche Erklärung, warum die Fälle vielmehr außergerichtlich gelöst werden, könnte darin begründet sein, dass Anwälte, die sich im internationalen Bereich spezialisiert haben, nicht für „Discount-Preise" arbeiten[330]. Daraus zu schlussfolgern, aufgrund der hohen Kostennote läge auch ein entsprechend hoher anwaltlicher Arbeitseinsatz nahe, sodass viele Streitigkeiten im vorhinein gelöst werden, wäre falsch: Scheidungen können in allen Mitgliedstaaten grundsätzlich nur durch einen Richter ausgesprochen werden,[331] sie befinden sich daher ausschließlich in dem geringen Prozentsatz der bis zu 10 % aller gerichtlichen Fälle pro Jahr. Es ist daher ausgeschlossen, dass bspw. in Deutschland nicht 10 %, gemäß den Angaben der Richter, sondern laut Aussagen der Anwälte 30 % aller Scheidungsfälle internationale sind. Die einzige mögliche Erklärung liegt darin begründet, dass gerade die in die Statistik eingehenden Anwälte viele international privatrechtliche Mandate auf sich vereinen können, sodass ihr Anteil im Vergleich zum gesamten internationalen Scheidungsaufkommen im Land besonders hoch ist. Diese Zahlen und ihre Auslegung – man mag sie als vernachlässigungswürdig einstufen – lassen aus zwei Gründen eine Vereinheitlichung des Scheidungskollisionsrechts notwendig erscheinen. Zum einen ist es in einem „europäischen Rechtsraum" für eine Vereinheitlichung des Scheidungskollisionsrechts ausreichend, dass in mindestens fünf Mitgliedstaaten Anwälte zwischen 30 und 70 % außergerichtliche internationale Scheidungsfälle bearbeiten. Zum zweiten ist es aus rechtsethischen Gründen geboten, in Europa einen integrationsfördernden Rechtsraum zu schaffen, in dem Rechtsunterschiede zwischen den Mitgliedstaaten nicht mehr von einem Ehegatten zuungunsten des anderen ausgenutzt werden können. Dafür ist es ausreichend, dass überhaupt in Europa internationale Scheidungsfälle auftreten. Ob die Anzahl von bis zu ca. 10 % aller Scheidungsfälle in den Mitgliedstaaten als gering oder hoch einzustufen ist, ist dabei ohne Belang.

---

330 So die Aussage eines deutschen Anwalts bei der Umfrage des *Asser Instituuts*, dem sich tätige Juristen aus anderen Mitgliedstaaten anschlossen, Final Report, S. 9

331 In Portugal ist eine Verwaltungsautorität befugt, eine Scheidung im gegenseitigen Einvernehmen auszusprechen, wenn das Ehepaar keine minderjährigen Kinder hat oder wenn über die elterliche Sorge bereits entschieden wurde.

§ 5. Aktivitäten auf europäischer Ebene

Der Rat der EU hat das Problem erkannt: Schon 1998 sah der Aktionsplan des Rats v. 3. 12. 1998 die Vereinheitlichung des Ehekollisionsrechts vor. Der Arbeitstitel lautet „Rom III“, in Anlehnung an das mit „Rom I“ titulierte Römische EWG-Übereinkommen über das auf vertragliche Schuldverhältnisse anzuwendende Recht (EVÜ) vom 19. 6. 1980. Dieses Ziel wird im Hinblick darauf anvisiert, dass es noch weitere Bereiche im Familienrecht und in damit zusammenhängenden Rechtsgebieten gibt, die es gilt, einer europäischen Vereinheitlichung, zumindest im internationalen Verfahrensrecht, zuzuführen.

Das am 15./16. Oktober 1999 in Tampere[332] in Auftrag gegebene Maßnahmenprogramm[333] zur Umsetzung des Grundsatzes der gegenseitigen Anerkennung gerichtlicher Entscheidungen in Zivil- und Handelssachen vom 24. 11. 2000 strebte erneut die „Harmonisierung von Kollisionsnormen“ an. Es wird nicht verkannt, dass dieses Ziel nur unter die „flankierenden Maßnahmen“ fällt; es erscheint an achter und letzter Position nach der „Information der Öffentlichkeit“. Dies erweckt den Anschein einer zweitrangigen Maßnahme.[334] Die „Harmonisierung“ der Kollisionsnormen kann laut Maßnahmenprogramm des Rats[335] nur „dazu beitragen, die gegenseitige Anerkennung zu vereinfachen“. Insgesamt haben sich die Gewichte zugunsten des internationalen Verfahrensrechts verschoben.[336] Des Weiteren hatte der Rat am 16. 11. 2001 einen Bericht über die Angleichung der zivilrechtlichen Vorschriften der Mitgliedstaaten verabschiedet, nachdem die Kommission aufgefordert werden sollte, bis zum 30. 6. 2003 „eine Studie anzufertigen, aus der hervorgeht, welche Unterschiede zwischen den einzelstaatlichen Rechtsvorschriften im Zusammenhang mit dem Familienrecht den Grundsatz der Freizügigkeit beeinträchtigen könnten“. Dieser Auftrag wurde inzwischen zurückgenommen und verworfen. Auch wurde Skepsis geäußert, was den Zeitplan anbelangt;[337] im Jahre 2004 einen Entwurf zu „Rom III“ vorzulegen, erschien zu Recht utopisch. Vorerst werden Vorschläge für ein ein-

---

332 Siehe hierzu die Aufzeichnungen des Vorsitzes im Dok. 12735 (JUSTCIV 124).

333 ABl. EG 2001, C 12/1 v. 15. 1. 2001; Text in IPRax 2001, S. 163 ff. Der Rat hat dieses Maßnahmenprogramm selbst als „Entwurf“ bezeichnet, was in der deutschen Ausgabe des Amtsblattes drei Monate nach Veröffentlichung des Programms deutlich gemacht wurde, s. ABl. EG C 115 v. 20. 4. 2001, S. 4.

334 Dies kritisiert auch zu Recht Kohler, FamRZ 2002, S. 711: „Der Stellenwert der Kollisionsrechtsharmonisierung ist in den Augen des Rats freilich denkbar gering.“.

335 ABl. EG C 12 v. 16. 1. 2001.

336 Siehe dazu die „Schlussfolgerungen des Vorsitzes“ in Dok. SI (1999) 800 – SN 200/99 v. 16. 10. 1999, insbesondere Nr. 33 ff. Das Prinzip der gegenseitigen Anerkennung bekommt eine Schlüsselrolle in europäischen Gesetzesvorhaben, was auch im dreistufigen Programm zur Abschaffung des Exequaturverfahrens zum Ausdruck kommt: FN 335.

337 Heß, NJW 2000, S. 31; ebenso Tebbens in: Baur/Mansel, Systemwechsel, S. 184, in Bezug auf den gesamten Aktionsplan des Rats vom 3. 12. 1998.

heitliches Scheidungskollisionsrecht im Weißbuch der Kommission Eingang finden, mit denen jedoch im Jahre 2004 noch nicht zu rechnen ist.
Große Zweifel an der baldigen Vereinheitlichung des Scheidungskollisionsrechts sind jedoch nicht angebracht. Dass der Rat *primär* an der Ausweitung des Anerkennungsrechts durch Abschaffung der Exequatur arbeitet, lässt sich nicht verhindern.[338] Da aber im Aktionsplan explizit die Vereinheitlichung des Scheidungskollisionsrechts für 2004 angesetzt war und auch nach wie vor nicht vom Maßnahmenkatalog des Rats v. 30. 11. 2000 verschwunden, sondern nur abgeschwächt worden ist, bleibt ein fortschreitender Aktionismus auf diesem Gebiet weiterhin zu erwarten. Indem der Rat seinen Plan durch zusätzliche „flankierende Maßnahmen" ergänzt, zeigt er, dass er das Ziel eines „europäischen Rechtsraums" nur dadurch erreichen kann, indem in Europa ein gemeinsamer Mindeststandard erreicht wird. In den Fortschrittsanzeigern der Kommission wurde stets die im April 2004 erwartete Vorstudie erwähnt, in der ein Entwurf für ein Rechtsinstrument über das auf Scheidungen anwendbare Recht ausgearbeitet werden sollte.[339] Dabei handelt es sich um die Vorschläge für das Weißbuch der Kommission, die abzuwarten sind. Es wäre falsch, aufgrund dieser Zeitverzögerungen dem europäischen Gesetzgeber zu unterstellen, er habe kein Interesse mehr an der Vereinheitlichung des Scheidungskollisionsrechts. An dem schleppenden Vorgang ist vielmehr zu erkennen, dass es sich um einen sehr sensiblen Rechtsbereich handelt.[340] Außerdem hatte die Kommission im zweiten Halbjahr 2000 eine ergänzende Studie in Auftrag gegeben, die das praktische Bedürfnis für einen EG-Rechtsakt erkunden sollte und die 2001 gestartet wurde. Deren Ergebnisse wurden im dritten Quartal vorgelegt und in dieser Arbeit bereits erörtert.[341] Auch die Funktion des einheitlichen Scheidungskollisionsrechts drängt zum Handeln: „Rom III" soll im IPR *fortführen*[342], was im Bereich des internationalen Familienverfahrensrechts mit der EheVO II erreicht wurde und soll die aufgezeigten entstandenen Ungerechtigkeiten ausmerzen. Außerdem werden die wissenschaftlichen Vorschläge über ein Scheidungskollisionsrecht und die ersten Diskussionen im Gesetzgebungsverfahren Erfolg haben. Es wird ein Gebiet der Vereinheitlichung unterworfen, das in den Mitgliedstaaten insoweit nicht sehr unterschiedlich geregelt ist, als allen Mitgliedstaaten sowohl das Staatsan-

---

338 Eine ganz andere Frage ist, ob die Mitgliedstaaten sich schon aus verfassungsrechtlichen Gründen gar nicht auf eine solche unbesehene Vollstreckung fremder Urteile einlassen können. Siehe dazu näher Kohler in: Baur/Mansel, Systemwechsel, S. 159 und FN 40, 41.

339 KOM 2001, 628 endg., S. 34 und KOM 2003, 291 endg., S. 60.

340 Dies bestätigt auch der Referatsleiter der Generaldirektion Justiz und Inneres, *Mario Tenreiro*, in Bezug auf die Erwartungen im Familienrecht seitens des Europäischen Gesetzgebers: http://europa.eu.int/comm/dgs/ justice_home/dg_judicialcivil_ en.htm (Stand: 15. 2. 2004).

341 Siehe die Ergebnisse der Befragung des *Asser Instituuts*: FN 5.

342 So auch Kohler, ZEuS 2001, S. 8.

gehörigkeitsprinzip als auch das Aufenthaltsprinzip geläufig sind.[343] Die bislang unterschiedliche Gewichtung im autonomen Kollisionsrecht müssen die Staaten jedoch aufgeben, wenn sie sich um einen europäischen Konsens bemühen, der das Interesse an der Anwendung der eigenen Rechtsordnung zurückdrängt.
Sowohl die Aktivitäten auf Seiten des Rats und der Kommission als auch die Tatsache, dass die EheVO II eine Zwischenstation darstellt und ein einheitliches Kollisionsrecht ihre „Fortführung" ist, lösen somit einen Druck aus, der eine Problemlösung fordert und der ausreicht, die Kommission zum Handeln zu bewegen. Im April 2002 hat der *Deutsche Rat für IPR* auf Wunsch des Bundesministeriums der Justiz bereits Vorschläge formuliert, deren Ergebnisse im dritten Teil dieser Arbeit diskutiert werden.
Nachdem nun festgestellt worden ist, dass ein Harmonisierungsbedarf besteht und es an der Zeit ist, das Scheidungskollisionsrecht zu vereinheitlichen, stellen sich folgende Aufgaben: Zunächst ist zu prüfen, auf welcher Kompetenznorm die Vereinheitlichung des Scheidungskollisionsrechts fußen kann. In einem weiteren Schritt ist zu untersuchen, welche Gewichtung die jeweiligen Anknüpfungsschwerpunkte für „Rom III" erhalten sollen.

4. Abschnitt
Kompetenzrahmen des Art. 65 EGV

Gemäß Art. 61 EGV hat der Rat die Aufgabe, Maßnahmen zum schrittweisen Aufbau eines „Raumes der Freiheit, der Sicherheit und des Rechts zu erlassen, in dem der freie Personenverkehr gewährleistet ist.[344] Hierunter könnte die Kompetenz zur europaweit einheitlichen Beurteilung des internationalen Familienrechts fallen, wenn dadurch der grenzüberschreitende Personenverkehr erleichtert und gefördert wird. Art. 61 EGV umreißt aber nur die allgemeine Zielsetzung des IV. Titels und stellt keine Ermächtigungsgrundlage dar.[345] Art. 61 lit. c EGV verweist ausdrücklich auf Art. 65 EGV, der als Kompetenzgrundlage in Frage kommt.[346] Der Amsterdamer Vertrag hat die justizielle Zusammenarbeit auf die erste Säule der Union zurück übertragen und in eine Gemeinschafts-

---

343 Dies war auch der Grund dafür, warum dem EuGVÜ so ein großer Erfolg beschert war: „Das Prinzip des allgemeinen Gerichtsstandes am Wohnsitz des Beklagten war den Vertragsstaaten schon vorher geläufig.": Hohloch, FS für Stoll, S. 535.

344 Erwägungsgrund Nr. 11 des Amsterdamer Vertrags.

345 *Wiedmann* spricht zu Recht von einer „Zielbestimmung" des Art. 61 EGV: Schwarze/Wiedmann, Art. 61 RN 1; in diesem Sinne auch Schmahl in: v. d. Groeben/Schwarze, Art. 61 RN 2; Streinz/Weiß, Art. 61 RN 6; *Röben* hingegen hält Art. 61 EGV ohne Begründung für eine Ermächtigungsregelung: Röben in Grabitz/Hilf, EGV, Art. 61 RN 6.

346 Helms, FamRZ 2002, S. 1595; Spellenberg, FS für Schumann, S. 428; Wagner, RabelsZ 2004, S. 126; auch der Rat der EU beruft sich in der Verordnung (EG) Nr. 1347/2000 explizit auf Art. 65 EGV, vgl. Erwägungsgrund (3). Ebenso Erwägungsgrund (1) der Verordnung (EG) Nr. 2201/2003.

politik überführt.[347] Unzweifelhaft sind damit das Internationale Privatrecht gemäß Art. 65 lit. b EGV als auch seit dem Vertrag von Nizza Bereiche des Familienrechts nun eine Domäne der Gemeinschaftsorgane.[348] Fraglich ist aber, ob der Rat zur umfassenden Vereinheitlichung des Scheidungskollisionsrechts ermächtigt ist. Selbst wenn sie im Aktionsplan des Rats der EU aufgeführt ist, so steht diese Aufgabe doch recht zurückhaltend und vorsichtig formuliert in Art. 65 lit. b EGV als „Förderung der *Vereinbarkeit* der in den Mitgliedstaaten geltenden Kollisionsnormen". Warum hat der Gesetzgeber die IPR-Vereinheitlichung mit der Worthülle „Vereinbarkeit" der Kollisionsnormen umschrieben? Die Debatte könnte vorbei sein, wenn sich der Ministerrat trotz der laut gewordenen Zweifel für zuständig hält. Schließlich hat er sich der Vereinheitlichung des Kollisionsrechts der außervertraglichen Schuldverhältnisse angenommen[349] und am 31. 5. 2002 trat die Insolvenzverordnung[350] in Kraft. Allerdings hat der *EuGH* in der Vergangenheit verschiedentlich Rechtsakte wegen fehlender Rechtsgrundlage für unwirksam erklärt, sie aber dennoch provisorisch in Kraft gelassen, bis der europäische Gesetzgeber sie auf der zutreffenden Rechtsgrundlage erneut verabschiedet hat. Zumindest ist nicht ausgeschlossen, dass sich der *EuGH* in Zukunft über die Auslegung des Art. 65 EGV ausspricht. Und selbst wenn weder ein europäisches Organ, noch ein Mitgliedstaat ein Interesse daran hat, nach Art. 68 Abs. 3 EGV die Rechtsgrundlage für die Gesetzgebung überprüfen zu lassen, weil Rat und Kommission sie für wünschenswert halten, so

---

347 Damit ist eine der Hauptforderungen sowohl der Berichte über den Maastrichter Unionsvertrag als auch der Wissenschaft erfüllt: Leible/Staudinger, EuLF 2000, S. 227 ff.; ebenso Besse, ZEuP 1999, S. 113. Zu Art. K.1 Nr. 6 EUV in der Fassung des Vertrags von Maastricht siehe Degen in: v. d. Groeben/Thiesing/ Ehlermann; Art. K. 6 EUV Rn. 1 ff.; Schwarze/Wiedmann, Art. 61 RN 2.

348 „Auch wenn es zwischen den anderen öffentlichrechtlichen Bereichen befremdlich wirkt, fällt das internationale Privatrecht unter jene zu ergreifende Maßnahmen, die den Bereich der Zivilsachen betreffen.": Tebbens in: Mansel, Systemwechsel, S. 172, 173. Ebenso Schmahl, in: v. d. Groeben/Schwarze, Art. 65 RN 7; Schwarze/Wiedmann, Art. 65 RN 9, 15; Leible/Streinz, Art. 65 RN 4; Wagner, RabelsZ 2004, S. 126.

349 Vgl. den Vorschlag für eine Verordnung des Europäischen Parlaments und des Rats über das auf außervertragliche Schuldverhältnisse anzuwendende Recht v. 27. 9. 2004 („Rom II").

350 ABl. EG Nr. L 160 v. 30. 6. 2000, S. 1 ff. Das am 23. 11. 1995 von 14 Mitgliedstaaten unterzeichnete Übereinkommen über das internationale Insolvenzverfahrensrecht ist mangels Unterzeichnung durch das Vereinigte Königreich nicht zustande gekommen.

sollte doch die sehr umstrittene Frage geklärt werden, ob die künftige Gesetzgebung auf einer ausreichenden Rechtsgrundlage fußt.[351]
Die oben gestellten Fragen müssen daran gemessen werden, ob der Erlass von einheitlichen Scheidungskollisionsrechtsnormen gemäß Art. 65 EGV „für das Funktionieren des Binnenmarktes erforderlich ist".

§ 1. Historische Argumentation

Heß[352] argumentiert, die Kompetenzzuweisung des Art. 65 EGV hätte sich als konsequente Fortschreibung einer zwischenzeitlich eingeleiteten Integration des internationalen Privat- und Verfahrensrechts in die Zuständigkeit der Gemeinschaft erwiesen. Dies sei vor dem Hintergrund zu sehen, schon im EuGVÜ von 1968 sowie in weiteren, folgenden Rechtsakten der EG zum Binnenmarkt und zum Verbraucherschutz fänden sich immer öfter Regelungen zum Prozessrecht. *Heß* ist insofern zuzustimmen, als Rechtsgebiete, die für das Funktionieren des Binnenmarktes und die Freizügigkeit der Unionsbürger erforderlich sind, nicht vom nationalen Gesetzgeber geregelt werden können, sondern nur von der Europäischen Gemeinschaft.[353] Gerade aber diese Voraussetzungen müssen für „Rom III" vorliegen und dies ist nach der oben genannten Literatur höchst umstritten.

§ 2. Entfaltung der Personenverkehrsfreiheit

Die Maßnahmen nach Art. 65 EGV müssen aufgrund der Öffnungsbestimmung des Titels IV einen, wenn auch mittelbaren Bezug zu der Gewährleistung des freien Personenverkehrs aufweisen. Die Personenverkehrsfreiheit in Art. 65 EGV wird wiederum durch den Binnenmarktbezug beschränkt. Diese Einschränkung wird aber gleichsam dadurch wieder gelockert, dass sie als Zielsetzung über dem gesamten Titel IV steht. Beide Aspekte, Personenverkehrsfrei-

---

351 (Str.) Jeweils im Ergebnis zustimmend in Bezug auf die bisherige Gesetzgebung und „ROM III": Hausmann, EuLF 2000/01, S. 41; zuletzt Wagner, RabelsZ 2004, S. 119 ff.; ebenso Basedow, EuZW 1997, S. 609; Besse, ZEuP 1999, S. 107, 108; Heß, NJW 2000, S. 27; ders. in JZ 2001, S. 573; ders. in IPRax 2001, S. 394; Staudinger, ZfRV 2000, S. 104; Röben in: Grabitz/Hilf, EGV, Art. 65 FN 8; Schwarze/Wiedmann, Art. 65 RN 19; Hohloch, FS für Stoll, S. 546; ders. in: Wege zum europäischen Recht, S. 29; Leible/Staudinger, EuLF 2000/01, S. 229; Spellenberg, FS für Schumann, S. 428; in diese Richtung vermutend Hau, FamRZ 1999, S. 488; gegen diese Lehre: damals noch Jayme/Kohler, IPRax 2000, S. 454, 458; früher ebenso noch a. A. Wagner, IPRax 2000, S. 519; Freudenthal/van der Velden, in: Liber Amicorum Paul Meijknecht, S. 88; zurückhaltend Rauscher, FS für Geimer, S. 889; Mansel, Das Staatsangehörigkeitsprinzip im deutschen und gemeinschaftsrechtlichen Internationalen Privatrecht: Schutz der kulturellen Identität oder Diskriminierung der Person? in: Jayme, Kulturelle Identität und Internationales Privatrecht, S. 148; differenzierend Basedow, ZEuP 1994, S. 197, 199.

352 Heß, NJW 2000, S. 23.

353 Schwarze/Wiedmann, Art. 61 RN 2.

heit und Binnenmarktbezug, stehen somit in Wechselwirkung. Die Personenverkehrsfreiheit will einen Bewegungsraum ohne Binnengrenzen schaffen, in dem die Einwanderung, die Asylzuteilung und die Kriminalitätsbekämpfung geregelt werden. Weiterhin soll der Rechtsschutz und die Rechtspflege innerhalb der Union als gleichwertig gesehen werden. Die Rechtsvereinheitlichung im Scheidungskollisionsrecht könnte unter die zweite Gruppe der Maßnahmen fallen, die mittelbar den freien Personenverkehr berühren. Hierzu gehören Zusammenarbeitsbestimmungen in Bezug auf Verwaltungen, die Polizei und die Justiz in Strafsachen sowie in Zivilsachen, Art. 61 b-e EGV. Der Begriff „Zusammenarbeit" ist jedoch im Bereich der Zivilsachen unglücklich gewählt. Vielmehr geht es um die Annäherung von Rechtsregeln in den einzelnen Mitgliedstaaten für Streitigkeiten mit Auslandsbezug. Es ist nicht zu leugnen, dass Regelungen im Familienrecht die Entfaltung der Personenverkehrsfreiheit betreffen, wie es der Vertrag von Nizza eindeutig bestätigt hat. Allerdings sollte Art. 65 EGV trotz des Bezugs der Überschrift in Titel IV zum freien Personenverkehr nicht vorschnell dahin interpretiert werden, dass er alle Rechtsvereinheitlichungsmaßnahmen in diesem Bereich ermöglicht.

§ 3. Das Funktionieren des Binnenmarktes

Hinsichtlich des Binnenmarktbezugs des Zivilrechts ist ein weiter Einschätzungsspielraum des Gemeinschaftsgesetzgebers gegeben.[354] Schon vor dem Vertrag von Nizza schloss es das wirtschaftliche Verständnis von einem „gemeinsamen Markt" nicht aus, dass die Maßnahmen möglicherweise zukünftig auch die Freizügigkeit erleichtern sollen. Der Vertrag von Nizza räumt nunmehr jeden Zweifel aus und gesteht den „familienrechtlichen Aspekten" konkludent den Binnenmarktbezug zu.[355] Da auch das Internationale Privatrecht und wie vielfach angenommen auch dessen Vereinheitlichung[356] in den Kompetenzbereich des Amsterdamer Vertrags fällt, scheint die Frage nach der Ermächtigungsgrundlage für „Rom III" überwiegend geklärt. Werden die beiden Regelungsbereiche separat betrachtet und ihnen jeweils eine Gemeinschaftskompetenz zugesprochen, so lässt ihre Zusammenfügung die Kompetenzfrage allerdings wieder in einem neuen Licht erscheinen: Inwieweit speziell die Vereinheitlichung des Scheidungskollisionsrechts für das Funktionieren des Binnenmarktes und damit für die Personenfreizügigkeit erforderlich ist, bleibt nach wie vor offen.
Die Wissenschaft befürwortet vorwiegend den Binnenmarktbezug eines einheitlichen Scheidungskollisionsrechts. So gibt etwa das umstrittene Verhältnis des

---

354 Röben in: Grabitz/Hilf, EGV, Art. 65 RN 2; Kohler, NJW 2001, S. 713; Wagner, RabelsZ 2004, S. 138.

355 Zu dieser Thematik ausführlich Wagner, RabelsZ 2004, S. 137.

356 Den Kompetenzbereich auf „Vereinheitlichungsmaßnahmen" erstreckt neben vielen: Kohler, IPRax 2003, S. 408; ebenso Basedow in: Mansel, Systemwechsel, S. 40.

Art. 65 EGV zu Art. 94 EGV[357] einen kleinen weitergehenderen Aufschluss als es der Vertrag von Nizza heute bereits getan hat. Danach erlauben im Ergebnis Art. 61 lit. c, 65 EGV die Vereinheitlichung auch solcher mitgliedstaatlicher Normen des Kollisionsrechts, die für den Binnenmarkt zwar nicht konstitutiv sind, denen aber eine – wenn auch nur mittelbare – Unterstützungsfunktion für die Ausübung der Grundfreiheiten und damit des Binnenmarktes zukommt. Die erforderlichen Maßnahmen für den Binnenmarkt sind sogleich nicht mehr im Sinne einer „Existenzvoraussetzung" für den Binnenmarkt zu verstehen, sondern nur noch als „erforderlich" für das „reibungslose Funktionieren", welches einen bereits funktionierenden Markt voraussetzt. Es ist nahe liegend, dass eine einheitliche Regelung auf die Frage, welches Sachrecht auf Scheidungen in Europa anwendbar ist, für das „Funktionieren des Binnenmarktes erforderlich" ist im Sinne des Art. 65 EGV.
Inwieweit Rechtsakte des Art. 65 EGV für das Funktionieren des Binnenmarktes erforderlich sein müssen, zeigt auch die Entwicklung dieses Aufgabenbereichs. Die justizielle Zusammenarbeit des Art. K.1 Nr. 6 EUV bezog sich nicht auf die Errichtung und das Funktionieren des Binnenmarktes, denn diese Aspekte waren bereits Gegenstand des EGV. Die Zusammenarbeit in Zivilsachen hatte die Aufgabe, einen geeigneten und effizienten Rahmen für den Binnenmarkt durch gegenseitige Koordination und Konsultation in den nicht unmittelbar binnenmarktsbezogenen Rechtsfragen zu gewährleisten.[358] Es sollten keine Reibungsverluste zwischen ihnen und dem vergemeinschafteten Binnenmarktrechtsbereich bestehen. Darunter waren auch die Angleichung und Vereinheitlichung des Kollisionsrechts zu verstehen.[359] Art. 65 EGV kann daher als eine Wegeröffnung zur Herstellung vollständiger Rechtseinheit in Europa gesehen werden: Er regelt nach wie vor den Bereich, wie er vorher in Form der intergouvernementalen Zusammenarbeit bestanden hat. Art. 61 EGV gibt ihm den Bezug zum Binnenmarkt. Es reicht aber ein mittelbarer Bezug aus, wie er auch bereits damals in Art. K.1 Nr. 6 EGV bestehen konnte, aber nicht musste. Dieser mittelbare Bezug wurde bereits für den Regelungsbereich von „Rom III" angenommen.

---

357 Siehe dazu ausführlich: Leible/Staudinger, EuLF 2000, S. 229; Basedow, CMLR 2000, S. 696 f.; ders. in: EuZW 1997, S. 609; ders. in: Baur/Mansel, Systemwechsel., 31 f.; Schwarze/Wiedmann, Art. 65 RN 20; Röben in: Grabitz/Hilf, EGV, Art. 61 RN 10; Tebbens in: Baur/Mansel, Systemwechsel, S. 176; insbesondere zur neuen Praxis der Gemeinschaft Heß, JZ 2001, S. 574; vgl. auch das „Tabak-Urteil", in dem der Gesetzgeber für Art. 95 (Art. 94 n. F.) einen starken Binnenmarktbezug forderte: Urteil v. 5. 10. 2000, Rs. C-376/98, Deutschland./.Europäisches Parlament und der Rat der EU, Slg. 2000, I-8419 ff. Daraus wurde vielfach ein gelockerter Binnenmarktbezug für Art. 65 EGV geschlussfolgert. Bedenken äußert *Kohler*, weil die parlamentarische Legitimation fehle: Kohler, ZEuS 2001, S. 5; ähnlich Mansel in: Baur/Mansel, Systemwechsel, S. 3 ff.

358 Vgl. Mansel in: Baur/Mansel, Systemwechsel, S. 6.

359 Basedow in: Mansel, Systemwechsel, S. 19.

Kommission und Rat beziehen im Aktionsplan[360] zwar das Internationale Privatrecht zur Scheidung in den Kompetenzbereich des Art. 65 EGV mit ein. Sie schweigen hingegen im Hinblick auf eine Begründung des Binnenmarktbezugs von „Rom III". Im Zusammenhang mit der EheVO I ist die Kommission der Ansicht, Unterschiede im nationalen Recht bei Zuständigkeitsregeln und bei der Vollstreckung von Entscheidungen würden sowohl den freien Personenverkehr als auch das reibungslose Funktionieren des Binnenmarktes erschweren[361]. Zum einen ist dies keine Begründung dafür, *warum* eine Kompetenz für eine derart weit verstandene Personenverkehrsfreiheit besteht. Zum zweiten bezieht sich die Kommission nicht auf die Kollisionsregeln, sondern nur auf die Zuständigkeitsnormen. Selbst einer weiten Auslegung dieser Begründung ist nur zu entnehmen, dass grundsätzlich unterschiedliche Regelungen im Bereich des Familienrechts Auswirkungen auf den freien Personenverkehr haben können. Dies hat der Vertrag von Nizza bereits konkludent bestätigt.
Der Rat der EU äußert sich vergleichbar dahingehend, die Gewährleistung der Freizügigkeit führe unausweichlich zu Wechselwirkungen zwischen dem Familienrecht und den übrigen Tätigkeiten der Gemeinschaft.[362] Um aber dem Grundsatz der begrenzten Einzelermächtigung, einem Strukturprinzip der Europäischen Gemeinschaften, zu entsprechen, ist nach dem *EuGH*[363] erforderlich, dass die Unterschiede zwischen den mitgliedstaatlichen Rechten das Funktionieren des Binnenmarktes *spürbar* beeinträchtigen und die getroffenen Maßnahmen geeignet sind, die Beeinträchtigung wirksam zu beseitigen. Der Rat hat gesehen, dass diese Voraussetzung im Bereich des Ehescheidungsrechts zweifelhaft ist.[364] Aus diesem Grund hat er, wie bereits angesprochen,[365] eine Erhebung von der Kommission darüber angefordert, inwieweit konkrete spürbare Beeinträchtigungen des freien Personenverkehrs im Binnenmarkt durch divergierende Bestimmungen im Bereich des Familienrechts hervorgerufen werden.[366] Diese Studie wurde leider aufgegeben. Es wäre in jedem Falle wünschenswert, wenn der europäische Gesetzgeber erkennt, dass ein Raum der Freiheit, der Sicherheit und des Rechts sich für den Bürger auch auf das Scheidungskollisionsrecht erstreckt. Die Frage des Familienstatus kann das Schicksal von Rechten und Pflichten beeinflussen, die jeder Marktbürger von einem Mitgliedstaat in den anderen mit-

---

360 S. o. FN 162.
361 Erwägungsgrund (4) der EheVO I und Erwägungsgrund (1) S. 2 der EheVO II.
362 Dok. 12735/01 JUSTCIV 124, S. 12 (IV Nr. 25).
363 EuGH, Urteil v. 5. 10. 2000, Rs. C-376/00, Deutschland/Rat und Parlament, Slg. 2000, I-8419.
364 Dok. 12735/01 JUSTCIV 124, S. 14 (VI Nr. 28 e).
365 S. o. Zweiter Teil 3. Abschnitt § 5.
366 Siehe die 2385. Tagung des Rats für Justiz, Inneres und Katastrophenschutz am 16. 11. 2001 in Brüssel, Dok. 13017/01.

nimmt.[367] Soll etwa der Wunsch nach der Eingehung einer neuen Ehe davon abhängen, dass das Scheidungsstatut in dem einen Mitgliedstaat nach dem Recht des Heimatstaates, in dem anderen Mitgliedstaat nach dem Recht des gewöhnlichen Aufenthaltsortes und in einem dritten nach der lex fori beurteilt wird? Wenn das so ist, kann nicht mehr von einem europäischen Raum gesprochen werden, in dem Bürger sich frei und ohne drohende Rechtsbeeinträchtigung infolge kollisionsrechtlich unterschiedlicher Regelungen bewegen können.
Die Verknüpfung mit dem freien Personenverkehr und dem Binnenmarkt ist im Scheidungskollisionsrecht somit plausibel.[368] Sie sollte aber nach wie vor noch nachwiesen werden.

§ 4. Grenzüberschreitender Bezug

Art. 65 EGV verlangt einen grenzüberschreitenden Bezug für die Maßnahmen im Bereich der justiziellen Zusammenarbeit in Zivilsachen. Dieses Erfordernis stellt klar, dass die von Art. 65 EGV in Angriff genommenen Maßnahmen nicht das rein interne Recht der einzelnen Mitgliedstaaten berühren sollen. Das gesamte Internationale Privatrecht zeichnet sich gerade dadurch aus, dass es Sachverhalte regelt, die einen Bezug zu einem ausländischen Staat haben.[369]

§ 5. Förderung der „Vereinbarkeit" der in den Mitgliedstaaten geltenden Kollisionsnormen

Bei der Suche nach den Rechtsbereichen, die für das „Funktionieren des Binnenmarktes" erforderlich sind, wurde die Frage nach der umstrittenen Auslegung der Terminologie „Förderung der *Vereinbarkeit* der in den Mitgliedstaaten geltenden Kollisionsnormen" nicht beantwortet. Auffallend ist, dass sie in keiner der sonstigen Kompetenznormen des EGV verwendet wird. Wäre es nicht ein Leichtes gewesen, hätte man die Rechtsvereinheitlichung gewollt, von „Angleichung", wie in Art. 3 lit. h EGV, oder gar „Vereinheitlichung" zu sprechen? Auf den ersten Blick hat es den Anschein, dass die Intensität der gemeinschaftlichen Regelung damit deutlich hinter dem zurückbleiben soll, was für sonstige Zuständigkeitsbereiche im Vertrag angeordnet ist.[370] Zur Rechtsvereinheitlichung

---

367 So auch Dieckmann, a. a. O., in: Baur/Mansel, Systemwechsel, S. 69.

368 So Kohler, ZEuS 2001, S. 6; abl. Sonnenberger, ZVglRWiss 2001, S. 121 in Bezug auf die Erforderlichkeit eines *einheitlichen* Scheidungskollisionsrechts (Hervorhebung hinzugefügt).

369 Schwarze/Wiedmann, Art. 65 RN 9; Leible/Streinz, Art. 65 RN 22; Schmahl in: v. d. Groeben/Schwarze, Art. 65 RN 4; Tebbens in: Baur/ Mansel, Systemwechsel, S. 176; Kohler, IPRax 2003, S. 403; Basedow, CMLR 2000, S. 701.

370 Dieser Ansicht sind Kohler, ZEuS 2001, S. 4; Pirrung, FS für Lüderitz, S. 551; Wagner, RabelsZ 2004, S. 127; in dieselbe Richtung geht die Anmerkung von *Jayme* und *Kohler*, dass die zögerliche Formulierung *einen schrittweisen* Übergang von der Zwischenstaatlichkeit zur Supranationalität wolle (Hervorhebung hinzugefügt); a. A. Leible/Staudinger, EuLF 2000, S. 233.

ist die Gemeinschaft mithin nach dem reinen Wortlaut und im Vergleich zu anderen Regelungen im Vertrag an sich gar nicht befugt. Wenn die „Vereinheitlichung" demnach ausgeschlossen sein soll, muss gefragt werden, was „Vereinbarkeit" getreu dem Wortlautverständnis bedeutet *und* welchen Zweck die „Förderung der Vereinbarkeit" haben soll und leisten kann[371]. Rein dem Wortlaut nach ist unter „Vereinbarkeit" ein Weniger als unter „Angleichung" und „Vereinheitlichung" zu verstehen.[372] Terminologisch miteinander „vereinbar" sind Rechtsvorschriften, wenn sie sich nicht widersprechen, sondern sich vielmehr ergänzen. Doch wann kann von einem Widerspruch zwischen den autonomen Kollisionsrechten gesprochen werden? Liegt er nicht stets vor, wenn die Anknüpfungspunkte auch nur in einem kleinen Detail verschieden sind? Es bedarf noch nicht einmal eines oder mehrerer unterschiedlicher Anknüpfungen in einer vergleichbaren Kollisionsnorm. Ausreichend ist schon eine andere Reihung der Anknüpfungstatbestände oder eine zusätzliche Voraussetzung neben einem Anknüpfungsprinzip innerhalb eines Anknüpfungstatbestandes, welche die im Vergleich stehende Kollisionsnorm nicht aufweist. Schon der Vergleich von zwei gegenüberstehenden Anknüpfungen, wie bspw. in Deutschland der Anknüpfung an die Staatsangehörigkeit und in den Niederlanden an die lex fori, zeigt, dass bei entsprechender Fallkonstellation unterschiedliche Sachrechte zur Anwendung kommen. Eine „Vereinbarkeit" nach dem Wortlaut, also die Vermeidung von Widersprüchen, ist ohne Vereinheitlichung der Kollisionsnormen gar nicht denkbar. Andererseits kann „Vereinbarkeit" auch die „Annäherung" unterschiedlicher Kollisionsnormen bedeuten. Dies ist theoretisch denkbar, indem bspw. bei allen mitgliedstaatlichen autonomen Anknüpfungsnormen eines Rechtsbereichs primär an das Aufenthaltsprinzip angeknüpft wird. Der Rat könnte eine entsprechende Richtlinie erlassen. Doch wie die „Vereinbarkeit" unterschiedlicher Kollisionsnormen – angenommen, sie bedeute „Annäherung" oder sie wäre theoretisch als „Vereinbarkeit" möglich – auf einer geringeren Stufe als der „Vereinheitlichung" das mit dem Amsterdamer Vertrag angestrebte

---

371 Nur auf den Zweck will *Basedow* abstellen: Basedow in: Baur/Mansel, Systemwechsel, S. 44. Er grenzt aber nach „Minimalanforderungen" und „Maximalanforderungen" ab. Das bedeutet jedoch nichts anderes als sich zunächst sich am Wortlaut zu orientieren und anhand dessen die Auswirkungen des „Weniger als Rechtsvereinheitlichung" und einer „vollständigen Rechtsvereinheitlichung" zu untersuchen. Ähnlich Leible/Staudinger, EuLF 2000, S. 233, die zu Recht feststellen, dass es für das reibungslose Funktionieren des Binnenmarktes *effektiver* Rechtsinstrumente bedarf (Hervorhebung hinzugefügt).

372 So die h. M.: Staudinger, ZfRV 2000, S. 104; zustimmend im Hinblick auf den Wortlaut Streinz/Leible, Art. 65 RN 26. Aus dem Wortlaut schließen einige, dass nur eine „Teilharmonisierung" der Kollisionsrechte erlaubt sei. Ganze Rechtsbereiche wie das Internationale Deliktsrecht könnten nicht vereinheitlicht werden: Brechmann in: Calliess/Ruffert, Art. 65 RN 8; Bergmann, in: Lenz/Borchardt, Art. 65 RN 7; a. A. Schwarze/Wiedmann, Art. 65 RN 16; Pirrung, FS für Lüderitz, S. 551.

Ziel erreichen soll, ist nicht zu erkennen.[373] Ein sicheres Umfeld im Rahmen des Rechtssystems von Unionsbürgern ist erst dann geschaffen, wenn es für den Kläger bzw. Antragsteller keinen Unterschied macht, an welches Gericht er sich wendet, weil alle *dasselbe* Kollisionsrecht anwenden. Schon *jede* Abweichung, sei sie auch nur innerhalb eines Anknüpfungsprinzips, kann jedoch, wie bereits festgestellt, zu einem anderen Sachrecht führen. Das Problem des forum shopping bliebe ungelöst. Dieselbe Argumentation lässt sich auch auf europäische Regelungen, die die internationale Zuständigkeit betreffen, übertragen. Die bloße „Vereinbarkeit" der in den Mitgliedstaaten geltenden zivilrechtlichen Verfahrensvorschriften gemäß Art. 65 lit. c EGV ist in diesem Bereich nicht zielführend. So werden die EheVO I und damit auch die EheVO II sowie die zukünftige Verordnung über das anwendbare Recht außervertraglicher Schuldverhältnisse zwar dem Sinn und Zweck des Amsterdamer Vertrags gerecht. Sie sind aber mit dem unglücklich gewählten Wortlaut des Art. 65 EGV nicht vereinbar.

Basedow[374] ist der Ansicht, dass Art. 65 EGV auch die Vereinheitlichung des Internationalen Privatrechts in einer der nicht aufgelisteten Kategorien erlaube. Dem ist insoweit zuzustimmen, als die in Art. 65 EGV aufgezählten Kompetenzen nicht abschließend sind.[375] Weiterhin könnte *Basedow* nur gefolgt werden, wenn die „Vereinbarkeit von Kollisionsnormen" einen eigenständigen Zweck außerhalb der Rechtsvereinheitlichung erfüllen kann. Bevor die Auflistung in Art. 65 EGV erweitert wird, muss allerdings klar definiert werden, wie die bereits explizit aufgeführten Maßnahmen, hier nach Art. 65 lit. c EGV, ausgestaltet sein sollen. Nur dann kann Art. 65 EGV zum Erlass weiterer Rechtsakte, die autonomen Kollisionsrechte betreffend, ermächtigen, weil sonst Art. 65 lit. c EGV überflüssig wäre. Die „Vereinbarkeit" von Kollisionsnormen kann jedoch neben der Rechtsvereinheitlichung die Ziele des Amsterdamer Vertrags nicht eigenständig erfüllen. Art. 65 lit. c EGV ermächtigt daher bereits zur Rechtsvereinheitlichung von Kollisionsnormen; er muss nicht entsprechend ergänzt werden.

---

373 So zutreffend Remien, JZ 1992, S. 282; ebenso Staudinger, ZfRV 2000, S. 104; Kohler, ZEuS 2001, S. 4; zuletzt Wagner, RabelsZ 2004, S. 128 ff.; Basedow in: Baur/Mansel, Systemwechsel, S. 44, der auf die Erfahrungen mit der Rechtsangleichung nach Art. 94, 95 EGV verweist. Seiner Ansicht nach würde sogar eine vollständige Rechtsharmonisierung die Gefahr einander widersprechender Entscheidungen nicht bannen.

374 Basedow in: Baur/Mansel, Systemwechsel, S. 44, 45.

375 Vgl. Leible/Staudinger, EuLF 2000, S. 228; Schwarze/Wiedmann, Art. 65 RN 8; Schmahl, in: v. d. Groeben/Schwarze, Art. 65 RN 5; Wagner, RabelsZ 2004, S. 128.

§ 6. Subsidiarität und Verhältnismäßigkeit

Ein vereinheitlichtes Kollisionsrecht darf dem in Art. 5 Abs. 2 und 3 EGV niedergelegten Erfordernis der Subsidiarität und Verhältnismäßigkeit nicht im Wege stehen.[376]

Schack[377] ist der Ansicht, die auf Art. 65 EGV gestützten Rechtsakte, die ihr Ziel auf Gemeinschaftsebene nicht erreichen könnten, seien damit auch nicht geeignet und erforderlich im Sinne des Art. 5 Abs. 2 EGV. Allein diesem *Fazit* ist nichts entgegenzusetzen. Beachtung verdient jedoch der Argumentationsweg, der zu dem Ergebnis geführt hat, ein einheitliches Kollisionsrecht werde die Rechtsunterschiede innerhalb der EG nur vergrößern, die Zersplitterung des europäischen Normgefüges würde durch die Unvollständigkeit der Vergemeinschaftung[378] weiter fortgeführt und Rechtsklarheit sowie Rechtssicherheit seien daher gefährdet.

Nur wenn diese Vorwürfe haltbar sind, würde „Rom III" dem Grundsatz der Subsidiarität und Verhältnismäßigkeit widersprechen. Entscheidend ist demnach, ob der Vertrag von Amsterdam im Hinblick auf rechtsvereinheitlichende Maßnahmen wie „Rom III" seitens des europäischen Gesetzgebers mehr Vor- oder Nachteile mit sich brachte.

I. Vor- und Nachteile des Amsterdamer Vertrags

1. Wechsel der Rechtsform

Der Wechsel der Rechtsform vom Staatsvertrag zur Verordnung wird zu Recht allgemein als Vorteil empfunden.[379] Die Staatsverträge bedurften der langwierigen Ratifikation der Beitrittsübereinkommen[380] durch die Mitgliedstaaten. Dazu bemerkt *Kohler*[381] treffend, die Feststellung, in welcher Fassung das EuGVÜ im Verhältnis zwischen den einzelnen Vertragsstaaten in Kraft stehe, erfordere schon einiges an „Spürsinn". Wie groß das Bedürfnis nach einem beschleunigten Gesetzgebungsverfahren war, zeigt auch die Schnelligkeit, mit der die

---

376 Diese Voraussetzung wird auch ausdrücklich in Bezug auf Maßnahmen nach Art. 61 ff. des Titels IV EGV im Dokument des Rats der EU angesprochen: Dok. 12735/01 JUSTCIV 124, S. 3 (I Nr. 4).

377 Schack, ZEuP 1999, S. 808. Seine Argumentation basiert auf der GVÜ-VO, ist aber verallgemeinerungsfähig und auf alle Harmonisierungsmaßnahmen der Gemeinschaft übertragbar.

378 Siehe zur Sonderstellung Dänemarks unten Zweiter Teil 4. Abschnitt § 6. I. 3.

379 Neben vielen Hausmann, EuLF 2000, S. 273; Heß, NJW 2000, S. 28, 31; Kohler, FS für Geimer, S. 473; Hellwig, S. 217 ff.; Schwarze/Wiedmann, Art. 65 RN 1; Schmahl, in: v. d. Groeben/Schwarze, Art. 65 EGV RN 3.

380 Das hat nämlich zur Folge, dass in den Mitgliedstaaten über längere Zeiträume unterschiedliche Fassungen der Übereinkommen gelten und zwar in der Fassung der jeweiligen Ratifikation.

381 Kohler, FS für Geimer, S. 473.

Kommission agiert.[382] Scheinbar mangelte es nicht an der Einsicht, in vielen Rechtsbereichen europarechtlich einheitliche Regelungen zu treffen. Vielmehr scheute man langwierige Gesetzgebungsverfahren. Zudem wussten die Mitgliedstaaten, dass im nationalen Alleingang häufig eine bessere Normierung erreicht werden konnte als unter dem Zwang zu Kompromissen.
Weiterhin beanspruchen Verordnungen sofort verbindliche und unmittelbare Geltung und damit keine langwierige Umsetzung durch die Mitgliedstaaten. Auch der Zugang zu den innerstaatlichen Gesetzen war und ist auch heute noch für die Gerichte und Anwälte des anderen Mitgliedstaats schwierig. Ein Teil der Gesetze, und zwar der vereinheitlichten, wird mit den EG-Verordnungen schon allein wegen des in die Sprache des jeweiligen Staates übersetzten Textes verständlicher und fördert damit die Rechtssicherheit.[383]

2. Vorwurf unüberlegten Gesetzgebungsverfahrens

Gleichwohl unterliegt dieses zeitökonomische Gesetzgebungsverfahren aber auch dem Vorwurf des überhasteten Handelns[384]. Bei *der* Schnelligkeit, wie neue europäische Gesetze geschaffen werden, bleibt keine Zeit mehr für eingehende wissenschaftliche Studien und politische Diskussionen. Unterschiede der nationalen Rechte werden ignoriert, Bedenken, die geäußert wurden, finden wenig Beachtung.[385] Ob mit derart geschaffenen Rechtsakten, wie auch „Rom III“, das Subsidiaritätsgebot eingehalten wird, ist zweifelhaft.
Auch speziell im bereits normierten sowie im angestrebten, vereinheitlichten Kollisionsrecht wird in diese Richtung Kritik geübt: *Jayme* und *Kohler*[386] betonen daher zu Recht, wie dringlich es ist, auf Gemeinschaftsebene Grundzüge

---

382 Zu dieser Feststellung siehe bereits oben Zweiter Teil 1. Abschnitt FN 160. Manch einer glaubte trotz dieses augenscheinlich schnellen Aktivismus' nicht, alle prophezeiten Pläne würden auch in die Tat umgesetzt. So erschien es *Jayme* und *Kohler* 1999 noch sehr fraglich, ob im Bereich der außervertraglichen Schuldverhältnisse mit einem europäischen Rechtsakt zu rechnen sei: Jayme/Kohler, IPRax 1999, S. 402. Mittlerweile werden diese Zweifel ausgeräumt: Der Vorschlag für eine Verordnung des Europäischen Parlaments und des Rats über das auf außervertragliche Schuldverhältnisse anzuwendende Recht (Rom II) v. 22. 7. 2003 findet sich bereits im Verfahrensgang.

383 So besonders deutlich Hausmann, EuLF 2000/01, S. 41.

384 Zu diesem Vorwurf ausführlich Heß, NJW 2000, S. 31; Jayme/Kohler, IPRax 1999, S. 402 ff.; Kohler, NJW 2001, S. 10; ders. in: FamRZ 2002, S. 712; Schack, ZEuP 1998, S. 931; ders. in: RabelsZ 2001, S. 633; Sedlmeier, EuLF 2002, S. 45; knapp Puszkajler, IPRax 2001, S. 84; Pirrung, FS für Lüderitz, S. 552; von „Regelungswut“ spricht Spellenberg, FS für Schumann, S. 427.

385 Vgl. Sedlmeier, EuLF 2002, S. 45.

386 Jayme/Kohler, IPRax 2001, S. 514. *Jayme/Kohler* stellen fest, dass die Verdrängung des IPR durch das Prinzip der gegenseitigen Anerkennung erkläre, warum der europäische Gesetzgeber sich nicht mehr gebührend um die erforderlichen Grundfragen des IPR kümmere.

einer wirklichen Kollisionsrechtspolitik für den Binnenmarkt zu erarbeiten. Des einen Freud ist des anderen Leid: Gerade wurde noch bemängelt, dass die Mitgliedstaaten sich vor Schaffung des Art. 65 EGV mit europäischen Regelungen zurückhielten, aus Angst, zu viele Kompromisse eingehen zu müssen. Jetzt werden zwar „von oben" Gesetze erlassen – Zurückhaltung ist nunmehr aber hinderlich, will doch schließlich jedes Land seine Staatsinteressen mit einbringen. Indem aber gerade den Ländern notfalls Gesetze aufoktroyiert[387] werden können, muss ein nochmaliges Abwägen und Miteinbeziehen von wieder neuen Interessen in dem Maße nicht mehr stattfinden. Das Gesetz selbst und die Forderung, dass es überhaupt und möglichst bald umgesetzt wird, stehen im Vordergrund.
Das zeigen auch die jüngsten Entwicklungen: Im Hinblick auf die Umwandlung der Übereinkommen fällt auf, dass die neuen Verordnungen weitestgehend den Übereinkommen gleichen. Die zwischenzeitlichen wissenschaftlichen Diskussionen und die Erfahrungen aus der Rechtsprechung scheinen nicht gebührend beachtet und in die Verordnungen eingearbeitet zu werden. Begibt sich die EU in einen ganz neuen Rechtsbereich, so sind wissenschaftliche Ausarbeitungen und Kritiken umso wichtiger. Die Staatsverträge wurden bewusst unter Beteiligung von Wissenschaftlern ausgearbeitet, mussten sich einer öffentlichen Diskussion stellen und wurden erst nach und nach ratifiziert.[388] Dieser Vorgang war naturgemäß sehr zeitaufwändig. *Heß*[389] geht angesichts des überhasteten Vorgehens sogar so weit, das „Aktionsprogramm des Rats zur justiziellen Zusammenarbeit" insgesamt in Frage zu stellen und eine Diskussion über die notwendige und die wünschenswerte Rechtsangleichung im Anwendungsbereich des Art. 65 EGV einzufordern.
All diese Bedenken sind berechtigt. Unstreitig, wie auch die europäische Entwicklung zeigt, bestand und besteht nach wie vor jedoch im Familienrecht dringender europäischer Regelungsbedarf, der begrüßenswerterweise durch die EheVO I und II in Angriff genommen wurde. Jetzt gilt es nur, diesen Weg vernünftig fortzuführen. Insbesondere sollte dabei auf bewährte Maßnahmen und Rechtsakte zurückgegriffen werden. So hat es sich als praktikabel erwiesen, im Anschluss an das EuGVÜ bzw. seit Dezember 2002 die EuGVO, ein entspre-

---

387 *Schack* nennt die Kommission sogar einen „besserwissenden Vormund": Schack, ZEuP 1999, S. 808.

388 Treffend *Schack*: „So gesehen ist die Langsamkeit der Staatsverträge eine Tugend und der auf rasche Erfolge fixierte Brüsseler Perfektionismus eine Krankheit.": Schack, RabelsZ 2001, S. 633.

389 Heß, NJW 2000, S. 31, 32.

chendes *europäisches* internationales Vertragsrechtskollisionsrecht[390], das EVÜ, zu schaffen.[391]
Genauso sollte die Europäische Gemeinschaft auch im Bereich des Scheidungsrechts verfahren.[392] Wissenschaft und Forschung müssen für „Rom III" ihren Teil dazu beitragen und so ein europäisches Bewusstsein bilden. Die Harmonisierung einzelner Teilbereiche muss durch rechtsvergleichende und dogmatische Untersuchungen vorbereitet, eine vorschnelle bzw. einseitige Kopie bestehender nationaler Rechtsinstitute sollte vermieden werden.[393] Die bereits erwähnte Befragung des *Asser Instituuts* sowie die vom Rat der EU in Auftrag gegebene rechtsvergleichende Studie sind solche Vorarbeiten. Die Kommission muss die Anregungen beachten und den Mitgliedstaaten ein Ansprechpartner und Vermittler[394] sein. Das schafft gegenüber den Ländern, wie auch dem Bürger, Vertrauen in ein gemeinsam erarbeitetes Gesetz. Es wird williger befolgt als ein Befehl, bei dem es an Diskussionen und Fingerspitzengefühl für die nationalen Regelungen fehlt. Eine langsamere Gangart einzulegen, würde es zudem auch verhindern, dass die Normanwender im europäischen Justizraum, d. h. der Bürger, die Rechtsanwälte, Gerichte und sonstige Justizbehörden, durch zu schnell geschaffene Maßnahmen überfordert sind.

---

390 Für einen solchen Begriff siehe Lurger, S. 181; eine neue Terminologie befürwortet auch Boele-Woelki, ZfRV 2001, S. 129; ebenso Jayme/Kohler, IPRax 2000, S. 454; Kohler, ZEuS 2001, S. 1.

391 Siehe dazu bereits oben die Entwicklungen kurz vor der EheVO II: Zweiter Teil 2. Abschnitt § 1.

392 *Heß* wirft sogar die Frage auf, ob das Internationale Privat- und Verfahrensrecht nicht in einer umfassenden Verordnung (vergleichbar ausländischen IPR-Gesetzen, die Internationales Privat- und Verfahrensrecht zusammenfassen) systematisch und vollständig zu regeln sei: Heß, NJW 2000, S. 32. Das würde bedeuten, die EheVO II zusammen mit dem angestrebten Scheidungskollisionsrecht in einer Verordnung zu normieren, oder gar das gesamte Internationale Privat und Verfahrensrecht in einem Gesetzesband zu vereinheitlichen.

393 Heß, JZ 2001, S. 583; Tebbens in: Mansel, Systemwechsel, S. 184. In diesem Sinne auch die Vorschläge von Leible/Staudinger, EuLF 2000, S. 235: „ Ziel muss es daher sein, dass die Handlungsinstrumente auf europäischer Ebene in kompetenten Händen liegen. (...) Zu denken ist etwa an die Bildung eines dem *Deutschen Rats für IPR* vergleichbaren wissenschaftlichen Beratungsgremiums für auf Art. 61 lit. c, 65 EGV gestützte Rechtsakte. Ebenso vorstellbar ist die Schaffung eines „Europäischen wissenschaftlichen Ausschusses für Privatrecht. Beachtung verdienen weiterhin die Vorschläge privater Institutionen wie z. B. der Europäischen Gruppe für Internationales Privatrecht.".

394 So zu Recht Schack, ZEuP, 1999, S. 808.

3. Der Ausschluss Dänemarks

Weiteres Sorgenkind der mit Art. 65 EGV bezweckten Integration ist der Ausschluss Dänemarks von der Einbeziehung in die justizielle Zusammenarbeit.[395] Dänemark hat nicht nur nationale Ehen zu verzeichnen; es kommen besonders viele internationale Scheidungsfälle im Zusammenhang mit Norwegen und Schweden vor.[396] Dänemark wie auch Großbritannien und Irland haben aufgrund entsprechender Protokolle Vorbehalte gegen auf Art. 61 EGV gestützte Rechtsakte eingelegt (vgl. Art. 69 EGV). Sie entfalten in diesen Staaten keine Wirkung. Großbritannien und Irland haben allerdings gemäß § 3 des Protokolls Nr. 4 zum Amsterdamer Vertrag dem Präsidenten des Rats bisher alle auf Art. 61 lit. c, 65 EGV gestützten Rechtsakte betreffend mitgeteilt, dass sie sich an der Annahme und Anwendung der jeweiligen Maßnahme beteiligen möchten (sog. „opting-in"). Das wird auch in Zukunft so sein. Dänemark bleibt weiterhin von Harmonisierungsakten nach Art. 61 lit. c, 65 EGV ausgenommen, da das dänische Protokoll zu Art. 69 EGV keine Teilnahme am Rechtssetzungsverfahren im Bereich der justiziellen Zusammenarbeit in Zivilsachen erlaubt.[397] Zwar kann Dänemark ein Parallelübereinkommen nach Art. 293 EGV abschließen, damit bestünde aber die Unübersichtlichkeit des völkerrechtlichen Handlungsinstruments fort.[398] Wie *Jayme/Kohler*[399] zu Recht feststellen, ergibt sich daraus eine paradoxe Lage: Die anzustrebende Rechtseinheit, die zunächst für zentrale kollisionsrechtliche Materien im EuGVÜ, in Brüssel II sowie im Bereich der Zustellung geschaffen wurde, hat die Vergemeinschaftung dieser Rechtsbereiche

---

395 Während Großbritannien und Irland, zunächst auch ausgeschlossen, nach Art. 3 des Protokolls Nr. 4 zum Amsterdamer Vertrag erklärt haben, dass sie sich an einzelnen Politiken des IV. Teils des Vertrages beteiligen wollen, hat Dänemark dies nicht getan. Siehe dazu näher Hausmann, EuLF 2000, 273; ebenso kritisch Leible/Staudinger, EuLF 2000, S. 226; Schwarze/Wiedmann, Art. 65 RN 3; Wagner, RabelsZ 2004, S. 151; Pirrung, FS für Lüderitz, S. 550, der schon aufgrund der fehlenden Geltung für Dänemark der Verordnung die Kompetenzgrundlage des Art. 65 EGV abspricht.

396 Final Report, S. 9.

397 Zwar kann Dänemark gem. Art. 7 des Protokolls über die Position Dänemarks jederzeit erklären, von seinem Vorbehalt nach Art. 69 EGV insgesamt oder zum Teil keinen Gebrauch zu machen. Damit ist aber, wie Dänemarks Zurückhaltung bei den letzten vier Verordnungen in der Vergangenheit zeigt, nicht zu rechnen. Ebensolche Zweifel äußern Hausmann, EuLF 2000, S. 273; Besse, ZEuP 1999, S. 121.

398 Vgl. Heß, NJW 2000, S. 28.

399 Jayme/Kohler, IPRax 1999, S. 402. In diesem Sinne auch Leible/Staudinger, EuLF 2000, S. 226, die diese Situation zwar bedauerlich finden; dennoch müsse sie als Folge der mit dem Vertrag von Amsterdam eingeführten Möglichkeit einer abgestuften Integration hingenommen werden.

durch Art. 65 EGV beseitigt. Jetzt werden erneut Staatsverträge mit Dänemark erforderlich, um diese Rechtseinheit wieder herzustellen.[400]
Außerdem erfüllen schon die vorbereitenden Arbeiten an Entwürfen und die eingebrachten Vorschläge in der justiziellen Zusammenarbeit eine wichtige Brücken- und Anpassungsfunktion[401]. Beteiligt sich Dänemark nicht daran, kann es seine Rechtsvorstellungen nicht mit einbringen. Das ist sowohl dem Interesse Dänemarks als auch der europäischen Integration abträglich, die sich um die bestmögliche Umsetzung der Rechtsvereinheitlichung bemüht. Letzteres geschieht, indem möglichst umfassend alle Rechtssysteme in die Entscheidungsfindung für eine Vereinheitlichung mit einfließen. Der Ausschluss Dänemarks ruft Rechtsunsicherheit hervor und ist den Zielen des Amsterdamer Vertrags eher abträglich.

4. Die beschränkte Vorlagebefugnis gemäß Art. 67 EGV

Kritik wird auch an der Beschlussfassung des Rats nach Art. 67 EGV geübt.[402] Fraglich ist, ob die auf Art. 65 EGV gestützten Rechtsakte europäisch legitimiert sind. Art. 67 EGV wurde geschaffen, weil die Mitgliedstaaten ihre gesetzgeberische Kompetenz nicht ohne ein abgestuftes Entscheidungsverfahren auf die Gemeinschaft übertragen wollten. Die Kritik äußert zu Recht, das Einstimmigkeitserfordernis, das Initiativrecht der Mitgliedstaaten sowie die auf die bloße Anhörung reduzierte Mitwirkung des Parlaments vermittle dem Beschlussverfahren eine intergouvernementale Prägung.[403] Es erinnere an die frühere dritte Säule und unterscheide sich markant von dem sonst für Binnenmarktmaßnahmen geltenden Mitentscheidungsverfahren des Art. 251 EGV, bei dem der Rat mit qualifizierter Mehrheit beschließt und das Parlament ein wirkliches Mitspracherecht hat.[404] Das Europäische Parlament wird in eine Beobachterrolle gedrängt, die nationalen Parlamente können sich allenfalls im Vorfeld der Beschlussfassung im Rat gegenüber ihrer Regierung äußern.[405] Zwar ändert der Vertrag von Nizza gemäß Art. 67 Abs. 5 EGV die Rechtslage, indem die Maßnahmen gemäß Art. 65 EGV nach Maßgabe des Art. 251 EGV beschlossen werden. Aber könnte die Einbeziehung des Parlaments die fehlende Beteiligung Dänemarks zum Teil kompensieren? Die Rechtsakte, die zu Eingriffen in die

---

[400] *Schack* bezeichnet diese „Zersplitterung“ sogar als pathologisch: Schack, ZEuP 1999, S. 807; ders. in: RabelsZ 2001, S. 619.
[401] Ebenso Heß, NJW 2000, S. 28.
[402] Dazu Hausmann, EuLF 2000, S. 42; Kohler, FS für Geimer, S. 465 f.; Jayme/Kohler, IPRax 2000, S. 465.
[403] Kohler, FS für Geimer, S. 465 f.; Jayme/Kohler, IPRax 2000, S. 465.
[404] So Kohler, FS für Geimer, S. 465 f.
[405] So auch Jayme/Kohler, IPRax 2000, S. 465.

Rechte der Bürger führen, erhielten durch die Mitentscheidung des Europäischen Parlaments zumindest eine stärkere demokratische Legitimation.[406] Allerdings werden die familienrechtlichen Aspekte von der Beschlussfassung nach Art. 251 EGV ausgenommen. Das Einstimmigkeitserfordernis im sensiblen familienrechtlichen Bereich beizubehalten, war sinnvoll.[407] Das reduzierte Mitspracherecht des Parlaments jedoch hätte auch im Familienrecht durch das Beschlussfassungsverfahren nach Art. 251 EGV wieder erweitert werden sollen. Der Ausschluss Dänemarks wird daher im Familienrecht, also im Rahmen von „Rom III", nicht durch das Mitspracherecht des Parlaments kompensiert.

5. Modifizierung des Vorabentscheidungsverfahrens gemäß Art. 68 EGV

Vielfach wird die Modifizierung des Vorabentscheidungsverfahrens durch den *EuGH* kritisiert.[408] Nach Art. 68 Abs. 1 EGV sind – anders als bisher – nur die jeweiligen letztinstanzlichen Gerichte in den Mitgliedstaaten vorlagebefugt und „auch verpflichtet"[409], nicht die Instanzgerichte. Man hatte Sorge, der *EuGH* werde andernfalls durch zahllose Vorlagen in Asylsachen überschwemmt.[410]
In Zivilverfahrenssachen bewirkt diese Beschränkung aber eine erhebliche Zeitverzögerung[411] und hohe Kosten. Ist bspw. die Zuständigkeit des angerufenen Zivilgerichts strittig und stellt sich erst durch den *EuGH* heraus, dass das Zivilgericht nicht zuständig war, muss das gesamte Verfahren erneut vor dem richtigen Gericht durchgeführt werden. Das wäre durch eine Vorlage in einem früheren Verfahrensstadium zu vermeiden gewesen. Gleiches gilt für eine Auslegungsfrage bezüglich der auf Art. 61, 65 EGV gestützten Rechtsakte, wie „Rom III". Stellt sich eine solche Frage bereits im erstinstanzlichen Verfahren, müssen die Beteiligten zunächst jedes ergangene Urteil angreifen, bevor am Ende der *EuGH* darüber entscheidet – und zwar u. U. anders als das Erstgericht. Das Verfahren beginnt von neuem. Zeitaufwändige, kostenintensive Verfahren und folglich geringer Rechtsschutz sind im Zuge der Integration unerwünscht und vom Amsterdamer Vertrag nicht gewollt.
Gegen ein hohes Kostenaufkommen spricht allerdings eine eventuelle Scheu der Parteien, durch alle Instanzen zu prozessieren, weil sie nicht das finanzielle Ri-

---

406 Leible/Staudinger, EuLF 2000, S. 226.
407 Art. 67 EGV ist dahingehend zu verstehen, dass in Familiensachen Einstimmigkeit gelten soll: Spellenberg, FS für Schumann, S. 428.
408 Hausmann, EuLF 2000, S. 42; Wagner, IPRax 2001, S. 81; Puszkajler, IPRax 2001, S. 84; Streinz/Weiß, Art. 68 RN 4; Leible/Staudinger, EuLF 2000, S. 226.
409 (Str.) Für eine Verpflichtung: Kohler, NJW 2001, S. 14; Röben in Grabitz/Hilf, Art. 68 EGV RN 6; Streinz/Weiß, Art. 68 RN 7; Schmahl in: v. d. Groeben/Schwarze, Art. 68 RN 3; offen gelassen Leible/Staudinger, EuLF 2001, S. 227.
410 Leible/Staudinger, EuLF 2000, S. 227.
411 So auch Heß, NJW 2000, S. 28; Kohler, NJW 2001, S. 14; Leible/Staudinger, EuLF 2000, S. 226, 227.

siko tragen möchten. In diesem Fall heilt aber der Zweck nicht die Mittel: Ein Rechtssystem darf nicht so ausgestaltet sein, dass durch Hindernisse im Rechtsweg die Kosten gering gehalten werden. Ziel ist es, jedem Bürger unabhängig von seinen Finanzen die Möglichkeit zu eröffnen, seine Rechte vor Gericht geltend zu machen. Dies liegt auch im Interesse einer fortschreitenden Auslegung durch den *EuGH*, woran sich Gerichte, Anwälte, Politik und Wissenschaft orientieren. Insbesondere bei der Vereinheitlichung der Internationalen Privatrechte führt die Vereinheitlichung nur dann zu dem gewünschten Ergebnis, wenn das Einheitsrecht auch tatsächlich völlig einheitlich angewendet wird. Jede – fiktive – Differenz in der Auslegung würde den vom einheitlichen Kollisionsrecht intendierten Zweck im Umfang der Differenz wieder vereiteln. Zwar ist, wie bereits erörtert[412], nicht auszuschließen, dass das Gericht im Staat A anders urteilt als es das Gericht im Staat B getan hätte. Dieses Risiko besteht immer und ist selbst innerstaatlich zwischen Gericht C und Gericht D nicht auszuschließen. Es wird aber umso größer, wenn das Gericht Schwierigkeiten bei der Auslegung einer europäischen Norm hat. Hier wird die Gefahr von denkbaren Differenzen zwischen der Auslegung durch das Gericht des Staates A und jener fiktiven des alternativ zuständigen Gerichts des Staates B schon aufgrund der unterschiedlichen Sprachkenntnisse eklatanter.

Kohler[413] nennt die Beschränkung der Vorlagebefugnis zu Recht sachwidrig und auch durch den besonderen Kontext des Titels IV nicht zu rechtfertigen. Dies zeigt auch ein Blick auf die gerichtliche Praxis im Bereich des EuGVÜ: Von den bisher 111 Urteilen des *EuGH* zum EuGVÜ ergingen 60 % auf Vorlage der letztinstanzlichen, 40 % auf Vorlage von Instanzgerichten.[414] Ein Unterschied von 20 % rechtfertigt es nicht, den Dialog zwischen den Instanzgerichten und dem *EuGH* vollständig abzuschneiden. *Kohler* verkennt jedoch, dass es für die Belastung des *EuGH* durchaus einen Unterschied macht, ob er nur zur Auslegung des EuGVÜ berufen ist oder nunmehr durch die Vergemeinschaftung des Prozess- und Kollisionsrechts auch einer Vielzahl von Rechtsakten im Bereich der justiziellen Zusammenarbeit in Zivilsachen gegenübersteht.[415] Eine Mehrbelastung des *EuGH* darf aber trotz allem nicht auf Kosten eines effektiven, insbesondere zeitökonomischen Rechtsschutzes gehen. Vielmehr muss die Struktur der Europäischen Gerichte reformiert werden. Wie im deutschen Gerichtssystem

---

412 S. o. Zweiter Teil 3. Abschnitt § 2.

413 Kohler, FS für Geimer, S. 467.

414 Vgl. die Zahlenangaben von Heß, NJW 2000, S. 28, 29; s. a. dazu Kohler, FS für Geimer, S. 467: „Die als Rechtsmittelinstanz entscheidenden Gerichte haben indes von ihrer Vorlagebefugnis vielfach Gebrauch gemacht, und ihre Vorlagen haben – angefangen mit dem *Tessili*-Urteil, das auf Vorlage des OLG Frankfurt a. M. erging – die Auslegung des EuGVÜ entscheidend gefördert."; diese Ansicht teilt Schack, RabelsZ 2001, S. 619, 620.

415 So zu Recht Leible/Staudinger, EuLF 2000, S. 227.

wären die Einführung spezialisierter Kammern mit einer jeweils überschaubaren Anzahl an Richtern und insgesamt eine Erhöhung der Richterzahl sinnvoll.[416]
Die Möglichkeit, die Art. 68 Abs. 3 EGV dem Rat, der Kommission oder einem Mitgliedstaat einräumt, „eine Frage der Auslegung dieses Titels (Titel IV) oder von auf diesen Titel gestützte Rechtsakte (...) zur Entscheidung vorzulegen", kompensiert die beschränkte Vorlagebefugnis des Art. 68 Abs. 1 EGV voraussichtlich nicht. Dies zeigt ein Vergleich mit dem ähnlich gelagerten Auslegungsverfahren des Art. 4 des Protokolls von 1971, das bloß auf dem Papier existierte.[417] *Basedow*[418] erweckt den Anschein, als sei es ausreichend, wenn nur für diejenigen Rechtsakte eine umfassende Vorlagebefugnis der nationalen Gerichte verbliebe, die verschiedene Grundfreiheiten (den freien Personenverkehr, wie bspw. auch den freien Waren- und Dienstleistungsverkehr) betreffen. So argumentiert er, dass Maßnahmen, deren Auswirkungen nicht auf den freien Personenverkehr beschränkt seien, auf Art. 95 EGV gestützt werden müssten, weil sie dann auch eine umfassende Vorlagebefugnis nach Art. 234 EGV erhielten. Dieses Argument verliert an Boden, wenn man wie hier der Ansicht ist, dass keiner der Rechtsakte, auch solcher nicht, die „nur" den freien Personenverkehr betreffen, einem eingeschränkten Vorabentscheidungsverfahren unterliegen dürfen.
Der Zugang zum *EuGH*, sofern er auf Art. 65 EGV gestützte Rechtsakte betrifft, darf für die Gerichte nicht in dem Maße versperrt sein, wie es jetzt der Fall ist. Das Ziel des Amsterdamer Vertrags wird auch hier wieder leider zum Teil vereitelt und im Falle von „Rom III" die Einhaltung des Subsidiaritätsgebots zumindest fraglich erscheinen lassen.

6. Fragwürdige Kompetenz für Drittstaatensachverhalte

Ein weiterer Gedanke muss im Rahmen der Prüfung des Art. 5 Abs. 2 EGV angestellt werden. In dem Bericht der Kommission an den Rat „Bessere Rechtssetzung 2000"[419] schreibt sie, dass nunmehr deutlich geworden sei, dass die Subsidiarität noch einen weiteren Aspekt hätte: Es gehe dabei um die Stellung der Union und der Mitgliedstaaten in den internationalen Beziehungen. Es gäbe Aufgaben, die nur in einem *weiteren* (Hervorhebung hinzugefügt) Rahmen als dem der Europäischen Union wahrgenommen werden könnten. M. a. W. stellt sich die Frage, ob EG-Maßnahmen aufgrund der Tatsache, dass sie Beziehungen zu Drittstaaten berühren könnten, nicht *besser* durch die Mitgliedstaaten als durch die Gemeinschaft geregelt werden sollen. Denn wenn zum einen Rege-

---

416 Leible/Staudinger, EuLF 2000, 227; zur Änderung der Gerichtsorganisation ausführlich Everling, EuR 97, S. 397 ff.
417 Näher Kohler, FS für Geimer, S. 468; so auch Wagner, IPRax 2001, S. 81 FN 120; Schmahl, in: v. d. Groeben/Schwarze, Art. 68 RN 5.
418 Basedow in: Baur/Mansel, Systemwechsel, S. 33.
419 KOM (2000) 772 endg. v. 30. 11. 2000, S. 4.

lungen geschaffen werden, die nur innerhalb der EU gelten, zum zweiten solche, die Sachverhalte zwischen der EU und Drittstaaten betreffen und zum dritten andere, die Rechtsbeziehungen zwischen der EU und Dänemark regeln, dann schadet diese unübersichtliche Regelungsvielfalt der Rechtssicherheit. Man muss sich demnach Gedanken darüber machen, ob es EG-Verordnungen nicht mit sich bringen, dass bspw. neben ihrem Kollisionsrecht ein weiteres für Sachverhalte mit Drittstaatenbezug sinnvoll ist, und wie Dänemark in den Rechtsraum mit einbezogen wird. Wenn dabei im Ergebnis eine Rechtsvielfalt droht, ist zu überlegen, ob Staatsverträge der Mitgliedstaaten, die auch von Drittstaaten ratifiziert werden können, nicht die bessere Alternative sind. Diese Frage kann beantwortet werden, wenn sie akut wird. Sie betrifft nur einen Teilbereich der Rechtsvereinheitlichung und kann selbst bei Verneinung der EG-Kompetenz nicht zum Eingreifen des Subsidiaritätsgrundsatzes führen. Vorliegend geht es primär nicht um die Regelung von Drittstaatensachverhalten, sondern um IPR-Regelungen im Scheidungsrecht innerhalb Europas. Die Kompetenz des europäischen Gesetzgebers für Rechtsakte mit Bezug zu Drittstaaten wird an späterer Stelle erörtert[420], um Anregungen für den Anwendungsbereich von „Rom III“ zu geben.

7. Abwägung der Vor- und Nachteile des Amsterdamer Vertrags

Demnach überwiegen die Nachteile, die der Amsterdamer Vertrag mit sich gebracht hat. Diese wirken sich unmittelbar auf die durch ihn erlaubten Maßnahmen aus, sodass auch „Rom III“ möglicherweise nicht geeignet und erforderlich ist, die ursprünglichen Ziele des Amsterdamer Vertrags i. S. d. Art. 5 Abs. 2 EGV zu erreichen.

Dieser erste Eindruck darf allerdings nicht darüber hinwegtäuschen, dass der Amsterdamer Vertrag nicht geschaffen wurde, um einzelne Rechtsprobleme zu lösen und um an vorhandenen Regelungen zu feilen. Vielmehr stellt er einen weiteren Fortschritt in Richtung europäischer Integration dar; dies ermöglicht ein Mehr an Regelungen, neues Terrain wird betreten. Novitäten bringen naturgemäß bisher unbekannte Probleme mit sich. Diese gilt es zu analysieren, um sie zu beseitigen. Entscheidend ist nur, ob nicht diese im Laufe der Zeit erkannten Schwächen das mit der Neuregelung angestrebte Ziel in Frage stellen. Ist es also wirklich ein Schritt in Richtung Integration oder zeigt sich in der Umsetzung des Amsterdamer Vertrags eine Vergemeinschaftung, die zur Farce geworden ist? Die Antwort liegt in der Frage, wie man die Integration vorantreiben soll, wenn nicht durch Vergemeinschaftung? Der Amsterdamer Vertrag ist indes schon aufgrund seiner Chancen, die er bietet, richtig. Ein Fortschritt sollte nicht bereut werden, nur weil einzelne Prozesse auf seinem Weg Mängel aufweisen. Aufgabe

---

[420] S. u. Dritter Teil 1. Abschnitt § 2.

der Wissenschaft ist es nun, Kritik zu üben an der Ausgestaltung der Neuregelung, deren Probleme sich erst im Laufe der Zeit zeigen.[421]
Die gegenteilige Meinung ist zudem rein dogmatisch. Sie verkennt die *tatsächliche* europäische Entwicklung, deren Integrationstreben auf verschiedenen Ebenen, auch denen des tatsächlichen Zusammenlebens der Bürger, zunimmt und den dringenden gesetzgeberischen Handlungsbedarf. Dafür wurde in Europa ein Raum der Freiheit, der Sicherheit und des Rechts geschaffen. Das Europäische Parlament hat zu Recht erkannt, dass dieses Ziel durch europarechtliche Instrumente leichter erreicht werden kann als durch weltweite Konventionen, da dort die Unterschiede in den Rechtsordnungen noch gravierender sind und daher noch mehr Kompromisse eingegangen werden müssen.[422] Im Gegensatz zur langsamen und schwerfälligen Gesetzgebungspraxis der Übereinkommen ist die Verordnung daher, trotz des dänischen Vorbehalts, eine bessere Alternative[423]. Auch in Bezug auf die beschränkte gerichtliche Kontrolle muss der Vergleich mit dem EheGVÜ gezogen werden: Mag auch das Ziel des Amsterdamer Vertrags nicht ganz erreicht sein, so kann zukünftig eine supranationale Instanz die *einheitliche* Auslegung, Anwendung und Fortbildung des „Europäischen Kollisionsrechts“ sicherstellen[424].
Es wird nicht verkannt, dass Ziel, Sinn und Zweck des Art. 61 lit. c iVm Art. 65 EGV durch die Sonderstellung Dänemarks, den unklaren, wenn nicht gar terminologisch falsch gewählten Wortlaut, die beschränkte Vorlagebefugnis an den *EuGH* sowie die fehlende parlamentarische Legitimation im Bereich des Familienrechts geschwächt wird. Doch sind dies keine Indizien dafür, dass die Vereinheitlichung des Internationalen Privatrechts in Ehesachen nicht zu dem vom Amsterdamer Vertrag implizierten *Integrations*erfolg führt und daher aus dem Kompetenzrahmen des Art. 65 EGV fällt. Ein ausgewogenes Anknüpfungssystem, das die Bedürfnisse der Parteien passgenau trifft, schafft mehr Rechtsklarheit als -unklarheit. Es ist damit ein geeignetes Mittel, um Rechtsvereinheitlichung und die Beseitigung rechtlicher Verschiedenheiten zu fördern. Der EGMR schafft zwar die unabdingbaren Standards im Bereich des Familienrechts, aber nicht die ausreichende Rechtssicherheit und Gerechtigkeit in Ehescheidungsverfahren, insbesondere aus Sicht des betroffenen Bürgers. *Spellen-*

---

[421] Nach dem Wiener Aktionsplan (s. o. FN 162) ist innerhalb einer Fünf-Jahres-Frist zu prüfen, ob ein Rechtsakt betreffend die internationale Zuständigkeit, das anwendbare Recht sowie die Anerkennung und Vollstreckung gerichtlicher Entscheidungen in Güterstands- und Erbschaftssachen zu erstellen ist.

[422] KOM (1999) 220 – C5-0045/1999 – 1999/0110(CNS).

[423] So auch Mansel in: Mansel, Systemwechsel, S. 9.

[424] Staudinger, ZfRV 2000, S. 104.

berg[425] meint zu Recht, schon allein, weil eine Verordnung deutlich effizienter sei als ein Staatsvertrag, stehe das Subsidiaritätsprinzip nicht im Wege. Bislang bildeten einheitliche Kollisionsregeln einen Bestandteil der Richtlinien, die von den Mitgliedstaaten in nationales Recht umgesetzt werden mussten. Die Umsetzung der kollisionsrechtlichen Regelungen durch verschiedene Mitgliedstaaten birgt immer die Gefahr in sich, dass die autonomen Kollisionsregeln erhebliche Unterschiede aufweisen können. Auch das undurchschaubare Regelungsgeflecht von Übereinkommen, die unterschiedliche zeitliche Geltung in den beitretenden Staaten, lassen durchaus ein Bedürfnis nach klarstellenden, aufeinander abgestimmten Kollisionsnormen auf europäischer Ebene wachsen.[426] Das Gemeinschaftsziel, schrittweise den Binnenmarkt zu verwirklichen, kann nur auf mitgliedstaatlicher Ebene verwirklicht werden. Dieses Argument steht unabhängig davon, wie der Gesetzgeber die Verordnungen – ob die EheVO I und II oder „Rom III“ – ausgestaltet.
Trotz aller, teilweise zu Recht geäußerten und hier dargestellten Kritik ist Art. 65 EGV schon allein wegen des politischen Anstoßes für die Kommission zu begrüßen. Ebenso erwünscht sind daher die in Angriff genommenen und künftig noch zu nehmenden Maßnahmen „Brüssel II“ und „Rom III“. Nach Gewichtung aller Vor- und Nachteile erfüllen beide Verordnungen somit die Voraussetzungen des Subsidiaritätsgebots.

Ein einheitliches Scheidungskollisionsrecht erfüllt auch die Voraussetzungen des in Art. 5 Abs. 3 EGV normierten Verhältnismäßigkeitsgrundsatzes. Es ist im Vergleich zur Vereinheitlichung des materiellen Scheidungsrechts der leichtere Weg[427], um unzumutbare Rechtsunterschiede zu beseitigen. Dies muss auch der Gesetzgeber gesehen haben, hat er doch die Gelegenheit zum Erlass eines europäischen Privatrechts nicht genutzt. Stattdessen ermöglichte er „nur“ den Erlass europäischer IPR-Normen, was als Indiz für die Einhaltung des Verhältnismäßigkeitsprinzips gewertet werden kann. Auf anderem, weniger eingreifendem Wege, wie etwa durch Erlass von Richtlinien, lassen sich Rechtsunterschiede nicht beseitigen.
Weiterhin ist eine denkbare, zukünftige Entscheidung des *EuGH* zu beachten. Angesichts der bisherigen Harmonisierungspraxis im Binnenmarkt erscheint es wenig wahrscheinlich, dass die Schranken des Art. 5 EGV die Rechtsetzung der Gemeinschaft nachhaltig bremsen werden. Denn die Notwendigkeit eines ein-

---

[425] Spellenberg, FS für Schumann, S. 426. *Spellenberg* bezieht sich zwar auf die EheVO I. Dieses Argument ist aber auf das Kollisionsrecht übertragbar. Kritisch gegenüber diesem Argument Wagner, RabelsZ 2004, S. 151.

[426] So zu Recht Basedow in: Baur/Mansel, Systemwechsel, S. 21, 22; Wagner, RabelsZ 2004, S. 132.

[427] Siehe ausführlich MüKo/Sonnenberger, BGB Bd. 10, Einl. IPR RN 123 ff.; Hohloch, FS für Stoll, S. 546; ders. in: FS für Schumann, S. 546; Remien, JZ 1992, S. 280; Wagner, RabelsZ 2004, S. 152.

heitlichen Kollisions- und Verfahrensrechts für das Funktionieren des Binnenmarkts und zur Erleichterung der Freizügigkeit lässt sich nicht leugnen. Wie *Hohloch*[428] zu Recht feststellt, werde sich der europäische Gesetzgeber dem nicht in den Weg stellen; das Verständnis von einer dynamisierten Kompetenzkomponente sei heute zu stark. Der europäische Gesetzgeber geht außerdem ausreichend auf diese beiden Aspekte in seinen Erwägungsgründen zu den auf Art. 65 EGV gestützten Verordnungen ein.[429]

---

428 Hohloch, FS für Stoll, S. 546.

429 Siehe Erwägungsgründe (4) ff. der Brüssel I-VO; a. A. nach wie vor Schack, RabelsZ 2001, S. 619: „Auch das muss man nicht glauben.“.

DRITTER TEIL
DIE VEREINHEITLICHUNG DES INTERNATIONALEN SCHEIDUNGSRECHTS – „ROM III“

Aus folgenden Gründen wird auf eine eingehende Rechtsvergleichung einzelner weniger Länder im Hinblick auf ihre Scheidungskollisionsrechtsregelungen verzichtet. Alle juristischen Begriffe sind systemgebunden.[430] Sprache lässt sich zwar übersetzen, der eigentliche Inhalt der Worte bleibt einem anders Sprechenden verborgen, muss man doch Kultur, Geschichte und Mentalität eines Volkes mit einbeziehen. Sich über die reine Darstellung der Scheidungskollisionsrechte der Mitgliedstaaten hinaus mit den Auswirkungen dieser Normen zu beschäftigen, birgt immer auch die Gefahr der Fehleinschätzung. Die Rechtsvergleichung wird hier nicht gänzlich abgelehnt; es sollte nur stets gefragt werden, ob eine Untersuchung für „Rom III“ nicht auf anderem Weg ergiebiger ist: Der europäische Gesetzgeber ist bemüht, in den vorbereitenden Arbeiten für „Rom III“ vorbildliche Anknüpfungen eines jeden Mitgliedstaates mit einzubeziehen. Diese Ausarbeitungen sind jedoch nicht so sehr auf die exakte Auslegung der ausländischen Regelungen angewiesen. Ziel ist nicht das „perfekte“ nationale Recht, sondern eine europaäquivalente Regelung, die sich aus verschiedenen Anknüpfungspunkten der Mitgliedstaaten zusammensetzt. Die einzelnen nationalen Regelungen dienen primär als Anreiz für „Rom III“. Aufgabe wird es auch sein, die „Interessen“[431] herauszukristallisieren, die hinter den Begründungen kollisionsrechtlicher Anknüpfungen stehen: bei dem Staatsangehörigkeitsprinzip, dem Aufenthaltsprinzip, der Rechtswahl, der engsten Verbindung sowie bei der teilweisen Aufrechterhaltung der Vielfalt und Gleichwertigkeit staatlicher Regelungen zum Schutz kultureller Identität.

1. Abschnitt
Anwendungsbereich

Im folgenden Abschnitt wird vorab kurz erörtert, ob zum einen nach „Rom III“ eine Verfahrens- und Privatscheidung vollzogen werden darf und zum zweiten, ob sie auf Drittstaatensachverhalte anwendbar ist. Die Ergebnisse werden später nicht in der hier vorgeschlagenen Normierung für „Rom III“ auftauchen, sondern dienen dem europäischen Gesetzgeber nur als Anregung.

---

[430] Großfeld, FS für Henrich, S. 213. *Großfeld* spricht treffend von der Schrift als „Schlüsseltechnik“ einer Kultur; sie ordne die Gesellschaft, identifiziere die Kultur. Siehe dazu ausführlich Haltern, Recht als kulturelle Existenz, in: Jayme, Kulturelle Identität und Internationales Privatrecht, S. 15 ff. Zur unterschiedlichen Auslegung von Gesetzen zwischen kontinentaleuropäischen und common-law Ländern: Haltern im Diskussionsbeitrag in: Jayme, Kulturelle Identität und Internationales Privatrecht, S. 51 ff.

[431] Siehe Lurger, S. 198, 199.

§ 1. Gerichtliche Trennung und Ungültigerklärung der Ehe; Verfahrens- und Privatscheidungen

Neben der Scheidung kennt die EheVO II noch die Trennung ohne Auflösung des Ehebandes und die Ungültigerklärung einer Ehe. Nicht allen Staaten ist die gerichtliche Trennung oder die Ungültigerklärung der Ehe bekannt[432]. Im gegenwärtigen Kollisionsrecht der Mitgliedstaaten existiert eine solche Regelung wie in der EheVO II nicht. Bisher wurde nach dem strengeren Recht geschieden. Es wäre sinnlos, wenn der Anwendungsbereich von „Rom III" hinter dem der EheVO II zurückbliebe.

Im Hinblick auf den Anwendungsbereich von „Rom III" stellt sich die Frage, ob das Gericht eines Mitgliedstaates die Scheidung auch gemäß dem Recht eines Landes aussprechen darf, in dem sog. Privatscheidungen zulässig sind. Privatscheidungen sind solche, die durch ausländische Behörden, geistliche Gerichte, durch Übergabe des Scheidebriefes vor den Rabbinern nach jüdischem Recht, durch Verstoßung der Frau nach islamischem Recht oder durch einverständliches Rechtsgeschäft mit Registrierung oder durch Aufhebungsvertrag durchgeführt werden.[433] Ihre materielle Wirksamkeit ist nach dem anwendbaren Sachrecht zu überprüfen. Bekannt ist diese Problematik im Rahmen der Anerkennung nach der EheVO II. Keiner Diskussion bedürfen die von einem Gericht oder einer Verwaltungsbehörde erlassenen Entscheidungen. Soweit reicht auch der Anwendungsbereich der EheVO II gemäß Art. 2 Nr. 1 iVm Art. 2 Nr. 4 EheVO II.[434] Es werden auch Entscheidungen religiöser Gerichte erfasst, sofern diese Gerichte im Entscheidungsstaat unmittelbar zuständig sind.[435] Dagegen werden bislang sog. „Privatscheidungen" mangels hoheitlichen Regelungsgehalts von der EheVO II verfahrensrechtlich nicht anerkannt.[436] Da es in Europa und daher im räumlichen Anwendungsbereich der EheVO II keine derartigen Scheidungen gibt[437], spielen sie dort auch keine Rolle.

---

432 S. o. die rechtsvergleichende Zusammenstellung Erster Teil 1. Abschnitt § 1.

433 Dazu näher Staudinger/Mankowski, Art. 17 RN 58 ff.; Henrich, Internationales Familienrecht, S. 142 ff.; Rauscher, Europäisches Zivilprozeßrecht, Art. 1 Brüssel II-VO, RN 4.

434 Vgl. entsprechend Art. 1 Abs. 2 EheVO I: „Gerichtlichen Verfahren stehen andere in einem Mitgliedstaat amtlich anerkannte Verfahren gleich. Die Bezeichnung „Gericht" schließt alle in Ehesachen zuständigen Behörden der Mitgliedstaaten ein.".

435 Dies ist bspw. in Portugal der Fall: Nach Art. 1625 Código civil sind für die Ungültigerklärung einer katholischen Ehe ausschließlich die Kirchengerichte zuständig. Soweit kirchliche Urteile wie in Italien und Spanien einer staatlichen Anerkennung bedürfen, um zivilrechtliche Wirkungen zu entfalten, ist dieses staatliche Urteil maßgeblicher Anerkennungsgegenstand: vgl. Jayme, IPRax 1990, S. 32 f.

436 So zu Recht Rauscher, Europäisches Zivilprozeßrecht, Art. 1 Brüssel II-VO, RN 6; a. A. Helms, FamRZ 2001, S. 259.

437 Vgl. MüKo/Winkler von Mohrenfels, Art. 17 RN 20, der die entsprechenden Länder aufzählt, in denen Privatscheidungen ausgesprochen werden; Wagner, IPRax 2001, S. 76; Helms, FamRZ 2001, S. 260. Kritisch dazu Jayme, IPRax 2000, S. 169.

Anders verhält es sich im Scheidungskollisionsrecht, wenn der Fall Bezug zu einem Staat hat, in dem Privatscheidungen vorgenommen werden können. Fest steht, dass mangels Anerkennung einer Privatscheidung eine Ehe in den Mitgliedstaaten nur durch eine Entscheidung gemäß Art. 2 Nr. 4 EheVO II aufgelöst werden kann. Sonst wären hinkende Ehen in Europa die Folge, welche gerade durch die EheVO II vermieden werden sollten. Das Scheidungsurteil setzt aber voraus, dass der Scheidungstatbestand des Scheidungsstatuts vorliegt. Darauf folgend stellen sich drei Fragen: Ist „Rom III" auf Drittstaatensachverhalte überhaupt anwendbar? Verstößt die Privatscheidung gegen den ordre public des Entscheidungsstaates? Wie kann ein Mitgliedstaat eine Ehe scheiden, wenn das Scheidungsstatut für seine Privatscheidung einen konstitutiven Scheidungsakt voraussetzt? Inwieweit „Rom III" eine dem Art. 16 EVÜ entsprechende Vorschrift enthalten wird[438], sprengt den Rahmen dieser Dissertation. Außerdem müsste der Vollständigkeit halber für jeden Mitgliedstaat gesondert geprüft werden, ob die Privatscheidung mit der öffentlichen Ordnung des jeweiligen Entscheidungsstaates übereinstimmt. Auch die letzte Frage ist eine solche des Vollzugs- und damit Verfahrensrechts für „Rom III", die hier nicht abgehandelt werden kann.[439] Bleibt die Frage zu beantworten, wie Drittstaatensachverhalte in „Rom III" zu behandeln sein werden.

§ 2. Drittstaatenproblematik – Geltung als loi uniforme

EheVO I und II werden auch unter dem Gesichtspunkt der Drittstaatenproblematik nur einen Zwischenschritt darstellen:[440] Schließlich kann eine europaweit einheitliche Beurteilung des Personenstandes nicht garantiert werden, solange die Anerkennung von Drittstaatenentscheidungen ausgeklammert wird. Bislang kann die Ehescheidung durch ein drittstaatliches Gericht in einem Mitgliedstaat anerkannt werden, deshalb aber nicht zwingend auch in jedem anderen. So ist daran zu denken, die EheVO II und auch „Rom III" als loi uniforme auszugestalten, sodass die Anerkennung von Drittstaatenentscheidungen geregelt wird. Dafür sind keine erheblichen Neuerungen in der EheVO II notwendig, weil sie ohnehin die meisten Sachverhaltskonstellationen erfasst.[441] Wenn die EheVO II

---

[438] Nach Art. 16 EVÜ kann die Anwendung einer fremden Norm ausgeschlossen werden, wenn sie gegen den ordre public des Entscheidungsstaates verstößt.

[439] Siehe dazu im deutschen Recht: Andrae, S. 197 ff.; Henrich, Internationales Familienrecht, S. 142 ff.; Beitzke, IPRax 1993, S. 231 ff. (234); MüKo/Winkler von Mohrenfels, Art. 17 RN 89 ff., 99 f.; siehe in anderen Mitgliedstaaten: JUSTCIV 66, S. 9, 11.

[440] Zu Recht Helms, FamRZ 2001, S. 258; Jayme, IPRax 2000, S. 169 f.; Kohler, NJW 2001, S. 14 f.

[441] Vgl. dazu näher Mansel, a. a. O., in: Jayme, Kulturelle Identität und Internationales Privatrecht, S. 144 f.; zuletzt Wagner, RabelsZ 2004, S. 141.

auch Entscheidungen aus Drittstaaten anerkennen würde,[442] dann wäre es umso wichtiger, ebenfalls ein auf Drittstaatenfälle anwendbares einheitliches Kollisionsrecht zu schaffen, weil die Rechtsordnung in nichteuropäischen Ländern eine ganz andere ist als in Europa. Gegebenenfalls müssen auch Abwehrmechanismen gegen die Anwendung des EU-fremden Rechts normiert werden. Umstritten ist, ob der Gemeinschaft hierfür die Gesetzgebungskompetenz des Art. 65 EGV ausreicht.
Mit der „AETR"-Entscheidung des *EuGH* von 1971[443] besteht für die Gemeinschaft eine Außenkompetenz, soweit nötig, um Gemeinschaftsziele zu verwirklichen, dort, wo ihr eine entsprechende Binnenkompetenz gegenübersteht und sie von ihr Gebrauch gemacht hat. Im Gutachten 1/76[444] hat der *EuGH* klargestellt, dass die Gemeinschaft ebenfalls zuständig ist, internationale Abkommen zu schließen, falls dies notwendig ist, um Ziele des Gemeinschaftsrechts zu erreichen. Dies gilt auch, wenn im internen Bereich noch keine Rechtsvorschriften erlassen worden sind und wenn der EGV der Gemeinschaft diese Zuständigkeit nicht ausdrücklich erteilt. Sie ist nach Art. 300 EGV befugt, völkerrechtliche Abkommen mit dritten Staaten und internationalen Organisationen auszuhandeln und abzuschließen. In den Gutachten 1/94[445] und 2/92[446] hat der *EuGH* die Kompetenz insoweit eingeschränkt, als die Gemeinschaft nur in dem Maße, wie gemeinsame Vorschriften auf interner Ebene erlassen worden sind, eine ausschließliche externe Zuständigkeit erwirbt. Die Außenkompetenz wird somit wirksam, nachdem die entsprechende Binnenkompetenz ausgeübt worden ist. Es ist davon auszugehen, dass diese Rechtsprechung auf den freien Personenverkehr übertragbar ist.[447] D. h., die Gemeinschaft muss, um ihre Außenkompetenz im Internationalen Privatrecht in Kraft zu setzen, Rechtsakte erlassen, die sich auf Art. 65 EGV stützen. Solange die Gemeinschaft im Bereich ihrer Außenkompetenz nicht handelt, besteht das derzeitige autonome Kollisionsrecht in den Mitgliedstaaten fort. Vorab ist festzustellen, dass die Kompetenz des Gesetzgebers weder durch den Wortlaut des Art. 65 lit. b EGV noch durch den Binnen-

---

442 Zur Schlechterstellung von Drittstaatenangehörigen wegen Art. 8 Abs. 2 EheVO I (entsprechend Art. 7 Abs. 2 EheVO II) siehe Helms, FamRZ 2002, S. 1600.

443 EuGH, Slg. 1971, 263 – AETR-Urteil, wonach die Mitgliedstaaten das Recht zum Abschluss eines völkerrechtlichen Vertrages mit Drittstaaten u. a. dann verlieren, wenn die darin enthaltenen Vorschriften die Rechtsnormen des internen Rechtsaktes (dort Brüssel I-VO) „beeinträchtigen". Die Ausübung der internen Kompetenz hat also eine Außenkompetenz der Gemeinschaft zur Folge. Auch die darauf folgende Rechtsprechung des EuGH schließt sich dieser Auffassung an. Weitere Nachweise bei Helms, FamRZ 2002, S. 1601 FN 85.

444 EuGH, Gutachten v. 26. 4. 1977 – 1/76 - , Sgl. 1977, 741 ff.

445 EuGH, Gutachten v. 15. 11. 1994 – 1/94 -, Slg. 1994, I-5267 (WTO).

446 EuGH, Gutachten v. 24. 3. 1995 – 2/92 -, Slg. 1995, I-525 (OECD).

447 Siehe dazu ausführlich Tebbens in: Baur/Mansel, Systemwechsel, S. 186.

marktbezug auf die EG beschränkt ist.[448] Voraussetzung ist nun gemäß Art. 65 EGV, dass sich die Abkommen auf die Bereiche des Art. 65 EGV auswirken, d. h., sie müssen für das reibungslose Funktionieren des Binnenmarktes erforderlich sein. Zwei Fälle sind voneinander zu unterscheiden:

Zum einen gibt es Konstellationen, in denen ein Mitgliedstaat und ein Drittstaat betroffen sind. Zum zweiten kommen solche vor, in denen weitere Mitgliedstaaten involviert sind, die einem Drittstaat gegenüberstehen. Bei letzteren ist das Erfordernis für den Binnenmarkt zunächst eindeutiger. Unter den Mitgliedstaaten entspricht es, wie bereits dargelegt,[449] sowohl der Einheitlichkeit der Entscheidungspraxis als auch der Rechtssicherheit, dass verschiedene Gerichte in Bezug auf ein und denselben Sachverhalt dasselbe Sachrecht anwenden. Damit wird gewährleistet, dass die europäischen Bürger von den Grundfreiheiten ohne Beschränkungen Gebrauch machen können, was wiederum das Funktionieren des Binnenmarktes verbessert. Warum sollte etwas anderes gelten, nur weil der Fall Bezug zu einem Nichtmitgliedstaat hat? Ist es gerechtfertigt, dass aus diesem Grund nicht nur der Nichtmitgliedstaat sein eigenes Kollisionsrecht anwendet, sondern nun auch die betroffenen Mitgliedstaaten sich auf ihr autonomes Kollisionsrecht berufen? Will sich bspw. ein deutsch-amerikanisches Ehepaar, das in Spanien zusammengelebt hat, nach drei Jahren Trennungszeit scheiden lassen, so ist es nicht einzusehen, dass nur aufgrund der amerikanischen Staatsangehörigkeit eines Ehepartners deutsche und spanische Gerichte nunmehr jeweils ihr eigenes Kollisionsrecht anwenden. Das deutsche Gericht käme zur Anwendung deutschen Rechts, weil nach spanischem Recht die erforderliche Trennungszeit noch nicht erreicht und eine Scheidung damit nicht möglich wäre. Das spanische Gericht hingegen würde spanisches Recht anwenden. Dies liefe dem Funktionieren des Binnenmarktes zuwider und würde erhebliche Rechtsunsicherheit unter den Beteiligten schaffen.[450] Weil Art. 65 lit. b EGV das verhindern will, müssen die vereinheitlichten Kollisionsnormen zumindest unter den Mitgliedstaaten auch gelten, wenn ein Drittstaat betroffen ist.

Nach *Basedow*[451] gilt nichts anderes in Fällen, in denen ein Drittstaat und nur ein Mitgliedstaat betroffen sind. Auch hier bestehe die Gefahr widersprüchlicher Entscheidungen. Es stimmt zwar, dass die Gerichte des Drittstaats und des Mitgliedstaats jeweils ihr eigenes Kollisionsrecht anwenden und so widersprüchli-

---

448 Zu Recht Leible/Staudinger, EuLF 2000, S. 229 f.

449 S. o. bei der Feststellung der Notwendigkeit eines einheitlichen Kollisionsrechts: Erster Teil 2. Abschnitt § 3. und Zweiter Teil 3. Abschnitt.

450 So auch Basedow in: Mansel, a. a. O., S. 41.

451 Basedow in: Baur/Mansel, Systemwechsel, S. 41; ebenso Wagner, RabelsZ 2004, S. 141; kritisch aus Sorge um den Schutz der Binnenmarktziele Lurger, FS für Posch, S. 200 ff., 204; Leible/Staudinger, EuLF 2000, S. 230, die allerdings nicht zwischen dem Bezug eines Mitgliedstaates zum Drittstaat und jenem zweier Mitgliedstaaten zum Drittstaat unterscheiden.

che Entscheidungen entstehen können. Zweifelsohne gefährden sie die legitimen Erwartungen der Parteien. Widersprechen sie aber auch der Einheitlichkeit der *europäischen* Entscheidungspraxis? Zweifel sind insofern angebracht, als ein weiterer Mitgliedstaat tatsächlich nicht betroffen ist, der gegebenenfalls eine andere Entscheidung hätte treffen können. Es bedarf daher einer „Brücke", um auch faktisch einen Bezug über den einzelnen Mitgliedstaat hinaus zum Binnenmarkt herzustellen. Diese Brücke schafft das Anerkennungsrecht des Art. 21 der EheVO II.[452] Denn sowohl die in den autonomen Gerichtsständen gemäß Art. 7 EheVO II ergehenden Urteile als auch jene nach Art. 3-5 EheVO II werden in allen Mitgliedstaaten unter Beachtung des Art. 22 EheVO II anerkannt. Damit muss der Anerkennungsstaat neben seinem, dem nunmehr vereinheitlichten Kollisionsrecht, das des Entscheidungsstaates zulassen. Der Binnenmarktbezug ist hergestellt.

Diese sog. „Brücke" besteht auch in Fällen, in denen die Entscheidung selbst nicht in einem Mitgliedstaat, folglich losgelöst von der EheVO II, ergeht. Verweist das internationale Scheidungsrecht des Drittstaates auf das Kollisionsrecht eines Mitgliedstaates, greift zwar das erleichterte Anerkennungsrecht der EheVO II nicht mehr ein. Ob die Entscheidung in den einzelnen Mitgliedstaaten anerkannt wird, beurteilt sich nach dem autonomen Anerkennungsrecht. Um eine einheitliche Statusbeurteilung innerhalb Europas zu garantieren, ist auch für diese Fallkonstellation der Binnenmarktbezug gegeben.[453]

Eine weitere Antwort auf diese Frage gibt eine Entscheidung des *EuGH* zum Gerichtsstands- und Vollstreckungsübereinkommen[454]. Danach fände das EuGVÜ, sobald der Beklagte seinen Wohnsitz im Hoheitsgebiet eines Vertragsstaates habe, auch dann Anwendung, wenn der Kläger in einem Drittland ansässig sei. Etwas anderes gelte ausnahmsweise dort, wo das Übereinkommen die Anwendung einer seiner Zuständigkeitsregeln ausdrücklich davon abhängig mache, dass der Wohnsitz des Klägers in einem Vertragsstaat läge. Wenn der *EuGH* bei der EuGVO, die ebenfalls auf Art. 61 lit. c iVm 65 lit. c EGV beruht, so entscheidet, wird er auch bei der Auslegung von Art. 65 EGV die Zuständigkeit für den Erlass von Kollisionsnormen bejahen, die Sachverhalte zwischen einem Mitgliedstaat und einem Drittstaat betreffen.[455]

---

452 So auch Mansel in: Jayme, Kulturelle Identität und Internationales Privatrecht, S. 146.

453 So auch Mansel in: Jayme, Kulturelle Identität und Internationales Privatrecht, S. 146; ders. in: Baur/Mansel, Systemwechsel, S. 4, 5; Basedow, CMLR 2000, S. 703.

454 EuGH, Urt. v. 13. 7. 2000 – Rs C-412/98 – Group Josi Reinsurance Company SA/Universal General Insurance Company (UIGC) = IPRax 2000, S. 520.

455 Eine andere Frage ist die, ob nach der EheVO II nicht auch Gerichtsentscheidungen aus Drittstaaten anerkannt werden sollten. Dies ist abzulehnen, weil Anerkennung auch die Vereinheitlichung des Zuständigkeitsrechts voraussetzt, was bei europäischen und transatlantischen Staaten noch nicht geschehen ist. Dazu näher Basedow, a. a. O, in: Mansel, Systemwechsel, S. 43.

Für eine Einbeziehung von Drittstaatensachverhalten spricht auch die Vielzahl von Schweizern mit Aufenthalt in Deutschland und umgekehrt sowie die deutsch-schweizerischen Ehen.[456] Denkbar ist ebenfalls ein geteiltes Kollisionsrecht, eines, das im Verhältnis zu den Mitgliedstaaten und ein anderes, welches im Verhältnis zu Drittstaaten angewandt wird.[457] Aus Praktikabilitäts- und Rechtssicherheitsgründen sollte aber ein gespaltenes Kollisionsrecht vermieden werden. Die Anknüpfungen in „Rom III" sollen daher auch auf das Recht von Nicht-Mitgliedstaaten verweisen.[458]

2. Abschnitt
Der Renvoi im vereinheitlichten Kollisionsrecht

Der Ausschluss des Renvoi findet sich seit jeher in der Tradition der Haager Übereinkommen.[459] Warum das denknotwendig auch bei „Rom III" der Fall sein wird, lässt sich leicht mit dem Sinn und Zweck des einheitlichen Kollisionsrechts erklären. Zum einen soll auf eine bestimmte Fallkonstellation nur *ein* materielles nationales[460] Recht anwendbar sein, unabhängig davon, in welchem europäischen Mitgliedstaat die Parteien vor Gericht stehen. Nur dann ist der internationale Entscheidungseinklang gesichert. Die Mitgliedstaaten nehmen in ihrem nationalen IPR eine unterschiedliche Haltung zum Renvoi ein, und zwar sowohl zu Rück-, Weiter- und zur Zirkelverweisung. Dies verkompliziert die Rechtsanwendung und gefährdet die Rechtsklarheit.

Zum zweiten kann dahingestellt bleiben, ob auf das Sachrecht oder das Internationale Privatrecht des vom Kollisionsrecht bestimmten Staates verwiesen wird. Denn auch dieser Staat wendet anhand des vereinheitlichten Kollisionsrechts dieselbe Anknüpfungsregel an und kommt daher zu demselben Sachrecht.

Problematisch ist es nur, ob der Renvoi durch einen Nicht-Mitgliedstaat, auf dessen Rechtsordnung verwiesen wird, zuzulassen ist. Der Gesetzgeber sucht bei der Auswahl der Anknüpfungsmerkmale diejenigen aus, mit denen der

---

456 Vgl. Wagner, FamRZ 2003, S. 808.

457 So wie im Bereich der Produkthaftung im Verhältnis zum Binnenmarkt einerseits und zu USA andererseits. Ebenso der Vorschlag von *Jayme* auf der Sitzung des *Deutschen Rats für IPR* vom 12. 4. 2002 in Würzburg: Protokoll S. 13.

458 So auch mit einfacher und klarer Begründung Jayme in: Mansel, Vergemeinschaftung, S. 38: „Das Nebeneinander zweier Kollisionsrechte ist immer misslich. Das Privatrecht duldet keine zwei Gerechtigkeiten nebeneinander.".

459 Siehe den umfassenden Überblick über mehr als zwanzig Konventionen bei Graue, RabelsZ 1993, S. 26 ff.

460 Europäisches Einheitsrecht kann natürlich auch anwendbar sein, vgl. UN-Kaufrecht etc. Um aber dieses für anwendbar zu erklären, wird das einheitliche Kollisionsrecht nicht eingesetzt.

Sachverhalt die engste Verbindung hat[461] oder die für den geregelten Rechtsbereich am geeignetsten sind. Würde das vereinheitlichte Kollisionsrecht auf das Internationale Privatrecht eines Nicht-Mitgliedstaates verweisen, müssten die Mitgliedstaaten ein zweites Kollisionsrecht zulassen, das u. U. andere Anknüpfungen beinhaltet, die der Gesetzgeber dort für interessengerecht befunden hat. Damit wäre das durch die einheitliche Kollisionsnorm bezeichnete Recht wieder in Frage gestellt.[462] Bspw. wollen die Parteien im Rahmen einer Rechtswahl naturgemäß das gewählte Sachrecht angewendet wissen, nicht das Kollisionsrecht, welches keine unmittelbare Wirkung auf das Rechtsverhältnis ausüben kann. Gleiches gilt im Minderjährigenschutz. Dort will man das Sachrecht desjenigen Mitgliedstaates zur Anwendung kommen lassen, in dem das Kind lebt. Dieses Recht hält der Gesetzgeber für am geeignetsten und es soll nicht durch das Kollisionsrecht dieses Staates wieder aus den Angeln gehoben werden.

Zusammenfassend lässt sich feststellen, dass die Vertrags- bzw. Mitgliedstaaten in der Regel kein „Superkollisionsrecht" schaffen wollen, das auf das bestehende Kollisionsrecht verweist, sondern ein neues, einheitliches Kollisionsrecht, das direkt zum nationalen Sachrecht führt.[463]

Ausnahmsweise kann der Renvoi zugelassen werden, wenn es um die Weiterverweisung zwischen Mitglied- und Nicht-Mitgliedstaaten geht. Man spricht vom sog. Renvoi zweiten Grades, wenn das vereinheitlichte Kollisionsrecht auf das Recht eines Drittstaates verweist, dessen IPR wiederum auf das Recht eines weiteren Nichtmitgliedstaates verweist, welcher die Verweisung annimmt. Sinn dieses Renvoi ist es, den Entscheidungseinklang zwischen den Drittstaaten nicht zu behindern.

Der Preis für diesen Entscheidungseinklang ist eine erschwerte Rechtsanwendung, weil das Kollisionsrecht zweier Nichtvertragsstaaten angewendet werden muss. Diese Bereitschaft ist im Familienrecht angesichts des immer noch bestehenden Gegensatzes zwischen Staatsangehörigkeits- und Aufenthaltsprinzip angezeigt. So ist es ein Zugeständnis an diejenigen Staaten, die das Staatsangehörigkeitsprinzip ablehnen, wenn ihr Kollisionsrecht für den Fall angewendet werden darf, dass das Heimatrecht des Betroffenen die Verweisung nicht annimmt, sondern eine andere Rechtsordnung – z. B. das Wohnsitzrecht – für maßgebend erklärt. Das ist ohne Zweifel ein Kompromiss, bei dem zu überlegen ist, ob man ihn hinnehmen muss. In jedem Fall sollte der europäische Gesetzgeber eine Regelung für Drittstaatensachverhalte in „Rom III" vorsehen, bei der sich die Frage nach dem Renvoi neu stellen wird. Um Missverständnissen vorzubeugen, emp-

---

461 Damit ist nicht die Ausweichklausel gemeint, sondern vielmehr die „engste Verbindung", die den Anknüpfungen der meisten Mitgliedstaaten immanent ist. Dabei wird versucht, das „sachnächste" Recht zu finden. Mehr dazu im Hinblick auf „Rom III" unten Dritter Teil 3. Abschnitt § 5. II. 2.

462 Siehe bereits im Bericht von Giuliano/Lagarde, BT-Drucks. 10/503, S. 70.

463 Sie dazu ausführlich Kropholler, FS für Henrich, S. 393 ff.

fiehlt es sich dort ggf. von der Anwendbarkeit der „Sachvorschriften" des anwendbaren Rechts zu sprechen und diese Terminologie auch zu normieren.

3. Abschnitt
Das Anknüpfungssystem

Im Folgenden wird ein umfassendes Anknüpfungssystem für ein vereinheitlichtes Kollisionsrecht erarbeitet, in das die Anknüpfungsprinzipien möglichst aller Mitgliedstaaten Eingang finden. Es müssen Gemeinsamkeiten [464] der Länder herausgearbeitet und Unterschiede relativiert werden, ohne den nötigen Respekt vermissen zu lassen.

§ 1. Das Prinzip der engsten Verbindung und das „Wertesystem"

Es gibt Staaten, in denen sich das materielle Recht in den Kollisionsrechtsregeln widerspiegelt. In den Niederlanden etwa soll das Kollisionsrecht Ehescheidungen begünstigen, was oft mit dem Begriff *„favor divortii"* beschrieben wird.[465] Niederländische Gerichte wenden daher häufig bei der Bestimmung der engsten Verbindung zwischen den Betroffenen und dem Staat gemäß § 1 Abs. 1 lit. c Stb 166 das scheidungsfreundliche eigene Recht an oder gestatten den Ehegatten, das anzuwendende Recht zu bestimmen.[466] Ähnliches gilt auch für Skandinavien.[467] Hier besteht zwischen der nahezu ausschließlichen Anwendung der lex fori und der scheidungsfreundlichen Haltung ein Zusammenhang. Die Anwendung der lex fori führt nicht zwingend zu einer Begünstigung schneller Scheidungen. So unterstehen z. B. auch in Großbritannien die internationalen Scheidungen der lex fori[468]; dort garantiert dies aber im Gegensatz zu den Niederlanden keine schnelle Scheidung.

In Irland hingegen wird großer Wert auf die irische Familientradition gelegt. Scheidungen werden so lange nicht gewährt, bis der Richter mit der finanziellen Absicherung von Ehegatten und Kindern zufrieden ist. Diese Haltung gibt das im nationalen Recht verankerte irische Prinzip des Vorrangs der Familie wieder.

---

464 Vgl. oben FN 57.

465 Vgl. Boele-Woelki, Der favor divortii im niederländischen internationalen Scheidungsrecht, S. 173.

466 Selbst wenn die Ehegatten eine gemeinsame ausländische Staatsangehörigkeit besitzen und gemäß Art. 1 Abs. 1 lit. a Stb 166 an sich das Recht des Staates der gemeinsamen Staatsangehörigkeit anwendbar wäre, wenden die Richter in den meisten Fällen die lex fori an. Sie begründen ihr Verweisungsergebnis damit, dass zumindest ein Ehegatte gemäß Art. 1 Abs. 1 lit. c Stb seiner Staatsangehörigkeit entfremdet sei. Vgl. dazu ausführlich Boele-Woelki, Der favor divortii im niederländischen internationalen Scheidungsrecht, S. 169 ff., 180. Vgl. auch Final Report, S. 22, 43.

467 Vgl. dazu oben FN 59 und Final Report, S. 38.

468 Vgl. oben Erster Teil 1. Abschnitt § 3.

Allein aus diesem Grund wendet Irland auf internationale Sachverhalte sein eigenes materielles Recht an.[469]

In den meisten kontinentaleuropäischen Mitgliedstaaten soll das Internationale Privatrecht zwar auch zu materiell befriedigenden Entscheidungen führen. Jedoch sind dort die Kollisionsrechtsregeln, basierend auf der Gleichwertigkeit aller Rechtsordnungen, traditionell darauf ausgerichtet, das *sachnächste* Recht zur Anwendung zu bringen. Sie beinhalten die Vermutung, den Sachverhalt am angemessensten zu regeln.[470] Man spricht vom „Prinzip der engsten Verbindung"[471]. Vorschriften, die auf diesem Prinzip basieren, versuchen eine Gemeinsamkeit zwischen den Ehegatten festzustellen, wie ihren gemeinsamen Wohnsitz, ihren gemeinsamen gewöhnlichen Aufenthalt oder die gemeinsame Staatsangehörigkeit. Entscheidend sind immer *beide* Ehegatten. Denn nur die Anknüpfung an Gemeinsames entspricht dem in allen Alt-Mitgliedstaaten herrschenden Gleichberechtigungsgebot. Es wird an das Recht angeknüpft, welches zuletzt die persönlichen Beziehungen der Ehegatten beherrschte.[472]

Die Wertmaßstäbe der nationalen Rechtsordnung sind nur von untergeordneter Bedeutung. Allerdings wird es den Ehegatten auch dort teilweise durch nationale Regelungen erschwert, ausländisches Recht anzuwenden, das die Scheidung erleichtert.

Selbst wenn man der Ansicht folgt, Kollisionsrecht habe die Aufgabe, das materielle Recht zu unterstützen, ist diese Meinung in Bezug auf eine europäischen Regelung wie „Rom III" nicht mehr vertretbar: Der Versuch, einem zu vereinheitlichenden *europäischen* Scheidungskollisionsrecht Wertvorstellungen zugrunde zu legen, kann nicht zum Ziel führen. Denn welche bzw. wessen Wertvorstellungen sollen dies sein? Soll der Bestand der Ehe und Familie geschützt werden oder dem/den scheidungswilligen Ehegatten die Scheidung erleichtert und der Wiedererlangung der Eheschließungsfreiheit Vorrang eingeräumt werden? Wenn stets die Maßstäbe der materiellen lex fori ausschlaggebend wären, würden die nationalen Interessen des Forumstaates an die Spitze gestellt und das ausländische Recht außer Betracht bleiben. Da es aber aufgrund Art. 3 der EheVO II verschiedene Foren gibt, müsste dementsprechend für jedes Forum ein Kollisionsrecht geschaffen werden. Folge wäre nicht ein europäisches einheitliches Kollisionsrecht, sondern nur viele verschiedene autonome Internationale Privatrechte, die alle materiellrechtlich ausgerichtet wären. „Rom III" wäre damit hinfällig. Daher müssten auf der Suche nach den „richtigen" Wert-

---

469 Darauf lässt u. a. die Sorge in Irland schließen, dass Scheidungen nach ausländischem Recht die irische Familienpolitik untergraben könnten: Final Report, S. 11.

470 Kropholler, Internationales Privatrecht, § 4 I 1.

471 Das österreichische IPRG spricht von der „stärksten Beziehung" (Art. 1 öst. IPRG), das schweizerische IPRG vom „engsten Zusammenhang" (Art. 15 schweiz. IPRG).

472 So etwa in Deutschland, vgl. Art. 17 Abs. 1 S. 1 iVm Art. 14 Abs. 1 EGBGB: MüKo/Winkler von Mohrenfels, Art. 17 RN 8.

vorstellungen jene aller europäischen Mitgliedstaaten in Betracht gezogen werden. Ergebnis wäre allerdings eine Bevorzugung der einen und Benachteiligung der anderen Rechtsordnung und der in ihr enthaltenen Wertungen.[473] Sicher würde der europäische Gesetzgeber, unabhängig davon, ob dem Prinzip der engsten Verbindung oder dem Wertesystem gefolgt wird, nicht die Rechtsnorm *eines* Mitgliedstaates als alleiniges Vorbild nehmen können. Er würde von den einzelnen Anknüpfungen oder auch nur ihrer Teile oder den in ihr enthaltenden Grundgedanken jene verwerten und übernehmen, die der Verwirklichung der Interessen der Ehegatten am nächsten kommen. Selbst bei dieser Vorgehensweise müsste sich der Gesetzgeber für oder gegen ein liberales oder strenges Eherecht entscheiden. Sofern es sich dabei nicht um europäische Wertmaßstäbe, die Garantien des EGV, wie etwa den Gleichberechtigungsgrundsatz gemäß Art. 2 EGV, handelt, liegt es nicht in der Hand des europäischen Gesetzgebers darüber zu entscheiden, welche Wertvorstellung als Grundlage für ein einheitliches Scheidungskollisionsrecht „die richtige" ist. Je verschiedener die Scheidungsprinzipien (z. B. Schuld- und Zerrüttungsprinzip[474]) sind, desto mehr muss dem Gerechtigkeitsprinzip gefolgt werden und die Suche nach der engsten Verbindung beginnen.[475]

§ 2. Objektive Anknüpfungen im internationalen Familienrecht

Im Scheidungskollisionsrecht der Mitgliedstaaten sind sowohl objektive gleichberechtigungskonforme Anknüpfungen wie auch teilweise die Rechtswahl vorgesehen. Haben die Ehegatten keine Rechtswahl getroffen, gibt es im Internationalen Privatrecht die Möglichkeit, entweder anhand eines neutralen Anknüpfungspunktes die anwendbare Rechtsordnung zu bestimmen oder verschiedene Anknüpfungen zur Verfügung zu stellen, zu denen die Ehegatten eine Beziehung haben könnten. Neutrale Anknüpfungen im Familienrecht sind etwa das gemeinsame Kind[476] oder der Unterhaltsberechtigte[477]. Da sich im Scheidungs-

---

473 In dieselbe Richtung weisend auch Rauscher, Europäisches Zivilprozeßrecht, Art. 2 Brüssel II-VO, RN 4: „Der durch die Haltung der VO auftretende Konflikt mit der Gewährleistung der Scheidungsfreiheit (...), lässt sich solange nicht befriedigend lösen, wie kein europäischer Grundkonsens zu der Frage erzielbar ist, welche Wartefristen vor der Scheidung einer gescheiterten Ehe zumutbar sind.".

474 Siehe dazu die rechtsvergleichende Zusammenstellung von *Henrich*, der insbesondere die Hintergründe für die Entwicklungen und Ausformungen beider Prinzipien darstellt: Henrich, FS für Ferid, S. 525 ff.

475 So auch *Jayme* in der Sitzung des *Deutschen Rates für IPR* vom 12. 4. 2002 in Würzburg: Protokoll S. 12.

476 Vgl. alle Anknüpfungen des Haager Übereinkommens über die Zuständigkeit der Behörden und das anzuwendende Recht auf dem Gebiet des Schutzes von Minderjährigen v. 5. Oktober 1961 (Jayme/Hausmann, Nr. 54); siehe dazu näher Siehr, FS für Ferid, S. 436 ff.

kollisionsrecht keine neutralen Anknüpfungspunkte finden lassen, kommen für „Rom III" nur die kumulative Anknüpfung oder die Kaskadenanknüpfung in Betracht. Die kumulativen Anknüpfungen werden häufig im Eheschließungsrecht verwendet. Nur dann treten die angeknüpften Wirkungen ein, wenn die Rechtsordnungen beider Heimatstaaten der Heirat zustimmen. Übertragen auf die Scheidung bedeutet dies, dass die Ehe nur geschieden werden kann, wenn beide Rechtsordnungen die Scheidung erlauben. Es gilt das Prinzip des schwächeren bzw. stärkeren Rechts. Früher führte der Widerspruch einer Rechtsordnung dazu, dass in der Schweiz eine Ausländerehe nicht geschieden werden konnte. Diese Anknüpfung ist im internationalen Scheidungsrecht nicht mehr zeitgemäß. Zum einen ist die unabdingbare Anknüpfung an die jeweilige Staatsangehörigkeit zu starr und widerspricht in vielen Fällen dem Prinzip der engsten Verbindung.[478] Zum zweiten ist nicht einzusehen, warum in Europa eine Ehescheidung sich nach dem strengeren materiellen Recht richten soll. Drittens muss auch im Blick behalten werden, dass im europäischen Gesetzgebungsverfahren eine Einigung der Mitgliedstaaten zustande kommen muss. Zwar wäre es falsch, nicht wünschenswerte Regelungen zu treffen, nur um einen Konsens unter den Mitgliedstaaten herzustellen. Kompromisse müssen jedoch eingegangen werden. Daran würde es aus Sicht der scheidungsfreundlichen Staaten bei einer kumulativen Anknüpfung an die Rechtsordnungen der Heimatrechte beider Ehepartner gänzlich fehlen.

Die Kaskadenanknüpfung ist die gängigste Form, um gleichberechtigungswidrige Kollisionsnormen zu vermeiden. Eine in mehreren Stufen sich vollziehende Suche nach der Rechtsordnung, zu der beide Ehegatten einen Bezug haben, stellt heute eine Notwendigkeit dar. Sie ist bis auf die letzte Stufe, das Recht der gemeinsamen engsten Beziehung oder die lex fori, in der Regel unproblematisch. Unter den Kaskadenanknüpfungen ist die alternative Anknüpfung im internationalen Familienrecht die jüngste Anknüpfungsmaxime. Hierdurch stehen den Parteien mindestens zwei Anknüpfungen zur Auswahl; in Art. 3 EheVO II sind es je nach Fallkonstellation sogar mehr. Ähnlich ausgestaltet ist auch Art. 65 schweiz. IPRG über die Anerkennung von Ehescheidungen. Die alternativen Anknüpfungen befreien von einem abgestuften Vorgehen und erlauben es, sofort diejenige alternativ berufene Rechtsordnung anzuwenden, die zu dem gewünschten Ergebnis führt. Eine solche Begünstigung ist aus Gründen des forum shopping abzulehnen. Mit einem einheitlichen Kollisionsrecht soll gerade ver-

---

477 Vgl. Art. 1 Abs. 1 und 2 des Haager Übereinkommens über das auf Unterhaltsverpflichtungen gegenüber Kindern anzuwendende Recht v. 24. Oktober 1956 (Jayme/Hausmann, Nr. 40); Art. 4 des Haager Überkommens über das auf Unterhaltspflichten anzuwendende Recht v. 2. Oktober 1973 (Jayme/Hausmann, Nr. 41). Siehe dazu näher Siehr, FS für Ferid, S. 436 ff.

478 Siehe zum Prinzip der engsten Verbindung näher unten Dritter Teil 3. Abschnitt § 5. II. 2.

mieden werden, dass der scheidungswillige Ehepartner das ihm günstigste Recht auswählen kann.
Daher kommt für „Rom III“ nur die subsidiäre Anknüpfung in Form der sog. Kegel'schen Leiter in Betracht[479], bei welcher zunächst geprüft wird, ob die Voraussetzung für die primäre Anknüpfung der in der Subsidiärklausel genannten Bedingung erfüllt ist. Beispiele sind Art. 14 Abs. 1 EGBGB, § 18 öst. IPRG und in ähnlicher Form Art. 46 schweiz. IPRG.
Zwar lassen sich durch alle dargestellten Anknüpfungsmethoden familienrechtliche Probleme lösen. Welche Form der Gesetzgeber wählt, ist im Wesentlichen eine rechtspolitische Frage, die im Ehescheidungsrecht heute und in Zukunft zu Gunsten der Kegel'schen Leiter ausfällt. Der Gleichberechtigung der Beteiligten im Ehescheidungsrechtsstreit, dem Bestreben, möglichst alle Fallgestaltungen abzudecken und der Suche nach der engsten Verbindung beider Eheleute zu einer Rechtsordnung wird die Anknüpfungsleiter am besten gerecht.[480]
Die aufwendigste und streitbehaftetste Aufgabe betrifft nun die Frage, welche Anknüpfungen in „Rom III“ Eingang finden sollen und in welche Reihung sie gebracht werden sollen. Schwierig wird es vor allem deshalb sein, weil die Gewichtung der Anknüpfungspunkte in den einzelnen Mitgliedstaaten unterschiedlich ist[481]. Jene Staaten, in denen sich die Wertungen des materiellen Familienrechts im Kollisionsrecht widerspiegeln, werden weniger zu Kompromissen bereit sein. Dabei macht es keinen Unterschied, ob es sich um eine liberale oder eine streng konservative Rechtsordnung in Bezug auf das Familienrecht handelt. Sowohl Staaten, die am Bestand der Ehe festhalten, als auch Staaten, die dem Recht, eine neue Ehe eingehen zu können, Vorrang einräumen, halten gern an den eigenen Regelungen fest.
Eine gute Orientierungsgrundlage bildet daher die EheVO II. Zum einen, weil die Mitgliedstaaten sich zu den Anknüpfungen der EheVO II bereits bekannt haben. Zum zweiten, weil die in ihr enthaltenen europäischen Grundgedanken auf das Ehekollisionsrecht übertragen werden können. Welche das sind und ob sie ergänzungs- und verbesserungswürdig sind, ist beim jeweiligen Anknüpfungstatbestand zu überprüfen.

---

479 So auch Henrich, FS für Stoll, S. 447; Wagner, FamRZ 2003, S. 805.

480 Andrae, S. 119; BT-Drucks. 10/504, S. 54; MüKo/Winkler v. Mohrenfels Art. 17 RN 8, 31; Kropholler, Internationales Privatrecht § 46 I 1; so auch die Meinung von Vertretern aus Deutschland: JUSTCIV 66, S. 25. Auch wenn dies Meinungen *deutscher* Autoren sind, so sind die Argumente nicht territorial beschränkt.

481 Vgl. oben zu den Unterschieden im Kollisionsrecht Erster Teil 1. Abschnitt § 3.

§ 3. Anknüpfung an die lex fori

I. Begriff

Denkbar wäre eine Anknüpfung an die lex fori, auch wenn Art. 3 EheVO II sie nicht normiert. Dann würde jedes nach der EheVO II bzw. im Falle des Art. 7 EheVO II nach dem autonomen Recht des Forumstaates zuständige Gericht sein eigenes Recht anwenden. Die Anwendung der lex fori muss von der Anwendung des Rechts des Wohnsitzes oder des gewöhnlichen Aufenthalts bzw. Lebensmittelpunktes der Parteien unterschieden werden. Die Herangehensweisen und die Auswirkungen sind unterschiedlich. Wird in allen Mitgliedstaaten die lex fori angewendet, so wenden zwar alle Mitgliedstaaten dieselbe Kollisionsrechtsregel an. Damit ist aber zugleich ausgeschlossen, dass in Europa mindestens zwei Gerichte auf den Sachverhalt ein und dasselbe materielle Recht anwenden. Zwischen der Anknüpfung an den Wohnsitz und jener an den gewöhnlichen Aufenthalt gibt es nur einen begrifflichen, keinen anknüpfungstechnischen Unterschied. Der früher vielfach verwendete Wohnsitzbegriff wurde später sowohl in den Rechtsordnungen der Mitgliedstaaten als auch in europäischen Regelungen größtenteils durch den gewöhnlichen Aufenthalt ersetzt.[482] Häufig reicht der Antragsteller der Einfachheit halber die Scheidung beim Gericht am Ort seines gewöhnlichen Aufenthalts ein. Dogmatisch betrachtet, sind die lex fori und die Anknüpfung an den gewöhnlichen Aufenthalt aber zwei verschiedene Anknüpfungspunkte, die zur Anwendung unterschiedlicher Sachrechte führen können.

II. Lex fori in den Mitgliedstaaten

In Großbritannien, Irland, den Niederlanden, Finnland und Schweden gilt grundsätzlich das Recht der lex fori.[483] Hinter dieser Regelung stehen in diesen Mitgliedstaaten aber unterschiedliche Wertungen. Die niederländische Kollisionsrechtsregel basiert auf der Auffassung, dass eine Scheidung zu begünstigen sei (sog. favor divortii) und führt in der Praxis regelmäßig zur Anwendung des scheidungsfreundlichen niederländischen Rechts.[484] Das belgische Internationale Scheidungsrecht hat seine Neigung, das eigene Recht zur Anwendung kommen zu lassen, wie es im alten Gesetz v. 27. 6. 1960 festgeschrieben war, nicht vollständig aufgeben wollen und die Anwendung der lex fori als Auffangtatbestand normiert.[485]

In Frankreich wird dem eigenen Recht eine starke Präferenz eingeräumt.[486] Dieses Anknüpfungssystem knüpft allerdings nicht pauschal an die lex fori an, son-

---

482 Siehe dazu näher unten Dritter Teil 3. Abschnitt § 4. II.

483 Siehe bereits oben FN 59 und Erster Teil 1. Abschnitt § 3.

484 Siehe bereits oben Dritter Teil 3. Abschnitt § 1. und Final Report, S. 22, 43.

485 Vgl. Art. 55 § 1 Abs. 4 des Gesetzes v. 27. 7. 2004.

486 Siehe dazu bereits ausführlich oben Erster Teil 1. Abschnitt § 3.

dern räumt nur der eigenen Rechtsordnung meist den Vorrang ein. Regelungen, die die Anwendung ausländischen Rechts zugunsten der eigenen Rechtsordnung aus kollisionsrechtsfremden Gründen verhindern, sind weder für ein autonomes internationales Privatrecht vorbildhaft noch mit „Rom III“ vereinbar.

III. Kompatibilität mit „Rom III“

Vielfach wird die Anknüpfung an die lex fori befürwortet,[487] nicht zuletzt, weil die Richter am besten ihr eigenes Recht anwenden können. Als Grund wird auch genannt, es würde die Integration fördern, zumal die Menschen sich dem Recht des Staates unterwerfen müssten, in dem sie leben. Dagegen spricht, dass es nicht Ziel des Internationalen Privatrechts ist, die Integration der EU-Bürger zu erzwingen. Will man die Integration *fördern*, sollte die Möglichkeit eröffnet werden, direkt, nicht subsidiär, das Recht des gewöhnlichen Aufenthaltes anzuwenden. Hinzu kommt, dass Staaten, die meist die lex fori anwenden, befürchten, vereinheitlichte Kollisionsrechtsregeln seien weniger „attraktiv“[488] als das autonome internationale Scheidungsrecht. Das liegt daran, dass in diesen Staaten das Kollisionsrecht weniger auf der Suche nach dem kollisionsrechtlich interessengerechtesten Ergebnis ist, als vielmehr Wertvorstellungen des materiellen Rechts verwirklichen will. Dies ist das Ziel sowohl liberaler Staaten, wie der Niederlanden und Skandinaviens, als auch von Staaten wie dem Vereinigten Königreich und Irland, die dem Bestand der Ehe einen höheren Stellenwert beimessen als der Auflösung des Ehebandes. „Rom III“ muss sich aber, wie bereits festgestellt, an den kollisionsrechtlichen Interessen der Parteien orientieren, nicht an Wertvorstellungen.

Was Rechtssicherheit und Ergebnisvoraussehbarkeit anbetrifft, so wird die Anknüpfung an die lex fori meist als vorzugswürdig angesehen.[489]

Gegen eine Anknüpfung an die lex fori in einem vereinheitlichten Scheidungskollisionsrecht sprechen folgende Gründe: Zum einen ist es paradox, dass trotz Fortfalls der Grenzen und der enger zusammenwachsenden europäischen Gesellschaft die Gerichte stets dafür plädieren, ihr eigenes Recht anwenden zu dürfen. Sie scheinen nach wie vor die Mühe zu scheuen, das anwendbare ausländische Recht zu ermitteln, andererseits wird stets das Bestreben nach Integration propagiert. Zum zweiten würde die grundsätzliche Anknüpfung an die lex fori, wie sie das englische Recht vorsieht,[490] zu einem Gleichlauf von internationaler

---

[487] So die Vertreter aus Österreich, Frankreich, Griechenland, Irland, Italien, Luxemburg, den Niederlanden und Portugal: JUSTCIV 66, S. 23, 25; s. a. das Ergebnis der Befragung von Richtern im Final Report, S. 15; ebenso die Ansicht einiger Mitglieder der *Europäischen Gruppe für IPR* auf ihrer Tagung vom 21.-23. 9. 2001 in Lund: IPRax 2002, S. 64.

[488] So z. B. ein niederländischer Anwalt im Final Report, S. 27.

[489] Vgl. die Ansichten finnischer, belgischer, französischer und österreichischer Juristen: Final Report, S. 17-19, 26.

[490] Domicile and Matrimonial Proceedings Act 1973, s. 5 (2).

gerichtlicher Zuständigkeit nach Art. 3-5 EheVO II und anwendbarem Recht führen.[491] Das Ergebnis eines Scheidungsverfahrens würde wiederum davon abhängen, welches Gericht zuständig ist. Daraus folgt, dass der Antragsteller viel schneller, d. h. ohne den bisherigen Blick auf verschiedene mitgliedstaatliche Kollisionsrechte, das für ihn günstigste Sachrecht wählen kann. Das Gegenteil von dem, was Nr. 41 a) des Aktionsplanes des Rats der EU[492] bezweckt, wäre erreicht.[493] Aufgabe des Kollisionsrechts in den Civil law-Staaten ist es nicht, einen Gleichlauf zwischen internationaler Zuständigkeit und anwendbarem Recht herzustellen. Das Kollisionsrecht sorgt dafür, dass jeder auftretende Fall mit Auslandsbezug einer bestimmten nationalen Rechtsordnung unterliegt. Die Regelungen über die internationale Zuständigkeit verfolgen andere Zwecke als das Internationale Privatrecht. Sie verteilen die Entscheidungskompetenzen auf die Rechtspflegeorgane unter dem Gesichtpunkt, dass zwischen zuständigem Gericht und Sachverhalt eine Verbindung besteht. Da festgestellt wurde, dass die EheVO II schon wegen der von ihr eröffneten Möglichkeit des forum shopping nicht ausschließlich die engste Verbindung zwischen den Beteiligten und dem Gerichtsstaat sucht, ist die Anwendung der lex fori in einem europäischen Scheidungskollisionsrecht demnach abzulehnen. Das schließt nicht aus, dass das international zuständige Gericht sein eigenes Recht anwendet, weil dieses zugleich das Recht des gewöhnlichen Aufenthalts oder des Staates, dem beide Ehegatten angehören, ist.

Die lex fori bietet zudem nicht immer die kollisionsrechtlich gerechteste Lösung, auch wenn ihre Anwendung für die Richter leichter ist. Zwar wird der Ort, an dem der Antrag gestellt wird (das Forum), häufig auch derjenige des gemeinsamen gewöhnlichen Aufenthalts der Ehegatten, insbesondere des Antragstellers, sein. Dies ist jedoch nicht zwingend. Der Antragsteller kann ebenso ein Interesse daran haben, den Antrag in dem Staat zu stellen, dessen Staatsangehörigkeit er besitzt. Ob zu diesem Ort aber die engste Verbindung, insbesondere beider Ehegatten, besteht, muss nach ganz anderen Kriterien beurteilt werden. Kein ausreichendes Indiz für die Nähe der Ehepartner zu einem Staat ist die Antragstellung durch den scheidungswilligen Partner. Wie bereits erörtert,[494] kann die Wahl des Gerichtsstandes auch verfahrens- oder materiellrechtlich motiviert sein. In einem solchen Fall kann die Anwendung der lex fori zu einer Diskriminierung des anderen Ehegatten führen.[495]

---

491 Umfassend zum Gleichlauf: Heldrich, Internationale Zuständigkeit und anwendbares Recht, S. 14 ff., 110 ff.

492 Siehe FN 162.

493 So auch *Prof. Bodgan* auf der Tagung der *Europäischen Gruppe für IPR* v. 21.-23. 9. 2001 in Lund: IPRax 2002, S. 64.

494 S. o. zu dem Phänomen „forum shopping“ Zweiter Teil 3. Abschnitt § 1. I.

495 So auch die Sicht italienischer Anwälte im Final Report, S. 27.

Außerdem sollten nicht die fehlenden Auslandsrechtskenntnisse des Richters, der entweder nicht die Zeit hat, sich in die Eigenheiten ausländischen Rechts zu vertiefen, oder dem das jeweilige Gerichtssystem diesen Aufwand nicht erleichtert, Grund sein, die lex fori anzuwenden. Ausschlaggebend muss das Interesse der Rechtssuchenden sein, unabhängig davon, welches Gericht entscheidet. Um die Auslegungsschwierigkeiten des Richters zu mindern, sollte der europäische Gesetzgeber vielmehr bemüht sein, die Kollisionsregeln eng zu fassen und nicht allzu viel Spielraum für die Auslegung zu lassen. Zu denken ist bspw. daran, Anknüpfungspunkten, wie dem gewöhnlichen Aufenthalt, Definitionen hinzuzufügen. Hinzu kommt, dass nicht nur der Gesetzgeber die Aufgabe hat, die Gleichwertigkeit des in- und ausländischen Rechts in Europa wie auch die Verwirklichung des „Full faith and credit" zu fördern. Auch die Gesetzesanwender müssen bereit und bemüht sein, ausländisches Recht anzuwenden.
Befürworten viele Juristen die Anwendung der lex fori aufgrund der Rechtssicherheit und Vorhersehbarkeit des Ergebnisses, so verkennen sie zweierlei: Zum einen haben die Alternativanknüpfungen des Art. 3 EheVO II diese Klarheit, die die lex fori in „Rom III" an sich mit sich bringen würde, längst vernichtet. Welcher juristische Laie kann bei der Scheidung eines gemischt-nationalen Ehepaares, das mittlerweile in verschiedenen Staaten wohnt, anhand von Art. 3 EheVO II mit Sicherheit sagen, welches Gericht zuständig ist? Wie bereits festgestellt,[496] fällt die Antwort sogar Richtern und Anwälten schwer. Die EheVO II müsste erneut reformiert werden, damit die lex fori-Anknüpfung Rechtssicherheit gewährleistet. Zum zweiten ist der europäische Gesetzgeber ohnehin gehalten, bei jeder einzelnen Anknüpfung und ihrem Zusammenspiel mit den anderen Anknüpfungen in „Rom III" das Gebot der Rechtssicherheit zu beachten. Erst wenn die Norm feststeht, kann verglichen werden, ob das so geschaffene Anknüpfungssystem oder die pauschale lex fori-Anknüpfung für den Gesetzesanwender klarer und einfacher zu verstehen ist. Es ist davon auszugehen, dass „Rom III" ein Anknüpfungssystem vorsehen wird, das an Rechtssicherheit der lex fori-Anknüpfung Stand halten wird und zudem die Möglichkeit eröffnet, jeden Rechtsfall interessengerecht zu lösen.
Weiterhin könnte man meinen, die Anwendung ausländischen Rechts provoziere Konflikte mit grundlegenden Werten des eigenen Landes. Es ist aber nicht Aufgabe des Kollisionsrechts, diese zu vermeiden. Die Bestimmung von Eingriffsrecht und ordre public ist es, die aufgetretenen Konflikte zu lösen. Außerdem gaben finnische Richter an, dass im Ehescheidungsrecht ein Widerspruch des ausländischen Rechts mit den Grundwerten der eigenen Rechtsordnung nahezu

---

[496] S. o. Erster Teil 1. Abschnitt § 4.

nie vorkommen könne[497]: Weder bei ausländischem Recht, das die einvernehmliche Scheidung zulässt oder solchem, das auf dem favor divortii basiert, noch bei ausländischem Recht, das die Möglichkeit einer Scheidung einschränkt oder jenem, das für die Scheidung auf das Verschuldensprinzip[498] abstellt. Dieser Meinung schloss sich auch ein Großteil der befragten Juristen der Mitgliedstaaten an. Es ist daher anzunehmen, dass es ohnehin nicht zu einer vermehrten Anwendung des ordre public kommen wird. Zu Widersprüchen mit den Grundwerten der eigenen Rechtsordnung kommt es eher bei der Anerkennung ausländischer Urteile aus Staaten außerhalb Europas, insbesondere bei der Kollision mit islamischen Rechtsordnungen, wie den marokkanischen oder tunesischen.[499]Die Absage an die lex fori-Anknüpfung darf aber nicht so verstanden werden, dass es dem Kollisionsrecht abträglich wäre, wenn der Richter sein eigenes Recht anwendet. Ein für interessengerecht befundener Anknüpfungspunkt, wie etwa das Aufenthaltsprinzip, kann die zwangsläufige Anwendung der lex fori als positiven Nebeneffekt haben. Die Anknüpfung an das Recht des Gerichtsorts erleichtert und beschleunigt die Rechtsfindung. Insoweit ist sie zu begrüßen; nicht zuletzt auch deshalb, weil sie dazu beitragen wird, eine Einigung mit Großbritannien und den skandinavischen Staaten zu erleichtern.

§ 4. Staatsangehörigkeits- und Aufenthaltsprinzip

Hauptaufgabe der vorbereitenden Arbeiten für „Rom III“ ist es, eine Entscheidung zwischen dem Aufenthalts- und dem Staatsangehörigkeitsprinzip als primären Anknüpfungspunkt zu treffen. Zwar wurde die Entscheidung für das eine oder das andere Prinzip aufgrund einer pauschalen Gegenüberstellung bereits in

---

497 Final Report, S. 34 iVm den Fragen auf S. 66; so äußerten sich im Ergebnis auch einige deutsche Richter. Schließlich verstößt es nach deutschem IPR weder gegen den ordre public, wenn die Ehe nach dem maßgeblichen Recht im Ergebnis nicht geschieden werden kann, noch wenn dem deutschen Recht die Scheidungsgründe fremd sind: Staudinger/Mankowski, Art. 17 RN 105 f.

498 Anwälte aus Luxemburg hatten zwar Bedenken im Hinblick auf verschiedene Formen von Schadensersatz nach belgischem und französischem Recht in Fällen verschuldensbedingter Scheidung gegenüber dem nicht verantwortlichen Ehegatten. Bei der Scheidung selbst kamen keine Zweifel auf: Final Report, S. 39.

499 Final Report, S. 38 ff.; ebenso *Mansel* auf der Sitzung des *Deutschen Rats für IPR* am 12. 4. 2002 in Würzburg: Protokoll, S. 11.

der Vergangenheit erschöpfend dargestellt.[500] An Überlegungen im Hinblick auf das europäische Scheidungskollisionsrecht fehlt es aber. Zudem handelt es sich um zwei Anknüpfungsprinzipien, deren Eignung für das europäische Scheidungskollisionsrecht dem Wandel der Zeit unterliegt. Somit stellt sich in jeder Generation die Frage, ob sie heute beide jeweils der bekannten Kritik noch standhalten.

Trotz des fortschreitenden, die nationalen Grenzen überschreitenden Bewusstseins wurde das vorherrschende Staatsangehörigkeitsprinzip im Internationalen Privatrecht zahlreicher Mitgliedstaaten bis heute beibehalten. Es scheint daher einem kontinentaleuropäischen Verständnis zu entsprechen, das seine Berechtigung scheinbar nach wie vor in der Zugehörigkeit zum Heimatstaat findet. Zugleich lässt sich eine Tendenz zu vermehrter Kritik am Staatsangehörigkeitsprinzip und ein Wandel hin zum Aufenthaltsprinzip feststellen. Fraglich ist, ob es sich dabei um einen langsamen Ablösungsprozess vom Staatsangehörigkeitsprinzip handelt, der im Ergebnis zu dessen vollständiger Aufgabe führen wird. Insbesondere im *europäischen* Kollisionsrecht könnte es gerechtfertigt sein, diesen Prozess zu beschleunigen, wenn die Gründe, die stets für das Staatsangehörigkeitsprinzip sprachen, heute nicht mehr haltbar sind. Vor dieser Prüfung ist die historische Entwicklung darzustellen, die zeigen wird, welche Veränderungen sich vollzogen haben und ob und inwieweit daran zu erkennen ist, welcher Hauptanknüpfungspunkt in Zukunft im internationalen Scheidungsrecht herrschen wird.

I. Das Staatsangehörigkeitsprinzip und seine Entwicklungen

Das Staatsangehörigkeitsprinzip bezeichnet die bloße Tatsache, dass die persönlichen Verhältnisse eines Menschen dem Recht des Staates unterstehen, welchem er angehört oder zu einem bestimmten Zeitpunkt angehört hat.[501] Im europäischen Recht wird die Staatsangehörigkeit nach den einschlägigen Staatsangehörigkeitsgesetzen bestimmt. Beherrschte vor dem 19. Jahrhundert das Wohn-

---

500 Siehe etwa Mansel in: Jayme, Kulturelle Identität und Internationales Privatrecht, S. 126 ff.; Hellwig, S. 34 ff.; Schwind, FS für Müller-Freienfels, S. 554; Sturm, FS für Schnyder, S. 761 ff.; Braga, RabelsZ 1953, S. 246; Neuhaus/Kropholler, FamRZ 1980, S. 753; Levante, S. 294; Basedow, Das Staatsangehörigkeitsprinzip im Einwanderungsland – Zu den soziologischen und ausländerpolitischen Grundlangen der Nationalitätsanknüpfung im Internationalen Privatrecht, in: Jayme/Mansel, Nation und Staat, S. 13 ff.; Rohe, FS für Roethoft, S. 19, 31; Basedow/Diehl-Leistner: Das Staatsangehörigkeitsprinzip im Einwanderungsland, in: Jayme/Mansel, Nation und Staat, S. 42 f.; MPI, RabelsZ 1980, S. 344 f.; Neuhaus, Grundbegriffe des IPR, S. 219; Ficker, FS Nipperdey, S. 316 m. w. N.; Fischer, a. a. O., in: V. Bar, Europäisches Gemeinschaftsrecht und Internationales Privatrecht, S. 164; Kegel/Schurig, IPR, § 13 II 3.; Jayme, Pasquale Stanislao Mancini, S. 40; Lüderitz, FS für Kegel, S. 47; Mansel, Personalstatut, S. 75 ff., 466 ff.; Gollrad, S. 157.

501 Kropholler, Internationales Privatrecht, § 38 I 1.

sitzprinzip die Kulturwelt, so dient das Staatsangehörigkeitsprinzip im Kollisionsrecht seit mehr als 100 Jahren der typischen Schwerpunktbildung unter den Anknüpfungsmerkmalen.[502] Im Zeitraum von 1900 bis 2000 ist in vielen Rechtsbereichen innerhalb Europas die Ablösung des Staatsangehörigkeitsprinzips durch das Aufenthaltsprinzip festzustellen.[503] Schon bis 1972 hat der Gesetzgeber die Anknüpfung an den gewöhnlichen Aufenthalt zu einem „tragenden Pfeiler"[504] unseres Kollisionsrechts werden lassen. Sie wurde primär für die Ermittlung des Personalstatuts der Staatenlosen, der Flüchtlinge und der Angehörigen von Staaten mit mehreren regionalen Rechtsordnungen verwendet. Im Familienrecht ist der Rückzug der Staatsangehörigkeitsanknüpfung an folgenden Eckpfeilern zu verzeichnen[505]: Das *Institut de Droit international* hat bereits in seiner Brüsseler Resolution von 1948 das Staatsangehörigkeitsprinzip als vorrangiges Anknüpfungsmoment zugunsten des gewöhnlichen Aufenthalts weitgehend aufgegeben.[506] Die *Haager Konferenz für IPR* hat seit 1951 in allen neuen Konventionen das Staatsangehörigkeitsprinzip zugunsten des Aufenthaltsprinzips zurückgedrängt. So wurde das Aufenthaltsprinzip im Haager Unterhaltsabkommen von 1962 und im Haager Minderjährigenschutzabkommen von 1961 zum beherrschenden Anknüpfungsmoment. Im deutschen Familienrecht waren die Entscheidungen des BVerfG von 1983 und 1985 entscheidend, als die Anknüpfungen an die Staatsangehörigkeit des Mannes in Art. 15 und Art. 17 EGBGB a. F. zur Bestimmung des Ehegüterrechts- und des Scheidungsstatuts als verfassungswidrig erklärt wurde.[507] Ausgangspunkt war schon 1971 die „Spanier-Entscheidung" des *BVerfG*[508], in der ausgesprochen wurde, dass die Vorschriften des deutschen Internationalen Privatrechts an den Grundrechten zu messen seien. Dies war eine Aufforderung an die Zivilgerichte, die Gleichbe-

---

502 Siehe ausführlich zu den Anfängen des Staatsangehörigkeitsprinzips Hellwig, S. 32 ff.; ebenso umfassend Gollrad, S. 7 ff.; Mansel, Personalstatut, S. 5 ff.; Braga, RabelsZ 1953, S. 227 ff.; s. a. BT-Drucks. 10/504, S. 31; Rohe, FS für Roethoft, S. 1 ff. Siehe zu den Entwicklungen des Staatsangehörigkeitsprinzips in Österreich, Belgien, der Schweiz, Italien, den Niederlanden und Spanien die Beiträge verschiedener Autoren zu den einzelnen Staaten in: Jayme/Mansel, Nation und Staat, S. 125 ff.; v. Schilling, RabelsZ 1931, S. 633 f.

503 Dazu eingehend Sonnenberger, ZVglRWiss 2001, S. 109 ff.; ebenso umfassend Basedow/Diehl-Leistner: Das Staatsangehörigkeitsprinzip im Einwanderungsland, in: Jayme/Mansel, Nation und Staat, S. 14 ff.; s. a. Kropholler, Internationales Privatrecht § 38 IV; siehe bereits 1931 v. Schilling, RabelsZ 1931, S. 635.

504 Kropholler, JZ 1972, S. 16.

505 Zur den Begründungen, *warum* die Entwicklung so verlief, s. u. Dritter Teil 3. Abschnitt § 4. IV. 3. a).

506 Tableau général des résolutions (Basel 1957) Nr. 133: Nachweis bei Kropholler, Internationales Privatrecht, § 38 IV 2.

507 BVerfGE 63, 181; BVerfGE 86, 384.

508 BVerfGE 31, 58.

rechtigung von Mann und Frau auch im Kollisionsrecht zu beachten.[509] Die Rechtsprechung der darauf folgenden Jahre sprach sich bei der Scheidung von gemischt nationalen Ehen überwiegend für eine Anknüpfung an den gewöhnlichen Aufenthalt statt an die Staatsangehörigkeit des Mannes aus.[510] Die Reform des EGBGB von 1986 hat diese Rechtsprechung und die Entwicklung des staatsvertraglichen Kollisionsrechts auf den Gebieten des Unterhalts- und Minderjährigenschutzrechts zum Anlass genommen, zur Anknüpfung an den gewöhnlichen Aufenthalt überzugehen. Ebenso hat sich das *Institut de Droit* in der Kairoer Resolution von 1987[511] für Kompromisse ausgesprochen, zufolge derer der Anknüpfungspunkt ausschlaggebend sein soll, der beiden Ehepartnern gemeinsam ist.[512] Dies ist häufig der gemeinsame gewöhnliche Aufenthalt. Zudem wurde im Parteiinteresse verstärkt die Parteiautonomie zugelassen, bei der die eröffnete Rechtswahl zusätzlich Berührungspunkte mit der engsten Verbindung voraussetzte. Dies entsprach ebenfalls dem Gedanken, dass (Individual-) Gerechtigkeit und damit das Prinzip der engsten Verbindung nur dann gewährleistet sind, wenn zugunsten der flexiblen Aufenthaltsanknüpfung das starre Staatsangehörigkeitsprinzip aufgegeben bzw. zurückgedrängt wird.
Das Aufenthaltsprinzip ist heute neben den Staatsangehörigkeitsgrundsatz getreten, hat ihn aber nicht verdrängt.

II. Der gewöhnliche Aufenthalt einer Person

Der gewöhnliche Aufenthalt hat seit der Mitte des 20. Jahrhunderts den früher herrschenden Begriff des Wohnsitzes weitgehend abgelöst. Der Begriff des Wohnsitzes bereitete unter den Mitgliedstaaten Schwierigkeiten im Hinblick darauf, welche juristischen Kriterien an ihn zu stellen waren.[513] Die Haager Konferenz hat daher seit 1951 vorrangig den gewöhnlichen Aufenthalt als Anknüpfungskriterium benutzt und damit im autonomen Internationalen Privatrecht vieler europäischer Staaten Nachfolger gefunden. Der gewöhnliche Aufenthalt ist im europäischen Recht autonom nach objektiven Kriterien zu bestimmen.[514] Ihren gewöhnlichen Aufenthalt hat nach deutscher Rechtsprechung und Literatur eine Person dort, wo sie ihren Daseinsmittelpunkt hat, wo der Schwerpunkt ihrer

---

[509] Vgl. Kropholler, FamRZ 1976, S. 316.

[510] Urteil des KG, FamRZ 1975, S. 627; OLG Stuttgart, FamRZ 1975, S. 644; BGH, FamRZ 1976, S. 202; AG Hamburg IPRspr. 1968-1969.

[511] Die 63. Session des *Instituts de Droit* fand unter dem Vorsitz von *Boutros Boutros-Ghali* statt. Vorliegend handelt es sich um Arbeiten des Instituts zu dem Thema „Der Dualismus von Staatsangehörigkeits- und Wohnsitzprinzip im Internationalen Privatrecht".

[512] Text (französisch/englisch) in: RabelsZ 1988, S. 366 ff.

[513] Schwind, FS für Müller-Freienfels, S. 554.

[514] Thomas/Putzo/Hüßtege, Art. 2 RN 2; Baumbach/Lauterbach/Albers, Anhang I nach § 606 a, RN 1; Hau, FamRZ 1999, S. 1333, 1334.

Bindungen liegt.[515] Der Inhalt dieser Definition entspricht der Begriffsbestimmung anderer Mitgliedstaaten und steht auch mit dem „Wohnsitzbegriff" des *EuGH*[516] im Einklang. Bei Ehegatten ist demnach der gewöhnliche Aufenthalt bspw. der Ort, an dem sie ihren Haushalt führen, es sei denn, sie halten sich dort nur vorübergehend auf. Bei einem Gastarbeiter ist es der Ort des Gastlandes, wenn dort auch seine Familie lebt oder er sich auch ohne Familie dort länger aufhält.[517] Feste Zeitgrenzen gibt es nicht.[518] Erforderlich ist eine gewisse Eingliederung in die soziale Umwelt des Aufenthaltsstaats. Die tatsächliche Dauer des Aufenthalts kann dafür aber ein Indiz sein. Der Wohnsitzbegriff des *EuGH* betont im Gegensatz zur Auslegung des gewöhnlichen Aufenthalts durch die deutsche Literatur[519] die Erforderlichkeit eines Willensmomentes. Der Betroffene muss demnach die Absicht haben, sich ab einem gewissen Zeitpunkt in einem Land dauerhaft aufzuhalten.

III. Staatsangehörigkeits- und Aufenthaltsprinzip in den Mitgliedstaaten

In Deutschland, Griechenland, Luxemburg, den Niederlanden, Österreich, Italien, Spanien und Portugal wird dem gemeinsamen Heimatrecht der Ehegatten Vorrang eingeräumt.[520] Besteht jedoch keine soziale Bindung eines Ehegatten zu seinem Heimatstaat, so wird in den Niederlanden die „gemeinsame Staatsangehörigkeit" nicht berücksichtigt, vgl. § 1 Abs. 1 lit. c Stb 166. Nach belgischem

---

515 Baumbach/Lauterbach/Albers, Anhang I nach § 606 a, RN 1; Staudinger/Blumenwitz, Art. 5 RN 43; Palandt/Heldrich, Art. 5 RN 10; MüKo/Sonnenberger, Einl. IPR, RN 665; v. Bar/Mankowski, IPR, § 7 RN 563; Kegel/Schurig, IPR, § 13 III 3.; Erman/Hohloch, Art. 5 RN 47; BGH NJW 1975, S. 1068.

516 S. o. FN 201.

517 Henrich, Internationales Familienrecht, S. 60 f. m. w. N.

518 So die h. M.: MüKo/Sonnenberger, Einl. IPR, RN 665; Staudinger/Mankowski, Art. 14 RN 54; Henrich, Internationales Familienrecht, S. 61; Baetge, Der gewöhnliche Aufenthalt im Internationalen Privatrecht, S. 44 ff., 107 ff. m. w. N. der Rspr; so auch BT-Drucks. 10/504, S. 31; a. A. noch Neuhaus/Kropholler, FamRZ 1980, S. 754, die ein paar „Faustregeln" aufstellen wollten (3 oder 5 Jahre bei Erwachsenen; 6 Monate bei Kindern).

519 H. M.: Erman/Hohloch, Art. 5 RN 52; BGH NJW 1981, S. 520; Staudinger/Mankowski, Art. 14 RN 54; Staudinger/Blumenwitz, Art. 5 RN 46; Kropholler, Internationales Privatrecht, § 39 II 2; Baetge, Der gewöhnliche Aufenthalt im Internationalen Privatrecht, S. 107. Zu Recht weist jedoch ein Teil der Literatur darauf hin, dass der Wille des Betroffenen ein entscheidender Hinweis für den Aufenthaltsort sein kann: Henrich, Internationales Familienrecht, S. 60; Staudinger/Mankowski, Art. 14 RN 54; MüKo/Sonnenberger, Einl. IPR, RN 668, ist nicht etwa anderer Ansicht. Er will nur den *bekundeten* Willen als Anzeichen für den Ort als Daseinsmittelpunkt gelten lassen. Zwischen verdecktem und ausdrücklichem Willen zu unterscheiden ist jedoch nicht angebracht. Schließlich ist der Rechtsanwender auf der Suche nach einer *vermutlich* engen Verbindung – ob sie nun offen zu Tage tritt oder vorhanden, aber nicht offenkundig ist, kann nicht ausschlaggebend sein.

520 Vgl. dazu oben FN 50.

IPR wird primär an den gemeinsamen gewöhnlichen Aufenthalt, an zweiter Stelle an den letzten gemeinsamen gewöhnlichen Aufenthalt und erst an dritter Stelle an das Recht des Staates angeknüpft, dessen Staatsangehörigkeit beide Ehegatten haben.[521] In allen diesen Mitgliedstaaten soll damit der engen Beziehung der Eheleute zu dieser Rechtsordnung Rechnung getragen werden.[522] Es wird davon ausgegangen, dass gerade Familienbeziehungen von Traditionen geprägt sind, die auch bei längerem Auslandsaufenthalt bewahrt werden.

Ganz andere Schwerpunkte setzen Italien, Großbritannien, Irland, Finnland, Schweden und Frankreich.[523] In Italien ist das Recht des Staates anwendbar, in dem das eheliche Zusammenleben nachweislich in erster Linie stattgefunden hat, vgl. Art. 31 Abs. 1 legge 218/95. Das Vereinigte Königreich nimmt seine Zuständigkeit für die Scheidung nur in Anspruch, wenn beide Parteien entweder ihr Domicile oder ihren gewöhnlichen Aufenthalt dort seit wenigstens einem Jahr haben.[524] Das Recht der Eheschließung, des Wohnsitzstaates, der Staatsangehörigkeit der Parteien oder des Ortes, an dem der Scheidungsgrund entstanden ist, bleibt demnach unberücksichtigt.

Die Civil law-Staaten wollen dagegen den Beteiligten seit längerem individuell gerecht werden und sind deshalb vom Gleichlaufprinzip abgegangen. Allerdings erscheint es nicht sachgerecht, Scheidungsfolgen auch nach jahrelangem Inlandswohnsitz eines Ehepaares nach ausländischem Recht, meist nach dem Recht des Staates, dessen Staatsangehörigkeit die Ehegatten besitzen, zu beurteilen. Große Reformen in diesen Ländern brachten wenige Veränderungen im Hinblick auf die Existenz dieser Anknüpfung; Neuerungen zeigten sich vielmehr in Modifizierungen der Anknüpfung an die Staatsangehörigkeit. So wurde z. B. im deutschen IPR durch die Reform von 1986 die Anknüpfung an die Staatsangehörigkeit des Ehemannes und Vaters durch die gemeinsame Staatsangehörigkeit der Ehegatten oder die letzte gemeinsame Staatsangehörigkeit, falls sie einer von ihnen weiterhin beibehalten hat, in Art. 17 Abs. 1 S. 1 iVm Art. 14 Abs. 1 Nr. 1 EGBGB ersetzt.

IV. Kompatibilität mit „Rom III"

Fraglich ist weiterhin, ob und in wieweit der europäische Gesetzgeber in Zukunft überhaupt am Staatsangehörigkeitsprinzip festhalten wird. Immer häufiger wird Kritik an dieser Anknüpfung geübt. So stößt die Flucht unter den Schutz heimatlicher Gerichte vielfach auf Unverständnis und wird als „uneuropäisches" Verhalten[525] bezeichnet. Gesetze, die dieses Verhalten ermögli-

---

521 S. o. Erster Teil 1. Abschnitt § 3.

522 So zu Recht feststellend Andrae, S. 117.

523 Vgl. oben Erster Teil 1. Abschnitt § 1.

524 Siehe oben FN 59.

525 Vgl. Rauscher, FS für Geimer, S. 884, der selbst aber anderer Meinung ist: dort S. 890.

chen, werden als anachronistisch kritisiert und sehen sich bereits seit den sechziger Jahren dem Diskriminierungsverbot des Art. 12 EGV ausgesetzt[526]. Andererseits wird teilweise dem Staatsangehörigkeitsprinzip Verfassungsrang zugesprochen.

1. Verstoß gegen das Diskriminierungsverbot des Art 12 EGV

Wenn das Staatsangehörigkeitsprinzip gegen das Diskriminierungsverbot des Art. 12 EGV verstößt, kann es in „Rom III" keinen Eingang finden. Selbst wenn der *EuGH* sich bisher dazu nicht geäußert hat, ist nicht auszuschließen, dass in Zukunft ein letztinstanzliches Gericht ihm diese Frage vorlegt.
Zunächst muss überprüft werden, ob eine Kollisionsnorm, d. h. die *Berufung* eines Sachrechts, überhaupt als grundfreiheitenrelevant anzusehen ist. Einer Ansicht zufolge sind die Grundfreiheiten gegenüber dem Internationalen Privatrecht neutral.[527] Entscheidend für das Gemeinschaftsrecht sei das Anwendungsergebnis des berufenen Sachrechts. Auf den ersten Blick scheint diese Ansicht plausibel, ist es doch meist das Sachrecht, welches eine Partei benachteiligt. Im Scheidungskollisionsrecht wird aber deutlich, dass schon die Anknüpfung an die Staatsangehörigkeit diskriminierend wirken kann, muss sich doch der Antragsgegner vor dem Gericht eines Staates verantworten, zu dem er möglicherweise gar keinen Bezug hat. Eine Rechtfertigung in dem Sinne, dass eine Partei schützenswerter ist als die andere, ist im Scheidungsprozess nicht gegeben; beide Ehegatten haben eine gleichwertige Stellung. Andere sehen in den Kollisionsnormen Grundfreiheiten integriert.[528] Demnach verpflichtet die Gemeinschaft die Mitgliedstaaten, die Regelungen des Herkunftslandes als gleichwertig mit den eigenen Normen anzusehen. Diese Ansicht ist auf die Frage nach der Vereinbarkeit von Art. 12 EGV mit dem Staatsangehörigkeitsprinzip nicht übertragbar: Schon theoretisch ist es nicht denkbar, dass das Staatsangehörigkeitsprinzip eine Grundfreiheit verwirklichen soll. Eine dritte Meinung[529] erkennt zu Recht, dass Kollisionsnormen im Zusammenspiel mit dem berufenen Sachrecht Auswirkungen auf die Grundfreiheiten haben können. Das *Amtsgericht Köln* lieferte

---

[526] Hau, FamRZ 2000, S. 1336; zum damaligen Diskussionsstand: Fischer, Gemeinschaftsrecht und kollisionsrechtliches Staatsangehörigkeitsprinzip, in: V. Bar, Europäisches Gemeinschaftsrecht und Internationales Privatrecht, S. 157 f.

[527] Nachweise bei Roth in: Baur/Mansel, Systemwechsel, 52; weitere Nachweise bei Wilmowsky, RabelsZ 1998, S. 2 FN 4.

[528] Nachweise bei Roth in: Baur/Mansel, Systemwechsel, 53; weitere Nachweise bei Wilmowsky, RabelsZ 1998, S. 2 FN 29.

[529] So Wilmowsky, RabelsZ 1998, S. 3; ausführlich dazu Sonnenberger, ZVglRWiss 95 (1996), S. 3 (13 ff.); Kropholler, Internationales Privatrecht, § 10. Weitere Nachweise bei Roth in: Mansel, Systemwechsel, S. 56.

einen guten Beispielsfall, von dem einzelne Fragen dem *EuGH*[530] zur Vorabentscheidung vorgelegt wurden. Er betraf zufälligerweise auch das Staatsangehörigkeitsprinzip als Diskriminierung. Dort hatte sich ein pensionierter EG-Beamter von seiner deutschen Ehefrau in Brüssel scheiden lassen. In Brüssel war der letzte gemeinsame gewöhnliche Aufenthalt. In Deutschland jedoch wurde später das Verfahren auf Versorgungsausgleich anhängig gemacht. Gemäß Art. 17 Abs. 3, S. 1, 1. HS iVm Art. 14 Abs. 1 Nr. 1 EGBGB war auf die Scheidungsfolgen deutsches Recht anwendbar und entsprechend der Versorgungsausgleich zugunsten der Ehefrau durchzuführen. Der Ehemann wendete ein, er sei gegenüber den belgischen Beamten benachteiligt, die ihre Beamtenversorgung in voller Höhe erhielten. Daher sei er aus Gründen der Staatsangehörigkeit benachteiligt. Vorerst unabhängig von der Entscheidung des *EuGH* zeigt sich eine *tatsächliche* Diskriminierung durch die Anknüpfung an die Staatsangehörigkeit in Verbindung mit dem berufenen materiellen Recht.
Fraglich ist, ob auch rechtsdogmatisch durch das Staatsangehörigkeitsprinzip eine Diskriminierung vorliegt.[531] Der *EuGH* hat dies in der o. g. Entscheidung mit dem Hinweis darauf verneint, dass das Diskriminierungsverbot des Art. 6 EGV (a. F.) auf den Regelungsbereich des EGV beschränkt sei. Die nationalen Bestimmungen des internationalen Scheidungsrechts fielen jedoch nicht darunter. Diese Rechtslage hat sich indes durch den Amsterdamer Vertrag grundlegend geändert. Nicht nur die EheVO II, sondern auch die scheidungsrechtlichen Kollisionsnormen fallen in die Gemeinschaftskompetenz nach Art. 65 EGV.[532]
Zwei Gründe sprechen gegen eine Diskriminierung. Zum einen setzt eine Diskriminierung eine Differenzierung, eine ungleiche Behandlung voraus.[533] Es liegt zwar in der Natur des Kollisionsrechts, auf die Betroffenen je nach Berührungspunkt zu einem Staat unterschiedliches Recht anzuwenden. Entscheidend ist bei einer Diskriminierung aber, dass bestimmte Personen gegenüber anderen benachteiligt werden.[534] Im Scheidungskollisionsrecht steht *allen* Bürgern der EU die Möglichkeit offen, nach ihrem gemeinsamen Heimatrecht geschieden zu werden. Nur ist z. B. auf die Italiener italienisches Recht und auf die Deutschen

---

530 Siehe den Vorlagebeschluss vom 3. 9. 1997: EuGH Urteil v. 10. 6. 1999 – Rs. C -430/97 und IPRax 2000, S. 305 ff. S. a. die nähere Besprechung von Pirrung, FS für Lüderitz, S. 543 ff.

531 Zur Entwicklung des Meinungsstandes seit den siebziger Jahren: Fischer, a. a. O., in: V. Bar, Europäisches Gemeinschaftsrecht und Internationales Privatrecht, S. 158 f.

532 Zum Kompetenzrahmen des Art. 65 EGV s. o. Zweiter Teil 4. Abschnitt.

533 Zuleeg, in: v. d. Groeben/Schwarze, Art. 12 EGV RN 2; Schwarze/Holoubek, Art. 12 EGV RN 39; Streinz/Streinz, Art. 12 EGV RN 41.

534 Fischer, a. a. O., in: V. Bar, Europäisches Gemeinschaftsrecht und Internationales Privatrecht, S. 161.

deutsches Recht anwendbar.[535] Es liegt keine Diskriminierung darin, dass sich die Italiener nicht nach dem weniger strengen deutschen Recht scheiden lassen können; Unterschiede in den nationalen Rechtsordnungen werden vom EGV hingenommen[536]. Die Staatsangehörigkeit wird nicht dazu genutzt, die Bürger differenziert zu behandeln, sondern als interessengerechtes Anknüpfungskriterium, auf das alle europäischen Bürger gleich zugreifen können.
Zum zweiten handelt es sich bei Art. 12 EGV um ein relatives, nicht um ein absolutes Diskriminierungsverbot.[537] Die Diskriminierung kann demnach gerechtfertigt sein. Sie ist es im Bereich des Scheidungskollisionsrechts insofern, als die Eheleute zu ihrem Heimatrecht eine besonders enge Beziehung haben können.[538] Höhere Informationskosten einer Partei, die durch die Ermittlung des ausländischen Rechts oder durch Anknüpfungstechniken hervorgerufen werden, erweisen sich im IPR ebenfalls nicht als grundfreiheitenrelevant. Denn zum einen kann dies wieder alle Bürger in gleicher Weise treffen. Zum zweiten ist dies keine Diskriminierung aus Gründen der Staatsangehörigkeit. Sollen die Kosten des Rechtsstreits für alle EU-Bürger gleich sein, also die erhöhten Informationskosten wegfallen, läuft das auf eine generelle Anwendung der lex fori hinaus. Dann würde das passieren, was sicherlich nicht gewollt ist: Das gesamte Verweisungsrecht des IPR wäre hinfällig.[539]

2. Verfassungsrang des Staatsangehörigkeitsprinzips

Wenn das Staatsangehörigkeitsprinzip Verfassungsrang in den Mitgliedstaaten genießt, könnte es nicht aus dem (europäischen) Internationalen Privatrecht ver-

---

535 So die ganz h. M.: V. Bar/Mankowksi, IPR Bd. I, § 3 RN 41; MüKo/Sonnenberger, Einl. IPR RN 145; Kropholler, Internationales Privatrecht, § 38 I 3; *Henrich* auf der Sitzung des *Deutschen Rats für IPR* vom 12. 4. 2002 in Würzburg: Protokoll S. 20; ausführlich zu der hier behandelten Frage: Drobnig, RabelsZ 1970, S. 649 ff.; Fischer, a. a. O., in: V. Bar, Europäisches Gemeinschaftsrecht und Internationales Privatrecht, S. 161.

536 Rohe, FS für Roethoft, S. 12, 13; differenzierend Fischer, a. a. O., in: V. Bar, Europäisches Gemeinschaftsrecht und Internationales Privatrecht, S. 157, 166 ff.; anders Drobnig, RabelsZ 1970, S. 640, 642 ff.

537 So die h. L.: Mansel in: Jayme, Kulturelle Identität und Internationales Privatrecht, S. 148; Streinz/Leible, IPRax 1998, S. 168 m. w. N. Gegen diese Lehre Grabitz/Hilf/v. Bogdandy, Art. 6 RN 23; Drobnig, RabelsZ 1970, S. 642; weitere Nachweise in Streinz/Leible, IPRax 1998, S. 167 FN 73.

538 So die h. M. Siehe etwa Pirrung, FS für Lüderitz, 2000, S. 543 f.; Roth in: Baur/Mansel, Systemwechsel, S. 47, 49; Jayme, IPRax 2001, S. 384, 385; Jayme/Kohler, IPRax 2001, S. 501, 504; Zuleeg, in: v. d. Groeben/Schwarze, Art. 12 RN 2; so auch *Drobnig*, wenn die Anknüpfung „sachgerecht" sei: Drobnig, RabelsZ 1970, S. 640; a. A. Grabitz/Hilf, Art. 6 EGV RN 23.

539 Zutreffend Kropholler, Internationales Privatrecht, § 38 III 4; ebenso Fischer, a. a. O., in: V. Bar, Europäisches Gemeinschaftsrecht und Internationales Privatrecht, S. 163; in dieselbe Richtung weisend v. Bar/Mankowski, IPR Bd. I, § 3 RN 41.

bannt werden. Des Weiteren müsste dann an einer bloß subsidiären Anwendung gezweifelt werden. Diese Frage wird unter dem Blickwinkel deutscher Literatur und Rechtsprechung behandelt. *Rauscher*[540] sieht das Staatsangehörigkeitsprinzip nicht im europäischen Kontext, sondern betont die verfassungsrechtliche Komponente der Zuständigkeit der Heimatgerichte und der Anwendbarkeit des Heimatrechts[541] sowie einer Regelung, wie der des Art. 17 Abs. 1 S. 2 EGBGB. *Rauscher* rügt sogar die Verfassungswidrigkeit der EheVO I[542], weil deutsche Staatsangehörige nach der EheVO I nicht mehr in jedem Fall deutsche Gerichte für ihr Ehescheidungsverfahren in Anspruch nehmen könnten.[543] Zwei Fragen gilt es demnach zu beantworten: zum einen, ob das Staatsangehörigkeitsprinzip aus verfassungsrechtlichen Gründen in „Rom III" verankert werden muss. Zum zweiten, ob eine Schutzvorschrift nach Maßgabe des Art. 17 Abs. 1 S. 2 EGBGB in „Rom III" Eingang finden sollte. Dementsprechend wäre das Heimatrecht des Antragstellers anwendbar, wenn die Ehe nach dem primär maßgebenden Scheidungsstatut nicht geschieden werden kann.

Das sensible Verhalten der Mitgliedstaaten in Bezug auf Beschränkungen des Staatsangehörigkeitsprinzips kann Indiz dafür sein, dass es auf den Grundwerten der Verfassung beruht. So wäre das Brüssel II-Übereinkommen, wie es der *Borrás* Bericht[544] bezeugt, mangels fehlenden Einverständnisses vieler Mitgliedstaaten nicht zustande gekommen. Ähnliches Verhalten gab es innerstaatlich bspw. in Deutschland schon 1980, als Wissenschaftler im Zuge der Reform des EGBGB Vorschläge zur Ablösung des Staatsangehörigkeitsprinzips durch das Aufenthaltsprinzip unterbreiteten.[545] Der Gesetzgeber hingegen knüpfte in der Reform von 1986 im gesamten internationalen Personen-, Familien- und Erbrecht traditionell an die Staatsangehörigkeit an. Das vehemente Festhalten an dieser Anknüpfung besagt allerdings nur, *dass* die Staaten sehr sensibel darauf reagieren, sie aufzugeben, nicht, *warum* sie sich so verhalten.

Vielmehr kann und soll das Staatsangehörigkeitsprinzip innerhalb der Gemeinschaft seine Rolle als Zuflucht und Ansatzpunkt von „Heimatfürsorge" nicht

---

540 Rauscher, FS für Geimer, 885, S. 890 ff. Ebenso Pitschas, Verfassungsrechtliche Vorgaben für das Staatsangehörigkeitsprinzip des Internationalen Privatrechts, in: Jayme/Mansel, Nation und Staat, S. 96 ff., der meint, dass bei der Auswahl der Anknüpfungspunkte nicht nur die dem Internationalen Privatrecht eigenen Zwecke ausschlaggebend seien, sondern auch die verfassungsrechtlichen Vorgaben.

541 Rauscher bezieht sich zwar auf Deutschland. Die Argumente und Gegenargumente sind aber auf die übrigen Mitgliedstaaten übertragbar.

542 Dieselben Einwendungen wird *Rauscher* konsequenterweise auch gegen die EheVO II erheben.

543 Rauscher, Familienrecht, RN 548.

544 Borrás Bericht, Nr. 32.

545 Dazu näher Hohloch, FS für Stoll, S. 437.

mehr haben.[546] *Rauscher*[547] fragt weiter, warum die persönliche Freiheit (Wiedererlangung der Eheschließungsfreiheit gemäß Art. 6 GG) des Bürgers (hier des Antragstellers) eingeschränkt werden soll, obwohl Art. 65 EGV einen Raum der Freiheit verspricht. Dem Bürger gereiche es somit zum Nachteil, dass er nicht bloß Deutscher sei, sondern auch Europäer. Der Antragsgegner sei nicht schutzwürdig, weil eine Manipulation durch Erwerb einer neuen Staatsangehörigkeit ausgeschlossen sei: Die Einbürgerungsverfahren seien zu langwierig.[548] Richtig daran ist, dass Art. 6 GG die Eheschließungs- und Ehescheidungsfreiheit garantiert[549] und sowohl Art. 17 Abs. 1 S. 2 n. F., bzw. Art. 17 Abs. 1 und 3 a. F. EGBGB wie auch § 606 a Nr. 1 ZPO davon motiviert wurden. Man will, wie *Rauscher* zu Recht feststellt[550], nicht das fremde Scheidungsrecht zensieren, sondern den Oktroi des fremden Rechts von dem deutschen Staatsangehörigen abwehren. Dieses Argument erweckt den Anschein, als ob es eine zugunsten der Parteiinteressen getroffene Berechtigung für die Anknüpfung an die Staatsangehörigkeit sei; schließlich wolle man nicht fremdes Recht korrigieren, sondern nur die eigenen Bürger schützen. Gerade dieser Schutz der eigenen Staatsangehörigen schadet aber dem ausländischen Antragsgegner, der nach einem ihm fremden Recht geschieden wird, und geht so auf Kosten der Integration. In einem zusammenwachsenden europäischen Rechtssystem sind in den Grenzen des ordre public kleine Opfer seitens der eigenen Bürger zu erbringen.[551] Schließlich gibt es eine nicht übersehbare Tendenz zum europäischen Einheitsrecht. *Dieckmann*[552] sieht dies mit einem lachenden und einem weinenden Auge und beschreibt beispielhaft sein Bedauern, wie man es verspüre, wenn man sein altes

---

546 Darauf verweist zu Recht Hohloch, FS für Stoll, S. 539; ders. in: Wege zum europäischen Recht, S. 27.

547 Rauscher, FS für Geimer, S. 890.

548 Rauscher, FS für Geimer, S. 890.

549 BVerfGE 31, 58: der „Spanierbeschluss".

550 Rauscher, FS für Geimer, S. 893.

551 In diesem Sinne zu Recht ein Teil der Rechtsprechung, die Art. 17 Abs. 1 S. 2 EGBGB restriktiv auslegt: AG Bergisch Gladbach, IPRax, 1989, S. 310; OLG Köln, IPRax 1989, S. 310; ebenso AG Hamburg, FamRZ 1998, S. 1590, 1591: „Die europäische Einigung, wie sie auch im EuGVÜ, das von der Gleichwertigkeit der Rechtsordnungen in den EU-Staaten ausgeht, auf der Rechtsebene zum Ausdruck kommt, gebietet eine stärkere Beachtung der Rechtsordnungen der anderen EU-Staaten, sodass für die regelwidrige Anwendung des deutschen Rechts kein Raum mehr sein kann, soweit die Scheidungsregelung eines EU-Staates in dem Bereich inländischer Rechtsauffassungen liegt.". Zwar ist das EuGVÜ nicht auf Statussachen anwendbar, aber die Harmonisierungsbestrebungen in der EU betreffen das Scheidungskollisionsrecht. In dieselbe Richtung gehend: Hau, Europäische und autonome Zuständigkeitsgründe in Ehesachen mit Auslandsbezug, Text zum Vortrag im Dezember 2002 auf der Europäischen Rechtsakademie in Trier, S. 3. Seiner Ansicht nach muss ein überstaatlicher Ansatz eine angemessene Zuständigkeitsallokation zwischen allen beteiligten Staaten schaffen.

552 Dieckmann, a. a. O., in: Baur/Mansel, Systemwechsel, S. 69.

Auto gegen ein neues eintausche. Wer ein Mehr an Integration wolle, müsse auch ein Mehr an Rechtseinheit akzeptieren. Ein Mehr an Rechtseinheit impliziert zwangsläufig auch die teilweise Aufgabe von autonomem nationalem Recht. Dieser Verlust sollte aber keinen Anlass zur Resignation bedeuten, sondern vielmehr zur Suche nach europäischen, wie auch national interessengerechten Lösungen anregen. Meist sind es die vier Grundfreiheiten, die eine Rechtsvereinheitlichung fordern. Im Familienrecht hingegen ist es das Bedürfnis nach Förderung des freien Personenverkehrs, das nach einheitlichen Regelungen ruft, sei es zunächst auch nur auf kollisionsrechtlichem Gebiet. Bleibt nur die Frage offen, wie groß das Opfer des deutschen Bürgers sein soll und darf, auf sein eigenes, für richtig befundenes Recht zu verzichten, wenn er in seinem Heimatstaat den Scheidungsantrag stellt. Kann er vor dem BVerfG den Vorwurf erheben, er sei in seinem Recht auf Wiedererlangung der Eheschließungsfreiheit gemäß Art. 6 GG eingeschränkt, wenn er etwa die spanische fünfjährige Trennungsfrist abwarten müsse? Ein Blick auf die Systematik der Grundrechtskontrolle nach der „Solange I und II"-Rechtsprechung[553], und insbesondere der Bananenentscheidung[554], schmälert diese Hoffnung. Der Grundrechtsschutz des Bürgers auf Ehescheidungsfreiheit ist aufgrund der Sonderregelung des Art. 68 EGV erheblich eingeschränkt. Ebenso wenig ist ein Anspruch auf vorzeitige Wiedererlangung der Eheschließungsfreiheit durch den EGMR gewährleistet.[555] Das Staatsangehörigkeitsprinzip würde somit zwar im europäischen Scheidungskollisionsrecht nicht gegen das Diskriminierungsverbot des Art. 12 EGV verstoßen, sodass auch sein völliger Ausschluss nicht erforderlich ist. Es genießt im Gegenzug aber auch keinen Verfassungsrang, der seine Beibehaltung erzwingen würde. Eine europäische Schutzvorschrift zugunsten der eigenen Staatsangehörigen entsprechend Art. 17 Abs. 1 S. 2 EGBGB ist sogar schon gänzlich abzulehnen, weil sie regelwidrig[556] ist. In welchem Maße die Anknüpfung an die Staatsangehörigkeit heute noch den Interessen der Parteien gerecht wird und inwieweit sie durch das Aufenthaltsprinzip abgelöst werden kann, ist im Folgenden zu erörtern.

3. Abwägung Staatsangehörigkeitsprinzip – Aufenthaltsprinzip

Bei der Abwägung, welchem Anknüpfungsprinzip der Vorrang einzuräumen ist, muss beachtet werden, dass das seit Jahrzehnten dominierende Staatsangehörig-

---

553 BVerfGE37, 271 und BVerfGE 73, 339.

554 BVerfG NJW 2000, S. 3124.

555 Zu diesem Themenkomplex „Grundrechtsschutz" näher Rauscher, FS für Geimer, S. 896 ff.

556 H. M. Vgl. nur Andrae, S. 180; Wagner, IPRax 2000, S. 512; Palandt/Heldrich, Art. 14 RN 9. Da das italienische Recht in Art. 31 Abs. 1 legge 218/95 eine entsprechende Regelung enthält (siehe dazu oben Erster Teil 1. Abschnitt § 3.) kann diese Vorschrift ebenso wenig als Vorbild dienen.

keitsprinzip nicht mit der Begründung abgelehnt werden kann, es sei heute *im Einzelfall* nicht mehr Ausdruck einer engen Verbindung zwischen einer Person und einem Staat. Vielmehr muss die Verbindung einer Person zu ihrem Aufenthaltsort im Vergleich zu ihrem Heimatstaat die vermutlich engere sein und letztere nur noch in Ausnahmefällen eine nahe Beziehung zur Person begründen. Ob das tatsächlich der Fall ist, kann der internationale Trend hin zur vermehrten Aufenthaltsanknüpfung indizieren. Diese Wende darf jedoch, um für „Rom III" relevant zu sein, kein Zufallsprodukt sein, sondern muss vielmehr auf Gründen beruhen, die auch in Zukunft Geltung haben werden.

a) Tatsächlicher Trend vom Staatsangehörigkeitsprinzip zum Aufenthaltsprinzip und seine Begründung

Ein tatsächlicher Wechsel im autonomen Kollisionsrecht der Mitgliedstaaten, wie oben bereits angesprochen[557], unterstützt die Argumente für eine Fokussierung auf das Aufenthaltsprinzip; entscheidend ist aber, wie die einzelnen Schritte dieser Entwicklung jeweils vom Gesetzgeber und der Wissenschaft begründet wurden. So wurde bereits im internationalen Kindschaftsrecht im Haager Unterhaltsabkommen von 1956 die Anknüpfung an den Wohnsitz und den gewöhnlichen Aufenthalt zu Lasten des Staatsangehörigkeitsprinzips als die „sozialere und humanitärere Art" begründet.[558] Ähnlich ist es in den Reformen zum Kindschaftsrecht durch Gesetz vom 16. 12. 1997[559] geschehen. Der Gesetzgeber hat die im internationalen Kindschaftsrecht vorherrschende Anknüpfung an das Ehewirkungsstatut durch die regelmäßige Anknüpfung an den gewöhnlichen Aufenthalt ersetzt. Aber auch schon im Kinderschutzübereinkommen von 1996[560], welches das Haager Minderjährigenschutzabkommen vom 5. 10. 1961 ablösen soll, fehlt diejenige Regelung, in welcher das Heimatrecht des Kindes noch eine Rolle spielt, Art. 3 MSA. Die Verdrängung des Staatsangehörigkeitsprinzips erfolgte hier aus materiellrechtlichen Schutzerwägungen und um eine einheitliche Rechtsanwendung unter der inländischen Wohnbevölkerung aufgrund spezieller Schutzerwägungen zu gewährleisten.[561] Innerhalb der EU gelten ab dem

557 S. o. die Darstellungen zum Staatsangehörigkeitsprinzip und seinen Entwicklungen: Dritter Teil 3. Abschnitt § 4. I.

558 Dok. 8 (1957), 127.

559 Siehe die Änderungen in Art. 19-21 EGBGB.

560 Haager Übereinkommen vom 19. 10. 1996 über die Zuständigkeit, das anzuwendende Recht, die Anerkennung, Vollstreckung und Zusammenarbeit auf dem Gebiet der elterlichen Verantwortung und der Maßnahmen zum Schutz von Kindern, s. Jayme/Hausmann, Nr. 55. Eine Ratifikation des KSÜ soll möglichst noch vor dem 1. 1. 2005 erfolgen: Solomon, FamRZ 2004, S. 1414.

561 Eingehend dazu Mansel in: Jayme, Kulturelle Identität und Internationales Privatrecht, S. 126 ff. Ders. dort auch ausführlich zum Wechsel vom Staatsangehörigkeitsprinzip zum Aufenthaltsprinzip im deutschen Kollisionsrecht.

1. 3. 2005 die Art. 8 ff. EheVO II für die internationale Zuständigkeit des Gerichts im Bereich des Kindschaftsrechts. Auch dort wird an den gewöhnlichen Aufenthalt des Kindes angeknüpft. Ebenso kehrt man im Unterhaltsrecht vom Staatsangehörigkeitsprinzip ab.[562] Im Haager Übereinkommen über das auf Unterhaltspflichten anzuwendende Recht vom 2. Oktober 1973[563] ist in Art. 4 vorrangig auf das Recht am (neuen, Abs. 2) gewöhnlichen Aufenthalt des Unterhaltsberechtigten abzustellen. Nur ausnahmsweise richtet sich der Unterhaltsanspruch gemäß Art. 5 nach dem Heimatrecht des Unterhaltspflichtigen oder, was dem häufig gleichkommt, im Falle einer Scheidung nach dem Ehescheidungsstatut, vgl. Art. 8. Der Grund für diese Regelung liegt auf der Hand: Die Gründe, nach denen sich der Unterhaltsbedarf berechnet, liegen dort, wo der/die Berechtigte lebt. Die Höhe entspricht nur dann dem wirklichen Bedarf des Unterhaltsberechtigten, wenn auch das Rechtssystem angewendet wird, das die individuellen Lebensverhältnisse gesetzlich bewertet und ordnet. Aus diesen Gründen richtet sich auch die internationale Zuständigkeit gemäß Art. 5 Abs. 2 EuGVO nach dem Wohnsitz der einen oder anderen Partei.

Auch in den meisten Mitgliedstaaten, die ehemals vorrangig oder ausschließlich vom Staatsangehörigkeitsprinzip beherrscht wurden, zeigte sich in gewissen Rechtsbereichen eine Wende zur Anknüpfung an das Aufenthaltsprinzip. In Deutschland war es allgemein der Niedergang des nationalistischen Bewusstseins des 19. und beginnenden 20. Jahrhunderts, der die Staatsangehörigkeit in den Hintergrund und die *funktionellere* Anknüpfung an den Wohnsitz in den Vordergrund rückte.[564] Zum zweiten waren es zu einem späteren Zeitpunkt materielle Schutzinteressen, die den Gesetzgeber bewegten, bei Kindern das sachnächste Recht, also das Recht des Staates, in dem das Kind sich aufhält, anzuwenden. Den Ehegatten sollte bspw. der Schutz durch das Gewaltschutzgesetz zugute kommen.[565] Es kam vielfach zu Durchbrechungen des Staatsangehörigkeitsprinzips im EGBGB, die zeigten, dass diese rein mechanische Anknüpfung

---

562 Vgl. dazu mit eingehender Begründung Henrich, FS für Stoll, S. 437 ff.

563 Das Übereinkommen ist für die BRD im Verhältnis zu Frankreich, Italien, Japan, Luxemburg, den Niederlanden, Portugal, der Schweiz, Spanien und der Türkei am 1. 4. 1987 in Kraft getreten. Siehe Jayme/Hausmann, Nr. 41.

564 Hellwig, S. 34 ff.; ebenso Schwind, FS für Müller-Freienfels, S. 554. *Schwind* spricht von der „Funktionalität des IPR“, eine optimal rechtliche Konfliktlösung zu gewährleisten: „Dort, wo jemand wohnt, wo er sich dauernd aufhält, dort lebt er auch in der Rechtsgemeinschaft und die Anwendung des dort geltenden Rechts ist funktional näher liegend.“. Anders noch Gollrad, S. 154.

565 MüKo/Sonnenberger, Einl. IPR, RN 636: „Während die Staatsangehörigkeit in Angelegenheiten, in denen die Kontinuität des Heimatbezugs im Vordergrund steht, weiterhin maßgeblich ist, musste sie in Fragen weichen, in denen insbesondere Fürsorgebedürfnisse der betroffenen Personen im Staate ihres gewöhnlichen Aufenthalts als vorrangig anerkannt sind.“. Vgl. Art. 18 Abs. 1 S. 1, Art. 19 Abs. 1 S. 1 EGBGB.

den Interessen der Parteien häufig nicht gerecht wurde.[566] Dies kommt auch in der bereits genannten niederländischen Regelung zum Ausdruck, nach der die Staatsangehörigkeit als nicht bestehend fingiert wird, wenn sie sich als offensichtlich ineffektiv herausstellt.[567] Anfang des 19. Jahrhunderts löste in den Niederlanden die Staatsangehörigkeitsanknüpfung das Wohnsitzprinzip ab. Sie wurde aber wiederholt von Rechtsprechung und Lehre durchbrochen.[568] Zunächst erwies sich das Staatsangehörigkeitsprinzip im Vergleich zum Wohnsitzprinzip nur im Bereich des Kinderschutzes und im Falle von Mehrstaatern als nicht praktikabel und interessengerecht. In Anlehnung an die Haager Abkommen (s. o.) bildete sich in den Niederlanden eine Einstellung heraus, die in einem Urteil der *Rechtbank Amsterdam* v. 18. 6. 1980 treffend dargestellt wurde. Demnach könne „das Leben beider Parteien mit einem anderen Staat als dem der Staatsangehörigkeit verbunden sein und die Staatsangehörigkeit nicht mehr als Indiz eines Bandes mit einer Rechtsordnung gelten."[569]
Ähnliche Entwicklungen zeigten sich auch in Belgien, Italien und in geringem Maße in Österreich. In Belgien wurde um 1804 an die „Nationalität" angeknüpft. Damit war allerdings nicht die Staatsangehörigkeit von Ausländern gemeint, sondern nur jene von Belgiern im In- und Ausland. Abgelöst würde diese Anknüpfung durch das Staatsangehörigkeitsprinzip. Im Bereich des internationalen Familienrechts wurde es inzwischen aber bei einer gemischt-nationalen Ehe durch das Aufenthaltsprinzip ersetzt.[570] Herrschte in Österreich noch Mitte des 19. Jahrhunderts, orientiert an *v. Savigny*, die Anknüpfung an den Wohnsitz, so kam es in der zweiten Hälfte des 19. Jahrhunderts durch *Vesque von Püttlingen* zu einem Wechsel zum Heimatprinzip.[571] Der Ursprung des Staatsangehörigkeitsprinzips beruhte aber nicht wie üblicherweise auf dem Bewusstsein kultureller Identität. In Österreich war entscheidend, dass eine Zugehörigkeit zum Staatenverband in einem Vielvölkerstaat gesucht wurde. [572] Dieses Bestreben führte anders als etwa in der Schweiz nicht zum Wohnsitz-, sondern zum Staatsangehörigkeitsprinzip. An dessen vorrangiger Position hat sich zwar bis heute nichts geändert. Jedoch wird vielfach im Besonderen Teil des österreichischen

566 Kropholler, Internationales Privatrecht, § 4 IV.

567 Siehe dazu näher Boele-Woelki, RabelsZ 1984, S. 785.

568 Dazu ausführlich Stille, Abweichung von der Staatsangehörigkeitsanknüpfung bei ineffektiver Staatsangehörigkeit von Monostaatern – Die aktuelle Entwicklung in den Niederlanden, in: Jayme/Mansel, Nation und Staat, S. 223 ff. (225) m. w. N.

569 Vgl. Stille, a. a. O., in: Jayme/Mansel, Nation und Staat, S. 231.

570 Dazu ausführlich Lenaerts, Der Staatsangehörigkeitsgrundsatz im belgischen Internationalen Privatrecht, in: Jayme/Mansel, Nation und Staat, S. 165 ff. (174 ff.) und oben Erster Teil 1. Abschnitt § 3.

571 Ausführlich zur Entwicklung der Anknüpfungspunkte im österreichischen Internationalen Privatrecht: Reichelt, Staatsangehörigkeit und Internationales Privatrecht in Österreich – Vesque von Püttlingen, in: Jayme/Mansel, Nation und Staat, S. 125 ff.

572 Reichelt, a. a. O, in: Jayme/Mansel, Nation und Staat, S. 133.

Internationalen Privatrechts zumindest subsidiär an den gewöhnlichen Aufenthalt angeknüpft.
Während im italienischen Internationalen Privatrecht von 1865 bis 1942 über den Stand, die Fähigkeit von Personen und die Familienverhältnisse noch ausschließlich durch das Nationalitätsprinzip bestimmt wurden, veränderten gesellschaftliche Entwicklungen im Land die Schwerpunktanknüpfung: So führte die vermehrte Auswanderung von italienischen Staatsbürgern sowie die Zurückdrängung des Vatervorranges durch den Gleichberechtigungsgrundsatz zu der Feststellung, dass die Anknüpfung an das eigene nationale Recht mittlerweile nutzlos geworden sei.[573] Nach einer Vielfalt von Vorschlägen, die verstärkt die Erfordernisse des Einzelfalles bzw. das Effektivitätsprinzip beachteten, herrschen heute im Internationalen Privatrecht Italiens Staatsangehörigkeits-, Domizilprinzip und das Prinzip der engsten Verbindung. Zwar ist die Anknüpfung an die Staatsangehörigkeit primärer Anknüpfungspunkt geworden und wird es auch vorläufig bleiben.[574] Allerdings ist dadurch, dass das Domizilprinzip und das Prinzip der engsten Verbindung hinzugetreten sind, eine Abkehr vom unabdingbaren Nationalitätsbewusstsein, einem entscheidenden Grundstein des Staatsangehörigkeitsprinzips, zu verzeichnen.
Auch in den finnischen IPR-Reformgesetzen wurde – im Gegensatz zu dem Gesetz von 1929 – das Aufenthaltsprinzip als vorrangiger Anknüpfungspunkt normiert.[575]
Zwei aufeinander folgende entscheidende Erkenntnisse kommen in den Entwicklungen dieser Mitgliedstaaten zum Ausdruck: Zum einen, dass die Suche nach der engsten Verbindung zu einem Ergebnis führt, das den Individualinteressen der Beteiligten und damit der Aufgabe des Internationalen Privatrechts am nächsten kommt. Zum zweiten, dass die engste Verbindung eher zum Aufenthaltsort als zum Heimatstaat besteht.[576]
An diesem zweiten Punkt scheiden sich noch heute die Geister. Doch auch schon in Bezug auf die positiven Nebeneffekte des Aufenthaltsprinzips gehen die Meinungen auseinander: Die Befürworter eines vorrangigen Aufenthalts-

573 Lettieri, Die beabsichtigte italienische IPR-Reform unter besonderer Berücksichtigung des Staatsangehörigkeitsprinzips, in: Jayme/Mansel, Nation und Staat, S. 210 ff.

574 Lettieri, a. a. O., in: Jayme/Mansel, Nation und Staat, S. 219; siehe dazu ausführlich auch Sturm, FS für Schnyder, S. 761 ff. (767).

575 Staudinger/Hausmann, Anhang zu Art. 4 RN 142.

576 Welche Anforderungen an die engste Verbindung im europäischen (Scheidungs-) Kollisionsrecht zu stellen sind, und warum der gewöhnliche Aufenthalt sie erfüllt, wird später (Dritter Teil 3. Abschnitt § 4. IV. 4. c)) näher erläutert. Anderer Ansicht in Bezug auf die Entwicklungen in Deutschland ist nach wie vor Mansel, a. a. O., in: Jayme, Kulturelle Identität, S. 129. Seiner Ansicht nach sind es ausschließlich Schutzinteressen des Staates und die Erwägung, die inländische Wohnbevölkerung gleichzustellen.

prinzips[577] sehen die neuen Erkenntnisse und den Wandel zum Aufenthaltsprinzip lediglich als Konsequenz veränderter Umstände: Nach ihrer Ansicht ist es vor allem der ständig steigende Ausländeranteil[578], insbesondere etwa in Deutschland[579], gewesen, der ein Umdenken erforderte. Früher hätten die Staatsangehörigkeit und der Aufenthaltsort bzw. der Wohnsitz einer Person in den meisten Fällen übereingestimmt, sodass eine Unterscheidung zwischen beiden keine praktischen Auswirkungen auf die Beurteilung ihrer persönlichen Verhältnisse und die Gerichtspraxis gehabt hätte. Wenn dagegen heute stets an die Staatsangehörigkeit angeknüpft würde, käme vermehrt ausländisches Recht zur Anwendung. Damit seien die Gerichte vielfach überfordert. Zudem sei es der Integration abträglich, wenn in einem Land die verschiedenen Bevölkerungsgruppen nach unterschiedlichen Rechtsordnungen leben würden.[580]
Dagegen wenden einige Stimmen ein, die Anwendung fremder Rechtsordnungen ließe sich nicht durch die generelle Einführung des Aufenthaltsprinzips verhindern und eine Gleichbehandlung von Personengruppen in einem Land sei nicht möglich.[581] *Hellwig* ist der Ansicht, dass viele Personen mangels einer mehrjährigen Aufenthaltsdauer ohnehin keinen gewöhnlichen Aufenthalt be-

---

577 U. a. MüKo/Sonnenberger, Einl. IPR, RN 545; Siehr, ebenda, zu Art. 19 EGBGB; Rohe, FS für Roethoft, S. 19, 31; Braga, RabelsZ 1953, S. 246; Neuhaus/Kropholler, FamRZ 1980, S. 753; Levante, S. 294; Basedow, Das Staatsangehörigkeitsprinzip im Einwanderungsland – Zu den soziologischen und ausländerpolitischen Grundlangen der Nationalitätsanknüpfung im Internationalen Privatrecht, in: Jayme/Mansel, Nation und Staat, S. 13 ff.; gegen eine völlige Ersetzung des Staatsangehörigkeitsprinzips trotz starker Bevorzugung des Aufenthaltsprinzips: Wagner, IPRax 2001, S. 519, Pirrung, FS Lüderitz, S. 552, Henrich, FS für Stoll, S. 437 ff.; Braga, Staatsangehörigkeitsprinzip oder Wohnsitzprinzip?, S. 55; v. Schilling, RabelsZ 1931, S. 637; Kropholler, Internationales Privatrecht, § 38 III.

578 Statistisches Bundesamt, Bevölkerung und Erwerbstätigkeit 2000, S. 14 ff. Tabellen 2, 3 und 5.

579 *Braga* bezieht sich in seiner Argumentation auf alle Staaten, die sich als Einwanderungsland verstehen: Braga, RabelsZ 1953, S. 229. S. a. Statistisches Bundesamt, Bevölkerung und Erwerbstätigkeit 2000, S. 13 Tabellenteil 1; Statistisches Bundesamt, Ausländische Bevölkerung nach Staatsangehörigkeit 2001 (download).

580 Vgl. Neuhaus, Grundbegriffe des IPR, S. 220 m. w. N. in FN 603; Braga, Staatsangehörigkeitsprinzip oder Wohnsitzprinzip, S. 39 f.; Basedow/Diehl-Leistner, Das Staatsangehörigkeitsprinzip im Einwanderungsland, in: Jayme/Mansel, Nation und Staat, S. 42 f.

581 Hellwig, S. 126 f. *Hellwig* bezieht sich zwar auf Deutschland, ihre Argumentation beansprucht aber Allgemeingültigkeit. Sie befürwortet zwar Durchbrechungen des Staatsangehörigkeitsprinzips. Im Scheidungsrecht jedoch nicht, weil in einem derart intimen Rechtsbereich die Bindung zum Heimatstaat besonders eng sei: Hellwig, S. 135. In dieselbe Richtung gehend: Mansel, Personalstatut, S. 74; ebenso die Meinung des MPI 1980: MPI, RabelsZ 1980, S. 344 f. Vgl. des Weiteren zur Kritik am Aufenthaltsprinzip Basedow/Diehl-Leistner, a. a. O., S. 39 f.; Neuhaus, Grundbegriffe des IPR, S. 219; s. a. Ficker, FS für Nipperdey, S. 316 m. w. N.

gründen würden.[582] Weiterhin bedeute doch nicht der Aufenthalt verschiedener Personen in einem Staat, dass alle deshalb auch gleich behandelt werden müssten. Diese Ansicht verkennt, dass es nicht das Ziel eines europäischen Kollisionsrechts sein kann, die Anwendung ausländischen Rechts *gänzlich* auszuschließen und jegliche fehlende Integration innerhalb Europas *vollständig* zu beheben. Das Zusammenleben verschiedener Nationalitäten wird stets tatsächliche und rechtliche Reibungspunkte in sich bergen. Die Gerichte können und müssen daher gar nicht vor der Anwendung ausländischen Rechts verschont werden. Ein Fortschritt wäre es schon, wenn die Anzahl der Fälle sinkt, in denen fremdes Rechts anzuwenden ist. Dieser positive Nebeneffekt eines neuen Scheidungskollisionsrechts ist mit der vorrangigen Aufenthaltsanknüpfung zu erreichen. Entgegen *Hellwigs* Behauptung ist schließlich ein mehrjähriger Aufenthalt zur Begründung des gewöhnlichen Aufenthalts gar nicht erforderlich, weil eine feste Zeitdauer kein Kriterium, sondern nur ein Indiz ist[583]. Selbst wenn für die Begründung des gewöhnlichen Aufenthalts bestimmte Voraussetzungen erfüllt sein müssen, so werden sie doch auf einen Großteil der im Ausland lebenden Personen zutreffen. Gleiches gilt für die integrationsfördernde Gleichbehandlung der im Ausland lebenden Menschen. *Hellwig*[584] ist zwar zu Recht der Meinung, Integration sollte eher in den sozialen und gesellschaftlichen als in den regelnden Bereichen stattfinden. Damit übersieht sie aber, dass fehlende integrationsfördernde Maßnahmen im gesetzlichen Bereich ein Hindernis für die soziale und gesellschaftliche Integration sein können. Denn ist es nicht für den Ausländer einfacher, sich in einem neuen Staat einzuleben, wenn er sich auch den Rechtsregeln dieses Staates unterwirft? Daher ist es der Integration durchaus förderlich, wenn die meisten Ausländer diese Chance erhalten. Die Auswirkungen des Aufenthaltsprinzips entsprechen somit durchaus Verkehrs-, Ordnungs- und Integrationsinteressen.

Entscheidend dafür, welches Anknüpfungsprinzip in einem europäischen Scheidungskollisionsrecht vorrangig normiert werden sollte, ist jedoch, ob mit Hilfe des Aufenthalts- oder des Staatsangehörigkeitsprinzips den Parteiinteressen am ehesten entsprochen wird.

---

[582] Hellwig, S. 126, 181.

[583] Siehe bereits die Feststellung oben Dritter Teil 3. Abschnitt § 4. II. FN 518.

[584] Hellwig, S. 127.

Die Meinungen von Befürwortern und Gegnern[585] eines vorrangigen Aufenthaltsprinzips unterscheiden sich primär in der Frage, worin das Parteiinteresse überhaupt besteht. Hinter dem internationalen Trend verbirgt sich ein Wandel des vom Staatsangehörigkeitsprinzip getragenen Kontinuitätsinteresses hin zum fortschreitenden Integrations- bzw. Anpassungsinteresse[586]. Trotzdem vermuten die Gegner des Aufenthaltsprinzips ein nach wie vor bestehendes Kontinuitätsinteresse der Parteien. Das ehemals viel gepriesene Kontinuitätsinteresse wurde und wird noch heute damit begründet, dass die Rechtsvorstellungen, nach denen eine Person ihr Leben ausrichtet, durch die kulturellen, gesellschaftlichen und rechtlichen Verhältnisse geprägt würden, unter denen sie aufgewachsen sei.[587] Das waren damals die Verhältnisse des Heimatstaates. Davon ging auch der deutsche Gesetzgeber aus, als er die Beibehaltung des vorrangigen Staatsangehörigkeitsprinzips begründete. Seiner damaligen Ansicht nach sind die Menschen bei den auf Dauer angelegten Statusverhältnissen und deren Änderungen an Stabilität und Sicherheit interessiert.[588] Diese Begründung war schon seinerzeit nicht schlüssig. Der Gesetzgeber erkannte nämlich gleichzeitig, dass die internationale Beweglichkeit der Bevölkerung zunehme. Warum sollte der Wunsch der Menschen, ihr Leben nicht unbedingt im Heimatland fortzuführen, konträr zu dem Interesse verlaufen, nach einer bestimmten Rechtsordnung geschieden zu werden? Heute, zwanzig Jahre später, ist der Ort, an dem eine Person aufwächst oder ihr Leben verbringt, nicht unbedingt mehr der Heimatstaat. In der Regel identifiziert sie sich mit den Werten, den Grundeinstellungen und somit auch mit dem Rechtssystem des Staates, in dem sie lebt. Das ist die

---

585 MPI, RabelsZ 1980, S. 345 ff.; Fischer, a. a. O., in: V. Bar, Europäisches Gemeinschaftsrecht und Internationales Privatrecht, S. 164; Kegel/Schurig, IPR, § 13 II 3.; Jayme, Pasquale Stanislao Mancini, S. 40; Lüderitz, FS für Kegel, S. 47 befürwortet das Staatsangehörigkeitsprinzip bei Änderungen von familienrechtlichen Verhältnissen, nicht aber in Bezug auf die inhaltliche Ausgestaltung; Hellwig, S. 126 ff.; Sturm, FS zum 50-jährigen Bestehen des Instituts für ausländisches und internationales Privat- und Wirtschaftsrecht der Universität Heidelberg, S. 165; Mansel, Personalstatut, S. 75 ff., 466 ff., gestützt auf Überlegungen von *Wengler*, *Beitzke* und *Boele-Woelki*. Er bezieht sich jedoch im Wesentlichen auf die Situation Anfang der 80-er Jahre, die sich mittlerweile erheblich verändert hat.

586 Das Anpassungsinteresse wurde schon früh im Hinblick auf die vermögensrechtlichen Auswirkungen des Personalstatuts bejaht: Fischer, a. a. O., in: V. Bar, Europäisches Gemeinschaftsrecht und Internationales Privatrecht, S. 165; *Gollrad* spricht von der „Umweltbezogenheit“ des Unterhaltsstatuts: Gollrad, S. 157; ebenso: Lüderitz, FS für Kegel, S. 36; BGHZ 56, 193.

587 So etwa Fischer, a. a. O., in: V. Bar, Europäisches Gemeinschaftsrecht und Internationales Privatrecht, S. 164; Mansel, Personalstatut, S. 72 ff.; Jayme, IPRax 1996, S. 242: Nach *Jayme* sagt die Staatsangehörigkeit eines Kindes mehr über dessen kulturelle Identität aus als der gewöhnliche Aufenthalt.

588 BT-Drucks. 10/504, S. 31.

Grundvoraussetzung für die eigene und heute vielfach angestrebte Integration. Noch vor etwa vierzig Jahren entsprach es dem Kontinuitätsinteresse, dass Rechtspositionen trotz Wohnsitzwechsels erhalten blieben. Dagegen ist gegenwärtig das Bemühen um die Integration sowohl seitens der EU-Bürger als auch des nationalen und europäischen Gesetzgebers viel stärker als früher, weil die Migration der Bürger zugenommen hat und der Rückzug in das Heimatland nicht mehr selbstverständlich ist.[589] Soll ein seit fünf Jahren in Deutschland lebender Österreicher, dem das österreichische Eherecht die Scheidung mangels Ablaufs der sechsjährigen Trennungsfrist versagt, nirgends in Europa das Eheband lösen können? Soll er dafür gar seine Staatsangehörigkeit wechseln? Selbst wenn er sich dazu entschließen würde, könnte das österreichische Staatsangehörigkeitsrecht darüber entscheiden, wann die Ehe geschieden wird. Derartige Vorstellungen stoßen heute auf Unverständnis. Diesen gesellschaftlichen Wandel und seine Konsequenzen übergeht *Hellwig*. Sie *vermutet* ohne nähere Begründung, dass Personen, die sich nur wenige Jahre in einem Land aufhalten, keine Orientierungsvorgaben nach dortigem Recht wollten. Richtig daran ist, dass sich der Betroffene entweder bei einer beabsichtigten oder bei einer tatsächlichen Rückkehr ins Heimatland vermutlich nach wie vor der Rechtsordnung des Heimatlandes unterstellen möchte. Von den beiden Varianten kann im Rahmen einer Untersuchung der Nähebeziehung nur die erste betrachtet werden: Bei einer bereits vollzogenen Rückkehr sind Aufenthalts- und Heimatort identisch. In der ersten Variante ist es jedoch allein der Wille der Person, der die Zugehörigkeit zum Heimatstaat zum Ausdruck bringt, nicht weitere objektive Umstände.

Letztlich spitzt sich die gesamte Prüfung auf die Frage zu, ob der Wille des Betroffenen in der Regel dahingeht, am Heimatstaat festzuhalten oder sich zu lösen und neu zu integrieren. Mangels entsprechender Umfragen sowie ausreichender Rechtswahlmöglichkeiten im internationalen Scheidungsrecht der europäischen Staaten und aufgrund der Zurückhaltung von Ehegatten, bestehende Rechtswahlmöglichkeiten zu nutzen, z. B. in Deutschland, Spanien und den Niederlanden[590], lässt sich der wirkliche Wille der Europäer nicht nachweisen. Daher ist es nur möglich, anhand von Indizien und veränderten gesellschaftlichen Umständen und deren Auswirkungen den vermuteten Willen zu erforschen. So nimmt *Mansel*[591] an, bei „steigendem Gefälle" sei die Anwendung des Aufenthaltsrechts einer Person unangemessen. Mit „Gefällen" sind Rechtsverhältnisse

---

[589] Wie hier auch schon *Braga*, der bereits 1953 erkannte, dass sich der Mensch unwillkürlich und doch zwangsläufig *immer* seiner Umwelt anpassen wird (Hervorhebung hinzugefügt): Braga, RabelsZ 1953, S. 235.

[590] Deutschland, Spanien und die Niederlande sind die einzigen Staaten in Europa, die eine Rechtswahl beim Scheidungsstatut normiert haben. Siehe dazu ausführlich unten Dritter Teil 3. Abschnitt § 5. II. 3. a).

[591] Mansel, Personalstatut, S. 74.

gemeint, in denen zu einem der Staaten eine besondere religiöse Bindung besteht, wie etwa bei islamischen Staaten. Zum einen passt dieses Argument nicht auf Fallkonstellationen innerhalb Europas, weil dort kein „Gefälle" zwischen einzelnen Rechtsordnungen herrscht. Zum zweiten ist diese Vermutung nicht mehr zeitgemäß. Hinter ihr steckt der Gedanke, dass die Bindung zu einem Staat, sei sie stark religiös oder einfach nur kulturell oder gesellschaftlich prägend, schwer zu lösen ist. Besonders in einem sensiblen Rechtsgebiet wie dem Familienrecht kommen Kultur, Mentalität und Grundprinzipien deutlich zum Ausdruck. Die Bindung mag umso größer sein, je länger der Betroffene in dem Staat gelebt hat. Ist er dort aufgewachsen, hat er sich mit seinem Heimatstaat derart identifiziert, dass eine Neuorientierung undenkbar ist und wird dies von der dortigen Bevölkerung als selbstverständlich angesehen, dann wäre es bei einem Aufenthaltswechsel in der Tat „unangemessen", die Person ihrer Rechtsordnung zu entreißen. Dann wäre die Einstellung der Person auch, wie *Gollrad*[592] noch vor dreißig Jahren zu Recht bemerkt hat, im Hinblick auf die Institution Ehe weitgehend unabhängig vom jeweiligen örtlichen Einfluss und sie bliebe ihrer inneren Struktur nach gleich und den Ehegatten vertraut. Heute hat sich in Bezug auf diese innere und äußere Bindung vieles geändert. Längst ist es nicht mehr die Regel, bis zum Erwachsenenstatus ausschließlich im Heimatstaat gelebt zu haben. Eine Festlegung im Hinblick auf die Identifizierung mit einem Staat, dessen Staatsangehörigkeit jemand besitzt, findet nicht mehr unbedingt in jungen Jahren statt; angesichts der Diskussionen um die doppelte Staatsbürgerschaft ist sie im Übrigen ohnehin auch nicht mehr selbstverständlich. Diese Lockerung zum Heimatstaat ist ein gesamtgesellschaftlicher Wandel, sodass eine Missbilligung seitens der Gesellschaft nahezu nicht mehr vorkommt und daher als psychologisches Hindernis entfällt.

Trotzdem war das *Max-Planck-Institut* im Jahre 1980 in seiner Stellungnahme zum Reformentwurf des deutschen Internatonalen Privatrechts der Meinung, dass mit zunehmender Mobilität das Bestreben zu vollständiger Eingliederung in ein Gastvolk eher abnehmen als größer werden würde.[593] Allein nachweisbar in dieser Diskussion um die wirklichen Parteiinteressen und ihre Indizien sind ein steigender Ausländeranteil in ausnahmslos allen Mitgliedstaaten sowie die zunehmenden internationalen Wanderungsströme.[594] Unstreitig sind diese Phänomene zwar immer ein Indiz dafür, dass Mobilität von EU-Bürgern keine Ausnahme mehr ist. Die zunehmende Mobilität wiederum ist ein objektiver Faktor,

---

592 Gollrad, S. 44. Ebenso *Rohe*, der dieses Phänomen für das 19. Jahrhundert bestätigt: Rohe, FS für Roethoft, S. 7.

593 MPI, RabelsZ 1980, S. 345.

594 Vgl. etwa die statistische Zusammenstellung des Ausländeranteils bis 1986 von Basedow/Diehl-Leistner, a. a. O., S. 21 ff. Zu den Ein- und Auswanderungen in einigen ausgewählten Mitgliedstaaten im Jahr 2000: Statistisches Bundesamt für das Ausland 2003, S. 186 und 187.

der auf das Verhalten und die Einstellung der Menschen schließen lässt. *Welche* Auswirkungen sie aber hat, ist streitig. Hinzu kommt, dass es *zwei* Ansätze gibt, diese Auswirkungen zu analysieren:

Das liegt daran, dass hinter den unterschiedlichen Hauptanknüpfungen verschiedene Sichtweisen über das Parteiinteresse stehen[595], das je nach Auffassung auch unterschiedlich nach außen zu Tage tritt. Die Verfechter des Aufenthaltsprinzips gehen von einer soziologisch gefärbten Deutung des Rechtsanwendungsinteresses aus, das im Zweifel eine Verbindung zur sozialen Umwelt sucht. Das Heimatprinzip hingegen basiert auf dem Kulturbezug der Rechtsordnungen; soziologische Veränderungen haben keine Relevanz. Der letzte Lösungsansatz knüpft ausschließlich an die innere Einstellung der Betroffenen an. Genau betrachtet bedeutet diese Auffassung, dass sich ein mögliches Abwenden von der Kulturbezogenheit, also Änderungen im Parteiinteresse, gar nicht nachweisen lassen. Denn wie kann nachgewiesen werden, dass das Vertrauen in das Recht, das der Kultursphäre entstammt, abgenommen hat, wenn die Existenz soziologischer Verbundenheit von vornherein ablehnt wird? Nach dieser Ansicht ist allein die innere Einstellung des Einzelnen ausschlaggebend, die der Außenwelt und den Statistiken verborgen bleibt. Sie besteht unabhängig davon, ob die Mobilität der europäischen Bürger in den letzten Jahrzehnten zugenommen hat und die jeweilige Aufenthaltsdauer des Auswanderers im Ausland länger geworden ist. Eine solche Auffassung ist so lange vertretbar, wie soziologische und gesellschaftliche Veränderungen in bestimmten Lebensbereichen sich nicht ändern. In dem Fall gehen Kulturbezogenheit und soziologische Umweltverbundenheit konform. Ändern sich jedoch gesellschaftliche Verhaltensweisen, etwa durch vermehrten Aufenthaltswechsel oder längeren Auslandsaufenthalt, und beharrt man weiterhin darauf, dass sich die innere Einstellung der Betroffenen nicht gewandelt habe, dann verschließt man die Augen vor dem wirklichen Parteiwillen. Denn diesen gilt es stets, d. h. in jeder Generation neu, zu erforschen. Es ist unvertretbar, auf einer bloßen Behauptung, die jeglicher aktuelleren Analyse verschlossen bleibt, eine europaweit geltende Anknüpfungsregelung zu gründen. Wirklichkeitsgetreuer ist daher eine soziologische Auffassung, die weiterhin offen ist für Indizien, die auf die psychologische Verbundenheit zum Heimatstaat hinweisen.

Aufschlussreich wären nunmehr Statistiken, die nicht nur belegen, wie lange die Aufenthaltsdauer der im europäischen Ausland lebenden Personen ist, wie es etwa die Tabelle des *Statistischen Bundesamtes* für Deutschland aus dem Jahre 1986[596] zeigt. Denn entscheidend dafür, dass Integration *wahrscheinlich* stattgefunden hat, sind statistische Angaben darüber, in welchem Alter der Aufenthalt gewechselt wurde, wie lange er andauerte und welche Gründe für einen erneuten

---

595 Dazu Kühne, in: Lausanner Kolloquium, S. 61.
596 Statistisches Jahrbuch für Deutschland 1987, S. 68.

Wechsel ausschlaggebend waren. Zahlenmaterial, das nachweist, dass in den Mitgliedstaaten vorwiegend die Zeit der Aufenthaltsdauer im Ausland 15-20 Jahre beträgt, sagt nichts über die Gründe für die Aufenthaltsänderung aus. War Grund für den erneuten Wechsel das Ende eines Berufsprojektes, ein pflegebedürftiger Verwandter im Heimatstaat oder Konflikte mit der ausländischen Bevölkerung und Kultur? Notwendiges Zahlenmaterial, insbesondere von mehreren Mitgliedstaaten steht jedoch nicht zur Verfügung. Daher ist man weiter auf Vermutungen angewiesen. Das *MPI* wählte 1980 das Beispiel von langjährigen Aufenthalten in exotischen Ländern, in denen nur eine geringe Integration stattgefunden habe.[597] Bei diesem sehr selten vorkommenden Beispielsfall ist eine Integration tatsächlich schwer vorstellbar. Aufgrund dessen aber stets, d. h. auch innerhalb Europas, von einer engeren Beziehung zum Heimat- als zum Aufenthaltsstaat auszugehen, ist nicht nachvollziehbar. Selbst unabhängig von diesem Beispiel ist nicht einzusehen, warum es bei zunehmender Mobilität scheinbar der Wunsch der Immigranten sein soll, sich national abzugrenzen.[598] Näher liegender ist es anzunehmen, dass ein zur Selbstverständlichkeit gewordener gesellschaftlicher Umstand, wie hier die zunehmende Mobilität und der steigende Ausländeranteil, von der Bevölkerung akzeptiert wird. Diese wird – wenn auch u. U. nach einigen Anfangsschwierigkeiten – bemüht sein, auf die möglichst einfachste und problemloseste Weise zu leben. Hier bieten sich statt Abgrenzung eher eine Annäherung und die Integration an.[599] Dennoch beharrt auch *Mansel* noch darauf [600], dass bei einem Auslandswohnsitz die Beziehung zum Herkunftsland heute infolge leichter Reisemöglichkeiten, erhöhter Mobilität und der Informationsmöglichkeiten der neuen Medien sogar stärker sein dürfte als zu-

---

597 MPI, RabelsZ 1980, S. 345.

598 *Rohe* stellt zu Recht fest, dass ein starkes Interesse der Immigranten an einer Gleichbehandlung mit Inländern besteht: Rohe, FS für Roethoft, S. 16; ebenso Sturm, FS zum 50-jährigen Bestehen des Instituts für ausländisches und internationales Privat- und Wirtschaftsrecht der Universität Heidelberg, S. 166.

599 Vgl. auch Rohe, FS für Roethoft, S. 14, 15: Seiner Ansicht nach verliert das Argument der Verbindung zum Heimatstaat in dem Maße an Bedeutung, in dem dauerhafte Migrationsbewegungen zu heterogenen Wohnbevölkerungen führen. Ebenso Pitschas: Verfassungsrechtliche Vorgaben für das Staatsangehörigkeitsprinzip des Internationalen Privatrechts, in: Jayme/Mansel, Nation und Staat, S. 93 f. Auf die Schweiz verweisend, wo angesichts des hohen Ausländeranteils die Wohnsitzanknüpfung nahe liegt: Beitzke, ZfRV 1984, S. 111. Auch das Zusammenleben vieler Völker unter der Habsburger Monarchie in Österreich führte dazu, dass am Wohnsitzprinzip festgehalten wurde: vgl. Reichelt, a. a. O., in: Jayme/Mansel, Nation und Staat, S. 127; vgl. auch *Keller* und *Siehr*, die schon 1986 zu Recht feststellten, dass die Tausenden von Ausländern der zweiten und dritten Generation, die im Ausland aufgewachsen sind, mit diesem Land häufig mehr verbunden seien als mit dem Land ihrer Staatsangehörigkeit: Keller/Siehr, § 10 III, § 25 II; ebenso *v. Mangolt* in der Diskussion in: Jayme/Mansel, Nation und Staat, S. 312.

600 Mansel, a. a. O., in: Jayme, Kulturelle Identität und Internationales Privatrecht, S. 134.

vor.[601] Er beruft sich darauf, dass nach einer soziologischen Untersuchung der Heimatstaat nach wie vor Bezugspunkt für den Ausländer sei, weil er vom Aufnahmestaat strukturell und kulturell zurückgewiesen würde.[602] Daraus folgt: Wie sich die Integration in der Wirklichkeit verhält, bedarf weiterer soziologischer Untersuchungen, die in dieser Arbeit nicht geleistet werden können. Selbst wenn sich Ausländer von der Bevölkerung ihres Aufenthaltsstaates abgrenzen, so ist kein Grund dafür ersichtlich, warum durch eine vorrangige Normierung des Staatsangehörigkeitsprinzips diese Abgrenzung noch gefördert werden soll. Auch *Mansel* beklagt das Versagen der Integrationsleistung der Gesellschaft, versucht dem aber nicht Einhalt zu gebieten, sondern fügt sich dem Phänomen. Zweifelsohne führen Rechtsvielfalt und häufig damit einhergehende personelle Abgrenzung innerhalb eines Staates zu unerwünschten gesellschaftlichen Spannungen.[603] Bei dieser, auch von Kritikern des Aufenthaltsprinzips gewünschten, Gleichbehandlung von In- und Ausländern handelt es sich nicht nur um ein reines Ordnungsinteresse, sondern auch um ein Parteiinteresse. Ein Festhalten am Staatsangehörigkeitsprinzip ist daher heute weniger gewollt, und integrationshemmende Regelungen widersprechen dem Interesse der Parteien.

Der Rückzug des Staatsangehörigkeitsprinzips, wie er bspw. auch in der EuGVO festzustellen ist, ist daher ein internationaler Trend, der auch vor dem Scheidungskollisionsrecht nicht Halt machen wird. EheVO I und II sind dem schon zum Grossteil gefolgt. Denn wie bereits vom *Deutschen Rat für IPR* zu Recht dargelegt, wurde dem Gedanken Rechnung getragen, dass Ehegatten, wenn sie nicht vorwiegend auf das materielle Ergebnis und das für sie günstige Recht schauen, dort geschieden werden wollen, wo sie leben.[604] Hier lässt sich zudem ein Scheidungsverfahren zeit- und kostengünstiger durchführen. Die EheVO II stellt zwar nach wie vor den gewöhnlichen Aufenthalt – in den Konstellationen des Art. 3 Abs. 1 a Str. 1-3 – mit der gemeinsamen Staatsangehörigkeit auf eine Stufe[605], weil letzterer Anknüpfungspunkt in Abs. 2 *parallel* anwendbar ist. Etwas anderes besagt aber die oben angesprochene Zielrichtung der

601 Ebenso Mankowski, IPRrax 2004, S. 285. *Mankowski* begründet die Verbindung zwischen kultureller Identität und dem Herkunftsland einer Person u. a. mit den erleichterten Telekommunikations- und Reisemöglichkeiten. Dabei wird verkannt, dass letztere nicht die Ursache und Motivation für eine starke Bindung zum Herkunftsland sein können.

602 Mansel, a. a. O., in: Jayme, Kulturelle Identität und Internationales Privatrecht, S. 134.

603 Dieses Phänomen stellt *Kohler* zu Recht in den Neustaaten der „Dritten Welt" fest: „Es beruht auf menschlichem Verhalten, dass über die Grenzen hinaus weltweit und daher auch innerhalb Europas gilt.": Kohler, Kollisionsrechtssysteme der Neustaaten und Nationalitätsprinzip, in: Jayme/Mansel, Nation und Staat, S. 279.

604 Vgl. Henrich, FS für Stoll, S. 437; ders. in: FS für Hausherr, S. 241.

605 Undeutlich Henrich, FS für Stoll, S. 442, der meint, bei einer konsequenten Weiterführung der EheVO I durch das Scheidungskollisionsrecht trete die gemeinsame Staatsangehörigkeit hinter die Anknüpfung an den gewöhnlichen Aufenthalt zurück.

EheVO I und II[606], wonach das Staatsangehörigkeitsprinzip gegenüber dem Aufenthaltsprinzip zurückgedrängt wird. Dieses Ziel wurde in der EheVO I und EheVO II zwar nicht richtig umgesetzt. Für die Auslegung der EheVO II und für zukünftige europäische Rechtsakte muss diese Zielrichtung aber im Auge behalten werden. Ein Vorbild für einen *Vorrang* des Aufenthaltsprinzips ist daher weniger die EheVO II selbst bzw. Art. 3 EheVO II mit seiner Reihung der Anknüpfungspunkte, sondern vielmehr der internationale Trend.[607] Die dargestellte Entwicklung, die zu einer Verschiebung des vorrangigen Anknüpfungsprinzips führte, darf natürlich nicht allein Argument für die Anknüpfung an den gewöhnlichen Aufenthalt sein. Entscheidend sind vielmehr die stichhaltigen Argumente, die hinter ihr stehen. Den Trend an sich muss man nur insoweit im Auge behalten, als auch die Akzeptanz und ausdrückliche Zustimmung der Mitgliedstaaten für das Zustandekommen einer europäischen Regelung notwendig ist. Außerdem muss er als Entwicklung der europäischen Bevölkerung verstanden werden, die fortwährend mobiler wird und toleranter der Integration innerhalb Europas gegenübersteht.

Hingegen ist nicht festzustellen, dass die Mitgliedstaaten in ihren autonomen Kollisionsrechten den Schritt hin zum Aufenthalts- und weg vom Staatsangehörigkeitsprinzip bereits gegangen sind.[608] Das ist für eine europäische Regelung wie „Rom III“ aber auch nicht erforderlich. Denn das gewichtige Argument vieler Staaten für das Staatsangehörigkeitsprinzip, das Streben nach internationalem Entscheidungseinklang[609], zählt in einer europäischen, ohnehin für alle Mitgliedstaaten geltenden, Kollisionsrechtsverordnung nicht. Dort wird neu entschieden, welches Anknüpfungsprinzip den Interessen der Parteien am nächsten kommt, unabhängig davon, ob die Rechtsordnungen anderer Mitgliedstaaten dieses oder ein anderes Prinzip bevorzugen. Nur die Kriterien selbst, die für und gegen eine Anknüpfung sprechen, können angeführt oder sogar von den Mitgliedstaaten übernommen werden. Nach diesen werden auch die Mitgliedstaaten entscheiden, wenn sie über „Rom III“ beschließen. Hier ist dann der internationale Trend ein Wegweiser, wie die Entscheidung ausfallen könnte. Damit ist nicht gemeint, „Rom III“ müsse auf zukünftige Herausforderungen und Ent-

---

606 S. o. Zweiter Teil 2. Abschnitt § 3. II. und Borrás Bericht, Nr. 31: „ Der Ort des gewöhnlichen Aufenthalts (...) ist ein Kriterium, das zweifellos in den allermeisten Fällen herangezogen wird.“.

607 Henrich, FS für Hausherr, S. 241.

608 Zu Recht weist *Hellwig* darauf hin, dass selbst die Effektivitätsrechtsprechung in den Niederlanden noch keine Änderung am dort gesetzlich festgeschriebenen vorrangigen Staatsangehörigkeitsprinzip bedeutet. „Auch in allen anderen Mitgliedstaaten bleibt es der wichtigste Anknüpfungspunkt“: Hellwig, S. 122 f. *Hellwig* verkennt allerdings, dass die skandinavischen Staaten und Großbritannien nicht an die Staatsangehörigkeit anknüpfen.

609 Vgl. nur Mansel, Personalstatut, S. 66.

wicklungen reagieren. Diese Aufgabe bleibt, wie *Haltern*[610] zu Recht bemerkt, der Politik vorbehalten. Das Recht orientiert sich an der Geschichte und versucht, vor ihrem Hintergrund das gesellschaftliche Zusammenleben für die Zukunft zu ordnen.[611] Ein Trend ist eine Entwicklung, die sich in der Vergangenheit abgezeichnet hat. Diesen bisherigen Trend muss „Rom III" aufgreifen; wie er sich fortsetzen wird, bleibt vorerst ungewiss. Wenn der Eindruck erweckt wird, „Rom III" habe die Aufgabe, die Integration für die Zukunft „voranzutreiben", dann sollte dies so verstanden werden, dass der fortschreitenden Integration keine Hindernisse in den Weg gelegt werden sollen, wie dies durch das geltende nationale Kollisionsrecht derzeit noch geschieht. Eine neue Verordnung soll diese „Steine" aus dem Weg räumen.

b) Anwendung der lex fori

Weiterhin spricht die nicht zwangsläufige, aber doch häufige Anwendung der lex fori für eine Anknüpfung an den Aufenthaltsort.[612] Die Richter tun sich verständlicherweise meist schwer mit der Anwendung fremden Rechts. Häufig wird der Versuch unternommen, die lex fori anzuwenden, obwohl nach dem Kollisionsrecht des jeweiligen Staates ausländisches Recht anwendbar wäre.[613] Dieses Heimwärtsstreben verlief bisher auch über den Weg des ordre public.[614] Rechtsdogmatisch war diese Praxis nicht vertretbar, denn der ordre public hat die Aufgabe, inländischen Wertvorstellungen zum Durchbruch zu verhelfen[615] und nicht die Anwendung der lex fori zu eröffnen. Die lästige Verweisung auf ausländisches Recht entfällt häufig, wenn an den gewöhnlichen Aufenthalt angeknüpft wird, weil dieser meist mit dem Forumstaat identisch ist. Von der Anknüpfung an den gewöhnlichen Aufenthalt, die *meistens* zur Anwendung der lex fori führt, ist die *grundsätzliche* Anknüpfung an die lex fori zu unterscheiden. Letztere wurde für „Rom III" bereits abgelehnt. Festzuhalten ist, dass die Anwendung des Rechts des gewöhnlichen Aufenthalts durch das Gericht des gewöhnlichen Aufenthalts methodisch ehrlicher ist als der Weg über den ordre public.

---

610 Haltern, Recht als kulturelle Existenz, in: Jayme, Kulturelle Identität und Internationales Privatrecht, S. 25.

611 Dieses Phänomen beschreibt *Haltern* treffend: Recht als kulturelle Existenz, in: Jayme, Kulturelle Identität und Internationales Privatrecht, S. 23: „Recht setzt immer bei Quellen an, die in der Geschichte der relevanten Normgemeinschaft Autorität besitzen. Dabei verbindet es diese Quelle mit der Zukunft, indem es deren Bedeutung für die Zukunft verlängert.".

612 So zu Recht Henrich, FS für Stoll, S. 442; Kropholler, Internationales Privatrecht, § 39 I 1. b; Neuhaus, Grundbegriffe, S. 222 f.

613 Vgl. Neuhaus/Kropholler, FamRZ 1980, S. 753; Kropholler, Internationales Privatrecht, § 7 I m. w. N.

614 Siehe dazu Dritter Teil 3. Abschnitt § 5. II. 2. b) aa).

615 Kropholler, Internationales Privatrecht, § 36 I.

c) Berücksichtigung der Scheidungsfolgesachen

Das Scheidungsstatut kann bestimmend für das Unterhaltsstatut sein. Daher sollte bereits bei der Normierung eines europäischen Scheidungskollisionsrechts darauf geachtet werden, welche Auswirkungen die Verweisungen auf das Unterhaltsstatut haben können. Der Gesetzgeber hat erkannt, dass es nicht im Interesse des Unterhaltsberechtigten liegt, wenn auf die Scheidung und den Unterhaltsanspruch jeweils unterschiedliches Recht angewendet wird. Das Haager Unterhaltsübereinkommen[616] orientiert sich daher am Recht, welches für die Scheidung galt, vgl. Art. 8 Abs. 1 UStA.[617] Wie bereits oben dargelegt und in Art. 4 UStA normiert, sollte dies das Recht am gewöhnlichen Aufenthalt sein.[618] Wenn primärer Anknüpfungspunkt von „Rom III“ der gewöhnliche Aufenthalt sein wird, bestimmt sich das Unterhaltsrecht ebenfalls nach dem Recht des gewöhnlichen Aufenthalts der Ehegatten. Der Wille des Gesetzgebers des Haager Unterhaltsübereinkommens, gemäß Art. 4 grundsätzlich den gewöhnlichen Aufenthalt des Unterhaltsberechtigten als Anknüpfungspunkt zu benennen, würde nicht mehr so häufig dadurch unterbrochen, dass das auf die Scheidung anzuwendende Recht u. U. nicht jenes des gewöhnlichen Aufenthalts ist.
Kohler befürchtet, dass sich die Anknüpfung an den gewöhnlichen Aufenthalt negativ auswirken könne, wenn es sich um den Anspruch auf Versorgungsausgleich handele, weil dieser Umstand die Sozialkassen Deutschlands belaste.[619] Diese Sorge beruht darauf, dass außer Deutschland und seit dem 1. 5. 1995 auch den Niederlanden[620] kein Mitgliedstaat einen umfassenden Versorgungsausgleich kennt. Gegen diesen Einwand spricht jedoch, dass es sich bei dem Versorgungsausgleich um ein Rechtsgebiet handelt, das ohnehin aufgrund seines Umfangs und andersartiger Interessen, die er verfolgt, separat von der Scheidung geregelt werden muss. Dabei kann dann, z. B. ähnlich wie in Art. 17 Abs. 3 EGBGB, berücksichtigt werden, wo die Versorgungsanwartschaft erworben wurde.

---

616 Vgl. FN 563.

617 Ebenso im deutschen Recht Art. 18 Abs. 4 EGBGB.

618 S. o. im Ergebnis Dritter Teil 3. Abschnitt § 4. IV. 4. d). Gleiches sollte auch für die Zuständigkeitsregelungen für Folgesachen wie die güterrechtliche Auseinandersetzung oder die Auseinandersetzung um den Hausrat und den Versorgungsausgleich gelten. Der erforderliche Sachzusammenhang mit der Hauptsache ist grundsätzlich gegeben: So Hohloch, FS für Stoll, S. 542 f.; ders. in: FS für Schumann, S. 542; ders. in: Wege zum europäischen Recht, 28; Henrich, FS für Stoll, S. 446.

619 *Kohler* in der Sitzung des *Deutschen Rats für IPR* vom 12. 4. 2002 in Würzburg: Protokoll S. 15. S. a. die ausführliche rechtsvergleichende Zusammenstellung der Ausgleichssysteme in einigen Mitgliedstaaten bei Reinhard, Rechtsordnungen mit Versorgungsausgleich im Sinne des Art. 17 Abs. 3 EGBGB.

620 Siehe dazu Bergmann/Ferid/Weber, Niederlande, S. 53.

Im Zusammenhang mit den Folgesachen wird noch ein weiterer Aspekt deutlich: Scheidungs*verfahren* und ihre Folgesachen werden unabhängig von ihrem Auslandsbezug nach der lex fori durchgeführt. Schwierigkeiten treten auf, wenn inländisches Verfahrensrecht und ausländisches nationales Recht aufeinander treffen, weil die Regeln des Verfahrens meist eng gefasst und auf das jeweilige materielle Scheidungs- und Scheidungsfolgenrecht ausgerichtet sind. Bereits im Scheidungsverfahren gibt es Schwierigkeiten, wenn ausländisches materielles Scheidungsrecht auch im Tenor sichtbar werden soll, welches dem Recht der lex fori gänzlich unbekannt ist. So existiert bspw. in Deutschland nicht der etwa in Österreich bekannte Schuldausspruch. Wie soll ein deutsches Gericht die förmliche Ehetrennung von Tisch und Bett[621] handhaben? Nicht einfacher wird es bei der Unterscheidung, ob eine Familiensache oder eine Nicht-Familiensache vorliegt, um das zuständige Gericht zu bestimmen. Denn wann liegt nach ausländischem Recht ein allgemeiner zivilrechtlicher, wann ein güterrechtlicher Herausgabeanspruch vor?[622] Soll ein Auskunftsanspruch, der in vielen Mitgliedstaaten nicht existiert, weil diesbezüglich der Untersuchungsgrundsatz gilt, im Wege der Rechtsfortbildung des ausländischen Rechts entwickelt werden?[623] Die Anknüpfung an den gewöhnlichen Aufenthalt des Ehepaares wird sowohl dem Inlandsbezug der Scheidungsfolgen gerecht als auch dem Verfahrensrecht des Entscheidungsstaates.

Die bisher genannten Gesichtspunkte sprechen somit für eine nicht mehr staatsangehörigkeitsbezogene, sondern eher dem gewöhnlichen Aufenthalt verpflichtete Anknüpfung.[624] Um eine deutliche Vorreiterrolle im künftigen Scheidungskollisionsrecht beanspruchen zu dürfen, bedarf es neben dem allgemeinen Trend und den Vorteilen im Hinblick auf die Scheidungsfolgesachen noch weiterer rechtsdogmatischer Gründe, die das Staatsangehörigkeitsprinzip als nicht mehr interessengerecht erscheinen lassen.

4. Stellenwert des Staatsangehörigkeitsprinzips

Trotz der erörterten Bedenken sollte das Staatsangehörigkeitsprinzip Eingang finden in „Rom III“. Zu entscheiden ist aber, welche Gewichtung ihm beizumessen ist, insbesondere, ob es als subsidiärer Anknüpfungspunkt normiert werden oder den Parteien nur im Falle einer Rechtswahl zur Verfügung stehen soll. Nach der soziologischen Betrachtung[625] muss nun weiterhin überprüft werden,

---

621 Vgl. BGHZ 47, 324; BGH FamRZ 1987, S. 792; Henrich, Internationales Familienrecht, S. 146.

622 Diese Frage stellt auch Gottwald, S. 196, 197.

623 Dazu Gottwald, S. 198, 199.

624 Hohloch, FFE 2001, S. 53; ders. in FS für Stoll, S. 549; ebenso Henrich, FS für Stoll, S. 441 f., der sich aber gegen ein gänzliches Ausscheiden des Staatsangehörigkeitsprinzips als Anknüpfungspunkt ausspricht.

625 S. o. Dritter Teil 3. Abschnitt § 4. IV. 3. a).

welche Anknüpfung den Interessen der Parteien typischerweise eher gerecht wird und in welchen Fällen das daraus folgende nachrangige Anknüpfungsprinzip den kollisionsrechtlichen Belangen der Betroffenen entspricht.

a) Die Identifikation mit dem Heimatstaat

Für die Staatsangehörigkeit spricht zunächst einmal die gesellschaftliche und kulturelle Identifikation einer Person mit ihrem Land[626], welche ausgeprägter sein kann als mit dem Staat, in dem sie lebt, aber nicht aufgewachsen ist bzw. dessen Staatsangehörigkeit sie nicht angenommen hat. Dabei spielt natürlich auch die Länge des Aufenthalts eine Rolle. Hat sie aber einen Stand erreicht, in dem sich der Ausländer völlig integriert und die Eigenheiten der Bevölkerung seines Aufenthaltsstaates angenommen hat, dann wird er sich dort, wenn möglich, ohnehin einbürgern lassen.[627]
Entscheidet er sich nicht dafür, *kann* dies seinen Grund in dem nach wie vor bestehenden „psychologischen Band“[628] zwischen ihm und seinem Heimatstaat haben. Das psychologische Band entsteht durch die Geschichte, den Lebensstil, die Sprache, die Religion und die Kunst, kurz durch die Kultur des Landes als äußere Ausdruckform.[629] Es wird durch die gemeinsame Überzeugung und die Gefühle der Menschen, die diesem Land angehören, zusammengehalten.[630] Gesellschaftliche Entwicklungen in einem Staat erfordern die Neuschaffung oder die Reformierung einer Rechtsordnung bzw. einzelner Regelungen, sie prägen somit das Rechtssystem eines Staates. *Jayme*[631] stellt fest, dass verschiedene Menschenbilder wie etwa „Verbraucherleitbilder“ oder Religionen eine Rechtskultur prägen. Er greift treffend Beispiele aus dem deutschen im Verhältnis zum italienischen Recht auf, wie etwa das Verbot des Erbvertrages und des gemein-

---

626 Die mögliche Identifizierung mit dem Heimatstaat wird allgemein nicht angezweifelt. Vgl. die Spanierentscheidung des BVerfG vom 4. 5. 1971: BVerfGE 31, 58. Auch der deutsche Gesetzgeber wollte der „Heimatverbundenheit des Menschen in einem Staat Rechnung tragen. Die Anknüpfung erfolgt daher im Parteiinteresse“: BT-Drucks. 10/504, S. 36. Die umstrittene Frage ist zunächst nur, ob die Identifizierung mit dem Heimatstaat *in der Regel* größer ist als mit dem Aufenthaltsstaat. Zurückhaltender Staudinger/Blumenwitz, Art. 5, RN 15; ebenso vorsichtig bereits Neuhaus, Grundbegriffe, S. 209.

627 So auch *Mansel*, der feststellt, dass „erst“ die Einbürgerung die Abwendung von der bisherigen Heimatbindung hinreichend belege: Mansel, Personalstatut, S. 480. Ebenso Kegel/Schurig, IPR, § 13 II 3.; BT-Drucks. 10/504, S. 31.

628 Henrich, FS für Stoll, S. 443; Jayme, FS für Müller-Freienfels, S. 361; Spellenberg, FS für Geimer, S. 1264.

629 Vgl. Jayme in: Jayme, Kulturelle Identität und Internationales Privatrecht, S. 7.

630 So wie hier schon *Montesquieu* und *Mancini*: Nachweise bei Basedow/Diehl-Leistner, a. a. O., S. 15; ebenso Jayme in: Jayme, Kulturelle Identität und Internationales Privatrecht, S. 7; ders.: Nation und Staat im Internationalen Privatrecht, in: Jayme/Mansel, Nation und Staat, S. 4 ff.; Mansel, Personalstatut, S. 60.

631 Jayme, RabelsZ 2003, S. 215-217.

schaftlichen Testamentes in Italien einerseits und die Möglichkeiten in Deutschland, von diesen Rechtsinstituten Gebrauch zu machen, andererseits.[632] Das vielfach auf Wertvorstellungen basierende Rechtssystem beeinflusst wiederum wechselseitig die Gesellschaft. Diese Wechselwirkung schafft daher eine Beziehung zwischen den Menschen, die diesem Staat angehören, und seinem Rechtssystem. Nicht zuzustimmen hingegen ist der Ansicht von *Mankowski*[633], ein bestimmtes nationales Recht könne mangels konkreter Vorstellung des Einzelnen von der Rechtsordnung seines Herkunftslandes nicht prägen. Zu Recht stellt er zwar fest, dass der juristische Laie nur eine oberflächliche Vorstellung vom Rechtssystem seines Landes haben könne.[634] Nicht einzusehen ist jedoch, warum nicht ein Ordnungs*rahmen* für die Person prägend sein kann. Die Verbundenheit, die das Rechtssystem eines Staates zwischen dem Land und seinen Bürgern schafft, erhebt nicht den Anspruch, dass der Bürger sich jeder einzelnen Norm der Rechtsordnung bewusst ist. Eine rudimentäre Vorstellung von dem, was Recht und Unrecht ist, prägt das Verhalten der Menschen und stellt einen Baustein der kulturellen Identität dar.

Konkret bedeutet kulturelle Identität für den Auswanderer, dass sein Heimatstaat ihm nach wie vor vertraut ist und er sich mit ihm verbunden fühlt. Wenn das der Fall ist, hat sich die Person auch (noch) nicht an die Umwelt ihres Aufenthaltsortes angepasst. Ob aber dann, wenn der Zugereiste seine Staatsangehörigkeit behält, *tatsächlich* in den meisten Fällen eine starke Verbindung zum Heimatstaat besteht, bleibt fraglich. Damit würde das materielle Staatsangehörigkeitsrecht des Aufenthaltsortes darüber entscheiden, zu welchem Staat eine enge Verbindung besteht und wie lange sie andauert. Das materielle Recht kann aber nicht über die internationalprivatrechtlichen Interessen bestimmen. Die Staatsangehörigkeit stellt daher, wie *Kropholler*[635] zu Recht bemerkt, nur einen Annäherungswert dar, ein Indiz. Sowohl im Hinblick auf die kulturelle Identifikation als auch – damit einhergehend – die Zugehörigkeit zu einem Rechtssystem ist heute sehr zweifelhaft, inwieweit sich die Staatsangehörigkeit noch als zentraler vorrangiger personaler Anknüpfungspunkt des (Scheidungs-) Kollisionsrechts eignet.

Hier kommt somit noch ein weiterer Aspekt hinzu: Ob das Interesse der Betroffenen eher auf Kontinuität oder auf Anpassung gerichtet ist, kann in den einzelnen Lebensbereichen unterschiedlich sein. Wertvorstellungen werden länger vom Heimatland bestimmt als das Rechtsempfinden im vertragsrechtlichen Bereich. Das Familienrecht ist ein Gebiet, das nicht nur von der Kultur des Landes,

---

[632] Jayme, RabelsZ 2003, S. 215. Als weiteres Beispiel nennt *Jayme* die unterschiedlichen Rechtswirkungen von Scheingeschäften nach der deutschen und nach der italienischen Rechtsordnung: S. 215.

[633] Mankowski, IPRax 2004, S. 284.

[634] Siehe FN 633.

[635] Kropholler, Internationales Privatrecht, § 38 I 2. Ebenso Jayme, RabelsZ 2003, S. 224.

sondern auch von Wertanschauungen geprägt ist, die grundsätzlich eine Beziehung zum Heimatland schaffen. Zweierlei muss hierbei jedoch beachtet werden: Zum einen unterliegen alle Rechtsbereiche einer abgestuft schwachen bzw. starken Bindungswirkung. Nur weil das Familienrecht eine engere Verbindung zwischen der Person und ihrem Herkunftsland mit sich bringt als etwa das Vertragsrecht, muss nicht ausgeschlossen sein, dass familienrechtliche Beziehungen in tatsächlicher Hinsicht einem Wandel unterliegen können. So stellt *Rohe*[636] zu Recht fest, dass der Bürger seine Ansichten in familiären Beziehungen eher ändert als in erbrechtlichen. Die Bindung zwischen Bürger und Staat verliert zunehmend an Bedeutung, weil die *europäischen* Rechtssysteme sich einander angleichen[637]. Gerade die *Grundstrukturen* in den familienrechtlichen Rechtssystemen sind nicht mehr völlig konträr und haben nur noch selten einen ausgeprägten typischen Charakter. Zu den weltanschaulichen und politischen Grundanschauungen, die sich auf die Rechtsordnungen auswirken, zählt, dass die Ehe als Rechtsverhältnis die persönlichen Verhältnisse der Ehegatten zueinander und zu Dritten regelt sowie das güterrechtliche Verhältnis bestimmt und die Auflösung des Ehebandes unter bestimmte Voraussetzungen stellt.[638] Diese Grundprinzipien gelten heute in allen Mitgliedstaaten, wenn auch in unterschiedlicher Ausgestaltung. Aber sogar bei den Scheidungsvoraussetzungen herrschen heute primär das Zerrüttungsprinzip und ein abgeschwächtes Verschuldensprinzip.

Dieser Rechtswandel innerhalb Europas beeinflusst die enge Bindung sowohl zwischen dem Staat und seinen Bürgern als auch zwischen dem einzelnen Bürger und seinem Staat: Je konträrer die in Verbindung mit der Ehe stehenden Weltanschauungen unter den Staaten sind, umso mehr ist jeder Staat daran interessiert, seine Wertvorstellungen den Staatsbürgern weiterzugeben. Dieses Ziel hat er selbst dann noch, wenn sie im Ausland leben und eine Rückkehr nicht ausgeschlossen ist. So wurde auch im 19. Jahrhundert versucht, die massenhafte Auswanderung der wohlhabenden Bevölkerung durch die Bindung an die Staatsangehörigkeit aufzufangen.[639] Das Staatsinteresse, seine Bürger „festzuhalten", hat indessen im IPR ebenso wenig wie im Staatsangehörigkeitsrecht seinen Platz. Ferner ist dieses Bestreben heute nicht mehr notwendig. Innerhalb Europas gleichen sich die Grundanschauungen in Bezug auf das Institut Ehe einander an, sodass die Sorge des einzelnen Staates, die Staatsbürger müssten

---

636 Rohe, FS für Roethoft, S. 35.

637 S. o. Erster Teil 1. Abschnitt § 1. In diesem Zusammenhang auch Fischer, a. a. O., in: V. Bar, Europäisches Gemeinschaftsrecht und Internationales Privatrecht, S. 169.

638 Vgl. Gollrad, S. 44; ebenso Fischer, a. a. O., in: V. Bar, Europäisches Gemeinschaftsrecht und Internationales Privatrecht, S. 169: „Nachdem inzwischen die Familienrecht aller EG-Staaten vom Gleichberechtigungsgedanken bestimmt werden, dürfte auch insoweit das Anpassungsinteresse stärker sein als das Kontinuitätsinteresse.".

639 Rohe, FS für Roethoft, S. 9.

bzw. könnten sich im Ausland unzumutbaren Wertvorstellungen unterstellen, nicht mehr gerechtfertigt ist. Zudem kann der Staat von einer Rückkehr des Bürgers in der heutigen globalen Wirtschafts- und Arbeitswelt nicht mehr wie früher ausgehen. Von großer Bedeutung ist auch, dass die Schaffung eines europäischen Rechtsraums nur gelingen kann, wenn die Staaten die Rechtsordnungen der Mitgliedstaaten und die dahinter stehenden Wertvorstellungen als gleichwertig ansehen.

Anderes könnte für die Bindung zwischen Bürger und Staat gelten. Trotz gleicher Grundanschauungen in Europa fällt doch auf, dass im konkreten Fall für den Bürger durchaus spürbare Rechtsunterschiede bleiben. Dies liegt an den nach wie vor bestehenden Differenzen, wie bspw. den verschieden langen Trennungsfristen oder den spezifischen Unterschieden in „anderen Familiensachen" (Güterrecht, Hausrat etc.). Anzuzweifeln ist aber, ob sie noch als dem Rechtssystem „typische Charaktermerkmale" bzw. Grundanschauungen bezeichnet werden können, mit dem der Staatsangehörige sich in hohem Maße verbunden fühlt. Ist dies nicht der Fall, verlöre zumindest die religiöse, kulturelle und ideologische Bindung zum Familienrecht und somit das sog. „psychologische Band" zum Heimatstaat an Gewicht.[640] *Henrich*[641] fragt rhetorisch treffend, ob es für in Deutschland lebende Ausländer noch wichtig sei, dass ihre Haftung für die sog. Schlüsselgewaltgeschäfte eines Ehegatten oder dass ein Streit um die Ehewohnung und die güterrechtliche Auseinandersetzung unbedingt nach ihrem Heimatrecht beurteilt wird. Wann handelt es sich um Rechtsunterschiede, die die Grundprinzipien des Familienrechts widerspiegeln, mit denen sich die Ehegatten identifizieren können und wann nicht? Die Antwort hängt davon ab, wie sehr ein Rechtsunterschied einen für den Bürger fühlbaren Eingriff in seine Weltanschauungen darstellt. Sie ist zu verneinen, wenn der Rechtsunterschied derart gering ist, dass sich noch nicht verschiedene Wertesysteme oder Grundeinstellungen der Staaten darin widerspiegeln können, wie bspw. bei einem Unterschied von einem Trennungsjahr zwischen zwei Rechtsordnungen. Das Argument der starken Bindung zum eigenen Staat hat in diesem Fall daher nur ein geringes Gewicht.

In einem anderen Fall allerdings, in dem bspw. das Heimatrecht eine sechsjährige Trennungszeit vorsieht, das Aufenthaltsrecht dagegen gar keine, wie in den Niederlanden oder eine dreijährige, wie in Italien, kann das Argument der Heimatidentifizierung weiterhin gelten. Gleiches gilt für das Verhältnis zwischen Staaten, deren Scheidungsgründe auf dem Zerrüttungsprinzip beruhen und jenen, die das Verschuldensprinzip befolgen.

---

640 So auch *Martiny* bei der Frage, ob eine Vereinheitlichung des Familienrechts sinnvoll und durchsetzbar ist und inwieweit eine Bindung zum Familienrecht des Heimatstaates überhaupt noch besteht: Martiny, a. a. O., in: Martiny/Witzleb, Auf dem Weg zu einem Europäischen Zivilgesetzbuch, S. 184.

641 Henrich, FS für Stoll, S. 444.

Diese beiden Fälle sind somit auseinander zu halten: Im ersten Fall liegt keine notwendige Identifizierung mit dem Heimatrecht vor. Das Recht des gewöhnlichen Aufenthalts kommt daher den Interessen der Parteien am nächsten. Im zweiten Fall ist zumindest denkbar, dass sich der/die Ehepartner mit dem Heimatrecht identifizieren, auch wenn sie längst in einem anderen Land leben. Zwingend ist die Identifizierung aber auch hier nicht. In einem späteren Schritt ist dann zu überlegen, wie sich dieses Ergebnis im Normtext wieder finden kann. Ausnahmsweise ist die Methodik wegen ihrer augenscheinlichen Probleme jetzt schon anzusprechen.[642]

Soll das zuletzt gefundene Ergebnis in „Rom III" normiert werden, stehen sowohl der europäische Gesetzgeber als auch der gesetzesanwendende Richter vor offensichtlich unüberbrückbaren Schwierigkeiten. Beide oben genannten Fälle müssten explizit im Normtext auseinander gehalten werden. Den einen, bei dem zwischen Heimat- und Aufenthaltsrecht materiellrechtlich ein geringer Unterschied besteht, von dem, bei dem beide Rechtsordnungen erhebliche Unterschiede aufweisen. Dabei könnten die Rechtsunterschiede nicht an einzelnen rechtlichen Teilfragen, wie bspw. der Trennungszeit, festgemacht werden. Es würde an den Kriterien für die Auswahl dieser Teilfragen fehlen: Orientiert man sich am Antrag des Antragstellers und vergleicht demnach die Voraussetzungen für die Scheidung, würden die Interessen des Antragsgegners übergangen. Da beide Ehepartner eine gleichwertige Stellung haben, wäre das der falsche Weg. Vielmehr könnte man Liberalität und Strenge im materiellen Scheidungsrecht beider Rechtsordnungen als differenzierendes Kriterium wählen. Ist die Spanne gering, kann davon ausgegangen werden, dass eine unterschiedliche Identifizierung zwischen dem Bürger zum Aufenthaltsstaat einerseits und zum Heimatstaat andererseits nicht vorliegt. Das Aufenthaltsprinzip käme zur Anwendung. Ist die Spanne groß, ist eine Identifizierung mit dem Heimatstaat sehr nahe liegend und die Anwendung des Staatsangehörigkeitsprinzips würde den Parteiinteressen gerechter als das Aufenthaltsprinzip.

Eine derartige gesetzliche Regelung kann dem Richter nicht zugemutet werden. Er müsste methodisch so vorgehen, zunächst beide Rechtsordnungen zu ermitteln und dann miteinander zu vergleichen. Zwischen den offensichtlich liberalen skandinavischen Staaten und dem eher strengeren Vereinigten Königreich besteht vielleicht noch solch eine eindeutige Rangordnung, nicht aber zwischen den anderen Mitgliedstaaten. Ist z. B. Deutschland liberaler als Frankreich, weil das deutsche Scheidungsrecht keine Verschuldensscheidung vorsieht? Schließlich wird in Frankreich der Parteiherrschaft in Bezug auf Scheidungsfolgesachen stärkeres Gewicht beigemessen als in Deutschland. Gemeinsam ist beiden Rechtsordnungen wiederum, in sog. „Härtefällen" eine Scheidung gänzlich auszuschließen. Auf die Frage gibt es somit keine Antwort.

---

[642] Siehe dazu ausführlich später Dritter Teil 3. Abschnitt § 8.

Die kollisionsrechtliche Anknüpfung vom Sachrecht abhängig zu machen, ist daher nicht praktikabel. Der Richter braucht eine klare Vorgabe, welche Rechtsordnung auf den Sachverhalt anzuwenden ist.
Zugunsten einer interessengerechten Anknüpfung muss vielmehr im Einzelfall ermittelt werden, wodurch die betroffenen Personen geprägt worden sind. Da Kollisionsnormen gemeinhin keine Einzelfallprüfung ermöglichen[643], bietet sich folgende Lösung an: Wenn *beide* unterschiedlichen, oben genannten Fälle, nicht normiert werden können, kann nur *ein* Fall bzw. das hinter dem Anknüpfungsprinzip stehende vermutete Parteiinteresse im Gesetzestext aufgeführt werden. Es sollte *der* Fall sein, der gegenüber dem anderen Vorrang genießt. Liegt ausnahmsweise der andere Fall vor, ist auf die Möglichkeit der Rechtswahl oder der Ausweichklausel zurückzugreifen. Welcher Fall demnach im Gesetz festgeschrieben werden soll, lässt sich mit einem Blick auf die fortschreitende Integration der EU-Bürger und die zukünftige Rechtsangleichung der Mitgliedstaaten beantworten. Die Unterschiede der Rechtsordnungen werden immer geringer, sodass der erste Fall, bei dem angesichts kleiner Rechtsverschiedenheiten eine unterschiedliche Identifizierung zwischen dem Recht des Heimatstaates und dem des Aufenthaltsstaates nicht angenommen wird, primär vorkommen wird. Das bedeutet, dass dieser erste Fall, der im Ergebnis zur Anknüpfung an das Aufenthaltsprinzip führt, normiert werden sollte. Liegt dieser Fall ausnahmsweise nicht vor, d. h. die Ehegatten identifizieren sich nur mit der Rechtsordnung ihres Heimatlandes – wahrscheinlich nur bei erheblichen Unterschieden zum Recht des Aufenthalts oder sonstigen Gründen fehlender Integration – sollen sie die Möglichkeit haben, das Recht ihres Heimatstaates zu wählen. Weiterhin sollte es ihnen unbenommen bleiben, subjektive und objektive Umstände darzulegen, die die Anknüpfung an das Recht des Aufenthaltsortes zugunsten des Heimatrechts über eine Ausweichklausel korrigieren. Diese Meinung teilen auch Vertreter aus Luxemburg und Belgien. Danach soll die gemeinsame Staatsangehörigkeit keinerlei Einfluss auf das Scheidungsrecht haben, wenn die Ehegatten einen gemeinsamen gewöhnlichen Aufenthalt haben, es sei denn, sie treffen hinsichtlich ihres Heimatrechts eine Rechtswahl.[644]
Zweifel werden dahingehend geäußert, ob die Betroffenen überhaupt Kenntnis von der Rechtswahlmöglichkeit hätten.[645] Dem könnte nur durch eine behördliche Hinweispflicht abgeholfen werden, welche wiederum erhebliche verwaltungstechnische Kosten verursachen würde, die von den Wählenden getragen werden müsste.[646] Das würde viele Interessierte zu Recht abschrecken und damit

---

[643] Mankowski, IPRax 2004, S. 285; Mansel, a. a. O. in: Jayme, Kulturelle Identität und Internationales Privatrecht, S. 135.
[644] JUSTCIV 66, S. 25 und FN 33.
[645] So Basedow/Diehl-Leistner, a. a. O., S. 41, 43.
[646] Hellwig, S. 180; ebenso die Ansicht *Basedows* in der Diskussionsrunde, in: Nation und Staat, S. 315.

die Rechtswahlmöglichkeit zu einer Regelung werden lassen, die nur auf dem Papier steht. Außerdem ist dieser Vorschlag aus praktischen Gründen abzulehnen. Es stellt sich dann nämlich die Frage, wer benachrichtigt werden muss. Auch wenn „ROM III" nur gemischt-nationale Ehepaare betrifft bzw. Ehepaare, die sich nicht in ihrem Heimatstaat aufhalten, muss geklärt werden, wann bzw. an wen die Information erteilt werden soll. Relevant wird die Rechtswahl auf den ersten Blick erst bei Eheschließung. Darunter würde dann aber z. B. ein deutsches Ehepaar, das nach Frankreich auswandert, nicht fallen. Was passiert mit einem Ehepaar, das sich im Urlaub vermählt und nur ein Ehegatte kehrt vorerst in sein Heimat- und Aufenthaltsland zurück. Dann müsste dieser Staat dafür Sorge tragen, dass der andere Ehegatte ebenfalls informiert wird. Dafür ist der Staat nicht zuständig.
Auf diese Bedenken hin ist jedoch die Frage zu stellen, seit wann Gesetzesnormierungen abgelehnt werden, weil die Bürger u. U. keine Kenntnis von ihrer Existenz haben könnten. Warum sollte ein zugereistes Ehepaar zwar wissen, dass es nach der Rechtsordnung seines Heimatstaates geschieden wird, nicht aber, dass es das Scheidungsstatut auch wählen darf? Sicherheit haben die Betroffenen immer nur nach einem Blick ins Gesetz. Aufgabe des (europäischen) Gesetzgebers ist es nicht, Institutionen vorzusehen, die die Betroffenen darauf aufmerksam machen, dass zwischen ihnen ein Rechtsverhältnis mit Auslandsbezug herrscht, sich somit ihr Scheidungsstatut u. U. geändert haben könnte und sie die Möglichkeit zur Rechtswahl haben. Der Gesetzgeber muss nur darauf bedacht sein, ein interessengerechtes Kollisionsrecht zu schaffen, das trotz seines umfassenden Anknüpfungssystems dem Rechtssuchenden verständlich ist. Die Möglichkeit, das Bedürfnis nach Identifikation mit dem Heimatstaat mit Hilfe der Rechtswahl zu realisieren, begegnet somit keinen Bedenken.[647]

b) Stabilität, fehlende Manipulationsmöglichkeit, Rechtssicherheit

Unabhängig von den genannten *charakteristischen* Unterschieden zwischen beiden Anknüpfungspunkten, wird vielfach behauptet, die Anknüpfung an die Staatsangehörigkeit habe den Vorteil, schwerer manipulierbar und damit stabiler sowie leichter ermittelbar zu sein.[648] Da die Parteien ihren Wohnsitz bzw. gewöhnlichen Aufenthalt ohne weiteres ändern können, besteht durchaus die Gefahr willkürlicher Einflussnahme auf das anwendbare Recht. Zwar ist auch fraglich, ob die Staatsangehörigkeit nicht genauso manipulierbar ist wie der gemein-

647 Siehe dazu näher Dritter Teil 3. Abschnitt § 5. II. 3.
648 Vgl. Henrich, FS für Stoll, S. 444; Rohe, FS für Roethoft, S. 15; Geimer, Sonderbeitrag der DNotZ 1985, S. 105; Neuhaus, Grundbegriffe, S. 223; ebenso die Ansichten einiger Vertreter der Mitgliedstaaten: Final Report, S. 19; Kropholler, Internationales Privatrecht, § 39 I 2. a; Fischer, a. a. O., in : V. Bar, Europäisches Gemeinschaftsrecht und Internationales Privatrecht, S. 165; sowie die Gründe in der Reform des EGBGB von 1986 für die Beibehaltung des Staatsangehörigkeitsprinzips: BT-Drucks. 10/504, 31.

same gewöhnliche Aufenthalt.[649] Bspw. kann gemäß Art. 19 Abs. 1, 1. HS des Gesetzes über die belgische Staatsangehörigkeit bereits nach einem dreijährigen (statt dem früher erforderlichen fünfjährigen) Hauptaufenthalt in Belgien die belgische Staatsangehörigkeit erlangt werden.[650] Bei dem Erwerb der belgischen Staatsangehörigkeit wird nicht mehr überprüft, ob ein ausreichender Integrationswille vorliegt. In Schweden ist der erforderliche Mindestaufenthalt für Angehörige Dänemarks, Finnlands, Islands und Norwegens gemäß § 11 Nr. 4 a des Gesetzes (2001:82) über die schwedische Staatsangehörigkeit auf zwei Jahre verkürzt. Sind in den anderen Mitgliedstaaten die Voraussetzungen auch höher, so ist die Einbürgerung zumindest in allen Mitgliedstaaten möglich. Dennoch stehen dem Wechsel der Staatsangehörigkeit u. U. zwingende rechtliche Gründe entgegen, dem Wohnsitz- bzw. Aufenthaltswechsel hingegen evtl. nur tatsächliche und verwaltungstechnische, überwindbare Hindernisse.

Aus folgendem Grund ist es jedoch zweifelhaft, beim Staatsangehörigkeitsprinzip mit Sicherheit eine Manipulations- bzw. Umgehungsgefahr auszuschließen. Jede Manipulation birgt stets die Möglichkeit einer Willensäußerung der Person in sich, die in zwei Richtungen weisen kann, von denen allerdings nur *eine* kollisionsrechtlich unerwünscht ist. *Fehlende* Manipulation bei der Staatsangehörigkeit bedeutet zum einen – wie es häufig verstanden wird –, dass sich die betreffende Person nicht so einfach aus kollisionsrechtsfremden, nämlich materiellrechtlichen Gründen die ihr günstigste Rechtsordnung aussuchen kann. Der Wille, manipulativ ein bestimmtes Kollisionsrecht auszuwählen, lässt sich aus dieser Sicht beim Staatsangehörigkeitsprinzip nicht realisieren. Diese unterdrückte Willensäußerung ist kollisionsrechtlich erwünscht. Auf der anderen Seite bedeutet eine fehlende Manipulationsmöglichkeit auch, dass die Person einer Rechtsordnung unterworfen ist, zu der sie eine Verbindung hat, die auf kollisionsrechtsfremden und daher den Interessen der Person konträren Gründen beruhen kann. Die Gründe, die für den Erwerb, Verlust und die Beibehaltung der Staatsangehörigkeit entscheidend sind, können ganz andere sein als jene, die eine enge Verbindung zwischen einer Person und einem Staat herstellen.[651] Derjenige also, der sich aus kollisionsrechtlichen Motiven, nämlich aufgrund einer tatsächlichen engen Verbindung zu einem Staat, zu einem anderen als dem Heimatland, zugehörig fühlt, kann diesen Wunsch ebenso wenig zum Ausdruck

---

649 Vgl. nur Braga, RabelsZ 1953, S. 238, der als Beispiel die Erlangung französischer Staatsangehörigkeit nennt. *Braga* geht jedoch beim Vergleich beider Prinzipien vom Wohnsitz aus, dessen Wechsel insbesondere vor 50 Jahren noch schwerer war als der des gewöhnlichen Aufenthalts. Ebenso Neuhaus, Grundbegriffe, S. 210.

650 S. a. Art. 2 § 1 des Gesetzes v. 28. 04. 1958 über die Ratifizierung des Staatsvertrages zwischen dem Königreich Belgien und der Bundesrepublik Deutschland v. 24. 09. 1956.

651 Die Unabhängigkeit der Staatsangehörigkeitsvoraussetzungen vom Internationalen Privatrecht soll auch gewahrt werden. Sonst würde die Staatsangehörigkeit zur Dienerin des Privatrechts gemacht: Kropholler, Internationales Privatrecht, § 38 I 2 und III 2.

bringen wie derjenige, der dies aus kollisionsrechtsfremden Motiven gerne tun würde. Mit anderen Worten sind Begriffe wie die Staatsangehörigkeit, deren Vorliegen an formelle Voraussetzungen geknüpft ist, u. U. geradezu prädestiniert für Umgehungen, weil es auf die tatsächliche enge Verbindung gar nicht ankommt. Setzt die Anknüpfung hingegen tatsächliche Bindungen zu einem Staat voraus[652], können diese weder vorgetäuscht noch oberflächlich sein. Die fehlende Manipulationsmöglichkeit der Staatsangehörigkeit ist daher kein Argument für eine entsprechende vorrangige Anknüpfung.
Die durch die viel gepriesene Stabilität erzeugte Rechtssicherheit des Staatsangehörigkeitsprinzips bringt als Kehrseite zudem noch die Gefahr der Verkrustung[653] mit sich. Wie sich später zeigen wird,[654] gehen die Interessen der Parteien eher dahin, mit den Inländern gleich behandelt zu werden. Es ist daher zu vermuten, dass das Aufoktroyieren von Kontinuität und damit Stabilität heute eher ein Hindernis für das gesellschaftliche Zusammenleben darstellt, als dass es Rechtssicherheit vermittelt.
Die Hauptschwierigkeit des Aufenthaltsprinzips liegt hingegen zweifelsohne in der Unbestimmtheit, von welchem Zeitpunkt ein Wechsel des gewöhnlichen Aufenthalts anzunehmen ist und wo sich, insbesondere z. B. bei zweifachem Wohnsitz, der gewöhnliche Aufenthalt befindet. Die Anknüpfung an die Staatsangehörigkeit dient hier deutlich der Rechtssicherheit und Rechtsklarheit.[655] Zwar gibt es auch Stimmen, die dem Staatsangehörigkeitsprinzip vorwerfen, dass die Feststellung der Staatsangehörigkeit einer Person schwierig sein könne, wenn z. B. die Abstammung, die Freiwilligkeit des Erwerbs einer anderen Staatsangehörigkeit oder die objektiven Rechtsquellen bei Gebietsveränderungen ungeklärt seien.[656] Hiergegen ist Folgendes einzuwenden: Zum einen kommen diese letztgenannten Fälle selten und in Europa nahezu gar nicht vor. Zum zweiten ist die Staatsangehörigkeit klar und nur mit dem Merkmal der rechtli-

---

652 Siehe dazu Dritter Teil 3. Abschnitt § 4. IV. 4. c). Dort wird der faktische Charakter des Aufenthaltsprinzips unter dem Gesichtspunkt betrachtet, ob er eher eine enge Verbindung darstellen kann als das rechtlich geprägte Staatsangehörigkeitsprinzip.

653 So zu Recht: Rohe, FS für Roethoft, S. 16. Diese zwei Seiten sieht auch Beitzke, ZfRV 1981, S. 112.

654 S. u. Dritter Teil 3. Abschnitt § 4. IV. 4. c).

655 Entgegen *Fischers* Ansicht handelt es sich bei der sicheren Feststellbarkeit daher nicht nur um Verkehrs- und Ordnungsinteressen, d. h. das Interesse an der schnellen Ermittlung des Rechts: Fischer, a. a. O., in: V. Bar, Europäisches Gemeinschaftsrecht und Internationales Privatrecht, S. 166.

656 Geisler, S. 94; Neuhaus, Grundbegriffe des IPR, S. 210; Kropholler, Internationales Privatrecht, § 38 II 1, der schließlich aber einräumt, dass das Aufenthaltsprinzip die größere Unsicherheit in sich birgt.

chen Staatszugehörigkeit definiert.[657] Das *erleichtert* zumindest die Ermittlungen gegenüber der Feststellung des Aufenthaltsprinzips.
Trotzdem sind nicht alle ungeklärten Fragen Folgen der Unbestimmtheit des gewöhnlichen Aufenthalts. Streitig ist, ob eine Person auch an mehreren Orten zugleich einen gewöhnlichen Aufenthalt haben kann. Die deutsche Rechtsprechung etwa hat dies teilweise bejaht, allerdings bezeichnenderweise nur in Fällen, in denen es um die Bestimmung der internationalen Zuständigkeit ging.[658] Entscheidungen des *EuGH* zum doppelten gewöhnlichen Aufenthalt gibt es nicht. Aus zweierlei Gründen ist die Annahme von zwei gewöhnlichen Aufenthalten abzulehnen. Das Gesetz spricht im Singular von „dem gewöhnlichen Aufenthalt", was die Existenz von zwei gewöhnlichen Aufenthalten schon terminologisch ausschließt. Ließe man sie dennoch zu, würde durch die Erweiterung der Tatsachenseite der gesetzliche Tatbestand unzulässig erweitert. Ein zweiter Grund kommt hinzu: Es ist kaum einzusehen, dass für einen Beteiligten zwei unterschiedliche Rechte gleichermaßen zur Anwendung kommen.[659] Gleiches gilt auch für die internationale Zuständigkeit[660], zumindest solange, wie das Scheidungskollisionsrecht noch nicht vereinheitlicht ist. Denn dann kann die Möglichkeit zweier internationaler Gerichtszuständigkeiten aufgrund verschiedenen Kollisionsrechts zur Anwendung zweier unterschiedlicher Rechte führen. Außerdem ist die Entscheidung für zwei gewöhnliche Aufenthalte einer Person nicht das objektiv richtige Ergebnis auf die Frage, wo tatsächlich der Lebensmittelpunkt dieser Person liegt.[661] Vielmehr beruht sie darauf, dass die Abwägung der objektiven und subjektiven Momente, die die enge Verbindung einer Person zu einem Aufenthaltsort ausmachen, entweder nicht ausreichend stattgefunden hat oder dass sich der Richter nicht für eine Gewichtung dieser einzelnen Momente entscheiden konnte. Ein Beispiel, bei dem eine umfassende Prüfung der Verbindungspunkte beider Ehegatten geboten ist, stellt etwa dar, wenn die italienischen Eheleute im Frühjahr und Sommer als Dompteure in einem Zirkus in Deutschland tätig sind und die übrige Zeit in Italien leben. So reicht es nicht aus, dass der Richter nur die Länge des jeweiligen zeitlichen Aufenthalts in Deutschland und Italien überprüft. Die Aufenthaltsdauer in beiden Ländern stimmt überein. Er darf sich auch nicht mit der Feststellung begnügen, Arbeitsleben in

---

[657] Diesen Vorteil sehen auch Ficker, FS für Nipperdey, 297, S. 303; MPI, RabelsZ 1980, S. 345; Hellwig, S. 138.

[658] BayOLG FamRZ 1980, S. 883; KG FamRZ 1987, S. 603.

[659] Vgl. auch Henrich, Internationales Familienrecht, S. 62.

[660] A. A. Henrich, Internationales Familienrecht, S. 62, der ohne Begründung meint, dass sich die These von der Möglichkeit zweier gewöhnlicher Aufenthalte bei der internationalen Zuständigkeit wohl halten ließe. Ebenso Keller/Siehr, S. 324.

[661] Vgl. auch Staudinger/Mankowski, Art. § 14 RN 53; MüKo/Sonnenberger, Einl. zum IPR, RN 667 und Art. 5 RN 32 m. w. N; Rohe, FS für Roethoft, S. 21; KG NJW 1988, 649; ebenso im Ergebnis Erman/Hohloch, Art. 5 RN 55; a. A. Levante, S. 100 f.

Deutschland und Familienleben in Italien seien gleichwertig. Der Richter ist gehalten, weitere Umstände in die Prüfung mit einzubeziehen und diese bis ins Detail zu erforschen, um sagen zu können, ob der Bezug dieser Personen zu einem der beiden Staaten enger ist bzw. wo der Lebensmittelpunkt liegt. So muss er bspw. fragen, welche Behausung größer und wohnlicher eingerichtet ist, wo die Kinder zur Schule gehen, wo deren und die soziale Integration der Eltern (Sport-, Musik-, Kulturvereine, Freundeskreis) stärker ausgeprägt ist, wo die Verwandten leben, etc. Je detaillierter die Lebenssituation dargestellt wird, umso sichtbarer werden die Unterschiede der Bezugspunkte zu beiden Aufenthaltsorten und deren Gewichtung. Die Entscheidung für *einen* „gewöhnlichen Aufenthalt", statt für *zwei*, fällt nicht mehr so schwer. Damit bleibt die Bestimmung des gewöhnlichen Aufenthalts zwar schwierig und für die Beteiligten nicht immer vorhersehbar. Unlösbare Fälle gibt es allerdings nicht. Außerdem sind sie nicht schwerer zu bewältigen als die Ermittlung der effektiven Staatsangehörigkeit bei Doppelstaatern. Rechtsanwender und Gegner des Aufenthaltsprinzips verstecken sich demnach gern unter dem Deckmantel der Unbestimmtheit des gewöhnlichen Aufenthalts; das eigentliche Problem liegt aber im stetigen Bemühen um die Ermittlung der Tatsachen im einzelnen Fall.

Wenn auch nicht in dem zuvor kritisierten Maße, so lässt sich aber nach wie vor aus oben genannten Gründen die Staatsangehörigkeit einfacher ermitteln als der gewöhnliche Aufenthalt und trägt damit zur Rechtssicherheit bei. Das Aufenthaltsprinzip hat hingegen den Vorteil, dass es deutlich häufiger zur Anwendung der lex fori führt als das Staatsangehörigkeitsprinzip. Dient es nicht der Rechtssicherheit und Gerechtigkeit, wenn Richter stets ihr eigenes, vertrautes Recht anwenden und sich nicht bei allen Angleichungsbemühungen mit den Schwierigkeiten der fremden Sprache und der anderen Rechtssystematik auseinandersetzen müssen?[662] Auch ein kurzes und kostengünstiges[663] Verfahren liegt stets im Parteiinteresse.

Somit bleibt festzuhalten, dass die Staatsangehörigkeit nicht deshalb kollisionsrechtlich befürwortet werden sollte, weil sie schlechter manipulierbar ist als der gewöhnliche Aufenthalt. Im Hinblick auf die Rechtssicherheit heben sich die

---

662 Diese Ansicht steht nicht im Widerspruch zu der Aussage, Grund für die Anwendung der lex fori sollten nicht die fehlenden Auslandsrechtskenntnisse des Richters sein, sondern die Bedürfnisse des Rechtssuchenden (s. o. Dritter Teil 3. Abschnitt § 3.). Denn jetzt geht es um die Frage, ob die *Anknüpfung an den gewöhnlichen Aufenthalt* den Interessen der Ehepartner entspricht. Es ist nur ein positiver Nebeneffekt, dass der Richter dann in der Regel auch sein eigenes Recht anwendet. Die andere oben besprochene Frage war, ob die *Anknüpfung an die lex fori* interessengerecht ist.

663 *Drobnig* spricht sogar bei der Anwendung fremden Rechts von „minderwertiger Qualität": Drobnig, RabelsZ 1970, S. 639; ebenso Flessner, RabelsZ 1970, S. 554; ders. in seinem Diskussionsbeitrag in: Lausanner Kolloquium, S. 279-283.

Argumente für das Staatsangehörigkeitsprinzip und das Aufenthaltsprinzip gegeneinander auf.

c) Die tatsächlich enge Verbindung

Die unter *b)* darlegten Argumente sind aber in ihrer Gewichtung nur zweitrangig. Entscheidender sind jene, die gemäß dem Leitprinzip des IPR für den Anknüpfungspunkt die engere Verbindung einer Person zu einer Rechtsordnung nachweisen können, wie dies bereits im Rahmen der Identifizierung[664] teilweise geschehen ist.

Der Erwägungsgrund (12) der Verordnung (EG) Nr. 1347/2000 bietet einen Anhaltspunkt dafür, wie die enge Verbindung ausgestaltet sein soll. Die Verordnung (EG) Nr. 2201/2003 hat diesen Erwägungsgrund zwar nicht übernommen. Da aber Art. 3 EheVO II die Anknüpfungsleiter des Art. 2 EheVO II unverändert übernommen hat, hat sich die Grundlage der Zuständigkeitsregelung nicht geändert. Nach Erwägungsgrund (12) der EheVO I muss zwischen den Verfahrensbeteiligten und dem Mitgliedstaat eine „*tatsächliche* Beziehung" bestehen. Dem liegt die Annahme zugrunde, dass eine faktische Bindung den Interessen der Parteien am besten Rechnung trägt.[665] Dieser Gedanke wird auch Grundlage für „Rom III" sein. Um festzustellen, ob die tatsächlichen Beziehungen von Personen vorwiegend zum Aufenthaltsort oder zum Staat ihrer Staatsangehörigkeit bestehen, müssen die Charakteristika der beiden Anknüpfungspunkte untersucht werden. Die Staatsangehörigkeit ist zunächst primär ein rechtlicher Status, die rechtliche Mitgliedschaft einer natürlichen Person in einem Staat[666]. Der Bericht von *Borrás*[667] ist insoweit widersprüchlich, als die Anknüpfung an das Heimatrecht nur eines Ehegatten in vielen Fällen keinerlei faktische Bindung indizieren würde. Die Anknüpfung an die gemeinsame Staatsangehörigkeit hingegen könne diese Bedingung erfüllen. *Borrás* verkennt dabei, dass es nicht die *Gemeinsamkeit* der Ehegatten ist, die eine Nähebeziehung entweder als faktisch oder als rechtlich einstuft. Die Übereinstimmung der Anknüpfungspunkte bei beiden Ehegatten gewährleistet ausschließlich die Gleichberechtigung. Verstärkt die Staatsangehörigkeit eines Ehegatten die Staatsangehörigkeit des anderen, dann wird nicht plötzlich aus einer „nicht-faktischen" Bindung eine „faktische". Es müssen vielmehr weitere Gründe hinzukommen, die eine tatsächliche Nähe der Partei(en) zu ihrem Heimatstaat begründen. Das sind objektive Umstände wie

---

664 S. o. Dritter Teil 3. Abschnitt § 4. IV. 4. a).

665 Das ist die logische Schlussfolgerung, vgl. Borrás Bericht, Nr. 30 iVm Nr. 27.

666 Hellwig, S. 5 m. w. N.

667 Borrás Bericht, Nr. 33.

die verwandtschaftlichen Beziehungen, eine lange Aufenthaltsdauer[668], tatsächliche gesellschaftliche oder kulturelle Verpflichtungen, die Integration in Kultur, Mentalität sowie der angesprochene subjektive Umstand des psychologischen Bandes, welche zur Identifizierung einer Person mit seinem Heimatland führt. Dabei handelt es sich um Gründe, die die Partei erst zusätzlich positiv darlegen muss; sie sind nicht per se durch die Staatsangehörigkeit vorhanden. Somit ist die Staatsangehörigkeit selbst noch nicht einmal ein faktisches Indiz[669]; sie kann es aber werden, wenn die Betroffenen an ihrem Heimatrecht festhalten und dies zum Ausdruck bringen.

Der Begriff des gewöhnlichen Aufenthalts ist dagegen *faktisch* geprägt.[670] Es bedarf bis auf das Vorliegen seiner Definitionsvoraussetzungen keiner zusätzlichen Gründe, um die tatsächliche Verbindung darzulegen.[671] Erfüllt sind die Voraussetzungen, wenn *tatsächliche*, nicht rechtliche, Umstände gegeben sind. Lebt eine Person längere Zeit in einem Land und hat sie sich dort familiär oder beruflich integriert oder ist der Aufenthalt auf längere Zeit angelegt und soll künftig den Daseinsmittelpunkt darstellen, dann wird *vermutet*, dass die Person die Gewohnheiten des Landes und der Bürger annimmt, evtl. dort arbeitet und

---

668 Entscheidend ist die *vergangene* Aufenthaltsdauer, die irgendwann einmal vorgelegen hat. Sie dient als Indiz für die Bindung. Es muss nicht zwangsläufig die unmittelbar dem Scheidungsantrag vorausgehende Aufenthaltsdauer sein. Insbesondere der Aufenthalt im Kindesalter ist entscheidend; die Anpassung an einen neuen Aufenthaltsort ist im Erwachsenenalter schwerer nachweisbar: Lüderitz, FS für Kegel, S. 37 f.

669 Vgl. auch Neuhaus, Grundbegriffe, S. 209. *Neuhaus* meinte zwar 1976, dass die Staatsangehörigkeit nur, aber doch sehr wohl ein Indiz sein kann. Dass das, wie hier vertreten, nur der Fall ist, wenn der Wille der Ehegatten dies unterstützt, ist aber die logische Konsequenz, wenn – wie von *Neuhaus* richtig erkannt – die tatsächlichen Beziehungen der Parteien woanders liegen.

670 Henrich, Internationales Familienrecht, S. 60; ders, Eherecht, Art. 17 RN 9; Staudinger/Mankowski, Art. 14 RN 53; genauer Gollrad, S. 218, der zu Recht feststellt, dass zwar grundsätzlich bestimmte Tatsachen den Begriff ausfüllen. Es könne aber zusätzlich eine Wertung der Tatsachen erforderlich sein, weil nur jene, die eine tatsächlich enge Verbindung zum Ausdruck bringen, die Voraussetzungen erfüllen; ebenso Levante, S. 464; Baetge, Der gewöhnliche Aufenthalt im Internationalen Privatrecht, S. 105 f.; ähnlich Spellenberg, FS für Geimer, S. 1265, der den gewöhnlichen Aufenthalt als rechtliches Konzept versteht.

671 Vgl. auch Levante, S. 83. Gänzlich unvertretbar ist daher die Ansicht des *MPI* aus dem Jahre 1980, wonach sich als geeigneter und eindeutiger Weg für eine tatsächliche Eingliederung der Erwerb der Staatsangehörigkeit des Gastlandes anbiete: MPI, RabelsZ 1980, S. 345. Denn wenn man sich für eine Einbürgerung entschließt, hat man sich doch bereits *vorher tatsächlich* integriert.

sich den Gesetzen und Regeln dieses Staates unterstellt.[672] Allein aufgrund dieser tatsächlichen Umstände entsteht daher eine enge Verbindung zwischen Person und Staat.
Bei der Gegenüberstellung der Charakteristika beider Anknüpfungsprinzipien zeigt sich, dass die von der EheVO II geforderte „tatsächliche Bindung" nur zwischen der Person und dem Land vermutet werden kann, in dem sie lebt, es sei denn, sie behauptet etwas anderes und kann es auf andere Weise darlegen als durch ihren tatsächlichen Lebensmittelpunkt. Dies ist in der Regel der Fall bei Personen, die nur vorübergehend – meist berufs- oder ausbildungsbedingt – in einem Land leben. Diesen Personen wird es aber leicht fallen, die Vermutung, dass die engste Verbindung zu ihrem Aufenthalt bestehe, durch einen zu äußernden entgegenstehenden Willen zu erschüttern. Dieser Wille kann sich entweder in Form einer Rechtswahl zeigen, durch Darlegung aller objektiven und subjektiven Umstände, die das Ergebnis über eine Ausweichklausel korrigieren oder durch die gemeinsame Antragstellung der Ehegatten in dem Heimatstaat.[673]
Ist daher etwa für die Ehegatten von Bedeutung, nicht nach dem Schuldprinzip im Aufenthaltsstaat, sondern nach dem Zerrüttungstatbestand ihres Heimatstaates geschieden zu werden, mögen sie diesen Wunsch äußern. In diesen Überlegungen kommt eine Interessenhierarchie zum Ausdruck, die sich auch in der Anknüpfungsleiter widerspiegeln muss: Danach besteht grundsätzlich die tatsächlich engere Verbindung zu dem Staat, in dem die Verfahrensbeteiligten sich gewöhnlich aufhalten, es sei denn, sie äußern ihren Willen, sich dem Heimatrecht eines oder beider Ehepartner zu unterstellen, oder die engere Verbindung zum Heimatstaat ist nach Vortrag und Darlegung entsprechender Umstände der Parteien offensichtlich.

d) Beachtung der EheVO II

Außerhalb dieser Argumentationsreihe muss auch ein Blick auf die EheVO II gerichtet werden: Die internationale Zuständigkeit der Gerichte beruht oftmals auf einem besonderen Inlandsbezug. Da die Zuständigkeitsordnung auf dem Aufenthaltsprinzip fußt, sollte das darauf folgende Scheidungsstatut ebenfalls darauf beruhen.[674] Denn zum einen wäre es unverständlich, wenn die durch die EheVO II vermutete Bindung zum zuständigen Gerichtsstaat durch das Kollisionsrecht wieder aufgelöst würde. Zum zweiten ist eine konsensfähige Lösung

---

672 Dies meint zustimmend zum Regierungsentwurf des deutschen Internationalen Privatrechts von 1983 auch das *MPI* in seiner Stellungnahme: „In der Begründung des Entwurfs heißt es zutreffend, dass in der Mehrzahl der Fälle gemischt-nationale Ehen in der Rechtsordnung ihren Schwerpunkt haben, in deren Geltungsbereich sich der gewöhnliche Aufenthalt beider Ehegatten befindet": MPI, RabelsZ 1983, S. 625.

673 Dazu näher unten Dritter Teil 3. Abschnitt § 5. I. 4. b) bb).

674 Siehe bereits oben Dritter Teil 3. Abschnitt § 2. letzter Absatz. Ebenso Hohloch, FS für Stoll, S. 550.

anzustreben. Haben es die Mitgliedstaaten in der EheVO I und der EheVO II befürwortet, das Aufenthaltsprinzip vorrangig anzuwenden, werden sie bei „Rom III" keine andere Meinung vertreten.

Mit „Aufenthalt" sind in diesem Fall alle denkbaren Anknüpfungen an den Aufenthalt gemeint: Der gemeinsame und der letzte gemeinsame Aufenthaltsort. Sogar der gewöhnliche Aufenthalt nur eines Ehegatten kann ausreichen, wenn beide Ehegatten gemeinsam dort den Scheidungsantrag stellen. Wird dem Aufenthaltsprinzip einmal Vorrang eingeräumt, dann behält es ihn für alle Konstellationen des Aufenthalts, selbst wenn sie in nur „abgeschwächter" Form bestehen. Das zeigt sich an folgendem Beispielsfall:

Ein deutsches Ehepaar hat während der Ehe in Österreich gelebt. Mit der Trennung zieht der Mann zurück nach Deutschland, die Ehefrau bleibt in Österreich. Der stärkere Bezugspunkt beider Eheleute liegt eindeutig in Österreich, nicht in Deutschland, selbst wenn der Ehemann zum Zeitpunkt der Antragstellung dort nicht mehr lebt. *Henrich*[675] ist der Ansicht, hier läge die Anknüpfung an die gemeinsame Staatsangehörigkeit näher als die Anknüpfung an den letzten gemeinsamen gewöhnlichen Aufenthalt. Diese Ansicht ist dann vertretbar, wenn sich die engere Verbindung „errechnen" lässt, indem die Verbindungspunkte zu den einzelnen Staaten addiert werden. Dann würden im Beispielsfall die gemeinsame deutsche Staatsangehörigkeit und der Aufenthalt[676] eines Ehegatten in Deutschland dem letzten gemeinsamen gewöhnlichen Aufenthalt in Österreich gegenüberstehen. Deutschland könnte die meisten Verbindungspunkte auf sich vereinen. Eine solche Rechnung beachtet jedoch nicht, welcher Verbindungspunkt zu welchem Ehepartner gehört. Die Gleichberechtigung beider Ehegatten wird missachtet, wenn nur die Anzahl der Verbindungen für die „engste Verbindung" ausschlaggebend ist. Eine interessengerechte Anknüpfung setzt voraus, dass vorrangig die *gemeinsamen* Bezugspunkte gefunden, „addiert" und miteinander abgewogen werden. Gibt es eine starke gemeinsame Beziehung zu einem Staat, kann sie nicht mehr durch eine einseitige erschüttert werden. Auf den Beispielsfall bezogen besteht die gemeinsame engste Verbindung der Eheleute zu dem Staat, in dem sie beide zuletzt gelebt haben: Österreich. Das ist die konsequente Folge des grundsätzlich befürworteten Vorrangs des Aufenthaltsprinzips. Erst sekundär verbindet die gemeinsame Staatsangehörigkeit die Eheleute mit Deutschland. Muss sich bspw. nun die Ehefrau deutschem Recht unterstellen, nur weil der Ehemann den Scheidungsantrag in Deutschland stellt? Selbst wenn er dort bereits seinen Lebensmittelpunkt hat, darf dies nicht zu Lasten der Ehe-

---

675 Henrich, FS für Stoll, S. 442.

676 Ob *Henrich* davon ausgeht, dass der Ehegatte bereits seinen gewöhnlichen Aufenthalt wieder in Deutschland hat, ist ungewiss, aber doch sehr wahrscheinlich. Als Verbindungspunkt wäre allerdings auch die bloße Antragstellung in Deutschland ausreichend.

frau gehen, die nach wie vor und zukünftig in Österreich lebt. Die engste Verbindung besteht weiterhin zum Recht des letzten gewöhnlichen Aufenthalts. Dieses Ergebnis ergibt sich unabhängig davon, ob die Ehefrau noch in Österreich wohnt oder ebenfalls bereits in einem anderen Staat – außer Deutschland – umgezogen ist. Denn entscheidend ist die Verbindung zu einem Staat, die *beide* Eheleute für sich beanspruchen. Zieht die Ehefrau nach der Trennung in die Schweiz, ändert das nichts an der engsten Verbindung beider Eheleute zu Österreich. Der letzte gemeinsame gewöhnliche Aufenthalt wäre somit im Verhältnis zur Staatsangehörigkeit nicht anders zu beurteilen als der gemeinsame gewöhnliche Aufenthalt im Zeitpunkt der Antragstellung.

Ein Argument gegen diese Sichtweise könnte sein, dass die Anwendung einer solchen Vorschrift bedeuten würde, Kollisionsrechtsregeln würden einer vergangenen Situation den Vorrang einräumen und gleichzeitig die künftige Sachlage vernachlässigen.[677] Ist bereits ein neuer gewöhnlicher Aufenthalt eines einzelnen Ehegatten in einem Mitgliedstaat begründet, unterscheidet sich der Fall von jenem, in dem sich die Ehegatten trennen, jedoch in demselben Mitgliedstaat wohnen bleiben. Ehegatten, die getrennt innerhalb eines Mitgliedstaates leben, sind rechtlich und gesellschaftlich nach wie vor demselben Rechtssystem unterworfen.

Zieht ein Ehegatte aber in einen anderen Staat und erlangt dort seinen gewöhnlichen Aufenthalt, so wird er sich in dem Staat integrieren und sich der neuen Rechtsordnung unterwerfen. Denkbar wäre es nun, dass der Staat eines der Ehegatten es missbilligt, wenn die Scheidung aufgrund des Rechts des Staates nicht vollzogen werden kann, in dem die Ehegatten in der Vergangenheit zusammen gelebt haben. Hiergegen ist zum einen einzuwenden, dass Staatsinteressen im Range *nach* den Parteiinteressen stehen. Zum zweiten darf der Mitgliedstaat im Familienrecht nicht einseitig den Ehegatten bevorzugt behandeln, der zugereist ist. Vielmehr müssen Staatsinteressen dem Gleichberechtigungsgrundsatz weichen. Der letzte gemeinsame gewöhnliche Aufenthalt sollte daher Vorrang gegenüber der gemeinsamen Staatsangehörigkeit genießen.

Gleiches gilt für das Verhältnis zwischen dem Heimatrecht und dem Recht des Staates, in dem ein Ehegatte seinen gewöhnlichen Aufenthaltsort hat und in dem beide Ehegatten gemeinsam die Scheidung beantragen. Hier ist im Verhältnis zum Staatsangehörigkeitsprinzip nicht der Aufenthalt, sondern vielmehr der Wille der Parteien entscheidend. Er ist es, der die Interessen der Parteien ausdrückt und sich somit über jegliche Verbindung der Parteien mit ihrem Heimatstaat stellt.

---

677 So die Kritik bzgl. der Anknüpfung an die letzte gemeinsame Staatsangehörigkeit, die auf den letzten gemeinsamen gewöhnlichen Aufenthalt übertragbar ist: Staudinger/Mankowski, Art. 14 RN 47.

Zusammenfassend ist festzustellen, dass in „Rom III“ nicht nur die Vorreiterrolle des Staatsangehörigkeitsprinzips aufgehoben werden sollte. Aufgrund der naturgemäß engeren Verbindung zum gewöhnlichen Aufenthalt sollte die Staatsangehörigkeit nicht mehr als gleichwertiges Anknüpfungskriterium normiert werden. Entgegen der Meinung einiger Mitgliedstaaten[678] fehlt dem Staatsangehörigkeitsprinzip im Vergleich zum Aufenthaltsprinzip im heutigen Scheidungskollisionsrecht eine Berechtigung, wenn nicht die Ehegatten ihren gegenteiligen Willen ausdrücken. In einem immer mehr zusammenwachsenden Europa, in dem die Integration der Bürger großgeschrieben wird und in dem das Ziel eine fortschreitende Angleichung der Rechtsordnungen ist, wird die Anknüpfung an das Recht des gewöhnlichen Aufenthaltsortes den Interessen der Parteien am besten gerecht. Diese Vermutung kann durch den Willen der Parteien, an das Recht des Staates ihrer Staatsangehörigkeit anzuknüpfen, erschüttert werden. In welcher Form sich dieser Wille äußern kann, wird später näher erörtert.

§ 5. Die Anknüpfungspunkte im Detail

I. Anknüpfungen gemäß Art. 3 EheVO II

1. Gemeinsames Heimatrecht der Ehegatten

An die gemeinsame Staatsangehörigkeit knüpfen die Niederlande, Frankreich, Belgien, Griechenland, Italien, Österreich, Portugal, Spanien, England, Irland, Finnland und Deutschland an.[679] Die Anknüpfung an die gemeinsame Staatsangehörigkeit wurde bereits abgelehnt, sofern sie nicht in irgendeiner Form vom Willen der Parteien getragen wird. Damit wäre sie an sich ohne zusätzliche Voraussetzungen ausgeschlossen.

Bei der Frage, ob ein Anknüpfungsprinzip überhaupt noch seine Berechtigung im Kollisionsrecht hat, kann es allerdings nicht nur im Vergleich zu *einem* anderen betrachtet werden. So muss das Staatsangehörigkeitsprinzip auch zusätzlich zur Gegenüberstellung mit dem Aufenthaltsprinzip noch unter dem Gesichtspunkt der Suche nach der engsten Verbindung untersucht werden bzw. mit der entsprechenden Anknüpfung an die engste Verbindung verglichen werden. Letztere wird später noch in einem gesonderten Teil behandelt[680]; sie dient vorab nur als Vergleichsmoment. Abgesehen vom Staatsangehörigkeitsprinzip, welches vom Willen der Eheleute getragen wird, kann der gemeinsame Heimatstaat der

---

678 So die Meinung von Vertretern aus Österreich, Frankreich, Deutschland, Griechenland, Italien und Portugal: JUSTCIV 66, S. 25.

679 Staudinger/Mankowski, Art. 14 RN 84, 85; vgl. auch oben Erster Teil 1. Abschnitt § 3. Belgien knüpft an das Recht der gemeinsamen Staatsangehörigkeit nur subsidiär an dritter Stelle auf der Anknüpfungsleiter an, vgl. Art. 55 § 1 Abs. 3 des Gesetzes v. 27. 7. 2004.

680 S. u. Dritter Teil 3. Abschnitt § 5. II. 2.

Ehegatten nämlich nach wie vor eine enge Verbindung darstellen[681], steht er auch im Rang nach dem gewöhnlichen Aufenthalt. Das Staatsangehörigkeitsprinzip kommt dem Ausländer entgegen, der im Ausland nach den Grundzügen und Werten seines Heimatrechts lebt. Daher gibt es auch immer noch einige denkbare Fälle, in denen die Ehegatten nach ihrem religiös geprägten Heimatrecht geschieden werden wollen.

Wenn z. B. ein italienisches Ehepaar nach der Heirat in Italien einige Zeit später aus beruflichen Gründen die Zeit seines Ehelebens getrennt verbringt, kann an den gemeinsamen gewöhnlichen Aufenthalt nicht angeknüpft werden. Sollen danach keine weiteren typisierten Anknüpfungspunkte denkbar sein? Im Beispielsfall kann trotz Abwesenheit der Ehepartner von Italien eine emotionale, kulturelle und u. U. auch gesellschaftliche Beziehung zu ihrem Heimatland bestehen. Denkbar wäre es daher, die Anknüpfung an die gemeinsame Staatsangehörigkeit im Rang nach dem Aufenthaltsprinzip beizubehalten und im Einzelfall dieses Ergebnis über die Ausweichklausel zu korrigieren. Doch hängt nicht im Beispielsfall die Verbindung der Eheleute zu Italien zu sehr von der Dauer der Abwesenheit ab? Es macht einen erheblichen Unterschied, ob die Eheleute erst drei oder bereits 30 Jahre außerhalb von ihrem Heimatland – wenn auch vorwiegend getrennt – gelebt haben. Beide Fallvarianten können gleichermaßen häufig vorkommen. Bei drei Jahren Abwesenheit kann eine enge Verbindung zum Heimatstaat in der Regel noch vorhanden sein; leben sie aber bereits 30 Jahre in anderen Ländern, liegt es nahe, dass die Verbindungen zum Heimatstaat gekappt wurden. Früher war das anders, wie heute noch in vielen Ländern außerhalb Europas. Die Verbindungen zur Familie und zum Herkunftsland blieben schon aus traditionellen Gründen bestehen. Die Rückkehr lag näher als die dauerhafte Abwesenheit. Zugunsten der Einzelfallgerechtigkeit müssten somit beide Fallkonstellationen unterschieden werden und die Anknüpfung an die gemeinsame Staatsangehörigkeit mit der zusätzlichen Voraussetzung an die Dauer der Abwesenheit von diesem Staat versehen werden. Jetzt stünde der europäische Gesetzgeber vor der schwierigen, nahezu unlösbaren Frage, wann sich eine Bindung zum Heimatstaat lockert und die Integration in einem anderen Staat beginnt. Ist dann nicht auch entscheidend, wie lange die Eheleute überhaupt vor ihrer Heirat in ihrem Heimatland gelebt haben? Wächst bspw. ein Kind in einem fremden Land auf und kehrt nach 20 Jahren zurück in sein Heimatland, lernt dort seinen Partner kennen und heiratet dort, dann ist die Beziehung zu diesem Staat bis zu dem Zeitpunkt der Heirat gering. Es müsste dann konsequenterweise eine Ausnahmeregelung für den Fall getroffen werden, dass die Eheleute oder einer von ihnen nie einen Bezug zu seinem Heimatstaat gehabt hat. Abgesehen davon, dass dann auch hier wieder das Problem besteht, nicht entscheiden zu können,

[681] So auch Jayme in: Jayme, Kulturelle Identität und Internationales Privatrecht, S. 10.

wann eine Bindung zum Staat fehlt, wäre eine solche Kollisionsnorm nicht mehr überschaubar. Aus Gründen der Rechtssicherheit ist sie damit abzulehnen.
Es ist auch zu überlegen, ob sich diese angesprochenen Fallvarianten nicht in Einzelfällen verlieren. Diese könnten von der Ausweichklausel erfasst werden. Denkbar wäre es demnach, davon auszugehen, dass das Heimatrecht grundsätzlich noch eine enge Verbindung der Ehegatten darstellt. Haben die Eheleute ausnahmsweise nur noch einen sehr geringen Bezug zu diesem Staat, weil sie entweder dort seit vielen Jahren nicht mehr leben und alle Verbindungen dort abgebrochen haben oder weil sie bzw. einer von ihnen nie ein Verhältnis zum Heimatland gehabt haben, könnte das Ergebnis korrigiert werden. Um von einem *typischen* Regelfall auszugehen, muss er aber auch tatsächlich in den meisten Fällen vorkommen. Die Dauer der Abwesenheit ist im Zuge der Integration ein so entscheidender und von Fall zu Fall variierender Umstand, der die enge Verbindung zum Heimatstaat überhaupt erst begründet, sodass es einen typischen Regelfall unabhängig von diesem Zeitfaktor nicht gibt. Richtiger ist es daher, es von vornherein dem Ermessen des Richters anheim zu stellen, anhand einer Regelanknüpfung an die engste Verbindung gegebenenfalls unter Abwägung aller Umstände das gemeinsame Heimatrecht der Ehegatten anzuwenden. Hier bietet sich statt der Ausweichklausel eine Auffangklausel[682] an.
Die Anknüpfung an die gemeinsame Staatsangehörigkeit ohne einen dahingehenden geäußerten Willen der Ehegatten sollte daher nicht in „Rom III" normiert werden. Ausnahmsweise muss davon abgesehen werden, dass diese Regelung in vielen Internationalen Privatrechten der Mitgliedstaaten auftaucht, häufig sogar die primäre Anknüpfung darstellt und ein Konsens unter den Mitgliedstaaten über eine solche Regelung leicht zu erreichen gewesen wäre.
Mit dem Ausschluss des Staatsangehörigkeitsprinzips entfällt auch die gesamte Mehrstaaterproblematik.[683] Hinfällig sind die Suche nach der effektiven Staatsangehörigkeit und die Frage, ob für „Rom III" eine Regelung wie Art. 5 Abs. 1 S. 2 EGBGB zu übernehmen ist, wonach entsprechend das Recht der lex fori anwendbar wäre, wenn einer der Ehegatten auch die Staatsangehörigkeit des Forumstaates hätte. Äußern die Ehegatten durch Rechtswahl oder gemeinsamen Scheidungsantrag den Wunsch, nach dem gemeinsamen oder dem Heimatrecht eines Ehegatten geschieden werden zu wollen, so ist die Anwendung eines bestimmten Rechts eindeutig.

---

682 Siehe dazu näher Dritter Teil 3. Abschnitt § 5. II. 2. b).
683 Ausführlich zur Doppelstaaterproblematik der Vortrag von *Prof. Hausmann* an der Universität Konstanz: Prof. Dr. Rainer Hausmann, Doppelte Staatsbürgerschaft für Ausländer: Auswirkungen im Internationalen Privat- und Verfahrensrecht; s. a. Geisler, S. 108 ff.; aufschlussreich auch die Entscheidung des AG-FamG Freiburg, Urt. v. 19. 7. 2001 – 44 F 130/99.

2. Recht am tatsächlichen gemeinsamen gewöhnlichen Aufenthalt

a) Regelung in den Mitgliedstaaten

Hatten die Eheleute zu keinem Zeitpunkt der Ehe eine gemeinsame Staatsangehörigkeit, so findet in Deutschland, Griechenland, Österreich, den Niederlanden, Spanien und Portugal subsidiär das Recht des gemeinsamen gewöhnlichen Aufenthalts Anwendung.[684] Belgiens neues Internationales Scheidungsrecht räumt als einziger Mitgliedstaat dem gemeinsamen gewöhnlichen Aufenthalt Vorrang ein[685] und kann als Vorbild für eine Loslösung vom Staatsangehörigkeitsprinzip dienen. Die Schweiz sollte, auch wenn sie nicht zur EU gehört, ebenfalls hier erwähnt werden, weil sie als erster Staat innerhalb des geographischen Europas grundsätzlich vom Wohnsitzprinzip ausgeht. Hier bestimmt Art. 61 schweiz. IPRG, dass Scheidung und Trennung schweizerischem Recht unterstehen. Haben die Ehegatten aber eine gemeinsame ausländische Staatsangehörigkeit und hat nur einer von ihnen seinen Wohnsitz in der Schweiz, so ist ihr gemeinsames Heimatrecht anzuwenden.

Luxemburg und Italien verwenden Anknüpfungspunkte, die sich in der Terminologie von den Rechtsordnungen der anderen Mitgliedstaaten unterscheiden.[686] Inhalt sowie Sinn und Zweck sind aber mit dem bekannten gewöhnlichen Aufenthalt nahezu identisch. In Luxemburg unterliegen Scheidung und gerichtliche Trennung dem Recht des Staates, in dem die Ehegatten ihren gewöhnlichen effektiven Aufenthalt haben. Unter „effektivem" Aufenthalt wird hier jener Ort verstanden, zu dem die tatsächlichen und rechtlichen Bindungen der Ehegatten bestehen. Diese Definition steht inhaltlich der üblichen, die auf den Lebensmittelpunkt der Ehepartner abstellt, in nichts nach. Ebenso verhält es sich mit dem Anknüpfungspunkt im italienischen Scheidungskollisionsrecht. Dieses wendet auf die Scheidung, die gerichtliche Trennung und die Ungültigerklärung der gemischt-nationalen Ehe das Recht des Staates an, in dem das Eheleben vorwiegend stattgefunden hat.

Auch die Staaten, die an die lex fori anknüpfen (die skandinavischen Staaten, das Vereinigte Königreich und Frankreich) verbinden die Anknüpfung an die lex fori mit der Voraussetzung, dass die Eheleute ihren gewöhnlichen Aufenthalt im Gerichtsstaat haben.

---

684 Siehe oben FN 54.

685 S. o Erster Teil 1. Abschnitt § 3.

686 In Italien wird in Art. 31 Nr. 2 ital. IPRG statt vom gemeinsamen gewöhnlichen Aufenthalt vom „Recht des Staates, in welchem das *eheliche Zusammenleben* überwiegend stattgefunden hat", gesprochen. In Luxemburg wird gemäß Art. 305 Nr. 2 Code civil anstelle des gewöhnlichen Aufenthalts an den „Wohnsitz" der Ehegatten angeknüpft.

b) Sinn und Zweck der Anknüpfung

Aus Sicht jener Staaten, die im Range nach dem Staatsangehörigkeits- das Aufenthaltsprinzip befolgen, ist der gewöhnliche Aufenthalt zwar geeignet, eine enge Verbindung der Person zu einem Staat zu dokumentieren. Dort ist aber eine losere Bindung ausreichend als es in Staaten der Fall ist, die den gewöhnlichen Aufenthalt als Hauptanknüpfungspunkt normiert haben. Jedoch stellt die Anknüpfung an den gemeinsamen gewöhnlichen Aufenthalt in allen Staaten – unabhängig davon, ob sie nachrangig oder vorrangig normiert ist – das Ergebnis einer Suche nach einer, beiden Ehegatten gemeinsamen engen Verbindung dar. Damit wird auch der Normalfall erfasst, dass die Ehegatten in der Regel zusammenleben[687]; auch wenn für die Gemeinsamkeit nicht vorausgesetzt wird, dass sie einen gemeinsamen Haushalt führen. Genau betrachtet sind es dieselben Gründe, die für die gemeinsame Staatsangehörigkeit sprachen; es wird nur eine andere Gewichtung vorgenommen.

c) Kompatibilität mit „Rom III"

Den gemeinsamen gewöhnlichen Aufenthalt als vorrangigen Anknüpfungspunkt auf der Anknüpfungsleiter zu normieren, begegnet aus oben genannten Gründen[688] keinerlei Bedenken. Weiterhin wird diese Anknüpfung, wie bereits erörtert,[689] von der Grundkonzeption des Art. 3 EheVO II gestützt. Der erläuternde Bericht von *Borrás* will den gewöhnlichen Aufenthalt als Ausgangspunkt für die gerichtliche internationale Zuständigkeit wissen.[690] Im Falle des Art. 3 Abs. 1 a Str. 1 EheVO II wird, wie allgemein im Kollisionsrecht, nach der engsten Verbindung beider Parteien gesucht. Der gewöhnliche Aufenthalt einer Partei hat nicht nur prozessuale, sondern auch kollisionsrechtliche Bedeutung. Warum soll die Verbindung zu dem Gericht des gewöhnlichen Aufenthalts, die die EheVO II bevorzugt, wieder aufgehoben werden, indem ein anderes als das Recht des Gerichtsstaates zur Anwendung kommt? Dann wäre die internationale Zuständigkeit willkürlich vom Gesetzgeber gewählt worden.[691] Nicht damit verwechselt werden darf ein grundsätzlicher Gleichlauf der gerichtlichen internationalen Zuständigkeit mit dem Sachrecht der lex fori.[692]

Von deutscher Seite wurde der Vorschlag gemacht, den gewöhnlichen Aufenthalt mit einer weiteren Voraussetzung zu kombinieren, wie etwa der Dauer in

---

687 Vgl. Staudinger/Mankowski, Art. 14 RN 51.

688 S. o. die ausführliche Diskussion zur Abwägung von Staatsangehörigkeitsprinzip und Aufenthaltsprinzip Dritter Teil 3. Abschnitt § 4. IV. 4.

689 S. o. Zweiter Teil 2. Abschnitt § 3. II.

690 S. o. Zweiter Teil 2. Abschnitt § 3. II.

691 In diesem Sinne auch Wagner, IPRax 2003, S. 806, der sich auf die Vorschläge des *Deutschen Rats für IPR* zu einem einheitlichen Kollisionsrecht beruft.

692 Dies wurde bereits oben begründend abgelehnt: Dritter Teil 3. Abschnitt § 3.

Brüssel II.[693] Dahinter steckt die Bemühung, die engste Verbindung, die sich im gewöhnlichen Aufenthalt finden lässt, weiter zu konkretisieren. Das Ziel ist auf diese Weise nicht realisierbar. Allein die Zeitdauer des Aufenthalts besagt nicht, ob der oder die Ehepartner sich an diesem Ort integriert haben. Die Aufenthaltsdauer stellt zwar einen Umstand dar, der – anders als etwa familiäre Bindungen, die gesellschaftliche Eingliederung oder die Anpassung an die Sprache – objektiv nachweisbar ist und von dem vermutet werden kann, dass er bei entsprechend langem Aufenthalt die Integration *fördert*. Zudem wird eine Eingliederung in die soziale Umgebung nach einem sechsmonatigen Aufenthalt angenommen.[694] Dennoch ist die Aufenthaltsdauer nur ein Indiz. Insofern ist auch *Jayme* zu widersprechen, der anhand einer Statistik, in der die Ausländer nach Altersgruppen und Aufenthaltsdauer aufgeführt werden, *nachweisen* will, dass die Integration durch den langen Aufenthalt tatsächlich gefördert wird.[695] Der *Nachweis* für eine erfolgreiche Integration lässt sich nicht führen. Denn die Gründe für den Verbleib im Ausland bleiben verborgen; sie können etwa wirtschaftlich, familiär oder durch die Ausländerpolitik motiviert sein. Eine gesellschaftliche Integration muss nicht stattgefunden haben. Das zeigen auch die Versuche innerhalb Europas, eine erforderliche Zeitdauer für den Wohnsitz zu bestimmen, die alle zu verschiedenen Ergebnissen führten.[696] Mit welcher Begründung kann außerdem ein Anknüpfungswechsel von einem Tag auf den anderen stattfinden? Könnte ein Tag darüber entscheiden, ob an den gewöhnlichen Aufenthalt angeknüpft wird, würde man sich zu sehr von den von der deutschen Rechtsprechung zu Recht entwickelten Bezugskriterien, wie dem Schwerpunkt

---

693 JUSTCIV 66, S. 23; ebenso der Vorschlag von Basedow/Diehl-Leistner, a. a. O., S. 43 (m. w. N. S. 40 FN 85): Danach sollte das Personalstatut dem Recht des Staates unterliegen, „in dem sich eine Person gewöhnlich aufhält, wenn ihr gewöhnlicher Aufenthalt in diesem Land länger als fünf Jahre andauert, ...".

694 So die deutsche Rechtsprechung: BGHZ 78, 293 (301); OLG Celle IPRspr. 1991, Nr. 114 = FamRZ 1991, S. 1222; OLG Düsseldorf NJW-RR 1995, S. 903; ebenso Palandt/Heldrich, Art. 5 EGBGB RN 10.

695 Jayme, Nation und Staat im Internationalen Privatrecht, in: Jayme/Mansel: Nation und Staat, S. 33 Tabelle 8. Siehe im Vergleich auch die neueren Statistiken für alle Mitgliedstaaten: Statistisches Bundesamt, Bevölkerung und Erwerbstätigkeit 2000, S. 69 ff.

696 Kropholler, Internationales Privatrecht, § 39 FN 3: „Nach polnischem Recht vor der Novelle vom 8. 10. 1945 ein Jahr, nach der Novelle einen Monat; die nordischen Staaten stellen für die Eheschließung auf einen zweijährigen Wohnsitz ab, für die Erbfolge auf einen fünfjährigen.". Levante, S. 84 m. w. N: „Lehre und Rechtsprechung in Deutschland und Österreich gehen von einem halben Jahr aus.". Baetge, Der gewöhnliche Aufenthalt im Internationalen Privatrecht, S. 109 f. m. w. N.

der familiären und beruflichen Beziehungen[697], entfernen. Sind letztere auch schwerer nachweisbar, so geben sie doch eher Aufschluss über die Verbindung zum Aufenthaltsstaat als eine bestimmte Aufenthaltsdauer.
Die subjektive Vorstellung, im Aufenthaltstaat auch nicht nur vorübergehend leben zu wollen, ist zwar nicht von ausschlaggebender Bedeutung[698]; eine innere Gewöhnung an die neue Umgebung wird jedoch zum Teil zu Recht gefordert[699]. So kann sich bspw. eine Ausländerin an ihrem Wohnsitz mit dem Willen, dort für immer leben zu wollen, bereits nach ein paar Wochen eingelebt haben. Möchte sie sich an diesem Ort hingegen nur für kurze Zeit aufhalten, um alsbald wieder in ihr Heimatland zu ziehen, wird sie keinerlei Bemühungen anstellen, sich dort zu integrieren. Eine „enge Verbindung" zu ihrem Aufenthaltsort lässt sie gar nicht erst zu. Es wäre nach der hier vertretenen Auffassung auch inkonsequent, den Parteiwillen beim gewöhnlichen Aufenthalt völlig unbeachtet zu lassen; für das Staatsangehörigkeitsprinzip hingegen soll er ausschlaggebend sein. Wann daher von einem „gewöhnlichen Aufenthalt" gesprochen werden kann, bestimmen vielmehr objektive und subjektive Elemente gleichzeitig. Für die subjektive Einstellung der Person sprechen Indizien wie die gesellschaftlichen und beruflichen Beziehungen sowie die sprachliche Integration.
Im Hinblick auf eine Aufenthaltsanknüpfung in „Rom III" wäre es mühsam, eine hinreichende Begriffsklarheit durch den *EuGH* abzuwarten. Bei einer Mehrzahl von Indizien würde es sich anbieten, eine vom Anknüpfungstatbestand separate Definition zu normieren. In „Rom III" könnte genau definiert werden, welche Voraussetzungen an den gewöhnlichen Aufenthalt zu stellen sind. Der deutsche Gesetzgeber hat allerdings aus damals guten Gründen, und zwar wegen der Vielschichtigkeit des Begriffs des gewöhnlichen Aufenthalts, bewusst auf eine gesetzliche Definition verzichtet.[700] Der *EuGH* hat jedoch zumindest entschieden, unter welchen Voraussetzungen und ab welchem Zeitpunkt der „Wohnsitz" einer Person vorliegt.[701] Seine Definition sollte wie in der EheVO II auf den gemeinsamen gewöhnlichen Aufenthalt übertragen werden. Zugunsten der Rechtssicherheit sollte diese Entscheidung sowohl für den Rechtsgelehrten wie auch für den juristischen Laien im Gesetz normiert werden. Damit werden viele Probleme behoben, die aus der Unbestimmtheit des gewöhnlichen Aufenthalts resultieren.

---

697 BGHZ 78, 293, 295 = NJW 1981, S. 520; OLG Hamm IPRspr. 1991 Nr. 118 = NJW 1992, S. 637. Die Rechtsprechung hat zudem hinreichend klare Konturen geschaffen: vgl. nur BGH Urt. v. 5. 2. 1975 = NJW 1975, S. 1068; BGHZ 78, 293 (295 ff.); OLG Düsseldorf, Beschluss v. 16. 12. 1983, FamRZ 1984, S. 194 (195).

698 BGH IPRspr. 1993 Nr. 65 = NJW 1993, 2047; Kegel/Schurig, IPR, § 13 III 3. a; gänzlich abl. Neuhaus, Grundbegriffe, S. 227.

699 V. Bar/Mankowski, IPR Bd. I, § 7.

700 BT-Drucks. 10/504, S. 41.

701 Siehe oben FN 201.

Schwieriger ist es, eine interessengerechte Anknüpfung zu finden, wenn die Ehegatten ihren gewöhnlichen Aufenthalt nicht in demselben Staat haben. Die EheVO II löst diese Konstellationen durch Anknüpfung an die folgenden dargestellten Anknüpfungspunkte. Überprüft wird, ob diese Anknüpfungen übernommen und ob mit ihnen alle denkbaren Fälle gelöst werden können.

3. Recht am letzten gemeinsamen gewöhnlichen Aufenthaltsort der Ehegatten, wenn sich ein Ehegatte dort noch aufhält

Nunmehr gilt es zu klären, auf welchen Zeitpunkt es beim gewöhnlichen Aufenthalt ankommt, denn vielfach halten sich die Ehepartner im Zeitpunkt des Scheidungsantrags nicht mehr in demselben Staat auf. In der Zeit der Trennung zieht häufig ein Ehepartner in ein anderes Land, wodurch sich sein gewöhnlicher Aufenthalt ab einer gewissen Zeit objektiv ändert. Seinen letzten gewöhnlichen Aufenthalt gibt er damit in der Regel auf. Art. 3 Abs. 1 a Str. 2 EheVO II knüpft an das Recht am letzten gemeinsamen gewöhnlichen Aufenthaltsort der Ehegatten an, wenn sich ein Ehegatte dort noch aufhält. Diese Anknüpfung ist ein Griff in die Vergangenheit und eine Ausnahme vom Wandelbarkeitsgrundsatz.

a) Regelung in den Mitgliedstaaten / Sinn und Zweck

Das Scheidungskollisionsrecht Belgiens, Österreichs, Deutschlands, Griechenlands, Portugals, Spaniens und der Niederlande knüpft an das Recht des letzten gemeinsamen gewöhnlichen Aufenthalts an, wenn es an einem gegenwärtigen gemeinsamen gewöhnlichen Aufenthalt fehlt.[702] In Belgien, Österreich, Deutschland und Griechenland kann aber nur dann daran angeknüpft werden, wenn einer der beiden Ehegatten dort noch lebt.[703]

Die Anknüpfung an den letzten gemeinsamen gewöhnlichen Aufenthalt, ob in Art. 3 Abs. 1 a Str. 2 EheVO II oder den autonomen Internationalen Privatrechten der Mitgliedstaaten, dient der Kontinuität.[704] Sie soll einen Statutenwechsel aufgrund einer bloß einseitigen Änderung des bisher maßgeblichen Anknüpfungspunktes vermeiden. Das Schutzbedürfnis des „Daheimgebliebenen" ist besonders groß, weil der gewöhnliche Aufenthalt schnell zu wechseln ist. Lebt bspw. das Ehepaar in Österreich, wo das Verschuldensprinzip herrscht und hat der Ehemann eine Eheverfehlung begangen, könnte er einfach nach Deutschland ziehen und nach dort geltendem Recht geschieden werden. Sein Verschulden käme nicht zum Tragen. Ein solches Ergebnis ist gegenüber dem anderen Ehepartner unzumutbar. Eine partielle Durchbrechung des Wandelbarkeitsgrundsatzes ist daher hinzunehmen. Die Einschränkung des beibehaltenen gegenwärtigen gewöhnlichen Aufenthalts durch eine Person stellt sicher, dass auch aktuell noch

---

702 Siehe dazu oben FN 54. In Belgien s. Art. 55 § 1 Abs. 2 des Gesetzes v. 27. 7. 2004.

703 Siehe dazu oben FN 55. In Belgien s. Art. 55 § 1 Abs. 2 des Gesetzes v. 27. 7. 2004.

704 Erman/Hohloch, Art. 14 RN 17.

ein gewisser Bezug zu jenem Recht besteht und verhindert die Anknüpfung an ein objektiv inzwischen beziehungsloses Recht.[705] Der Vorteil dieser Regelung liegt darin, dass der letzte gemeinsame gewöhnliche Aufenthalt weniger manipulierbar ist als der gegenwärtige. Zugleich ist diese Anknüpfung ein Instrument, um so lange wie möglich am Aufenthaltsprinzip festzuhalten. Auch entspricht sie dem Gleichberechtigungsgebot. Es kommt nicht darauf an, ob der Ehemann oder die Ehefrau den früheren gemeinsamen gewöhnlichen Aufenthalt aufgegeben hat.

b) Kompatibilität mit „Rom III“

Diese Motive sind auf „Rom III“ übertragbar. Insbesondere werden sie dem Gedanken gerecht, dem Aufenthaltsprinzip eine vorrangige und auch möglichst lange fortwährende Anknüpfungsposition zu gewähren. Die Regelung ist zudem wieder eine konsequente Fortführung des Art. 3 Abs. 1 a Str. 2 EheVO II.

4. Recht des Staates, in dem ein Ehegatte seinen gewöhnlichen Aufenthalt hat und in dem beide Ehegatten gemeinsam die Scheidung beantragen

a) Sinn und Zweck der Regelung

Wenn die Parteien den Scheidungsantrag in demselben Staat stellen, in dem einer von ihnen seinen gewöhnlichen Aufenthalt hat, so kann angenommen werden, dass sie nach dem dort geltenden Recht geschieden werden wollen.[706] Dieser geäußerte Parteiwille begegnet nicht denselben Bedenken wie jenen, die bei der Rechtswahl zum Ausdruck kommen.[707] So ist bei der Rechtswahl etwa der Zeitpunkt kritisch zu betrachten, zu dem sie getroffen wird. Er liegt meist *weit vor* der Trennung, mithin vor der Antragstellung und die engste Verbindung kann mittlerweile zu einem anderen Staat bestehen. Die Parteien oder nur eine von ihnen will dann u. U. auf das Recht des Staates, zu dem die engste Verbindung besteht, gar nicht mehr verzichten. Diesem dadurch zu begegnen, indem eine Rechtswahl nur gültig ist, wenn sie in zeitlicher Nähe zur Scheidung getroffen wurde, entspräche nicht dem Bedürfnis der Parteien. Ehegatten, die sich in nächster Zeit scheiden lassen wollen, werden sich nicht mehr auf die Rechtsordnung eines Staates einigen können. Stellen die Parteien gemeinsam den Scheidungsantrag, wollen beide Parteien *genau zu diesem Zeitpunkt* ein bestimmtes Recht angewendet wissen.

---

[705] Staudinger/Mankowski, Art. 14 RN 59, 60, die sich zwar auf den deutschen Art. 14 EGBGB beziehen. Die gesetzgeberischen Motive sind aber auf eine entsprechende europäische Regelung übertragbar.

[706] Wagner, FamRZ 2003, S. 807.

[707] Siehe zu dieser Problematik unten der „Vergleich mit Art. 3 Abs. 1 a Str. 5 und 6 EheVO II“: Dritter Teil 3. Abschnitt § 5. II. 3. c) cc) (4) (i).

b) Kompatibilität mit „Rom III"

Diese Regelung ist schon allein im Anschluss an die gleichlautende Variante des Art. 3 Abs. 1 a Str. 4 EheVO II fortzuführen.
Außerdem ist sie ein Zugeständnis an die Parteiautonomie, weil der Parteiwille im gemeinsamen Antrag der Ehegatten zum Ausdruck kommt. Zu prüfen bleibt nur, *wie*, d. h. mit welchen zusätzlichen Voraussetzungen die Regelung normiert werden sollte.[708] Im Unterschied zur Rechtswahl handelt es sich bei der gemeinsamen Antragstellung nicht um einen ausdrücklich, einer bestimmten Form entsprechenden[709], geäußerten Parteiwillen. Es wird nur zu Recht *vermutet*, dass die Parteien das Recht des Antragsortes angewendet wissen wollen. Somit ist in erster Linie danach zu fragen, welche objektiven Verbindungspunkte der Eheleute *zusätzlich zu* dem *so* ausgedrückten Parteiwillen treten müssen, um ihn zu rechtfertigen. Ist die Einschränkung durch den gewöhnlichen Aufenthalt eines Ehegatten ausreichend? Sind andere, zusätzlich zu erfüllende Verbindungspunkte sinnvoll; eröffnen sich also Chancen für weitere Anknüpfungsvarianten im Falle der gemeinsamen Antragstellung[710]? Diese Fragen lassen sich beantworten, indem alle denkbaren Fallkonstellationen dargestellt und die jeweiligen Verbindungspunkte der Ehepartner zum Antragsort herausgefunden werden. Sind genügend Verbindungen neben dem Parteiwillen vorhanden, bestehen keine Bedenken im Hinblick auf das Leitprinzip des IPR. Sind die Verbindungspunkte nicht sehr zahlreich bzw. gar keine vorhanden außer dem Parteiwillen, müsste für „Rom III" über zusätzliche Voraussetzungen nachgedacht werden.

aa) Fallgruppe 1

Zunächst ist jene Fallgruppe im Sinne des Art. 3 Abs. 1 a Str. 4 EheVO II zu betrachten, in der die Mindestvoraussetzungen erfüllt sind. Die Ehegatten sind bspw. niederländische Staatsangehörige und lebten während ihrer Ehe in Brüssel. Nach der tatsächlichen Trennung zieht die Ehefrau nach Schweden. Weil sich beide im gegenseitigen Einverständnis scheiden lassen wollen[711] und der Ehemann seiner Ehefrau den Weg zum Scheidungsrichter nicht noch schwerer machen möchte, fährt er nach Schweden, um dort mit seiner Ehefrau die Schei-

---

708 Entgegen Spellenberg, FS für Geimer, S. 1276, handelt es sich bei Art. 3 Abs. 1 a Str. 4 EheVO II eben nicht nur um eine Zuständigkeit kraft gewöhnlichen Aufenthalts. Wie hier auch Hau, Europäische und autonome Zuständigkeitsgründe in Ehesachen mit Auslandsbezug, Text zum Vortrag im Dezember 2002 auf der Europäischen Rechtsakademie in Trier, S. 5 FN 22.

709 Bei der Rechtswahl sind in den Mitgliedstaaten bspw. der notariell beurkundete Ehevertrag oder eine Registereintragung bekannt.

710 S. u. zur Anknüpfung an das Recht des Staates, in dem beide Ehegatten den Antrag stellen und dessen Staatsangehörigkeit sie haben: Dritter Teil 3. Abschnitt § 5. II. 4.

711 In Schweden ist eine Scheidung im gegenseitigen Einverständnis schon nach erfolglosem Ablauf eines sechsmonatigen Versöhnungszeitraumes möglich.

dung einzureichen. Die Verbindung zum Recht des Antragsortes wird durch den gemeinsamen Parteiwillen und den Aufenthaltsort der Ehefrau hergestellt. Das sind zwingende Mindestvoraussetzungen, um überhaupt eine Verbindung mit diesem Staat zu begründen. Wenn nämlich bspw. die Ehefrau nicht nach Schweden gezogen wäre und die Eheleute trotzdem dort den Scheidungsantrag stellen würden, weil dort nur eine kurze Trennungszeit erforderlich ist, wäre einziger Bezugspunkt der vermutete Wille der Ehegatten, dort geschieden werden zu wollen. Der Parteiautonomie eine solche Priorität einzuräumen, kann aber nur im Rahmen einer Rechtswahl zugelassen werden. Dort zeigen die Eheleute, dass sie sich bewusst für eine Rechtsordnung entschieden haben, indem sie ihren Willen ausdrücklich durch die Form die Rechtswahl äußern. Aber selbst bei der Rechtswahlmöglichkeit ist zu untersuchen, ob nicht doch noch zusätzlich ein Bezugspunkt eines oder beider Ehepartner zu fordern ist.[712]
Es ist daher vorzugswürdig, neben dem Parteiwillen eine tatsächliche Verbindung zu fordern. Aus oben genannten Gründen[713], die gegen die Anknüpfung an das Heimatrecht sprechen, ist es auch richtig, statt die Staatsangehörigkeit den gewöhnlichen Aufenthalt eines Ehepartners als Voraussetzung zu verlangen. Ein weiterer Vorteil liegt darin, dass das Gericht die lex fori anwenden kann.[714] Die Anknüpfung an das Recht des Ortes des gemeinsamen Antrags sollte daher in „Rom III" Eingang finden.

bb) Fallgruppe 2

Weitere, ganz anders gelagerte Fälle sind jedoch denkbar: Wenn bspw. die Ehepartner in ihrem Heimatstaat Frankreich gemeinsam den Antrag stellen, müssen sie nicht unbedingt dort gelebt haben. Dann besteht der Bezug zu diesem Staat schon durch die gemeinsame französische Staatsangehörigkeit und den Willen der Ehegatten, nach diesem Recht geschieden zu werden. Konsequent wäre es, im Anschluss an die Ergebnisse unter Dritter Teil 4. Abschnitt § 1. IV. 4. d) dieser Fallkonstellation die gleiche Gewichtung beizumessen wie dem gemeinsamen gewöhnlichen Aufenthalt. Dort wurde das Staatsangehörigkeitsprinzip neben dem Aufenthaltsprinzip dann zugelassen, wenn es vom Willen der Parteien durch Rechtswahl oder Darlegung entsprechender objektiver und subjektiver Umstände getragen wurde.[715] Der Parteiwille, der sich durch die gemeinsame Antragstellung zeigt, kann nicht anders beurteilt werden. Demnach bedürften in diesem Fall Staatsangehörigkeitsprinzip und Parteiwille nicht noch zusätzlich des Verbindungspunktes des Aufenthaltes eines Ehepartners am Ort der Antragstellung.

---

712 Vgl. zur limitierten Rechtswahl. Unten Dritter Teil 3. Abschnitt § 5. II. 3. d).
713 S. o. zur Diskussion Staatsangehörigkeits- und Aufenthaltsprinzip: Dritter Teil 3. Abschnitt § 4.
714 So auch Wagner, FamRZ 2003, S. 807.
715 Dazu bereits oben Dritter Teil 3. Abschnitt § 5. II. 2. e) bb).

Dies ist somit eine Variante in dem Bereich, in dem die Ehepartner an demselben Ort den Scheidungsantrag stellen: Anwendbar ist demnach das Recht des Staates, dem beide Ehegatten angehören, wenn die Scheidung in diesem Staat gemeinsam beantragt wird. Diese Regelung gehört zwar nicht zu den Anknüpfungen, die in Art. 3 EheVO II vorkommen; aus praktischen Gründen wird sie ausnahmsweise aber bereits jetzt abgehandelt. Dieselbe Regelung hat der *Deutsche Rat für IPR* vorgeschlagen[716], allerdings mit dem Unterschied, dass der Scheidungsantrag nur *eines* Ehegatten ausreicht. Der einseitige Antrag lässt sich nur dann rechtfertigen, wenn die Regelung sich als „Einschränkung der gemeinsamen Staatsangehörigkeit“[717] versteht. Die hier vertretene Auffassung geht hingegen davon aus, dass die Staatsangehörigkeit zu ihrer Berechtigung eine Verstärkung durch einen weiteren Anknüpfungspunkt benötigt. Der Parteiwille kann das Staatsangehörigkeitsprinzip wieder zum Leben erwecken, aber nicht umgekehrt. Dann sind jedoch keine Gründe dafür ersichtlich, warum zu Lasten der Gleichberechtigung der Wille *eines* Ehegatten ausreichen soll. Der konkludent oder ausdrücklich geäußerte Wille kommt dem kollisionsrechtlichen Interesse der Parteien am nächsten.[718] Er hat ein derart starkes Gewicht, dass die Beachtung des Willens nur *eines* Ehegatten gegen das Gleichberechtigungsgebot und den Vertrauensschutz verstoßen würde. Ebenso wie bei der Rechtswahl setzt jede Vereinbarung – auch die konkludente – zwei übereinstimmende Willenserklärungen voraus. Nicht vertretbar wäre etwa das Ergebnis folgenden Falles: Ein deutsches Ehepaar hatte Zeit seiner Ehe keinen gemeinsamen gewöhnlichen Aufenthalt. Die deutsche Ehefrau lebt seit zehn Jahren in Italien, hat sich dort integriert und will dort auch weiterhin ihr Leben verbringen. Der in Deutschland lebende Ehemann stellt in Deutschland den Scheidungsantrag. Die Ehefrau hat keinerlei Verbindungen mehr zu Deutschland. Für die Anknüpfung an das Recht des Staates, in dem ein Ehegatte seinen gewöhnlichen Aufenthalt hat und in dem beide Ehegatten gemeinsam die Scheidung beantragen, hätte es an dem zusätzlichen Antrag der Ehefrau gefehlt. Ohne den Willen der Ehefrau kann die gemeinsame Staatsangehörigkeit nach der hier vertretenen Ansicht nicht eine tatsächliche Verbindung darstellen, die zu einem anderen Ergebnis führt.

Genauso ist der Beispielsfall zu beurteilen, wenn der Ehemann nicht in Deutschland, sondern in Frankreich gelebt und in Deutschland den Antrag gestellt hätte. Der Ehemann kann nicht allein darüber entscheiden, dass zum gemeinsamen Heimatstaat eine tatsächliche Verbindung für sich und seine Ehefrau besteht.

---

[716] Siehe die Kommentierung von Wagner, FamRZ 2003, S. 807.

[717] Mit dieser Begründung Wagner, FamRZ 2003, S. 807.

[718] Siehe dazu näher unten Dritter Teil 3. Abschnitt § 5. II. 3. c) cc) (4).

5. Zwischenergebnis

Es wurden somit ausgehend von Art. 3 EheVO II folgende Anknüpfungen für „Rom III" für sinnvoll befunden: Der gemeinsame gewöhnliche Aufenthaltsort, der letzte gemeinsame gewöhnliche Aufenthaltsort sowie der Ort, an dem die Ehepartner gemeinsam den Scheidungsantrag einreichen, wenn einer von ihnen dort noch seinen gewöhnlichen Aufenthalt hat oder beide Ehegatten Staatsangehörige des betreffenden Mitgliedstaates sind. Die hier gewählte Bestimmung der Anknüpfungen – in Anlehnung an die EheVO II – bewirkt, dass die Gerichte meist ihr eigenes Sachrecht anwenden. Das liegt daran, dass die europäischen Anknüpfungsziele der EheVO II vom Kollisionsrecht übernommen und so weitergeführt werden. Wie bereits erörtert[719], kommt dies aber nicht etwa einer pauschalen Anwendung der lex fori gleich.
Die restlichen drei Anknüpfungstatbestände des Art. 3 Abs. 1 EheVO II sind nicht kollisionsrechtskompatibel. Sie erklären das Recht am gewöhnlichen Aufenthaltsort des Antragsgegners für anwendbar, Strich 3, das Recht am gewöhnlichen Aufenthaltsort des Antragstellers, wenn er sich dort mindestens ein Jahr unmittelbar vor Antragstellung aufgehalten hat, Strich 5, und das Recht am gewöhnlichen Aufenthaltsort des Antragstellers, wenn er sich dort seit mindestens sechs Monaten unmittelbar vor Antragstellung aufgehalten hat und entweder Staatsangehöriger des betreffenden Mitgliedstaates ist oder, im Falle des Vereinigten Königreiches und Irlands, dort sein „domicile" hat, Strich 6. Den Gründen, die für diese Regelungen angeführt werden, liegt nicht die für das Scheidungskollisionsrecht erforderliche Annahme zugrunde, die jeweils engste Verbindung *beider* Ehepartner zu einem Staat herzuleiten.[720]

II. Anknüpfungspunkte außerhalb des Art. 3 EheVO II

6. Das letzte gemeinsame Heimatrecht der Ehegatten, wenn ein Ehegatte dem betreffenden Staat noch angehört

a) Regelungen in den Mitgliedstaaten

Für den Fall, dass nur noch ein Ehegatte dem letzten gemeinsamen Heimatstaat angehört, wollte man sich in einigen Mitgliedstaaten nicht vom Staatsangehörigkeitsprinzip trennen[721]. Außerdem entspricht es auch dem Interesse an der Kontinuität des Scheidungsstatuts, wenn das frühere gemeinsame Heimatrecht so lange weiter gilt, wie der andere Ehegatte diese Staatsangehörigkeit beibe-

---

[719] Vgl. oben Dritter Teil 3. Abschnitt § 3. Dort wurde die Anknüpfung an die lex fori bereits abgelehnt.
[720] So auch Henrich, FS für Hausherr, S. 243.
[721] V. Bar, IPR Bd. II, RN 195.

hält.[722] Dessen Heimatrecht kommt in Deutschland, Griechenland und Österreich hilfsweise zur Anwendung.[723]
Schon im nationalen staatsangehörigkeitsbezogenen Kollisionsrecht erfährt diese Regelung Kritik. Der Sinn und Zweck der Heimatrechtsanknüpfung würde verfehlt, wenn einer oder beide Ehegatten offensichtlich keine wirkliche tatsächliche Bindung jeglicher Art außer der Staatsangehörigkeit zu dem Staat haben.[724] Dann muss nach einer anderen, engeren Bindung gesucht werden, wie es in Griechenland, den Niederlanden und Portugal geschehen ist.[725] Versagt die Anknüpfung an die gemeinsame bzw. letzte gemeinsame Staatsangehörigkeit, gilt etwa in Griechenland das Recht, mit dem die Ehegatten sonst am engsten verbunden sind, vgl. Art. 17 iVm Art. 14 Nr. 2 griech. ZGB. In Deutschland ist den Ehegatten dieser Weg versperrt, weil das Statut entgegen der übrigen Regelung bei der Anknüpfung an die letzte gemeinsame Staatsangehörigkeit nicht wandelbar ist. Ebenso ist eine Rechtswahl nicht möglich, weil sie nur unter der Voraussetzung erlaubt ist, dass die Ehegatten keine (letzte) gemeinsame Staatsangehörigkeit haben.
Doch selbst wenn „Rom III" sowohl eine Korrektur über eine Ausweichklausel oder den Weg über die Rechtswahl freigeben würde, bliebe aus Gründen, die schon gegen die Anknüpfung an die gemeinsame Staatsangehörigkeit sprachen, eine Anknüpfung an die letzte gemeinsame Staatsangehörigkeit in einer europäischen Norm fragwürdig.

b) Kompatibilität mit „Rom III"

Von griechischer Seite wurde der Vorschlag gemacht, zunächst das Recht des Staates der gemeinsamen Staatsangehörigkeit anzuwenden, in zweiter Linie das Recht der letzten gemeinsamen Staatsangehörigkeit, wenn einer der Ehegatten noch dieser Nationalität angehört.[726] Wenn beides nicht möglich sei, soll das Recht des Staates gelten, mit dem die Ehegatten am engsten verbunden sind. Dieser Vorschlag erweckt den Anschein, als sei der Gesetzgeber grundsätzlich auf der Suche nach dem Recht der engsten Verbindung. Er hat diese aber nach dem Staatsangehörigkeitsprinzip abrupt beendet. Das Recht der engsten Verbindung greift immer erst dann ein, wenn die Regelanknüpfungen im Einzelfall den

---

722 BT-Drucks 10/504, S. 55. Hiergegen wendet sich kritisch Kropholler, § 38 III Nr. 1, der es zu Recht für unbillig hält, dass die frühere Staatsangehörigkeit für den einen Ehegatten an der Gegenwart bzw. Zukunft anknüpft, für den anderen aber an der Vergangenheit.

723 Siehe oben FN 51.

724 Staudinger/Mankowski, Art. 14, RN 47; Kropholler, Internationales Privatrecht, § 45 I 3 b.

725 Siehe im Hinblick auf Griechenland und Portugal FN 56. In den Niederlanden wird die Staatsangehörigkeit nicht berücksichtigt, wenn zu dem Heimatstaat keine enge Verbindung besteht, § 1 Abs. 1 lit. c Stb 166.

726 JUSTCIV 66, S. 24.

kollisionsrechtlichen Interessen der Ehegatten nicht gerecht werden bzw. dem Sachverhalt keine Rechtsordnung zugewiesen werden kann. Es bildet den Abschluss der Suche nach der engsten Beziehung. Wie bereits festgestellt[727], indiziert jedoch der gewöhnliche Aufenthalt ein viel stärkeres Näheverhältnis als die Staatsangehörigkeit. Die Kette der Regelanknüpfungen kann daher nicht in Ermangelung einer (letzten) gemeinsamen Staatsangehörigkeit enden. Das Aufenthaltsprinzip gänzlich zu übergehen zeigt, dass nicht die Suche nach dem engsten Näheverhältnis entscheidend ist, sondern das Ziel, dem Heimatrecht möglichst zum Erfolg zu verhelfen. Dieses Bestreben hat „Rom III" gerade nicht; der Vorschlag von griechischer Seite ist abzulehnen.

Aber auch aus noch weitergehenden Bedenken als gegen die (gegenwärtige) gemeinsame Staatsangehörigkeit ist der Rückgriff auf die vergangene Staatsangehörigkeit zu beanstanden. Die Anknüpfung an das letzte gemeinsame Heimatrecht wird damit gerechtfertigt, dass es Fälle gibt, in denen ein Ehegatte die Staatsangehörigkeit seines Aufenthaltsortes erwirbt, sich das Leben der Ehegatten aber noch nach den Geflogenheiten und Überzeugungen des Heimatlandes richtet[728]. Woran sich der Richter bei der Feststellung der Verbindungen der Ehegatten zu einem Mitgliedstaat zu orientieren hat, bestimmt Erwägungsgrund Nr. 12 der EheVO I. Demnach muss eine *tatsächliche* Beziehung zwischen Ehegatten und Staat bestehen. Die EheVO II hat diesen Erwägungsgrund zwar nicht in ihren Text mit übernommen. Da aber Art. 3 EheVO II und Art. 2 EheVO I identisch sind und Anlässe dafür, den Grundsatz der Zuständigkeitskriterien in der EheVO II zu ändern, nicht ersichtlich sind, basiert die Anknüpfungsleiter des Art. 3 EheVO II ebenfalls auf der Suche nach der *tatsächlichen* Beziehung zwischen den Eheleuten und einem Staat. An diesem Erwägungsgrund gemessen, ist es für den Richter schwer festzustellen, dass die Eheleute entgegen der tatsächlichen, aufenthaltsbedingten und bspw. beruflichen Verbundenheit zum Aufenthaltsstaat und der neu erworbenen Staatsangehörigkeit eines Ehegatten ihr Leben nach dem früheren Heimatrecht ausrichten. Entscheidend sind zunächst einmal die Gründe, die den Wechsel der Staatsangehörigkeit bedingen und noch zusätzlich neben jene treten, die eine Verbundenheit zum Aufenthaltsort indizieren. Dies können berufliche oder ehebedingte sein, in jedem Fall haben sie eine große Bedeutung für die betreffende Person; die Entscheidung zum Wechsel der Staatsangehörigkeit – insbesondere wenn die Verbundenheit zum Heimatstaat noch besteht – trifft man nicht leichtfertig.

---

727 S. o. Dritter Teil 3. Abschnitt § 4. IV. 4. c).

728 Staudinger/Mankowski, Art. 14 RN 48 wählen das Beispiel eines türkischen Ehepaares, wohnhaft in Hamburg-Wilhelmsburg, bei welchem der Ehegatte aus beruflichen Gründen die deutsche Staatsangehörigkeit erwirbt, sich an der kulturellen Verankerung der Eheleute hingegen nichts ändert.

Siehr[729] begründet die Anknüpfung an das letzte gemeinsame Heimatrecht damit, dass kein Ehegatte durch einseitigen Akt das gemeinsame Statut der allgemeinen Ehewirkungen ändern können soll. Die Konsequenz seiner Argumentation könnte auch bedeuten, dass die neue Staatsangehörigkeit gar nicht in den richterlichen Erwägungen Eingang finden sollte. Der Einwand von *Siehr* ist dann vertretbar, wenn man davon ausgeht, dass im Vergleich zum Aufenthaltsrecht der Bezug zum Heimatrecht von stärkerer Gewichtung ist. Da „Rom III" vom Gegenteil ausgeht, wird aber durch den Staatsangehörigkeitswechsel nicht primär der Staatsangehörigkeit ihre Gemeinsamkeit genommen, sondern vielmehr das gemeinsame Aufenthaltsrecht durch die einseitige Staatsangehörigkeit verstärkt. Bei einer solchen Verstärkung kommt es dann nicht mehr darauf an, dass der Anknüpfungspunkt den Eheleuten gemein sein sollte. Außerdem ist zu bedenken, dass die Entscheidung zum einseitigen Wechsel der Staatsangehörigkeit meist von beiden Eheleuten getragen wird. Wenn bspw. der Ehemann die Staatsangehörigkeit ändert, um den Beruf in diesem Staat (erfolgreicher) ausüben zu können, so wird dieser Beruf so wichtig sein, dass der Staatsangehörigkeitswechsel den Interessen beider Ehegatten entspricht. So kommt bspw. die Berufswahl des Ehemannes aus finanziellen Gründen in der Regel auch der Ehefrau zugute. Die fehlende Gemeinsamkeit der Staatsangehörigkeit ist daher kein Grund, die Staatsangehörigkeit nur eines Ehegatten, die mit dem Aufenthaltsort beider Ehegatten übereinstimmt, nicht in die Abwägung miteinzustellen.
Zu Tage treten für den Richter somit einige Verbindungen zum Aufenthaltsstaat, die zugleich die Vermutung für eine tatsächliche Nähebeziehung nahe legen. Die Tatsache, dass ein Ehegatte noch die frühere Staatsangehörigkeit behalten hat, kann zwar ein Indiz für eine weiterhin bestehende Verbindung zum Heimatstaat sein. Um aber einen tatsächlichen Bezug beider Ehegatten nachzuweisen, müssen sowohl dieses letzte objektive Indiz als auch die nach wie vor bestehenden Lebensgewohnheiten gemäß dem früheren gemeinsamen Heimatland vom Willen der Ehegatten unterstützt werden. Dieser Wille muss in irgendeiner Form geäußert werden, vermuten lässt er sich nicht schon allein aufgrund objektiver Tatsachen. Eine Regelanknüpfung ist daher abzulehnen; im Gegenzug ist der Weg über die Parteiautonomie zu öffnen.
Auf diese Weise ließen sich auch jene streitigen Fälle lösen, in denen ein Bürger ausgebürgert und damit staatenlos geworden ist. *Siehr*[730] meint, dass bei einer zwanghaften Ausbürgerung eine Anknüpfung an das gemeinsame Heimatrecht der Eheleute unbillig sei. Das ist insoweit richtig, als der ausgebürgerte und vom eigenen Staat denkbar enttäuschte Ehegatte sich mit diesem Staat wahrscheinlich nicht mehr verbunden fühlt. Von anderer Seite wird dem entgegengehalten, dass gerade aufgrund der Tatsache, dass die Ausbürgerung *gegen* seinen Willen

---

729 MüKo/Siehr, Art. 14, RN 17.
730 MüKo/Siehr, Art. 14, RN 17.

erfolgte, die Verbundenheit nach wie vor besteht.[731] Auch diese Schlussfolgerung ist insofern nachvollziehbar und vertretbar, wenn der zuvor sicher feststehende Bindungswille auch nach der Ausbürgerung ungebrochen ist. Beide Meinungen basieren zu Recht darauf, dass die subjektive Verbundenheit vor der Ausbürgerung tatsächlich bestanden haben muss, sonst hätte der Ehegatte die Staatsbürgerschaft freiwillig aufgegeben. Wie aber sein Verhältnis *nach* dessen Verlust ist, lässt sich nicht mit Sicherheit sagen; dort ist deshalb die Schnittstelle beider Meinungen. Auskunft kann nur der tatsächliche Wille des Ehegatten geben, der in Form einer Rechtswahl oder einer gemeinsamen Antragstellung zum Ausdruck kommen kann.

7. Das Recht der engsten Verbindung

Deutschland, Griechenland, Italien und Portugal haben erkannt, dass es Konstellationen gibt, in denen die generalisierten Anknüpfungen zu keinem anwendbaren Recht führen.[732] Sie wenden dann auf die Scheidung oder die gerichtliche Trennung die Rechtsordnung des Staates an, zu dem die Ehegatten die engste Verbindung haben.[733] Die Notwendigkeit einer solchen Regelung zeigt sich z. B., wenn die französische Ehefrau und ihr deutscher Ehemann nach ihrer Trennung beide jeweils in ihr Heimatland zurückkehren. Vor der Trennung hat die Ehefrau berufsbedingt vorwiegend in den Niederlanden gelebt, ihr Ehemann in Frankreich. Sie stellen keinen gemeinsamen Scheidungsantrag. Für diesen Fall stellen die drei bisher aufgezeigten Anknüpfungen keine anwendbare Rechtsordnung zur Verfügung. Dann soll dem Richter ein gewisser Spielraum zuerkannt werden, in dem er auf der Suche nach einer gemeinsamen engen Verbindung der Parteien außerhalb der Regelanknüpfungen den Sachverhalt einer Rechtsordnung unterstellt. Er entscheidet dann aufgrund einer Auffangklausel. Weiterhin sind Fälle denkbar, in denen das mittels generalisierter Anknüpfung gefundene Ergebnis aufgrund der Besonderheiten des Einzelfalls den Interessen der Parteien nicht gerecht wird. Hier helfen Ausweichklauseln, die die Regelanknüpfung korrigieren. Sie knüpfen an die Rechtsordnung an, mit der die Ehegatten auf andere Weise am engsten verbunden sind. Diese generalklauselartige

---

731 So Staudinger /Mankowski, Art. 14, RN 49.

732 Schwedisches Recht kennt keine Anknüpfung an das Recht der engsten Verbindung. Umgekehrt ist aber ausnahmsweise schwedisches Recht nicht anwendbar, wenn beide Ehegatten ausländische Staatsangehörige sind und keiner von ihnen seit mindestens einem Jahr seinen gewöhnlichen Aufenthalt im Inland hat. Dann darf gegen den Einspruch eines Ehegatten nicht auf Ehescheidung erkannt werden, wenn nach dem Recht des Staates, dem die Ehegatten oder einer von Ihnen angehört, kein Grund für die Auflösung der Ehe vorliegt, vgl. 3. Kapitel § 4 IÄL. Dahinter steckt zumindest der Gedanke, im kollisionsrechtlichen Interesse der Parteien nicht unter allen Umständen zwingend schwedisches Recht zur Anwendung kommen zu lassen.

733 Siehe oben FN 56.

Anknüpfung an die gemeinsame engste Verbindung ermöglicht und erfordert eine Einzelfallprüfung.

a) Arten der Normierung

Die engste Verbindung liegt heute im deutschen Internationalen Privatrecht den meisten Kollisionsnormen als Anknüpfungsprinzip zugrunde. Parallel zu dieser Funktion hat der Gesetzgeber die engste Verbindung selbst im Gesetz normiert, die dann dazu dient, in bestimmten Fällen eine Abweichung von der Regelanknüpfung zu ermöglichen. Sie kommt in zwei unterschiedlichen Erscheinungsformen vor: Als Hauptanknüpfung, der „Ausweichklausel" und als Hilfsanknüpfung, der sog. Auffangklausel.

aa) Auffangklausel

Der deutsche Gesetzgeber hat die Möglichkeit der Auffangklausel in Art. 17 Abs. 1 iVm Art. 14 Abs. 1 Nr. 3 EGBGB umgesetzt, indem er hilfsweise das Recht des Staates angewendet wissen will, mit dem die Ehegatten auf andere Weise gemeinsam am engsten verbunden sind. Liegen demnach die Voraussetzungen einer der vorgehenden Anknüpfungen vor, so kommt eine Anknüpfung über Art. 14 Abs. 1 Nr. 3 EGBGB nicht mehr in Betracht. Das Spezifische der Auffangklausel liegt darin, dass sie erst angewendet wird, wenn die Voraussetzungen der vorrangigen Anknüpfungen der Anknüpfungsleiter nicht erfüllt sind. Die in Betracht kommenden Fälle sind vielgestaltig und entziehen sich einer typisierenden Anknüpfungsregel.[734] Der Gesetzgeber hat darauf verzichtet, zu bestimmen, auf welchen Umständen eine solche sonstige engste Verbindung beruhen kann. In der Gesetzesbegründung werden Kriterien wie der „Verlauf der ehelichen Lebensgemeinschaft" oder der „Ort der Eheschließung" genannt[735]. Möglich ist auch eine Variante des nachrangigen Anknüpfungskriteriums, indem die Suche nach der engsten Verbindung begrenzt wird. In der Schweiz findet sich ein Beispiel in Art. 48 Abs. 2 schweiz. IPRG, der den engsten Zusammenhang durch die Wohnsitzstaaten begrenzt.

Folgende Erwägungen sind anzustellen, wenn in „Rom III" eine Hilfsanknüpfung als letzte Stufe der Kegel´schen Leiter angefügt würde:

Eine Auffangklausel ermöglicht es dem Richter, der anhand der Kegel´schen Leiter eine Anknüpfung vornehmen muss, sich der Hilfsanknüpfung zu bedienen, wenn sich z. B. der (letzte) gemeinsame gewöhnliche Aufenthalt der Eheleute nicht ermitteln lässt und ein gemeinsamer Antrag nicht gestellt wurde. Sie vergrößert damit die Chance, eine interessengerechte Anknüpfung vornehmen zu können. Denn wenn der Richter nicht mit an Sicherheit grenzender Wahr-

---

734 Staudinger/Mankowski, Art. 14 RN 64.

735 BT-Drucks. 10/504, S. 9 und 55; BT-Drucks 10/5632, S. 41. Eine Normierung im Gesetzestext wurde zu Recht abgelehnt, um dem Rechtsanwender nicht den Weg über eine unvoreingenommene Interessenabwägung zu versperren.

scheinlichkeit von dem Vorliegen eines (letzten) gemeinsamen gewöhnlichen Aufenthalts überzeugt ist, wie kann dann eine Anknüpfung an den (letzten) gemeinsamen gewöhnlichen Aufenthalt tatsächlich die engste Verbindung darstellen? Ein solches Vorgehen würde zwar zur „wahrscheinlichen Anknüpfung" führen, im Ergebnis daher aber auch nur eine nicht wünschenswerte, „*wahrscheinlich interessengerechte* Anknüpfung" darstellen. Denkbar ist auch eine weitere Gruppe von Fällen, in denen ein (letzter) gemeinsamer gewöhnlicher Aufenthalt gar nicht existiert: Das sind zum einen jene Konstellationen, in denen niemals ein gemeinsamer Aufenthalt bestanden hat, weil die Ehegatten sich z. B. im Urlaub kennen gelernt und auch dort geheiratet haben. Danach ziehen beide in ihre verschiedenen Heimat- und Aufenthaltsorte zurück. Zum zweiten ist es möglich, dass beide die Verbindungen zu dem betreffenden, ihnen gemeinsamen Staat und dessen Rechtsordnung abgebrochen haben und sich in verschiedene Richtungen begeben haben. Für diese beiden Fallgruppen bietet die Suche nach der engsten Verbindung im Vergleich zur Regelanknüpfung die interessengerechtere Anknüpfungsmöglichkeit.

Umgekehrt würde die Hilfsanknüpfung in „Rom III" einer anderen, den Parteiinteressen eher entsprechenden Anknüpfung den Weg nicht versperren. Haben die Parteien eine Rechtswahl getroffen[736], gelangt der Richter erst gar nicht zur Anknüpfungsleiter, es sei denn die Rechtswahl ist unwirksam. Letzteres wird aber zum einen selten vorkommen und wäre im Übrigen aber auch kein unbilliges Ergebnis. Schließlich wäre es dann nicht die Hilfsanknüpfung, die zu einem Anknüpfungsergebnis führt, das u. U. dem unwirksamen Rechtswahlergebnis und damit dem Parteiinteresse zuwiderlaufen würde, sondern *der Weg* über die Anknüpfungsleiter.

Beantragen die Eheleute in dem Staat, dem sie beide angehören, die Scheidung und kann der Richter die Staatsangehörigkeit nicht mit hinreichender Sicherheit ermitteln, widerspräche der darauf folgende Weg über die aufenthaltsgeprägte Anknüpfungsleiter, evtl. bis hin zur Hilfsanknüpfung, ebenfalls nicht dem Parteiinteresse. Dies wird mit dem Blick auf die theoretisch alternative Lösung deutlich: Denkbar wäre nämlich andererseits nur eine weitere Hilfsanknüpfung im Anschluss an die Anknüpfung am Recht, in dessen Staat der Antrag gemeinsam gestellt wurde und dessen Staatsangehörigkeit beide Ehegatten haben ohne den Weg über die Anknüpfungsleiter. Welche anderen Umstände als die des gegenwärtigen oder letzten gemeinsamen Aufenthaltsortes würde der Richter in diesem Fall beachten? Oder würde er es bspw. missachten, dass an dem Ort, an dem der Antrag gestellt wurde, zumindest ein Ehegatte noch seinen gewöhnlichen Aufenthalt hat? Dies sind jedoch alles Anknüpfungspunkte, die in der aufenthaltsgeprägten Anknüpfungsleiter ohnehin aufgeführt sind. Bei Fehlschlagen

---

[736] Siehe dazu unten Dritter Teil 3. Abschnitt § 5. II. 3. Es wurde bereits festgestellt, dass diese Anknüpfung voraussichtlich in einem separaten Absatz normiert werden sollte.

der Anknüpfung an den Heimatstaat wäre eine direkte Hilfsanknüpfung daher überflüssig. Schließlich macht es keinen Unterschied, ob das Ergebnis unter Beachtung aller objektiven und subjektiven Umstände sofort über eine Hilfsanknüpfung gefunden wird oder der Weg erst über die Anknüpfungen der Anknüpfungsleiter geht. Als letzte Stufe der Kegel'schen Leiter gibt dieser Weg dem Richter und den Parteien wieder die Aussicht auf eine interessengerechte Anknüpfung, der einzigen und ausreichenden Auffangklausel.

bb) Ausweichklausel

Der Unterschied zur Auffangklausel liegt darin, dass die Ausweichklausel auch angewendet werden kann, wenn die Voraussetzung für die Regelanknüpfung erfüllt sind und an sich eine Rechtsordnung bestimmt werden kann. Sie greift ein, wenn es auf der Hand liegt, dass der konkrete Fall im Vergleich zum gesetzlichen Leitbild atypisch ist[737] und zu einem anderen Recht eine „engere Verbindung" besteht. Die Ausweichklausel ist methodisch nach einer Regelanknüpfung zu prüfen und stellt eine Ausnahme[738] zu dieser dar. Kommt sie zur Anwendung, kann die engere Verbindung aber nicht völlig losgelöst von der ordentlichen Anknüpfung bestimmt werden. Vielmehr findet die Abwägung aller objektiven und subjektiven Umstände weiterhin unter Beachtung der Regelanknüpfung statt.

In der Schweiz findet sich die Norm des Art. 15 schweiz. IPRG, die alle Anknüpfungen unter den Vorbehalt des „viel engeren Zusammenhangs" stellt. Der deutsche und der österreichische Gesetzgeber waren zurückhaltender und haben einen solchen Vorbehalt nur in speziellen Bereichen des IPR kodifiziert.[739] In den Internationalen Privatrechten beider Länder finden sich im Familienrecht keine Ausweichklauseln, weil der Gesetzgeber flexiblere Anknüpfungen in diesem Rechtsgebiet – anders als im Schuldrecht – für gefährlicher hält als die generalisierten.[740] Bedeutung haben Ausweichklauseln auch im niederländischen internationalen Ehescheidungsrecht, Ehegüterrecht und Adoptionsrecht.[741]

Darüber, ob ein Bedürfnis nach einer Korrektur von Anknüpfungen besteht und für „Rom III" bestehen würde, kann die Spruchpraxis der deutschen Gerichte Aufschluss geben und zeigt sich in der Beantwortung zweier Fragen: Kann der

---

737 Kreuzer, ZfRV 1992, S. 170 ff. und 183; ders. in, FS für Zajtay, S. 296; Kegel/Schurig, IPR, § 6 I 4. b; Keller/Siehr, S. 121.

738 Die Begriffe „Ausnahme" und „Korrektur" der Regelanknüpfung werden weitgehend synonym verwendet. Nachweise bei Geisler, S. 86.

739 Art. 28 Abs. 5, Art. 30 Abs. 2, 2. HS, Art. 41 und 46 EGBGB; § 18 Abs. 2, § 48 Abs. 1 S. 2 öst. IPRG. In Österreich ist strittig, ob § 1 öst. IPRG die Funktion einer Ausweichklausel zukommt oder dadurch nur festgestellt wird, dass die einzelnen Kollisionsnormen das Leitprinzip unwiderlegbar konkretisieren: Nachweise bei Kreuzer, ZfRV 1992, 172 f.

740 Staudinger/Mankowski, Art. 14, RN 31; vgl. bzgl. Österreich: Kreuzer, FS für Zajtay, S. 297 m. w. N.; ebenso Schreiber, S. 15, 16.

741 Vgl. dazu m. w. N. Kreuzer, ZfRV 1992, S. 181.

ordre public Unzulänglichkeiten der kollisionsrechtlichen Anknüpfung bereinigen? Bestehen andere alternative Anknüpfungen für Fälle, in denen, falls erforderlich, selbst die gefundene Generalanknüpfung nicht mit dem Leitprinzip im Einklang steht?

b) Bedürfnis nach einer Ausweichklausel

Die Staaten Österreich, Belgien, Finnland, Deutschland, Griechenland, Italien und Schweden befürworten etwas mehr Flexibilität bei der Anknüpfung des Sachverhalts an eine bestimmte Rechtsordnung[742]. Über die Frage, in welchen Einzelfällen dies geschehen soll, sind sich die Länder jedoch uneins. So möchte z. B. Österreich in bestimmten Fällen das Recht eines Drittstaates anwenden, wenn die Ehegatten zu diesem eine engere Beziehung haben.[743] Schweden möchte in Einzelfällen, die nicht näher definiert werden, die lex fori anwenden.[744] Belgien schlägt vor, dass ausnahmsweise das an sich anwendbare Recht nicht zur Anwendung kommt, wenn die Umstände zeigen, dass nur eine sehr geringe Verbindung zu diesem Staat besteht, hingegen aber eine sehr enge Beziehung zu dem Recht des anderen Staates festgestellt wird.[745] Aufgrund dieser Unstimmigkeiten muss vorab geklärt werden, welche Bedeutung und primäre Funktion die Ausweichklausel bisher gehabt hat und in der Zukunft im europäischen Scheidungskollisionsrecht haben könnte.

aa) Ergebnisse aus der Spruchpraxis deutscher, österreichischer und schweizerischer Gerichte

In der Vergangenheit kam mehrfach – vorwiegend in Deutschland – zum Ausdruck, dass der Sinn und Zweck der Ausweichklausel verkannt wurde.
Auf der einen Seite ist es im deutschen Familienrecht meist der ordre public, dessen man sich bedient und stets bedient hat, wenn die ordentliche Anknüpfung zu einem unerträglichen Ergebnis führte.[746] In dieselbe Richtung wiesen schon frühere Diskussionen über die Einführung einer Ausweichklausel in das EGBGB. Dort wurde vertreten, eine Korrektur müsse auch aus anderen Erwägungen heraus als dem Leitprinzip des IPR erlaubt sein.[747] Die Ausweichklausel hätte dann in rechtlich unzulässiger Weise als Verwirklichung des ordre public gedient. Denn sobald materielle Erwägungen im Vordergrund stehen, lässt sich ein Abweichen von der Regelanknüpfung nicht mit dem Gedanken der engsten Verbindung rechtfertigen.

---

742 JUSTCIV 66, S. 26.
743 JUSTCIV 66, S. 26.
744 JUSTCIV 66, S. 26.
745 JUSTCIV 66, S. 26.
746 Schreiber, S. 85; Kreuzer, FS für Zajtay, S. 309 f. m. w. N. aus der Rechtsprechung, FN 82-84. Ebenso Kropholler, § 4 II 2.
747 Geisler, S. 87.

Auf der anderen Seite zeigte sich in der Praxis allerdings auch, dass die Anwendung des ausländischen Rechts nicht nur einen Verstoß gegen wesentliche Grundsätze des deutschen Rechts bedeutet hätte, sondern auch auf unbefriedigenden kollisionsrechtlichen Anknüpfungen beruhte[748]. Der Gerechtigkeitsgesichtspunkt trat mehr in den Vordergrund. Dabei lag es vor der Reform des EGBGB von 1986 vorwiegend am Hauptanknüpfungspunkt, dem Staatsangehörigkeitsprinzip, das zu unannehmbaren Ergebnissen führte.[749] Gerade durch die Zuwanderung von Gastarbeitern wurde sehr schnell klar, dass viele ihre Bindungen zu ihren Heimatländern gelockert und sich erfolgreich bemüht hatten, sich kulturell und gesellschaftlich in ihrem Gastland zu integrieren.[750] Der ordre public hat aber meist sehr strenge Voraussetzungen, vgl. heute Art. 22 EheVO II, Art. 6 EGBGB, sowie damals Art. 30 EGBGB a. F., die ein rein „unerwünschtes" und insbesondere unerwünschtes kollisionsrechtliches Ergebnis nicht erfüllt. Vielfach haben auch hier wieder die Gerichte, diesmal allerdings kollisionsrechtlich motiviert, durch Anwendung des ordre public die Grenzen zulässiger Rechtsausübung überschritten.[751] Ausgehend von der Rechtsprechung vor der Reform 1986 stellt sich heraus, dass die Korrektur vorwiegend zugunsten des gewöhnlichen Aufenthalts betrieben wurde, sich mithin dort die engere Beziehung eines Sachverhalts zu einer Rechtsordnung befindet.[752] Je detaillierter daher die Anknüpfungsvarianten – orientiert am Aufenthaltsprinzip – gestaltet sind, umso weniger bedarf es eines Rückgriffs auf eine Auffang- bzw. Ausweichklausel. Hier liegt der Gedanke nahe, dass ein interessengerechtes umfassendes Anknüpfungssystem eine Ausweichklausel an sich ersetzen kann.[753] „Rom III" wird eine solche umfassende Kollisionsrechtsregelung darstellen. Diese Befürchtung verkennt jedoch die Aufgabe der Ausweichklausel: Die Überlegungen zur Schaffung einer Ausweichklausel sind überhaupt erst dann sinnvoll, wenn die Regelanknüpfung nicht zur tatsächlich engsten Verbindung im Sinne des Art. 3 EGBGB führt. Ein detailliertes Anknüpfungssystem ist demnach eine naturbedingte *Vorstufe* für die Existenz einer Ausweichklausel.

---

748 Kreuzer, FS für Zajtay, S. 309; ders. in: Lausanner Kolloquium, S. 22; Schreiber, S. 85.

749 Dies verkannte das *MPI* in seiner Prophezeiung, dass nicht das Staatsangehörigkeitsprinzip, sondern das Aufenthaltsprinzip voraussichtlich zur Folge hätte, dass sich die Fälle häufen würden, in denen das „an sich" maßgebende Recht mit Hilfe des ordre public oder anderer kollisionsrechtlicher Kunstgriffe ausgeschaltet würde: MPI, RabelsZ 1980, S. 345.

750 Schreiber, S. 86; Rohe, FS für Roethoft, S. 3, 10; s. a. Gollrad, S. 41 f.

751 Siehe die Rechtsprechungsnachweise und umfangreiche Besprechung bei Schreiber, S. 90 FN 424.

752 So wurde z. B. auch die Spanierentscheidung des BVerfG dadurch bedingt, dass der Spanier schon seit 1962 in Deutschland lebte: BVerfGE 31, 58. Vgl. auch Kropholler, Internationales Privatrecht, § 4 IV.

753 So *Henrich* auf der Sitzung des *Deutschen Rats für IPR* am 12. 4. 2002 in Würzburg: Protokoll S. 21.

Ausgangspunkt ist ein Anknüpfungssystem, das offensichtlich verbesserungswürdig ist und zunächst dahingehend untersucht werden muss, wie man es interessengerechter gestalten und ausweiten kann. Die Ausweichklausel kommt erst zum Zuge, wenn ein solches ausgefeiltes System wieder Lücken ausweist in dem Sinne, dass *im Einzelfall* eine andere als die vorgegebene generalisierte Verbindung die engere ist. Eine Ausweichklausel verfeinert vielmehr das System von Regelanknüpfungen[754], wozu letzteres selbst nicht immer in der Lage ist. Eine Kollisionsnorm kann angesichts der Vielgestaltigkeit der Lebenssachverhalte, verstärkt durch die zunehmende Berührung mit zwei bis vier oder mehr fremden Rechtsordnungen, nicht jeden denkbaren Einzelfall interessengerecht erfassen.
In Österreich und der Schweiz zeigten sich ähnliche Entwicklungen wie in Deutschland. In Österreich hatte § 1 öst. IPRG[755] bisher nur im Vertragsrecht Bedeutung. Im Familienrecht wurde eine spezielle Ausweichklausel nicht geschaffen. Ansätze für ein Bedürfnis nach Abweichung von der gesetzlichen Anknüpfung zeigten sich aber auch hier, stets wurde auf den ordre public zurückgegriffen.[756] Das Schweizer IPRG enthält gemäß Art. 15 eine allgemeine Ausweichklausel, die mit Ausnahme der Rechtswahl auf alle kollisionsrechtlichen Verweisungen anwendbar ist[757] und sich stets bewährt hat[758]. Vor Inkrafttreten des schweiz. IPRG (mit Art. 15 schweiz. IPRG) sind die Gerichte im Familienrecht manchmal von den gesetzlichen oder den durch die Rechtsprechung und Literatur entwickelten Anknüpfungsgrundsätzen abgewichen. In der Schweiz waren die Entwicklungen in der Spruchpraxis jedoch vielmehr eine Suche nach einer interessengerechten Regelanknüpfung als nach gerechten Einzelfalllösungen.[759]
Zusammenfassend lässt sich feststellen, dass die Rechtsprechung die Aufgabe der Ausweichklausel in einigen Fällen verkannt hat und sich in allen drei Ländern in Ermangelung einer korrigierenden Norm bemüht hat, durch eine Überdehnung des ordre public von der Regelanknüpfung abzuweichen. Das dogmatisch richtige Korrekturmittel ist allerdings nicht ein überdehnter ordre public, sondern die Schaffung einer Ausweichklausel.

---

754 So auch zu Recht Lüderitz, FS für Kegel, S. 53.

755 § 1 Abs. 1 öst. IPRG lautet: Sachverhalte mit Auslandsberührung sind in privatrechtlicher Hinsicht nach der Rechtsordnung zu beurteilen, zu der die stärkste Beziehung besteht.

756 Vgl. allgemein Kreuzer, ZfRV 1992, S. 183; siehe ausführlich Schreiber, S. 134 ff.

757 Art. 15 lautet: „Das Recht, auf das dieses Gesetz verweist, ist ausnahmsweise nicht anwendbar, wenn nach den Umständen offensichtlich ist, dass der Sachverhalt mit diesem Recht nur in geringem, mit einem anderen Recht jedoch in viel engerem Zusammenhang steht.".

758 Siehe dazu Girsberger, SJZ 1999, S. 217.

759 Schreiber, S. 156.

bb) Fehlender Bedarf aus dogmatischen Gründen

Ab und an erwecken Gegenstimmen den Eindruck, als wollten sie ohne nähere Begründung mit allen Mitteln den Weg zur Ausweichklausel meiden.
So hält *Hohloch*[760] die Anknüpfung an die engste Verbindung nicht für sinnvoll, weil sich die Zuständigkeit aus Art. 7 Abs. 1 EheVO I[761] ergäbe, wenn zum Zeitpunkt des Scheidungsantrags keiner der Ehegatten einen gewöhnlichen Aufenthalt begründet hätte. Dieser Einwand erscheint schon in seiner Intention fragwürdig. Zum einen sind die Gründe für die Frage, ob eine Ausweichklausel im Kollisionsrecht eingeführt werden soll, unabhängig von der Zuständigkeit des Gerichts. Selbst wenn sich eine Zuständigkeit nach Art. 3-5 EheVO II nicht ergibt, wird ein Gericht gemäß den Regeln des Forumstaates über die internationale Zuständigkeit zuständig. Dieses zuständige Gericht wendet dann wieder das für die Mitgliedstaaten geltende einheitliche europäische Scheidungskollisionsrecht, „Rom III“, an. Die Frage nach der Ausweichklausel stellt sich erneut. *Hohloch* erweckt den Eindruck, als sei er der Ansicht, die Ausweichklausel käme nur zum Einsatz, wenn die Eheleute keinen gemeinsamen gewöhnlichen Aufenthalt haben. In eine ähnliche Richtung weist *Henrich*[762]. Er will ebenfalls die Ausweichklausel aus der Anknüpfungsleiter streichen, weil diese Norm nur sehr seltene Fälle betreffe. Dies seien jene, in denen keiner der Ehegatten den früheren gemeinsamen gewöhnlichen Aufenthalt beibehalten habe. Schon allein die Aufgabe der Ausweichklausel widerspricht dieser Behauptung. Die Ausweichklausel kann bei *jeder* objektiven Anknüpfung zur Anwendung kommen, bei der der Sachverhalt entgegen der Regelanknüpfung eine engere Verbindung zu einer anderen Rechtsordnung aufweist.

c) Bedenken gegen eine Ausweichklausel

Vielfach werden Ausweichklauseln kritisiert. Ihnen wird vorgeworfen, sie würden zur Umgehung der Regelanknüpfung ermuntern[763], sie seien inhaltslos und daher überflüssig[764], der Richter habe so ein Mittel an der Hand, mit dessen Hil-

---

760 *Hohloch* auf der Sitzung des *Deutschen Rats für IPR* am 12. 4. 2002 in Würzburg: Protokoll S. 21.

761 Art. 7 Abs. 1 EheVO I entspricht dem neuen Art. 6 Abs. 1 EheVO II, so dass die Ansicht von *Hohloch* auch auf die neue EheVO II übertragbar ist.

762 *Henrich* auf der Sitzung des *Deutschen Rats für IPR* am 12. 4. 2002 in Würzburg: Protokoll S. 26.

763 So *Otto* in seinem Diskussionsbeitrag im Lausanner Kolloquium, S. 50.

764 Siehe bereits *Kegel* in der Kommentierung des Handbuchs des Österreichischen Internationalen Privatrecht von *Fritz Schwind*: „Eine Windfahne als Wegweiser“, in: Kegel, AcP 178 (1978), S. 120. Ebenso ist die Ansicht von *Kegel* und *Schurig* zu verstehen: Kegel/Schurig, IPR, § 6 I 4. b, cc.

fe er die lex fori anwenden könnte[765] und sie führe zur Rechtsunsicherheit[766]. Ob diese Kritik haltbar ist, lässt sich mit einem Blick auf die Praxis und auf den Sinn und Zweck der Ausweichklausel, insbesondere im Hinblick auf ihre Funktion im europäischen Kollisionsrecht, beantworten.

aa) Umgehung der Regelanknüpfung

Bei Ausweichklauseln liegt die Sorge nahe, sie könnten in ausufemdem Maße angewendet werden und die Regelanknüpfung umgehen und daher überflüssig werden lassen. Die aufgezeigten Entwicklungen in der Rechtsprechung, der daraus resultierende Bedarf und der dargestellte Sinn und Zweck von Ausweichklauseln mildern jedoch aus zwei Gründen diese Sorge. Denn die Fälle, in denen auf eine Ausweichklausel zurückgegriffen werden muss, werden selten sein. Zum einen begünstigt die Tendenz weg vom Staatsangehörigkeitsprinzip hin zum gewöhnlichen Aufenthalt ohnehin die engere, wenn nicht sogar engste Beziehung des Sachverhalts zu einem Staat und seiner Rechtsordnung. Die Ausweichklausel kommt daher viel seltener zur Anwendung, wenn der Verweisungsweg in „Rom III" über das Aufenthaltsprinzip geht und dort, wie in voraussichtlich vielen Fällen, endet.[767] Hinzu kommt, dass auf der Suche nach einer europäischen Regelung jeder Mitgliedstaat gewillt sein muss, sich von den, seiner Rechtsordnung spezifischen Anknüpfungstatbeständen ein Stück weit zu lösen, um einen gemeinschaftlichen Konsens zu finden. Die Anwendung der eigenen Rechtsordnung tritt immer mehr in den Hintergrund; gesucht wird vielmehr eine sach- und interessengerechte Regelanknüpfung. Dies gilt insbesondere für das Familienrecht, einen sensiblen Rechtsbereich, in dem der Gesetzgeber bemüht ist, Rechtsmissbrauch unter den Parteien zu verhindern. Bei einer europäischen Regelung kommt hinzu, dass die verschiedenen Anknüpfungspunkte in den Rechtsordnungen aller Mitgliedstaaten zusammengetragen und verglichen werden müssen. Die Suche nach einer sachgerechten Lösung mit Hilfe beinahe aller denkbaren Anknüpfungen führt zu einem sehr detaillierten Anknüpfungssystem, in das neben den einzelnen Anknüpfungsregelungen auch Rechtsprechung und Erfahrungen der europäischen Länder miteinfließen. Schon in Deutschland zeigt die Praxis nach der IPR-Reform von 1986 einen deutlichen

---

765 Blaurock, FS für Stoll, S. 475; *Duchek* in seinem Diskussionsbeitrag im Lausanner Kolloquium, S. 52; Selbst Kreuzer, ein Befürworter der Ausweichklausel, bestätigt diese Gefahr: Kreuzer, ZfRV 1992, S. 168 (169); weitere Nachweise bei Kreuzer, in: Lausanner Kolloquium, S. 14 FN 54.

766 Kegel/Schurig, IPR, § 6 I 4. b, cc.; Staudinger/Sturm/Sturm, Einl. zum IPR, RN 182; Blaurock, FS für Stoll, S. 475; weitere Nachweise bei Kreuzer, in: Lausanner Kolloquium, S. 14 FN 56.

767 So auch *Henrich* in seinem Diskussionsbeitrag im Lausanner Kolloquium, S. 51. Ebenso die Ansicht von *Girsberger*, der meint, dass angesichts der flexiblen Anknüpfung an den Wohnsitz des Leistenden eine Ausweichklausel im Vertragsrecht nicht notwendig sei: Girsberger, SJZ 1999, S. 216.

Rückgang der Entscheidungen, die eine Korrektur des kollisionsrechtlichen Ergebnisses verlangten.[768] Die objektive Anknüpfung bleibt somit die Regel, die Ausweichklausel die Ausnahme. Die Gefahr der Umgehung der Regelanknüpfung durch den Richter ist kein spezielles Problem der Ausweichklausel. Vielmehr birgt jede Generalklausel diese Gefahr in sich. Diese hat sich allgemein aber als unabdingbar erwiesen und weist keine offensichtlichen Anzeichen richterlichen Missbrauchs auf. Auf die Idee, sie abzuschaffen, ist bisher auch noch niemand gekommen.

Ist der Bedarf an Ausweichklauseln daher gering, müssen letztere nicht gänzlich ausgeschlossen werden. Vielmehr können sie als Stütze für Einzelfälle dienen, ohne dass man Gefahr läuft, ihre übermäßige Anwendung werde das ordentliche Anknüpfungssystem umgehen. Auch heute noch besteht ein Bedürfnis zur kollisionsrechtlichen Korrektur[769], solange an der Staatsangehörigkeitsanknüpfung festgehalten wird.

bb) Gefahr des Heimwärtsstrebens

Eine Ausweichklausel sollte nicht dazu führen, dass die Gerichte allzu großzügig auf die lex fori ausweichen. Die bisherige Praxis zeigt, dass sowohl Art. 15 schweiz. IPRG als auch Art. 28 Abs. 5 EGBGB von der Rechtsprechung zurückhaltend angewendet wurden.[770] Es existiert nur wenig Anschauungsmaterial. Weder ein massives Heimwärtsstreben noch eine häufige Anwendung von Art. 15 schweiz. IPRG, um ein materiellrechtlich unerwünschtes Ergebnis zu vermeiden, seien zu verzeichnen gewesen.[771] Wenn überhaupt ein Heimwärtsstreben auftrat, dann waren dies richterliche Entscheidungen – wie etwa in Deutschland die BGH-Beschlüsse zum internationalen Kindschaftsrecht vom 26. 10. 1977[772] –, die darauf fußten, dass es nicht möglich sei, den Inhalt des zur Anwendung berufenen Rechts festzustellen[773]. Selbst wenn eine Ausweichklau-

---

[768] Schreiber, S. 98.

[769] So im Ergebnis auch Wagner, FamRZ 2003, S. 807.

[770] Blaurock, FS für Stoll, S. 427 m. w. N. der Rechtsprechung, in der vorwiegend die Vermutung des Art. 28 Abs. 2 EGBGB angewendet wurde: FN 46. *Blaurock* verweist auch darauf, dass die niederländischen Gerichte ähnlich restriktiv im Umgang mit Ausweichklauseln seien. Dazu auch Geisler, S. 99. Ebenso zu Art. 15 schweiz. IPRG: siehe Staudinger/Sturm/Sturm, Einl. zum IPR, RN 166; Girsberger, SJZ 1999, S. 216.

[771] Schreiber, S. 190; *Geisler* beschreibt zwar ausführlich einen Fall des Schweizerischen Bundesgerichts zu Art. 15 schweiz. IPRG, der zeigt, dass nicht nur gänzlich untragbare Verweisungsbefehle korrigiert werden, sondern etwa auch solche, zu deren Anknüpfungspunkt der Sachverhalt eine nicht sehr enge Verbindung hat: Geisler, S. 99 f. Auch *Kreuzer* verweist auf einen Fall, in dem die Ausweichklausel dem Heimwärtsstreben Vorschub geleistet hat: Kreuzer, ZfRV 1992, S. 183. Derartige Fälle sind jedoch selten.

[772] Dazu ausführlich Heldrich, FS für Ferid, S. 209 ff.

[773] Siehe Heldrich, FS für Ferid, S. 211.

sel zur Verfügung gestanden hätte, wäre die gerichtliche Entscheidung keine andere gewesen.
Nun könnte man auf die Idee kommen, insbesondere Staaten, die gemäß ihrem autonomen Scheidungskollisionsrecht vorwiegend die lex fori anwenden und in Auslandsfällen stets ihr eigenes Recht anwenden, neigten eher dazu, von ihrer ursprünglichen Rechtsanwendung nicht abzuweichen. Wird sich ein englischer Richter, der niemals fremdes Scheidungsrecht angewendet hat, von heute auf morgen umstellen? Wird ein spezialisierter Anwalt den belgischen oder englischen Richter, dem es an „Rom III“-Kenntnissen mangelt[774], nicht sehr leicht über die Ausweichklausel von der Anwendung der lex fori überzeugen können? Dann hätte die Regelung in diesem Staat ihr Ziel verfehlt. Daher könnte die Gefahr begründet sein, ein forum shopping zu provozieren, das durch ein einheitliches Kollisionsrecht gerade vermieden werden sollte. Wenn etwa bekannt ist, welche Gerichte in Europa vermehrt „heimwärts streben“ oder eine bestimmte Fallkonstellation unterschiedlich anknüpfen, kann sich der Antragsteller über Art. 3 EheVO II das für ihn günstige Scheidungsrecht aussuchen. Ob sich diese Bedenken tatsächlich realisieren werden, wird die Zukunft zeigen. Sie sind indes nicht von der Hand zu weisen. Deshalb aber die Normierung von Ausweichklauseln abzulehnen, ist aus dreierlei Gründen falsch:
Zum einen dürfen diese Staaten, die gerade ca. 20-30 % in der EG ausmachen, im Rahmen von „Rom III“ und der Frage nach Sinn und Zweck von Anknüpfungsmomenten nicht mehr separat betrachtet werden, sondern nur noch im europäischen Kontext. Es kann also nicht mehr besorgt danach gefragt werden, ob diese Gesetzesumstellung in diesem oder jenem Staat *jeweils* in der Praxis leicht umzusetzen ist. Erwägungen, die angestellt werden, um in *einem* Staat die Gesetze zu reformieren, sind andere als jene bei der Schaffung einer *europäischen* Norm. Mit anderen Worten kann eine neue Regelung, die im einzelnen Mitgliedstaat schwer – aber nicht unmöglich – zu verwirklichen ist und für die u. U. dort innerstaatlich vordergründig gar kein Bedarf besteht, in der Europäischen Gemeinschaft trotzdem geboten und dringend erforderlich sein. Nur wenn die autonomen Probleme einzelner Staaten bei der Anwendung der europäischen Norm Auswirkungen auf den gesamteuropäischen Gesetzesgebrauch haben, wird der Sinn der Regelung gänzlich verfehlt. Ausschließlich in diesem Punkt müssen die Schwierigkeiten einzelner Länder genauer beachtet werden. Dass die möglichen anfänglichen Umsetzungsschwierigkeiten in manchen Ländern wie bspw. dem Vereinigten Königreich oder den Niederlanden Auswirkungen haben werden, dass die Regelung europaweit sinnlos wird, ist nicht anzunehmen.

---

[774] Genauso wie es den überlasteten Richtern und nicht spezialisierten Anwälten an Kenntnissen im Bereich der EheVO I bis heute noch fehlt: s. Final Report, S. 4, 9, 10, 11, 12, ausdrücklich S. 14.

Nicht damit verwechselt werden darf das Gebot für den europäischen Gesetzgeber, stets darum bemüht zu sein, Rücksicht auf jeden Mitgliedstaat walten zu lassen. Kleine Opfer eines jeden Staates sind jedoch unabdingbar.[775] Schriebe man die Rücksicht zu groß, wäre europäische Stagnation die Folge. Maßstäbe dürfen nicht jene Staaten setzen, deren autonome Gesetze und Gerichtspraxis mit einer sinnvollen europäischen Regelung unvereinbar sind. Die fortschreitende Integration erfordert es vielmehr, dass letztere sich langsam anpassen. Erst wenn tatsächlich der befürchtete Fall eintritt, dass bspw. das Vereinigte Königreich oder Finnland und Schweden auch nach längerer Zeit noch mittels der Ausweichklausel die lex fori anwenden, muss über eine Reform von „Rom III" nachgedacht werden. Außerdem gilt für diese, wie auch für Staaten, deren autonomes Kollisionsrecht die lex fori kennt, aber nicht vorrangig normiert, dass der Richter naturgemäß lieber die lex fori anwendet als das fremde Recht: Selbst wenn die Ausweichklausel die Anwendung der lex fori theoretisch ermöglichen kann, so wird dies auf dem teilweise unbewussten Bestreben der Richter beruhen, ihr eigenes Recht anwenden zu können und eigene materiellrechtliche Wertungen in das Ergebnis der Sachentscheidung miteinfließen zu lassen. Diese Neigung hat der Richter aber auch ohne die Existenz einer Ausweichklausel, indem er, wie dies in der Rechtsprechung auch geschehen ist, das Ergebnis über den ordre public korrigiert. Rein dogmatisch betrachtet, bietet die Ausweichklausel hierfür gar keine weitere zusätzliche Korrekturmöglichkeit. Sie soll es schließlich nur unter kollisionsrechtlichem Gesichtspunkt, nicht materiellrechtlichem, ermöglichen, den Sachverhalt einem anderen Recht als dem nach der Regelanknüpfung berufenen zuzuweisen.

cc) Verstoß gegen das Gebot der Rechtssicherheit

Frankreich, Griechenland[776], die Niederlande, Portugal und das Vereinigte Königreich fürchten um die Rechtssicherheit und die Vorhersehbarkeit des Ergeb-

---

[775] Diese kleinen Opfer betreffen insbesondere auch die Gewährleistung des Grundrechtsschutzes eines Staates gegenüber seinen Bürgern. S. o. die Ausführungen zur „Solange I und II"-Rechtsprechung Dritter Teil 3. Abschnitt § 4. IV. 2.

[776] Griechenlands Zurückhaltung verwundert, hat dieser Staat doch im autonomen Scheidungskollisionsrecht selbst eine Ausweichklausel. Er ist aber in Bezug auf „ROM III" zumindest bereit, der Abweichung von der Regelanknüpfung in Ausnahmefällen zuzustimmen, wenn es darum geht, sicherzustellen, dass die Ehe nach dem Recht eines anderen Staates aufgelöst werden kann. Dadurch würden aber unzulässigerweise materiellrechtliche Erwägungen in die kollisionsrechtliche Beurteilung miteinfließen.

nisses.[777] Richtig an diesen Befürchtungen ist, dass es sich gerade auf dem Gebiet des Familienrechts vorwiegend um zwingendes Recht und um gegen jedermann wirkende Rechtsverhältnisse handelt, die einer klaren, eindeutigen Regelung bedürfen. Diese Forderung wird auf der anderen Seite häufig dem erhöhten Gerechtigkeitsbedürfnis in einem sensiblen Rechtsbereich wie dem Familienrecht gegenüber gestellt, in dem besonders starre Anknüpfungen zu unbilligen Ergebnissen führen können.[778] Einer solchen Gegenüberstellung mit anschließender Gewichtung bedarf es jedoch nicht, wenn bereits die Rechtssicherheit tatsächlich gar nicht gefährdet ist. Der meistgenannte pauschale Vorwurf, Ausweichklauseln seien der Rechtssicherheit abträglich, geht mit der Sorge vor einer willkürlichen Handhabe der Ausweichklausel einher. Die Angst vor der Willkür des Richters impliziert gleichzeitig die Unterstellung, Richter würden nach ihrem „Gutdünken" urteilen. Diese Sorge ist allerdings unbegründet. Sie verkennt zum einen, dass die Rechtsprechung auch bisher von den bestehenden Ausweichklauseln keineswegs ausufernd Gebrauch gemacht hat. Zum zweiten übersieht sie, dass die Ausweichklausel sowohl aufgrund ihrer Natur als Ausnahmeregelung als auch in ihrem Wortlaut Voraussetzungen enthält, an die der Gesetzesanwender gebunden ist. Die Ausweichklausel orientiert sich an der Regelanknüpfung und greift nur ein, wenn letztere zu einem Ergebnis führt, welches dem Leitprinzip des IPR widerspricht.[779] Sie gilt mithin nur subsidiär und wird nur in atypischen Fällen angewendet. Weitere Voraussetzung ist, dass auch tatsächlich der Sachverhalt eine wesentlich „engere" Verbindung zu einem anderen Rechtssystem hat als jenem, welches sich aus der Regelanknüpfung ergibt. In diesem Vergleich wird wieder die starke Anbindung an die ordentliche Anknüpfung ersichtlich. Zuzugeben ist allerdings, dass der Richter das Urteil darüber, ob eine engere Verbindung besteht, nach seinem Ermessen fällt. Es ist auch nicht zu leugnen, dass der Begriff „engste Verbindung" die einzelnen Umstände nicht bewertet und daher ausfüllungsbedürftig ist. Eine Ermessensentscheidung ist aber allen Generalklauseln, wie auch dem ordre public, immanent und hat nie einen negativen Beigeschmack. Im Übrigen ist schon zweifelhaft, ob es sich überhaupt um eine typische Ermessensentscheidung handelt, weil die Voraussetzungen für ihre Anwendung in Verbindung mit den Regelanknüpfungen sehr klar vorgegeben sind. Weiterhin sollte vorausgesetzt werden, dass die

---

777 JUSTCIV 66, S. 26. S. a. die Bedenken einiger Autoren: Nachweise bei Kreuzer, FS für Zajtay, S. 318 FN 128; ders. ZfRV 1992, S. 189 FN 165; weitere Nachweise im Bereich des Internationalen Vertragsrechts bei Blaurock, FS für Stoll, S. 464 FN 11. Das war auch der Grund, warum der deutsche Gesetzgeber in seiner Reformbegründung die Einführung einer Ausweichklausel verneinte: BT-Drucks. 10/504, S. 29.

778 Vgl. Kropholler, Internationales Privatrecht, § 4 IV.

779 Siehe die eindrückliche Entscheidung des österreichischen OGH zum internationalen Vertragsrecht, die auch für eine europäische Ausweichklausel von erheblicher Bedeutung ist: OGH ZfRV 36 (1995), S. 36 = IPRax 1995, S. 326.

engere Verbindung *offensichtlich* und den Ehepartnern *gemein* sein muss und sich nur aus den *Gesamtumständen* ergeben kann. Allein die Tatsache, dass im Einzelfall eine engere oder stärkere Beziehung zu einem anderen Recht besteht, genügt indes hierfür nicht. Es findet eine Gesamtabwägung statt, in der nicht auf einzelne Merkmale abgestellt werden darf. Darauf können sich die Parteien und ihre Anwälte einstellen. Weiterhin sind die Anhaltspunkte, die ausschlaggebend sind für die Prüfung der Verbindungen zu einem Staat in der Regel zumindest den Anwälten bekannt. Dies können objektive und subjektive Umstände[780] sein, auf deren nähere Darlegung in dieser Arbeit verzichtet wird. Zwar ist es auch hier wieder eine wertende und damit unvorhersehbare Betrachtung, welchem Umstand die größere Bedeutung beigemessen wird. Dieser letzte Unsicherheitsfaktor liegt aber in der Natur des Einzelfalls und jeder Generalklausel. Ist doch gerade der Einzelfall nicht im Vorhinein abstrakt normierbar, können nicht alle denknotwendigen Fälle erfasst werden und lässt die Generalklausel aus diesem Grund dem Richter einen Ermessensspielraum. Das ist aber kein Grund zu kapitulieren und auf die Ausweichklausel gänzlich zu verzichten, denn nicht *sie* ruft die Probleme hervor, sondern die Existenz von Einzelfällen, die mit den abstrakt generellen Anknüpfungen nicht erfasst werden können. Viel abträglicher ist der Rechtssicherheit, mit Hilfe der Regelanknüpfung Einzelfälle zu lösen, die die Anknüpfungstatbestände gar nicht erfüllen, was unzweifelhaft eine unzulässige Überschreitung des Rechtsgebrauchs bedeutet[781] und viel weniger kalkulierbar ist als die Anwendung einer Generalklausel. *Lüderitz*[782] bringt es treffend auf den Punkt, indem er die Rechtssicherheit nicht primär in der Entscheidung des Richters sucht, sondern in dem hypothetischen Parteiwillen. Erst wenn alle Gesichtspunkte eingestellt würden, die für das kollisionsrechtliche Interesse der Parteien maßgebend seien, könne Rechtsklarheit erzielt werden. Bei dem Gebot der Rechtssicherheit den Schwerpunkt im Parteiinteresse zu setzen, ist vorzugswürdig, weil damit zugleich kollisionsrechtliche Gerechtigkeit gewährleistet wird.

---

780 Vgl. dazu ausführlich Mansel, Personalstatut, S. 265 ff. in Bezug auf Effektivitätskriterien bei der Ermittlung der effektiven Staatsangehörigkeit von Mehrstaatern. Dieselben Umstände werden auch bei Suche nach der engsten Verbindung herangezogen; s. a. Geisler, S. 107 ff.

781 Vgl. bereits oben zu den Bedenken einer Überdehnung des ordre public Dritter Teil 3. Abschnitt § 5. II. b) aa). Ebenso Kropholler, Internationales Privatrecht, § 4 IV.

782 Lüderitz, FS für Kegel, S. 353.

d) Ausgestaltung der Ausweichklausel

aa) Allgemeine, spezielle, sachgebiets- und anknüpfungspunktbezogene Ausweichklauseln

Ausweichklauseln werden in allgemeine und spezielle Ausweichklauseln eingeteilt. Allgemeine Ausweichklauseln beziehen sich auf das gesamte IPR, speziel-le nur auf einen bestimmten Rechtsbereich. Da es sich beim zu vereinheitlichenden Scheidungskollisionsrecht um einen Teilbereich des Rechts handelt, kommt für „Rom III“ nur eine spezielle Ausweichklausel in Betracht. Eine allgemeine Ausweichklausel kann es erst geben, wenn das gesamte europäische Kollisionsrecht vereinheitlicht wird.

Spezielle Ausweichklauseln werden nach *Kreuzer*[783] weiter in „sachgebietsbezogene“ und „anknüpfungspunktbezogene“ unterteilt. Sachgebietsbezogen sind solche Klauseln, die für die Korrektur eines bestimmten Sachgebiets bestimmt sind. Anknüpfungspunktbezogene Ausweichklauseln können einzelne Regelanknüpfungen berichtigen. Auf der Suche nach einer für die Parteien kollisionsrechtlich interessengerechten Anknüpfung im Scheidungskollisionsrecht wird die anknüpfungspunktbezogene Ausweichklausel diesem Ziel gerecht. Wenn bspw. die Anknüpfung an den letzten gemeinsamen gewöhnlichen Aufenthalt den Interessen der Ehepartner nicht entspricht, weil der Bezug zu ihrem Heimatstaat stärker ist, kann dieses Ergebnis zugunsten des Heimatrechts korrigiert werden.

bb) Regelbeispiele

Möglich ist eine Aufreihung von Regelbeispielen wie in Art. 41 Abs. 2 oder Art. 28 Abs. 2-4 EGBGB. Damit soll dem Gesetzesanwender zum einen eine Orientierung gegeben werden, wann das Eingreifen der Ausweichklausel nahe liegt[784] und so der Rechtssicherheit dient. Wenn eine solche Formulierung tatsächlich erforderlich ist, um die Ausweichklausel näher zu definieren und einzuschränken, dann muss man sich andererseits fragen, warum die Regelbeispiele nicht Eingang in die Anknüpfungsleiter gefunden haben. Dem Einzelfall ist es immanent, dass er selten und individuell ist und für den Gesetzgeber im Zeitpunkt des Gesetzgebungsverfahrens in der Konstellation nicht erkennbar. Zum zweiten könnte man so eine willkürliche Anwendung der Generalklausel verhindern und zur Rechtssicherheit beitragen. Die Sorgen vor einer willkürlichen Handhabung der Ausweichklausel und vor einem Verstoß gegen das Gebot der Rechtssicherheit sind jedoch nicht berechtigt.[785] Die Aufreihung von Regelbeispielen ist daher bei einer Ausweichklausel in „Rom III“ abzulehnen.

---

[783] Kreuzer, FS für Zajtay, S. 303.

[784] Geisler, S. 104.

[785] S. o. bereits Dritter Teil 3. Abschnitt § 5. II. 2. c) cc).

cc) Denkbare Funktionen der Ausweichklausel

Entscheidend für die Frage, ob eine Ausweichklausel in „Rom III“ erforderlich ist, für ihre Ausgestaltung und insbesondere ihre Auslegung ist auch die Funktion, die sie erfüllen soll. In Betracht kommen Klarstellungs-, Regelbildungs-, Lückenfüllungs-, Korrektur-, Auslegungs- oder Rechtsfortbildungsfunktion.

(1) Klarstellungsfunktion

Vorab ist es wichtig zu erkennen, dass die Ausweichklausel, selbst wenn bereits eine Auffangklausel besteht, nicht bloß eine „klarstellende“ Funktion hat. Beide haben unterschiedliche Ziele. Die Auffangklausel orientiert sich nicht an einer Regelanknüpfung, sie will eine solche nicht berichtigen. Sie selbst ist vielmehr eine Regelanknüpfung am Ende einer Reihe von für den konkreten Sachverhalt nicht eingreifenden objektiven Anknüpfungen. Die Ausweichklausel „knüpft“ an eine Regelanknüpfung an, bei der bereits die Tatbestandsvoraussetzungen erfüllt sind, deren Verweisung jedoch nicht zu einem kollisionsrechtlich interessengerechten Ergebnis führt. Sie erfüllt mithin ihren eigenständigen Zweck. „Rom III“ ist es daher nicht verwehrt, neben der Hilfsanknüpfung auf der letzten Stufe der Anknüpfungsleiter zusätzlich eine Ausweichklausel zu normieren.

(2) Regelbildungsfunktion

Betrachtet man die wahrscheinliche Anzahl von Anwendungen der Ausweichklausel, so käme ihr auch keine regelbildende Funktion zu, weil in dem Anknüpfungssystem des einheitlichen Scheidungskollisionsrechts bereits der Weg zu der engsten Verbindung angestrebt wird.[786] Ein Gegenbeispiel ist das deutsche internationale Familienrecht mit seinem vorherrschenden Staatsangehörigkeitsprinzip. Die Rechtsprechung zeigte in einer Vielzahl von Fällen, dass zugunsten des Aufenthaltsprinzips von der Regelanknüpfung abgewichen werden musste.[787] Es wäre davon auszugehen, dass dort die Anwendung der Ausweichklausel zur Regel würde. In dem angestrebten vereinheitlichten Kollisionsrecht, in dem der gewöhnliche Aufenthalt in seinen verschiedenen Ausformungen Vorrang genießen wird, ist damit nicht zu rechnen. Vielmehr wird die Ausweichklausel die Ausnahme bleiben.

(3) Lückenfüllungsfunktion

Eine Lückenfüllungsfunktion hat die Ausweichklausel aus zwei Gründen nicht, die beide auf dem Zusammenspiel mit der Auffangklausel beruhen. Zum einen, weil die Auffangklausel genau für den Fall geschaffen wird, dass der Sachverhalt unter keine der generellen Anknüpfungen fällt, die nacheinander anhand der Anknüpfungsleiter geprüft werden. Zum zweiten, weil die Ausweichklausel sowohl als Ausnahme als auch als Korrekturmöglichkeit geschaffen wurde. Wenn

---

[786] Kropholler, Internationales Privatrecht, § 4 I; Keller/Siehr, S. 122 und 265 f.
[787] S. o. FN 751.

aber ein Bedarf an Korrektur besteht, dann existiert bereits eine Anknüpfung, die es zu berichtigen gilt; eine Lücke kann nicht korrigiert werden.

(4) Korrekturfunktion

Die Korrekturfunktion ist zweifelsohne die Hauptaufgabe der Ausweichklausel.[788] Sie gewährleistet damit die Einzelfallgerechtigkeit. Denn nur, wenn wirklich jeder Fall zu einem kollisionsrechtlich interessengerechten Ergebnis führt, ist dem Leitprinzip der engsten Verbindung im gesamten Anknüpfungssystem Genüge getan.

Näherer Erläuterungen bedarf die umstrittene Frage, ob die Ausweichklausel nicht nur kollisionsrechtliches, sondern auch materiellrechtliches Korrekturmittel sein soll, d. h. ob aufgrund des materiellrechtlich unerwünschten Ergebnisses, das auf dem durch die Regelanknüpfung berufenen Recht beruht, die Ausweichklausel das anwendbare Recht bestimmen soll. Diese Frage ist auch unter dem Gesichtspunkt der Vorhersehbarkeit des Ergebnisses und der Rechtssicherheit zu klären. *Brunner*[789] vertritt die Ansicht, dass die engere Verbindung stets zu dem materiell „besseren" Recht besteht. Deutsche Richter meinen ebenfalls, dass in Einzelfällen eine Abweichung von der Regelanknüpfung erlaubt sein sollte, wenn das anwendbare Recht das Gericht daran hindert, die Scheidung auszusprechen.[790] Einige Stimmen in Österreich und der Schweiz wollen materiellrechtliche Erwägungen bei der Suche nach dem anwendbaren Recht heranziehen, wenn die Voraussetzungen für die Regelanknüpfung nicht vorliegen.[791] Diese Ansicht, wie auch *Brunner,* verkennen den Sinn und Zweck der Anknüpfung an die engste Verbindung, welche völlig losgelöst von dem für die Partei – welche von beiden das auch sein mag (dazu unten[792]) – günstigsten Recht sind. Die engste Verbindung orientiert sich ausschließlich an kollisionsrechtlichen Interessen. Steht nach Erhebung und Gewichtung aller relevanten Umstände fest, zu welchem Staat der Sachverhalt die engste Verbindung aufweist, dann kann diese Feststellung nicht dadurch erschüttert werden, dass eine Partei in diesem Staat nicht das ihr erwünschte materiellrechtliche Ergebnis erhält. Die Verbindung kann sich im Laufe der Zeit wandeln, aber nur durch Umstände, die auf das Verhalten oder die Lebensgewohnheiten der Partei zurückzuführen sind und die schließlich auch in der Abwägung auf der Suche nach der engsten Verbin-

---

788 Kreuzer, ZfRV 1992, S. 183.

789 Brunner in Honsell/Vogt/Schnyder, Komm. zum IPRG, Art. 120, RN 40 ff.

790 JUSTCIV 66, S. 26.

791 Geisler, S. 165, 166: So soll in Österreich das Personalstatut eines Ehegatten maßgeblich sein und nach sachrechtlichen Gesichtspunkten ausgesucht werden, wenn der Sachverhalt von der Regelanknüpfung des § 18 öst. IPRG nicht erfasst wird. Im Rahmen des § 48 II schweiz. IPRG soll dem Wohnsitz desjenigen Ehegatten Vorrang gewährt werden, der schutzbedürftiger ist. Ebenso *Vischer* in seinem Diskussionsbeitrag auf dem Lausanner Kolloquium, S. 53.

792 Siehe unten in diesem Inhaltsabschnitt.

dung Eingang finden. Das materielle Recht kann weder diese enge Verbindung einer Person oder eines Sachverhalts zu einem Staat herstellen, noch kann es eine solche Verbindung auflösen. Einer Argumentation, die auf der Fiktion[793] beruht, dass die engere Verbindung zu dem materiellrechtlich günstigeren Recht besteht, ist nicht zu folgen. Eine Tatsache, die denknotwendig nicht möglich ist, kann auch nicht fingiert werden. Es wäre außerdem nicht einzusehen, warum auf der letzten Stufe der Anknüpfungsleiter Erwägungen angestellt werden, die auf den vorherigen Stufen keine Rolle gespielt haben.

Der einzig denkbare Bezug zwischen dem materiellen Recht und dem Staat der engsten Verbindung könnte darauf beruhen, dass die Beziehung zwischen Staat und Partei nicht nur aus kulturellen und gesellschaftlichen Gesichtpunkten entstanden ist, sondern auch eine Identifikation mit dem Rechtssystem stattgefunden hat. Schließlich sind durch die Reformen und Neukodifikationen durchaus auch materiellrechtliche Interessen in die Gestaltung einzelner Kollisionsnormen eingeflossen.[794] Die Partei könnte die Verbindung zu dem Staat demnach auch deshalb aufgebaut haben, weil ihr dieses Rechtssystem zusagt und es sich mit ihrem Leben in Einklang bringen lässt. Weitergedacht könnte das bedeuten, wenn dieses Rechtssystem die Partei nicht begünstigt, dann fehlt das Motiv für die damals geschlossene Verbindung. In dieser Schlussfolgerung steckt ein Denkfehler. Eine Partei kann sich für ein Rechtssystem im Ganzen entscheiden; sie kann sich nicht für ein in jedem denkbaren Streitfalle günstiges Recht entschließen. Denn das findet sie von Fall zu Fall in jeweils unterschiedlichen europäischen Ländern. Der persönliche Entschluss zu einem Rechtssystem beruht auf der Identifikation einer Partei mit dessen Grundsätzen, aber auch der Akzeptanz, nicht immer mit Hilfe dieses Rechts zu einem für sich selbst zufrieden stellenden Ergebnis zu kommen.

Zuletzt muss die Frage gestellt werden, wie der Richter das „bessere Recht" überhaupt ermitteln soll und kann. Das stärkste Argument, das gegen die Beachtung des materiellrechtlichen Ergebnisses spricht, ist die notwendige Bevorzugung der einen oder der anderen Partei. Ein allgemein „besseres Recht" gibt es nicht. Es bestimmt sich immer aus Sicht der Partei oder beider Parteien, ist somit untrennbar mit ihnen verbunden. Anders als bspw. im Deliktsrecht oder bei Arbeits- oder Verbraucherverträgen fehlen im Ehescheidungsrecht zulässige Kriterien, nach welchen die *eine* Partei zu bestimmen ist, deren Sicht das günstigste Recht bestimmt. Im Scheidungsrecht haben Antragsteller und Antragsgegner gleich starke Positionen. Es wären ausschließlich Sympathie und Antipa-

---

793 Vgl. Schreiber, S. 229, der sich anhand der Fiktion mit *Brunners* Ergebnis kritisch auseinandersetzt.

794 V. Overbeck, in: Lausanner Kolloquium, S. 35, 36 f.

thie[795] für die jeweilige Partei, die den Richter zur Bestimmung des „besseren" Rechts befähigen. Die Rechtssicherheit wäre nicht mehr gewährleistet.
Anders könnte es sich verhalten, wenn *beiden* Parteien ein günstiges Recht gemein ist. Dann wäre aus Sicht beider Parteien genau dieses das „bessere Recht" und der Richter zumindest tatsächlich in der Lage, es zu bestimmen. Dieser Fall tritt im Ehescheidungsrecht in der Regel bei der gemeinsamen Antragstellung ein. Denn, wenn umgekehrt nur einer den Scheidungsantrag stellt, dann ist auch nur für ihn dasjenige Recht das günstigste, welches die mildesten Scheidungsvoraussetzungen (kurze Trennungsfrist, geringe Voraussetzungen an die Zerrüttung der Ehe etc.) fordert. Stellen beide den Antrag, wollen auch beide möglichst schnell geschieden werden. In dem Fall ist es aber gar nicht mehr notwendig, ein anderes Recht als das über die Regelanknüpfung gefundene als das „günstigere" zu berufen: Bei gemeinsamer Antragstellung können die Ehegatten (mittelbar) durch die Wahl des Gerichtsstandes nach Art. 3 Abs. 1 a Str. 4 EheVO II frei entscheiden, ob die Ehe nach dem Recht des gewöhnlichen Aufenthaltes des einen oder des anderen Ehegatten geschieden wird. Für „Rom III" wird später neben dieser Anknüpfung noch die Möglichkeit einer (unmittelbaren) Rechtswahl erörtert. Weder beim gemeinsamen Antrag noch bei der getroffenen Rechtswahl ist es Aufgabe des Richters, die Parteien gegebenenfalls darauf hinzuweisen, dass in einem anderen als dem mittelbar oder unmittelbar gewählten Staat die Ehe schneller und unter milderen Voraussetzungen geschieden werden kann. Noch weniger ist er befugt, von Amts wegen allein aufgrund des materiellrechtlich günstigen Ergebnisses in einem anderen Staat das Recht des Staates abzulehnen, in dem der Antrag gemeinsam gestellt wurde.
Es zeigt sich, dass in Fällen, in denen der Richter befähigt wäre, das „bessere Recht" zu bestimmen, die Parteiautonomie der Ehegatten in diesem Fall stärker ist als das Leitprinzip des IPR. Auch der Richter kann sich darüber nicht hinwegsetzen.
Zuzugestehen ist jedoch, dass Art. 3 Abs. 1 a Str. 4 EheVO II durch den gewöhnlichen Aufenthalt eines Ehegatten eingeschränkt wird. Man könnte daher auf die Idee kommen, dass diese Beschränkung die Parteiautonomie dermaßen begrenze, dass sich der Richter über den ohnehin sehr eingeschränkten Parteiwillen stellen und das für beide „bessere Recht" bestimmen könne. Fraglich ist aber, ob es sich wirklich um eine solch starke Einschränkung handelt. Der gewöhnliche Aufenthalt eines Ehegatten ist erforderlich, um überhaupt zumindest eine anerkannte kollisionsrechtliche Anknüpfung zwischen Staat und Partei(en) zu normieren.[796] Dabei hat der Gesetzgeber einen Anknüpfungspunkt gewählt, der in der Regel von den Parteien am einfachsten zu erfüllen ist. Denn einen gewöhnlichen Aufenthalt, der unabhängig von der im Streit befindlichen Bezie-

795 Treffend Schreiber, S. 231; ebenso in Bezug auf das Unterhaltsstatut Gollrad, S. 59.
796 Borrás Bericht, Nr. 31.

hung steht (anders als gemeinsamer oder letzter gewöhnlicher Aufenthalt), hat in der Regel jeder oder kann ihn nach einer gewissen absehbaren Zeit schaffen. Ohne diesen Bezugspunkt käme der gemeinsame Antrag einer uneingeschränkten Rechtswahl gleich, die stärkste Form der Parteiautonomie im IPR, bei der eine enge Verbindung nicht erforderlich ist. Kann ein Vergleich mit der Rechtswahlklausel zu dem Ergebnis führen, die Parteiautonomie sei in Art. 3 Abs. 1 Str. 4 EheVO II erheblich eingeschränkt?

Bei der Regelung des Art. 3 Abs. 1 a Str. 4 EheVO II handelt es sich um eine Norm mit einem ganz anderen Sinn und Zweck als dem in der Rechtswahlklausel enthaltenen. Die absolute Parteiautonomie hat der europäische Gesetzgeber im sensiblen Familienrecht gar nicht gewollt.[797] Im Bereich des Ehescheidungsrechts ist Art. 3 Abs. 1 Str. 4 EheVO II ein großes Zugeständnis an den Parteiwillen. Die Rechtswahlklausel, die vorwiegend im Schuldrecht auftaucht, kann daher nicht als Vergleich herangezogen werden, um die Parteien zu einem anderen „besseren Recht" zu führen. Die zusätzliche Voraussetzung des gewöhnlichen Aufenthalts in Art. 3 Abs. 1 a Str. 4 EheVO II schränkt somit die Parteiautonomie nicht übermäßig ein. Letztere ist demnach nach wie vor vorrangig gegenüber der möglichen Ansicht eines Richters über ein „günstigeres" Recht.

Es ist somit nicht möglich, auf zulässigem Wege das „bessere" Recht zu bestimmen, weil entweder keine der Parteien bevorzugt werden darf oder der entgegenstehende Wille der Parteien ausschlaggebend ist. Außerdem fließen materiellrechtliche Erwägungen bereits in die ordre public-Kontrolle ein. Ausweichklausel und ordre public haben derart verschiedene, klar abgrenzbare Aufgabenbereiche, dass die Praxis sich durch eine Vermischung beider zu Recht dem Vorwurf unzulässiger Rechtsüberschreitung aussetzt[798]. Daher besteht für den Gesetzgeber kein Bedarf, die Aufgabenbereiche in einer Norm zu vereinigen. Die Gefahr, dass die Ausweichklausel in „Rom III" als Mittel dienen könnte, das materiellrechtliche Ergebnis zu korrigieren, besteht mithin nicht.

(5) Auslegungs- und Rechtsfortbildungsfunktion

Die Ausweichklausel normiert das Leitprinzip des IPR und dient daher unzweifelhaft der Auslegung aller Kollisionsnormen und eines jeden Anknüpfungstatbestandes.[799]

Des Weiteren wird dem Richter eine Klausel an die Hand gegeben, der er durch den zu lösenden Rechtsfall einen Inhalt verleiht. Er ist es, der auf diese Weise das Kollisionsrecht weiterentwickelt und den sich ständig verändernden Um-

---

797 Borrás Bericht, Nr. 31.

798 S. o. Dritter Teil 3. Abschnitt § 5. II. 2. b) aa).

799 Vgl. Kropholler, Internationales Privatrecht, § 4 II 1. Auch der deutsche Gesetzgeber erkannte trotz Absagung der Ausweichklausel, dass zumindest der allgemein anerkannte Rechtsgrundsatz der engsten Verbindung zur Rechtsfortbildung führt: BT-Drucks. 10/504, S. 29.

ständen anpasst. So hat er schon mit Hilfe des ordre public häufig zugunsten des Aufenthaltsprinzips entschieden – eines Prinzips, das nunmehr Eingang findet in ein einheitliches europäisches Kollisionsrecht. So wie zu Zeiten des vorrangig geltenden Staatsangehörigkeitsprinzips eine Abkehr von diesem kaum denkbar war, so ist auch heute noch nicht absehbar, wie sich die gesellschaftlichen Bindungen zu einem Staat verändern, welche vermehrt auftreten und einen gewichtigeren Stellenwert einnehmen werden. Die Rechtsfortbildungsfunktion der Ausweichklausel hilft dabei, diese Veränderungen wahrzunehmen und das Anknüpfungssystem fortlaufend den gesellschaftlichen Wandlungen anzupassen.[800] Weiterhin kristallisieren sich im Laufe der Zeit typische einzelne Umstände oder gar ganze Sachverhalte heraus, die zeigen, wann ein Abweichen vom Regelfall interessengerecht ist.

Die positiv aufgelisteten Funktionen der Ausweichklausel lassen erkennen, wo dieser Grenzen zu ziehen sind und weshalb sie für „Rom III“ sinnvoll ist: Sie stellt eine Ausnahme zur Regelanknüpfung dar und hat doch einen eigenständigen, nicht bloß klarstellenden Charakter. Sie soll nicht einen Weg bahnen, um von einem unerwünschten materiellrechtlichen Ergebnis abzuweichen; vielmehr trifft sie nur eine kollisionsrechtlich angemessene Entscheidung. Damit eröffnet sie dem Richter einen Ermessensspielraum, in dessen Entscheidung sich der Wandel der Gesellschaft widerspiegelt, ihre Bedürfnisse und mithin auch der Bedarf an neuer Gewichtung gesetzlicher Anknüpfungstatbestände.
Die dargestellten Funktionen muss der Gesetzgeber bei der Normierung der Ausweichklausel und der Richter bei ihrer Anwendung beachten.

e) Anwendung und Terminologie der Ausweichklausel

aa) Ausnahmen der Anknüpfungen

Fraglich ist, ob es Anknüpfungen gibt, auf die die Ausweichklausel nicht angewendet werden darf. Denkbar ist eine solche Ausnahme bei Normen, die dem Schutz einer Partei dienen und von denen aus diesem Grund nicht abgewichen werden soll. Entscheidend sind Sinn und Zweck sowie Zielrichtung der jeweiligen Regelanknüpfung. Die Anknüpfungen im Scheidungskollisionsrecht, so auch in „Rom III“, basieren jedoch auf der Grundannahme, dass die Ehepartner gleichberechtigt sind. Keine der beiden Parteien ist schutzwürdiger als die andere.
Eine Ausnahme von der Ausweichklausel sollte dann gemacht werden, wenn ihre Anwendung den Interessen der Eheleute nur widersprechen kann. Das ist der Fall bei einer Rechtswahl, bei der die Eheleute ausdrücklich ihren Willen

---

[800] Vgl. Jayme, Festschrift der Juristischen Fakultät zur 600-Jahr-Feier der Ruprecht-Karls-Universität Heidelberg, S. 574.

zum Ausdruck gebracht haben.[801] Anders könnte es sich bei der gemeinsamen Antragstellung verhalten. Dort zeigt sich der Wille der Ehegatten nur konkludent. Es kann daher nicht absolut ausgeschlossen werden, dass das kollisionsrechtliche Interesse der Ehegatten dem Ort der gemeinsamen Antragstellung nicht vollumfänglich entspricht. Denkbar ist etwa, dass die Ehegatten sich den ihnen bekannten Verfahrensablauf, die Beweisführung oder die niedrigen Prozesskosten zunutze machen wollen und deshalb dort durch den Antrag das Verfahren in Gang setzen. Zu dem Staat selbst haben sie jedoch nur wenig Bezug und wollen dessen Rechtsordnung auch nicht als Scheidungsstatut bestimmen. Die Gefahr, dass hier der tatsächliche Wille der Ehegatten durch die Ausweichklausel übergangen wird, besteht nicht. Der Richter wird ohnehin nur dann die Regelanknüpfung in Frage stellen, wenn Anzeichen dafür vorhanden sind, dass trotz des konkludent geäußerten Parteiwillens und des gewöhnlichen Aufenthalts einer Person ein engerer Bezug zu einem anderen Staat besteht. Bestätigen die Eheleute vor Gericht ihren Willen, wird es dem Richter schwer fallen, über den Weg der Ausweichklausel zu einem anderen Ergebnis zu kommen.

bb) Beachtung und Abwägung aller objektiven und subjektiven Umstände

Bei der Frage, mit welcher Rechtsordnung die Ehepartner gemeinsam am engsten verbunden sind, können auch Staatsangehörigkeit und gemeinsamer gewöhnlicher Aufenthalt im Verlaufe der Ehe berücksichtigt werden, sofern die Verbindungen zu diesem Staat nach wie vor gepflegt werden und nicht abgerissen sind.[802] Schließlich kommt es auf die engste Verbindung im Zeitpunkt der Antragstellung an. Hat sich etwa ein deutsches Ehepaar, welches sich längere Zeit in Frankreich aufgehalten hat, nunmehr von beiden Staaten abgewandt und lebt es zur Zeit der Antragstellung in den Niederlanden, so darf der Richter sich nicht mit der gemeinsamen deutschen Staatsangehörigkeit, dem letzten gemeinsamen gewöhnlichen Aufenthalt in Frankreich und dem gegenwärtigen in den Niederlanden zufrieden zu geben. Des Weiteren müssen kulturelle und religiöse Verbundenheit der Ehepartner, die gemeinsame Sprache, die familiären Beziehungen[803] und berufliche Orientierung und Zukunft in die Bewertung mit einfließen.[804] Verbindungen zu Staaten in der Zukunft sind grundsätzlich nicht in

---

801 Dazu unten Dritter Teil 3. Abschnitt § 5. II. 3. c) cc) (4). S. a. Kreuzer, FS für Zajtay, S. 329. Ders. in: Lausanner Kolloquium, S. 15.

802 Andrae, S. 126; Geisler, S. 141 ff.; Palandt/ Heldrich, Art. 14 RN 8; MüKo/Siehr, Art. 14 RN 37.

803 So können die gemeinsamen Kinder enge Verbindungen hervorrufen, wie etwa ständige Besuche des nicht sorgeberechtigten Elternteils am Aufenthaltsort des Kindes: MüKo/Siehr, Art. 14 EGBGB, RN 37; Staudinger/Mankowski, Art. 14 EGBGB, RN 67.

804 Andrae, S. 126; Palandt/Heldrich, Art. 14 EGBGB, RN 10; BT-Drucks 10/5632; Staudinger/Mankowski, Art. 14 RN 79 a; ebenso ausführlich *Geisler* im Rahmen von Art. 14 Abs. 1 Nr. 3 EGBGB, dessen Überlegungen auch für die Ausweichklausel gelten: Geisler, S. 146 ff.

die Abwägung miteinzustellen, weil es aufgrund des Scheidungsbegehrens eine gemeinsame eheliche Zukunft nicht gibt. Nur wenn es außerhalb des ehelichen Zusammenlebens eine weiter bestehende Verbindung beider Beteiligten zu einem Staat gibt, ist ausnahmsweise die zukünftige Entwicklung zu beachten. Damit der Rechtsanwender von dem tatsächlichen Vorliegen der Zukunftspläne überzeugt ist, müssen die Parteien diese allerdings übereinstimmend vortragen. Da eine Einigung nach Scheitern der Ehe meist nicht möglich ist, kann dies zu Beweisschwierigkeiten führen[805]. Denkbar ist es etwa, dass beide künftig einen (ersten) gemeinsamen gewöhnlichen Aufenthalt[806] haben, bedingt durch die Arbeitsstelle, die beide auch nach der Scheidung beibehalten wollen. Wenn gemeinsame Kinder vorhanden sind, planen die Ehegatten möglicherweise, dass später die gesamte Familie am gegenwärtigen Aufenthaltsort des Kindes leben soll.[807] Vielleicht beabsichtigte auch einer der Ehegatten schon zu Ehezeiten, die Staatsangehörigkeit des anderen anzunehmen[808] und möchte dies auch nach der Trennung weiterhin.

cc) „Wesentlich" engere Verbindung

Im Normtext sollte hinzugefügt werden, dass die engere Verbindung mit einem anderen Staat „wesentlich" sein muss, um von den vorstehenden Anknüpfungen abzuweichen. Als Vorbild kann Art. 41 EGBGB dienen, der dem Art. 28 Abs. 5 EGBGB nachgebildet ist[809]. Art. 28 Abs. 5 EGBGB fehlt das Erfordernis der Wesentlichkeit. Allerdings ist Abs. 5 dahingehend auszulegen, dass er nur eingreift, wenn der Anknüpfungsgehalt der Regelanknüpfungen durch andere Indizien „deutlich" übertroffen wird.[810] Dahinter steht der auf „Rom III" übertragbare Gedanke, die Ausweichklausel zurückhaltend anzuwenden. Sonst wären die den Regelanknüpfungen immanenten vermuteten Parteiinteressen überflüssig; zudem trägt es zur Sicherheit bei, dass der Richter keine unvorhersehbare Einzelabwägung vornimmt. Es dient der Rechtsklarheit und einheitlichen Auslegung in der Gerichtspraxis unter den Mitgliedstaaten, wenn die Voraussetzung der „Wesentlichkeit" in der Ausweichklausel selbst normiert wird.

---

805 So Staudinger/Mankowski, Art. 15 EGBGB, RN 38. *Mankowski* beruft sich zwar auf Art. 15 iVm Art. 14 Abs. 1 Nr. 3 EGBGB. Seine Meinung ist aber auf Art. 17 iVm Art. 14 Abs. 1 Nr. 3 EGBGB und mithin auch auf ein europäisches Scheidungskollisionsrecht übertragbar.

806 Henrich, Internationales Familienrecht, S. 64; MüKo/Siehr, Art. 15 EGBGB, RN 20.

807 So Geisler, S. 148, der aber auch zu Recht betont, dass in der Praxis solche Konstellationen eher selten vorkommen werden, weil schließlich ein Zusammenleben nicht mehr angestrebt wird. Nur das Kind wäre hier der Verbindungspunkt, der als Nebeneffekt einen gemeinsamen Aufenthaltsort erfordern kann.

808 Palandt/Heldrich, Art. 14 EGBGB, RN 10; Kropholler, § 45 I 3 c; v. Bar, IPR Bd. II, RN 212.

809 Staudinger/v. Hoffmann, Art. 41 EGBGB, RN 7.

810 Staudinger/Magnus, Art. 28 EGBGB, RN 127.

dd) Zeitpunkt

Bei der Frage nach dem Zeitpunkt, wann die wesentlich engere Verbindung bestanden haben muss, wird auf die Regelanknüpfung abgestellt. Sie ist Ausgangspunkt für die Ausweichklausel und ihr Anknüpfungsergebnis wird nur im Hinblick auf das anzuwendende Recht korrigiert. Dabei werden nur die Umstände selbst neu gewichtet, die für die Verbindung der Ehegatten zu einem Staat von Bedeutung sind. Entscheidender Zeitpunkt bleibt unverändert jener der Antragstellung.

ee) Terminologie der Ausweichklausel

Abzulehnen ist die Formulierung aus dem italienischen Kollisionsrecht, wonach das Recht des Staates anwendbar ist, in dem „die Ehe gelebt wurde".[811] Dieser Tatbestand ist sehr aufenthaltslastig und lässt dem Richter nicht den notwendigen Ermessensspielraum, der es ihm ermöglicht, alle subjektiven und objektiven Umstände umfassend zu würdigen. Die abschließende Ausweichklausel könnte etwa wie folgt formuliert werden: „Besteht mit dem Recht eines Staates eine wesentlich engere Verbindung als mit dem Recht, das nach den Absätzen 1, 2 und 4 maßgebend wäre, so ist jenes Recht anzuwenden."

8. Rechtswahl

Neben den bisher aufgezeigten Anknüpfungen ist den Internationalen Privatrechten der Mitgliedstaaten teilweise auch die Möglichkeit der Rechtswahl bekannt. Der Begriff „Rechtswahl" wird jedoch in den Mitgliedstaaten nicht einheitlich verstanden. Im Vereinigten Königreich meint „choice of law" bspw. alle objektiven Anknüpfungen. Wenn in dieser Arbeit von „Rechtswahl" gesprochen wird, ist damit die Wahl des anwendbaren Rechts durch die Parteien gemeint. Mit „Rechtswahl" fällt regelmäßig der Begriff „Parteiautonomie". Parteiautonomie bezeichnet die Befugnis der Parteien, das auf eine Rechtsfrage anwendbare Recht selbst bestimmen zu können.[812] Parteiautonomie wird im Vereinigten Königreich mit „party autonomy" oder „intention rule" übersetzt.[813] Soweit die Rechtswahl zulässig und wirksam ist, schließt sie die Anwendung objektiver Anknüpfungen aus.

a) Rechtswahl in den Mitgliedstaaten

Ausschließlich in Deutschland, den Niederlanden und seit dem 1. 10. 2004 auch in Belgien besteht die Möglichkeit, das auf die Scheidung anwendbare Recht zu wählen. Nach geltendem österreichischem Kollisionsrecht sind Parteivereinba-

---

[811] So aber der Vorschlag von *Sturm* auf der Sitzung des *Deutschen Rats für IPR* am 12. 4. 2002 in Würzburg: Protokoll S. 28.

[812] Kropholler, Internationales Privatrecht, § 1 VI.

[813] Vgl. Kötters, S. 4; Kropholler, Internationales Privatrecht, § 40 I.

rungen nur im Ehegüterrecht möglich, Art. 19 öst. IPRG, nicht aber im Hinblick auf das anwendbare Scheidungsrecht. In Deutschland erlaubt Art. 14 Abs. 3 EGBGB nur in gewissen Grenzen eine solche Rechtswahl. Es wird vorausgesetzt, dass die Ehegatten keine gemeinsame Staatsangehörigkeit besitzen, auf die das Kollisionsrecht zurückgreifen könnte. Weder darf einer der Ehegatten Staatsangehöriger des Staates sein, in dem beide Ehepartner ihren gemeinsamen Aufenthalt haben, noch dürfen beide Ehegatten ihren gewöhnlichen Aufenthalt in verschiedenen Ländern haben. Die Wahl muss ausdrücklich schriftlich getroffen und notariell beurkundet werden. In den Niederlanden können die Ehegatten gemeinsam oder einzeln und ohne Widerspruch des anderen Ehegatten das niederländische Recht wählen, ohne Rücksicht auf ihre Staatsangehörigkeit oder ihren gewöhnlichen Aufenthalt, § 1 Abs. 4 Stb 166. Auf demselben Weg können sie das Recht der gemeinsamen Staatsangehörigkeit wählen, wenn sie keine wirklichen sozialen Bindungen zu dem Staat haben, auf den die Regelanknüpfung verwiesen hätte, Art. 1 Abs. 2 S. 2 Stb 166. Fällt die Wahl auf das niederländische Recht, so müssen die Ehegatten in der Klageschrift allgemein auf das niederländische Recht Bezug nehmen oder auf einzelne für den Fall entscheidende Rechtsnormen.[814] Allein die Behauptung, die Ehe sei zerrüttet, was dem niederländischen materiellen und prozessualen Recht für eine Scheidung entspricht, ist nicht ausreichend. Die Wahl des gemeinsamen Heimatrechts kann entweder stillschweigend ausgeübt werden, indem die Antragsschrift auf Gründen basiert, die dem niederländischen Recht fremd sind.[815] Die Ehegatten können aber auch ausdrücklich vorbringen, dass das gemeinsame ausländische Heimatrecht Anwendung finden soll.[816] In Belgien können die Ehegatten gemäß Art. 55 § 2 des Gesetzes v. 27. 7. 2004 entweder das Recht der gemeinsamen Staatsangehörigkeit, Nr. 1, oder die lex fori wählen, Nr. 2. Auffallend ist, dass einige wenige Staaten zwar die güterrechtliche Rechtswahl kennen, nicht aber die ehewirkungsrechtliche. Dazu gehören Österreich, Frankreich, Luxemburg und Belgien.[817] Anscheinend haben sich diese Staaten bewusst gegen die Möglichkeit einer Wahl des Scheidungsstatuts ausgesprochen.

---

814 JUSTCIV 66, S. 18.

815 JUSTCIV 66, S. 18.

816 JUSTCIV 66, S. 18.

817 Vgl. in Österreich §§ 19, 11 öst. IPRG; in Frankreich gilt das Haager Überkommen v. 14. 3. 1978 über das auf Ehegüterstände anzuwendende Recht, wonach die Ehegatten das Ehegüterstatut vor der Eheschließung bestimmen können: Bergmann/Ferid/Chaussade-Klein, Frankreich, S. 37; in Luxemburg können für das Güterrechtsstatut entweder das Heimatrecht eines Ehegatten oder das Recht am gewöhnlichen Aufenthaltsort zum Zeitpunkts der Rechtswahl oder das Recht des Staates des gewöhnlichen Aufenthalts eines Ehegatten nach der Eheschließung gewählt werden: Bermann/Ferid/Frank, Luxemburg, S. 29, 30. In Belgien gibt es zwar keine gesetzliche Regelung, dennoch wird die unter Einschränkungen zugelassene der Wahl des Güterstandes angenommen: Bergmann/Ferid/Pintens, Belgien, S. 31.

Zwei Gründe sprechen daher an sich dagegen, dass die Mitgliedstaaten gewillt sein werden, die Parteiautonomie in „Rom III“ zuzulassen. Zum einen ist nur zwei Mitgliedstaaten die Rechtswahlmöglichkeit im autonomen Scheidungskollisionsrecht bekannt. Zum zweiten werden Staaten mit strengen Auffassungen von der Ehe eher abgeneigt sein, die Frage den Parteien zu überlassen, nach welchem Recht die Ehe geschieden wird. Hoffen lassen aber die Antworten auf die Befragung vom *Asser Instituut*, wonach österreichische[818], belgische, luxemburgische, niederländische, finnische, schwedische und französische Richter die Möglichkeit einer Rechtswahl für „Rom III“ befürworteten.[819] Außerdem ist es ein Zugeständnis an die Parteiautonomie, dass es in nahezu allen EU-Staaten die Möglichkeit der einverständlichen Scheidung gibt. Das englische Rechtssystem fördert ohnehin außergerichtliche und gerichtliche Einigungen.[820]

b) Bedarf für eine Rechtswahlklausel im internationalen Scheidungsrecht – Parteiautonomie im deutschen, niederländischen und belgischen internationalen Ehescheidungsrecht

Nahe liegend erscheint, dass ein vollständiges, umfassendes Anknüpfungssystem alle kollisionsrechtlichen Interessen der Parteien garantiert. Wie schon im Rahmen der Ausweichklauseln diskutiert, stellt sich auch hier die Frage, ob es überhaupt einen Bedarf für eine Rechtswahlmöglichkeit im europäischen Kollisionsrecht gibt.

In Deutschland hat die Wahl des Ehewirkungsstatuts bisher kaum Bedeutung erlangt. Es ist keine richterliche Entscheidung bekannt, die sich mit der Rechtswahl nach Art. 14 Abs. 2 oder 3 EGBGB befasste.[821] Daher ist fraglich, ob die Gründe, auf denen die geringe Inanspruchnahme seitens der Ehepartner beruht, auch bei der Rechtswahlmöglichkeit in einer europäischen Kollisionsnorm vorliegen würden. Die Relevanz der privatautonomen Anknüpfung ist in erster Linie aufgrund ihres schmalen Anwendungsbereichs gering, in zweiter Linie ist sie für einen juristischen Laien zu kompliziert ausgestaltet. Bei der Rechtswahl nach Art. 14 Abs. 2 oder 3 EGBGB ist zum einen der Fall denkbar, dass sich ausländische Ehegatten, die sich lange Zeit oder für immer in der Bundesrepublik aufhalten wollen, deutschem Recht unterstellen möchten. Haben sie nicht dieselbe Staatsangehörigkeit, so gilt aber schon kraft Gesetzes deutsches Recht als das Recht ihres gemeinsamen gewöhnlichen Aufenthalts. Eine Wahl wird nach deutschem Kollisionsrecht daher überflüssig. Haben sie dieselbe Staatsangehörigkeit, ist die Rechtswahl ausgeschlossen, weil gemäß Art. 14 ~~Abs. 1 Nr. 1 EGBGB da~~s gemeinsame Heimatrecht gilt. Übertragen auf einen

818 Nach der rechtsvergleichenden Studie, die der Rat in Auftrag gegeben hat, sind österreichische Vertreter allerdings gegen die Möglichkeit einer Rechtswahl: JUSTCIV 66, S. 26.

819 Final Report, S. 32 f., 40.

820 95 % der Fälle enden mit einer Einigung: Final Report, S. 33.

821 Andrae, S. 119. „Die Möglichkeit der Rechtswahl wird selten genutzt.“: Staudinger/Mankowski, Art. 14 RN 161.

EGBGB das gemeinsame Heimatrecht gilt. Übertragen auf einen entsprechenden Fall in einem europäischen Mitgliedstaat, auf den „Rom III“ anwendbar wäre, ist dann ebenfalls eine Rechtswahl überflüssig, allerdings aus anderen Gründen als bei Art. 14 EGBGB. Denn unabhängig davon, welche Staatsangehörigkeit(en) die Ehegatten haben, ist, wenn sie sich längere Zeit in einem Land aufhalten, das Recht dieses Aufenthaltsstaates anwendbar. Das Staatsangehörigkeitsprinzip gilt im Gegensatz zu Art. 14 Abs. 1 Nr. 1 EGBGB in „Rom III“ nur sekundär. Die Wahl des Rechts des Aufenthaltsortes ist damit unnötig.
Vorstellbar ist auch, dass die Ehegatten eine Rechtswahl treffen, weil sie nach einem bestimmten Recht geschieden werden wollen, unabhängig davon, wo sie sich gerade aufhalten oder welche Staatsangehörigkeit sie haben. Das Interesse liegt hier allein in der Anwendung eines bestimmten Rechts, nicht in der Verbindung zu dem betreffenden Staat und dessen Rechtsordnung. In diesem Fall wird eine Rechtswahl kaum zu realisieren sein. Denn nur selten machen sich die Ehegatten im Zeitpunkt der Eheschließung über das Scheidungsstatut Gedanken. Steht aber die Scheidung bevor, dann werden sich die Ehegatten über das anwendbare Recht nicht einig sein, insbesondere nicht, wenn ein Partner noch an der Ehe festhalten will. Auch im Hinblick auf die Nebenfolgen der Scheidung (Unterhalt, Güterrecht), die in der Regel an das Scheidungsstatut anknüpfen[822], werden die Eheleute unterschiedliche Rechtsordnungen bevorzugen. Selbst wenn man sich überlegen würde, für die Rechtswahl eine zeitliche Begrenzung festzusetzen, die deutlich vor der Antragstellung läge, so ließe sich ein sinnvoller Zeitpunkt nicht festmachen. Die Ehegatten werden sich in dem Moment über eine Rechtswahl bzw. über die Änderung einer bereits getroffenen Rechtswahl nicht mehr einigen können, wenn sie sich tatsächlich trennen. Eine Grenze zur Ausübung der Rechtswahl ab dem Zeitpunkt der Trennung zu setzen ist praktisch nicht realisierbar. Diesen entscheidenden Moment klar und deutlich zu normieren, ist genauso wenig möglich wie sein späterer Nachweis im Prozess. Im Vergleich zu jener Rechtswahl, bei der zu der gewählten Rechtsordnung ein kollisionsrechtlicher Bezugspunkt besteht (Staatsangehörigkeit, gewöhnlicher Aufenthalt etc.), ist hier die Fokussierung auf das materielle Recht viel stärker und eine Einigung noch weniger vorstellbar. Für eine Rechtswahl in diesem Fall würde im europäischen Scheidungskollisionsrecht somit genauso wenig Bedarf bestehen wie im deutschen internationalen Scheidungsrecht.
Nur ein dritter Fall führt nach deutschem wie auch nach europäischem Kollisionsrecht zu einer sinnvollen Rechtswahl: Es sind Konstellationen, deren Parteiinteressen die bislang aufgezeigten Regelanknüpfungen nicht gerecht werden. Zum einen kann es sein, dass sich die Eheleute (unterschiedlicher oder gemeinsamer Staatsangehörigkeit) trotz ihres langen Aufenthaltes in einem Staat dort

822 Vgl. Art. 8 Abs. 1 des Haager Übereinkommens von 1973. Text (englisch/französisch) in RabelsZ 1977, S. 54-56.

nicht integrieren wollen, weil etwa die Zeit des Aufenthalts absehbar ist und sie bald wieder an ihrem vorigen Lebensmittelpunkt zurückkehren. Möglicherweise fühlen sie sich auch nach wie vor mit ihrem Heimatstaat und -recht verbunden oder wollen sich aus Zeit- und Kostengründen mit dem neuen Recht nicht auseinandersetzen. Diese Fälle lassen sich unter keine der hier erarbeiteten Regelanknüpfungen fassen, wenn die Parteien entweder das Heimatrecht eines Ehegatten angewendet wissen wollen, das gemeinsame Heimatrecht (anders in Deutschland, vgl. Art. 14 Abs. 1 Nr. 1 EGBGB) oder das Recht des Staates, in dem sie gewohnt haben, jedoch den Antrag aus finanziellen und prozessualen Gründen in dem Staat stellen wollen, in dem sie jetzt leben. Auch die Ausweichklausel führt hier nicht weiter, weil es den Parteien regelmäßig schwer fallen wird, entgegen den objektiven Umständen eine engere Verbindung zu einem anderen Staat als dem ihres gewöhnlichen Aufenthalts nachzuweisen. Das Gericht fällt die Entscheidung über die Anknüpfung, nicht die Parteien. Nur die Möglichkeit einer Rechtswahl könnte hier abhelfen.[823] Schon hier würde jedoch eine kritische Meinung – übertragen auf „Rom III" – dahingehend ansetzen, dass sich IPR-Regelungen nicht an Ausnahmefällen orientieren, sondern dem Bürger eine klare Regelung sichern sollten.[824] Diese Ansicht verkennt die letzten IPR-Entwicklungen, die immer mehr auf der Einzelfallgerechtigkeit beruhten. Im Übrigen muss ein umfassendes Regelungssystem nicht zwangsläufig unübersichtlich sein. Aufgabe des Gesetzgebers ist es, die Rechtswahlmöglichkeit so auszugestalten, dass Gerichte, Anwälte und vor allem die rechtsunkundigen Bürger ihren Inhalt sofort verstehen. Es gilt verwirrende Normgefüge wie Art. 14 Abs. 3 EGBGB zu vermeiden.

Die niederländische Rechtswahlklausel ermöglicht zunächst die Wahl der lex fori. In der dortigen Praxis sind kaum Fälle denkbar, in denen die Ehegatten das niederländische Recht wählen müssen, wenn sie es auf die Scheidung anwenden wollen. Denn das niederländische Recht ist aufgrund der konsequenten lex fori-Anknüpfung ohnehin stets Scheidungsstatut. Auch nach dem neuen belgischen internationalen Scheidungsrecht können die Ehegatten das belgische Recht wählen. Da diese Regelungen erst seit dem 1. 10. 2004 in Kraft sind, kann noch nicht auf die praktische Relevanz dieser Rechtswahlmöglichkeit zurückgegriffen werden. Theoretische Erwägungen können jedoch angestellt werden; es sind dieselben wie bei der niederländischen Rechtswahlklausel. Würde eine entsprechende Regelung in „Rom III" existieren, wonach die Ehegatten[825] das Recht

---

823 So auch Henrich, FS für Stoll, S. 446.

824 Firsching, IPRax 1984, S. 126.

825 Die einseitige Rechtswahl nur durch *einen* Ehegatten ist von vornherein abzulehnen. Es kann keinem Ehegatten zugemutet werden, sich dem Wunsch des anderen Ehegatten zu unterwerfen, der das für ihn günstigste materielle Scheidungsrecht gewählt hat.

der lex fori wählen könnten, ist zu untersuchen, welche Fälle denkbar sind, in denen allein die Rechtswahl den Interessen der Parteien gerecht würde.

Zunächst einmal sind bei der lex fori-Wahl nur solche Fälle denkbar, in denen sich die Ehegatten im Einverständnis scheiden lassen wollen. Das liegt daran, weil Ehegatten selten vor Antragstellung das Recht der lex fori wählen. Schließlich kennen sie den Ort noch gar nicht, an dem sie oder einer von ihnen später den Scheidungsantrag stellen wird. Dabei ist davon auszugehen, dass der Staat der lex fori nicht dem gemeinsamen gewöhnlichen Aufenthaltsort entspricht. Denn für die Anwendung des Rechts am gemeinsamen gewöhnlichen Aufenthalt ist eine Rechtswahl in „Rom III" nicht erforderlich. Im Zeitpunkt der Antragstellung werden die Ehegatten sich aber nicht auf ein anwendbares Recht einigen können, es sei denn sie wollen beide die Scheidung.

Das Interesse der Parteien, die lex fori zur Anwendung kommen zu lassen, kann auf vier verschiedenen Umständen beruhen. In den häufigsten Fällen wird es sich um das Recht des Staates handeln, in dem zumindest ein Ehegatte (noch) seinen gewöhnlichen Aufenthalt hat. Das ist genau die Konstellation, für die eine Regelanknüpfung in „Rom III" bereits vorgesehen ist: Es soll das Recht des Staates anwendbar sein, in dem ein Ehegatte seinen gewöhnlichen Aufenthalt hat und in dem beide die Scheidung beantragen. Handelt es sich beim Forumstaat um den (letzten) gemeinsamen gewöhnlichen Aufenthalt der Ehegatten, greift ebenfalls bereits die Regelanknüpfung. Für diesen Fall wäre daher auch in „Rom III" kein Bedarf an einer Rechtswahlklausel.

Weiterhin wäre es theoretisch möglich, dass es sich um den Heimatstaat eines Ehegatten handelt. Dieser Fall würde in der Praxis jedoch kaum vorkommen. Um die Anwendung der Rechtsordnung dieses Staates nicht bereits einer Regelanknüpfung unterwerfen zu können, müsste es sich bspw. um folgende Konstellation handeln: Ein deutsch-niederländisches[826] Ehepaar lebte während der Ehezeit gemeinsam in einem anderen Mitgliedstaat als den Niederlanden. Wenn nun beide Ehegatten sich entschließen, den Scheidungsantrag in den Niederlanden zu stellen, kann diese Entscheidung nur auf dem Beweggrund beruhen, möglichst schnell nach dem scheidungsfreundlichen niederländischen Recht geschieden zu werden. Es ist schwer vorstellbar, dass im Beispielsfall die deutsche Ehefrau nur aus Solidarität und auf Wunsch des niederländischen Ehemannes, weil er sich mit seinem Heimatrecht emotional verbunden fühle, den Scheidungsantrag in den Niederlanden stellt. Daher unterscheidet sich dieser Fall im Hinblick auf die Gründe der Ehegatten für die Rechtswahl nicht von jenem, in dem die Ehepartner keinerlei Bezug zu dem von ihnen gewählten Staat haben. Die reine Suche nach dem materiellrechtlich günstigsten Recht ist aller-

---

826 Dieser Beispielsfall lässt sich auch auf ein deutsch-belgisches Ehepaar übertragen, das sich nach belgischem Recht scheiden lassen will, weil dort für die Trennungszeit statt drei Jahren nur zwei gefordert werden, vgl. Art. 232 Abs. 1 BS.

dings kein kollisionsrechtliches Interesse mehr und sollte daher von vornherein vom Anknüpfungssystem nicht gefördert und erfasst werden.
Somit kann in den vorbezeichneten Fällen zwar ein Bedarf bestehen. Die hinter der Rechtswahl stehenden Beweggründe sind aber rein materiellrechtliche, die keinen Eingang im Scheidungskollisionsrecht finden dürfen.
Ein letzter denkbarer Anlass für die Ehegatten, die lex fori anwenden zu wollen, kommt in Betracht. Es ist die Sicherheit, dass das Gericht sein eigenes, ihm vertrautes Recht richtig anwendet und auslegt. Finnland, Niederlande und Schweden sind der Ansicht, dass die Ehegatten im Scheidungsverfahren stillschweigend oder ausdrücklich die lex fori wählen können sollten, um die Anwendung von fremdem Recht auszuschließen.[827] Hinter dieser Einschränkung kann das Interesse der Ehegatten stecken, der Richter vermöge sein eigenes Recht sicherer als fremdes und gemäß der Gerichtspraxis des Forumstaates anwenden.[828] Weiterhin gibt es den Parteien die Sicherheit, dass genau dieses Recht zur Anwendung kommt. Rechtssicherheit und Vorhersehbarkeit sind jedoch Charakteristika einer jeden Rechtswahl, unabhängig davon, für welchen Anknüpfungspunkt und welche Rechtsordnung sich die Ehegatten entscheiden. Der Wunsch, den Unkenntnissen des Richters durch die Wahl der lex fori entgehen zu wollen, ist verständlich. Er ist jedoch weder ein kollisionsrechtliches Interesse, noch sollte ihm nachgegeben werden. Damit würde eine Norm geschaffen, die vermeintlich dem Interesse der Parteien entsprechen soll, tatsächlich aber nur Mängel in der Gerichtsorganisation, in der Informationsbeschaffung von ausländischem Recht und der fehlenden Spezialisierung der Richter verschleiert. Nur das Interesse der Parteien, nach dem Recht eines Staates geschieden zu werden, zu dem die Ehegatten eine enge Verbindung haben, ist bei der Normierung von Anknüpfungspunkten und so auch bei der Rechtswahlbeschränkung zu beachten. Ein Bedarf, sich neben dem gewöhnlichen Aufenthalt und der Staatsangehörigkeit zusätzlich der lex fori zu bedienen, besteht in „Rom III" daher nicht.
Des Weiteren können die Ehegatten nach niederländischem und belgischem Recht ihr gemeinsames Heimatrecht wählen. Dies ist eine Regelung, von der in den Niederlanden Gebrauch gemacht wird, weil ohne sie stets aufgrund der lex fori-Anwendung niederländisches Recht zur Anwendung kommt. Auch in Belgien werden Ehegatten in Zukunft diese Rechtswahlmöglichkeit nutzen, weil es

---

827 JUSTCIV 66, S. 27.

828 Siehe dazu ausführlich Flessner, RabelsZ 1970, S. 549 ff. Bei dieser vordergründigen Annahme ist allerdings auch die Frage berechtigt, welche Ehegatten diesen Wunsch *ohne* Blick auf den materiellrechtlichen Ausgang des Scheidungsbegehrens hegen. Es ist bspw. kaum vorstellbar, dass ein Ehepaar die lex fori bevorzugen würde, welches eine dreijährige Trennungsfrist vorsieht, gegenüber einem Recht, das die Scheidung sofort ausspricht, nur weil der Richter das Recht des Forumstaates vermutlich sicherer anwendet. Die Auswahl aufgrund materiellrechtlicher Aspekte stellt aber immer eine Gesetzesumgehung dar.

ausländischen Ehegatten, die die gemeinsame Staatsangehörigkeit besitzen und ihren gewöhnlichen Aufenthalt in Belgien haben, sonst verwehrt wäre, sich nach dem Recht ihrer Staatsangehörigkeit scheiden zu lassen. Eine entsprechende Regelung in „Rom III“ könnte sinnvoll sein, weil nach den bisher erarbeiteten Regelanknüpfungen nicht an das Heimatrecht angeknüpft werden kann. Hier würde in „Rom III“ wie im niederländischen Recht Bedarf für eine Rechtswahlmöglichkeit bestehen.

Zusammenfassend ist festzustellen, dass es innerhalb Europas verschiedene Konstellationen geben kann, in denen das kollisionsrechtliche Interesse der Ehegatten nur mit Hilfe einer Rechtswahl verwirklicht werden kann.

Diese Argumentation erhebt nicht den Anspruch vorhersehen zu können, dass die Rechtswahlmöglichkeit in „Rom III“ von den Parteien auch tatsächlich genutzt werden wird. Kein Gesetz ist in der Lage, ein glücklich verheiratetes Paar dazu zu ermuntern, das auf sie anwendbare Scheidungsrecht zu wählen. Das Kollisionsrecht sollte aber in keinem Fall den Weg dazu versperren, wenn theoretisch ein Bedarf an Rechtswahlmöglichkeiten besteht und diese selbst auch – was in einem zweiten Schritt zu prüfen ist – zu befürworten ist. Ein Hindernis kann auch eine komplizierte Ausgestaltung der Rechtswahlklausel darstellen, die es zu vermeiden gilt.

c) Für und Wider einer normierten Rechtswahlmöglichkeit

Sensible Rechtsbereiche wie das Familienrecht zeichnen sich dadurch aus, dass sie meist bis ins Detail normiert sind. Die Scheidung unterliegt nach deutschem Recht allein fünf Regelungen, vgl. §§ 1564-1568 BGB. Hinter den Normierungen stehen kulturelles, gesellschaftliches Verständnis und Rechtsempfinden, von denen kein Staat Abstand nehmen will. Je restriktiver die Scheidung gesetzlich geregelt ist, desto weniger ist der Staat bereit, die Parteiautonomie zuzulassen.

An kritischen Einwänden gegen die Parteiautonomie im Familienrecht fehlte es bisher nicht.[829] Immer wieder wurde dennoch versucht, im internationalen Familienrecht die kollisionsrechtliche Parteiautonomie einzuführen. Das *Institut de Droit International* hat 1987 vorgeschlagen, für die Ehegatten im Ehescheidungsrecht ein Wahlrecht zwischen dem Heimatrecht und dem Aufenthaltsrecht vorzusehen, wenn die Eheleute eine gemeinsame Staatsangehörigkeit und einen gemeinsamen Aufenthalt haben, jedoch ihr Heimatstaat nicht mit ihrem Wohnsitzstaat identisch ist.[830] Trotzdem lassen, wie gerade festgestellt, nur wenige Rechtsordnungen im internationalen Familienrecht eine Rechtswahl überhaupt

---

[829] Vgl. nur Reinhart, ZVglRW 1981, S. 150 ff.; Firsching, IPRax 1984, S. 125 ff.; Bucher, in: Lausanner Kolloquium, S. 115 ff. und 136 ff.; Jayme, FS für Müller-Freienfels, S. 365. Da deren Einwände bereits mehrfach diskutiert und i. E. meist abgewehrt wurden, werden sie in dieser Arbeit nicht mehr erörtert.

[830] Dazu Siehr, FS für Ferid, S. 433.

und dann auch lediglich in beschränktem Umfang zu. Es besteht daher eine Zurückhaltung der Mitgliedstaaten und die Gefahr, bei der Diskussion über eine Rechtswahlregelung in „Rom III" keine Einigung zu erzielen.
Somit ist vorab zu fragen, ob eine Rechtswahl, unabhängig vom bereits bejahten Bedarf im Scheidungskollisionsrecht, überhaupt abzulehnen oder anzunehmen[831] ist. Verschiedene Gründe für eine Rechtswahl werden ins Feld geführt:

aa) Befürwortung einer Gerichtsstandsvereinbarung in der EheVO II

Boele-Woelki[832] befürwortet angesichts der großen Auswahl an Gerichtsständen und der Einfachheit, ein Forum zu schaffen, schon im Rahmen der EheVO I eine Gerichtsstandsvereinbarung einzuführen. Abgesehen davon, dass der Gesetzgeber die Möglichkeit, eine Gerichtsstandsvereinbarung in der EheVO II einzuführen, bewusst nicht genutzt hat, ist gegen diese Ansicht einzuwenden, dass gerade diese Mühelosigkeit, den Gerichtsstand wählen zu können, zu missbilligen ist. Art. 2 EheVO I und Art. 3 EheVO II regen bereits zum forum shopping an. Es ist nicht einzusehen, warum man noch einen Schritt weiter gehen und den Gerichtsstand völlig in die Hände der Parteien legen soll. Der Manipulation wären Tür und Tor geöffnet. Zuzugeben ist allerdings – stellt man auf die Gerichtsstandsvereinbarung im Zeitpunkt der Eheschließung ab, an dem in der Regel noch keine Partei an der Scheidung und deren Ausgang interessiert ist –, dass eine Manipulation bei der Antragstellung nicht mehr möglich ist. Sollte sich später herausstellen, dass der Gerichtsstand oder auch das anzuwendende Sachrecht keine bzw. nur eine geringe Nähebeziehung zu einem, beiden oder insbesondere dem Antragsgegner haben, so wurde schließlich durch die Wahl des Gerichtsstands vorab auf diese Nähebeziehung verzichtet.[833] Die EheVO um die Möglichkeit einer Rechtswahl – im Zeitpunkt deutlich *vor* Stellung des Scheidungsantrags – zu ergänzen, sollte vom europäischen Gesetzgeber überdacht werden. Würde die Erweiterung realisiert, läge es schon aus diesem Grund nahe, auch im europäischen Scheidungskollisionsrecht eine Rechtswahlmöglichkeit einzuführen. Bisher ist aber auf europäischer Ebene noch nichts in dieser Richtung geschehen; daher ist vorerst Zurückhaltung geboten.

bb) Rechtswahl als „Rechtfertigung" einer komplizierten Kollisionsnorm

De Groot[834] führt noch einen anderen Gesichtspunkt ins Feld: Da er bei einer Vereinheitlichung des IPR in Ehesachen komplizierte Kollisionsnormen prophezeit[835], könnten diese seiner Ansicht nach nur durch die Beachtung der Willens-

---

831 Grundsätzlich für eine Rechtswahl: Henrich, FS für Hausherr, S. 243.
832 Boele-Woelki, ZfRV 2001, S. 123.
833 Siehe dazu näher zum Verzicht auf den Schutz des Prinzips der engen Verbindung unten Dritter Teil 3. Abschnitt § 5. II. 3. c) cc) (4) (iii).
834 De Groot, ZEuP 2001, S. 623, 624.
835 S. o. Erster Teil 2. Abschnitt § 3.

autonomie der Parteien in Form einer Rechtswahlmöglichkeit gerechtfertigt werden.

Die Schlussfolgerung, eine Rechtswahlmöglichkeit würde „komplizierte“ Kollisionsnormen kompensieren bzw. rechtfertigen, ist indessen sehr zweifelhaft. Fragwürdig ist, ob bei einer Einigung unter den Mitgliedstaaten überhaupt Kompromisse geschlossen werden. Wahrscheinlich möchte zwar jeder Mitgliedstaat „seine nationale Regelung“ zumindest teilweise in der europäischen wieder finden. Dies kann zweifelsohne zu solch „komplizierten“ Kollisionsnormen führen. Was *De Groot* unter „komplizierten“ Kollisionsnormen versteht, kann terminologisch auch mit „detaillierten, auf die verschiedenen Bedürfnisse zugeschnittenen Anknüpfungen“ beschrieben werden. Denn wenn viele verschiedene Anknüpfungspunkte aus den einzelnen Mitgliedstaaten in die Entwürfe zu „Rom III“ Eingang finden und miteinander abgewogen werden, führt dies meist zu einer sehr ausgefeilten und umfassenden Regelung. Die Chance, dass die Rechtsordnung auf den konkreten Fall Anwendung findet, die den Interessen der Parteien gerecht wird, ist umso größer. Es bedarf somit zugunsten der Parteien gar keiner „Rechtfertigung“ durch die Rechtswahlmöglichkeit.

De Groots Ansicht könnte nun auch noch so verstanden werden, dass den Ehepartnern das unübersichtliche, verworrene Anknüpfungssystem bei manchen unklaren Sachverhalten gar nicht zugemutet werden kann. Sie dürften dann über die Regelanknüpfungen hinwegsehen und direkt auf die Rechtswahl „zusteuern“. Zu Recht ist aus Gründen der Rechtssicherheit auch im sensiblen Familienrecht, bei dem man durch weitestgehend detaillierte Regelungen jeglichen Missbrauch verhindern möchte, davor zu warnen, zu üppige Normgebilde zu schaffen. Ein europäisches Scheidungskollisionsrecht sollte auf das Wesentlichste reduziert werden. Es gilt, die Regelung so zu gestalten, dass sie für den Rechtsanwender klar und verständlich ist. Die Regelung muss sowohl umfassend und interessengerecht wie auch für die Parteien und die Juristen verständlich sein. Wenn aber eine Rechtswahlmöglichkeit vorgesehen wird, weil die Parteien das Anknüpfungssystem voraussichtlich schwer verstehen werden, gesteht sich der europäische Gesetzgeber schon im Vorhinein einen Gesetzesfehler ein. Damit würde die gesamte Neuregelung in „Rom III“ ihre Berechtigung verlieren. Eine Rechtswahlmöglichkeit darf nie das adäquate Mittel sein, die Rechtsunsicherheit zu beheben. Eine Rechtswahlklausel im Scheidungskollisionsrecht wird daher nicht geschaffen, um Mängel im Normgefüge zu „rechtfertigen“.

cc) Rechtswahl und die Maximen des IPR

Bedenken gegen eine Rechtswahl im europäischen Kollisionsrecht können erhoben werden, wenn deren Einführung den Maximen des deutschen Internationalen Privatrechts widersprechen würde. Letztere beanspruchen zwar keine europaweite Gültigkeit. Dennoch können sie Anhaltspunkte für etwaige Zweifel an einer Rechtswahlmöglichkeit geben.

In den 40-er und 50-er Jahren arbeiteten *Wengler*[836] und *Kegel*[837] trotz der scheinbar starren Begriffswelt des Internationalen Privatrechts spezielle kollisionsrechtliche Interessen heraus. Die vorliegende Arbeit erhebt bezüglich der Aufstellung dieser Maximen nicht den Anspruch auf Vollständigkeit. Es werden auch nur diejenigen Maximen dargestellt, die vor dem Hintergrund eines europäischen Scheidungskollisionsrechts Geltung beanspruchen werden.

(1) Vorhersehbarkeit des Ergebnisses

Die Rechtswahl sollte die Rechtssicherheit und den Vertrauensschutz nicht beeinträchtigen, d. h. das Ergebnis der Anknüpfung muss vorhersehbar sein.[838] Die Erwartung der Parteien richtet sich auf das Ergebnis der Rechtsanwendung. Die Regelanknüpfungen schützen diese Erwartung. Wählen die Parteien ein bestimmtes Recht, das auf ihre Scheidung anwendbar ist, so haben sie sich vorher – wahrscheinlich in materiellrechtlicher Hinsicht – darüber Gedanken gemacht und kennen es vom Zeitpunkt der Rechtswahl an. Realisiert sich der Rechtswahlwunsch später, werden ihre Erwartungen erfüllt. An der Voraussehbarkeit des Ergebnisses ändert sich auch nichts, wenn die Ehepartner zu einem späteren Zeitpunkt die frühere Rechtswahl für unwirksam erklären und eine neue treffen. Das Ergebnis bleibt vorhersehbar,[839] nicht anders als bei den Regelanknüpfungen, wenn die Eheleute ihren Wohnort wechseln oder die Staatsangehörigkeit ändern. Wichtig ist nur, dass die Rechtswahl *vor* Anhängigkeit des Rechtsstreits getroffen worden ist. Im Hinblick auf die Voraussehbarkeit der maßgebenden Rechtsordnung ist hier weniger die Gewissheit der Parteien entscheidend, denn sie hätten in dem Fall selbst über den Zeitpunkt bestimmt. Vielmehr kommt jetzt das Interesse der Allgemeinheit, des Staates, mithin des Gerichts zum tragen, früh genug das maßgebende Recht klarstellen zu können. Die Rechtssicherheit verbessert sich in „Rom III" allerdings nicht dadurch, dass eine Rechtswahl – wie im autonomen Recht und im Gegensatz zu den objektiven Anknüpfungen – eine Sachnorm- und keine Gesamtnormverweisung ist. Schließlich führen alle

---

836 Nachweis bei Kötters, S. 42 FN 29.

837 Nachweis bei Kötters, S. 42 FN 30.

838 Wengler, Rev. Crit. Dr. i. p. 1190, 675-674 (Nachweis bei Kegel/Schurig, IPR, § 2 II 3. c; Neuhaus, Grundbegriffe, S. 162.)

839 So auch die h. M.: Staudinger/Sturm/Sturm, Einl. zum IPR, RN 131; vgl. auch die Sicht eines Notars, der aus der Praxis am besten bestätigen kann, dass die Rechtswahl Rechtssicherheit mit sich bringt: Geimer, Sonderbeitrag der DNotZ 1985, S. 109; Wilmowsky, RabelsZ 1998, S. 4; weitere Nachweise bei Junker, IPRax 1993, S. 2 RN 18, 19. A. A. noch 1984 ohne nähere Begründung Firsching, IPRax 1984, S. 126: „Die Rechtswahlmöglichkeit zwingt die Praxis (...) zu Überlegungen, die in diesem Bereich sich nur hemmend und zeitraubend auswirken können, in der Sache selbst aber, abgesehen von der Rechtsunsicherheit, kaum etwas bringen.".

Anknüpfungen von „Rom III“, wie bereits erörtert[840], zum Sachrecht der jeweiligen Rechtsordnung; ein Renvoi ist ausgeschlossen.

(2) Schutz berechtigter Parteiinteressen

Weiterhin muss bei einer Rechtswahl der Schutz berechtigter Parteiinteressen gewährleistet sein.[841] Die Parteiautonomie dient nur bei gleicher Verhandlungsstärke beider Ehepartner den Parteiinteressen. Eine ungleiche Verhandlungsposition wirkt sich dann negativ auf das Ergebnis der Vereinbarung aus, wenn die Interessen der Parteien unterschiedlich sind. Verschiedene Interessen können sich zum einen aus der Natur der sich gegenüberstehenden Parteipositionen ergeben wie es etwa zwischen Mieter und Vermieter oder Arbeitnehmer und Arbeitgeber der Fall ist. Zum zweiten kann eine ungleiche Verhandlungsstärke durch äußere Umstände entstehen, die unabhängig von der jeweiligen Position der Vertragspartner auftreten können. Im Familienrecht hat kein Ehepartner in seiner Position als Ehemann oder Ehefrau von Natur aus mit Ausnahme der Schwangerschaft gegenüber dem anderen eine stärkere Position inne. Abstrakt betrachtet sind die Interessen von Ehegatten gleich. Im konkreten Fall jedoch können wirtschaftliche Abhängigkeit, die Krankheit eines Ehepartners oder die Betreuung der Kinder zu einer gestörten Vertragsparität führen.[842] Die Gefahr der Parteiautonomie besteht in einem solchen Fall darin, dass sie für eine der Parteien nachteilig sein kann. In Fällen, in denen es zu einer außergerichtlichen Vereinbarung zwischen den Ehegatten gekommen ist, konnte ein französischer Anwalt oftmals feststellen, dass der eine Ehegatte in der Lage war, den anderen zu manipulieren.[843] Deutlich wird die Problematik bei der Frage, ob es kollisionsrechtlich zu billigen ist, dass ein in Irland lebendes Ehepaar die Möglichkeit erhält, sich in einem anderen Land schneller scheiden zu lassen. Das ist nur dann zu befürworten, wenn diese Entscheidung vom Willen *beider* Ehegatten getroffen worden ist. Sonst käme die Rechtswahl wieder einem forum shopping gleich, bei dem für jede Partei der Anreiz besteht, zu Lasten der anderen die Wahl des Statuts zu betreiben. Deshalb sollte der Richter die Pflicht haben, nachzuforschen, ob die Parteien der Vereinbarung in Kenntnis ihrer Auswirkungen vollumfänglich zugestimmt haben. Es wird in der Praxis allerdings nur schwer möglich sein, das Kräftegleichgewicht zwischen den Eheleuten sicherzustellen, weil die Vereinbarung in den meisten Fällen lange zurückliegen wird. Hier kann der Richter auf die Einhaltung der Form, in der die Rechtswahl ge-

---

840 S. o. Dritter Teil 2. Abschnitt.

841 Vgl. neben vielen Kropholler, Internationales Privatrecht, § 40 III; Junker, IPRax 1993, 3; Neuhaus, Grundbegriffe, S. 257.

842 Vgl. dazu die Entscheidung des *BGH*, die sich mit der Frage der Wirksamkeit von Eheverträgen bei ungleicher Verhandlungsposition und einseitiger Lastenverteilung befasst: BGH, Urteil v. 11. 2. 2004 – XII ZR 265/02 = NJW 2004, 930 ff.

843 Final Report, S. 33.

troffen wurde, vertrauen, wenn er zusätzlich seiner Nachforschungspflicht Genüge getan hat. Denkbar wäre es in Anlehnung an die Entscheidung des *BGH*[844], dass der Richter prüft, ob die gewählte Rechtsordnung zu einer einseitigen nicht gerechtfertigten Lastenverteilung führt. Diese Frage wird sich jedoch erst beim Unterhaltsrecht stellen, wenn für die Unterhaltspflichten das auf die Scheidung angewandte Recht maßgebend ist. Das Gericht, welches zunächst nur über den Scheidungsantrag befindet, sollte die mit der Vereinbarung verfolgten Zwecke und die Beweggründe auf ihren Wahrheitsgehalt zum Zeitpunkt des Vertragsschlusses untersuchen. Es wird dem Gericht erhebliche Probleme bereiten, herauszufinden, ob die Angaben wahrheitsgemäß sind. Aufgrund dieser Schwierigkeiten kann ein umfänglicher Schutz desjenigen, dessen Interessen durch die gewählte Rechtsordnung im Zeitpunkt der Scheidung unterlaufen werden, nicht garantiert werden. Jedoch allein die Möglichkeit, dass eine Rechtswahl von einem der Ehepartner manipuliert werden kann und die fehlende Sicherheit, dass dies vom Gericht aufgedeckt wird, können nicht ausschlaggebend sein, Ehegatten eine Rechtswahlmöglichkeit zu versagen.

(3) Vermeidung von Gesetzesumgehungen

Drittens sollen im Internationalen Privatrecht Gesetzesumgehungen um des privaten Vorteils willen verhindert werden, die zu einem gewählten Recht führen, das jeglichen angemessenen sachlichen und räumlichen Bezugs entbehrt.[845] Dabei ist vorab zu klären, dass es sich bei dem privaten Vorteil nur um einen solchen handeln kann, der *beide* Ehegatten betrifft. Wenn ein Ehegatte dem anderen die Rechtswahl durch Manipulation aufoktroyiert hat, ist dies vielmehr ein Problem der Wirksamkeit der Rechtswahl, nicht ihrer Zulassung überhaupt.

Um einen sachlich und räumlich zwingenden Bezug überhaupt umgehen zu können, muss dieser zunächst im einschlägigen Sach- oder Kollisionsrecht normiert sein. Hierin liegt an sich ein Widerspruch zwischen der Gesetzesumgehung und dem Sinn und Zweck der Rechtswahlmöglichkeit: Wird eine Rechtswahl im Gesetz zugelassen, kann die Wahl eines anderen als des nach der Regelanknüpfung einschlägigen Rechts nicht mehr als Umgehung angesehen werden.[846] Soll nach dem Willen des Gesetzgebers eine Regelanknüpfung bei Vorliegen ihrer Voraussetzungen unabdingbar angewendet werden, spricht das nicht gegen einen Rechtswahltatbestand überhaupt. Dieses Ziel kann auch mit Hilfe einer limitierten Rechtswahl erreicht werden. Auf der anderen Seite kann unter einer Gesetzesumgehung auch verstanden werden, dass die Parteien ein Recht aufgrund kollisionsrechtlich fremder Erwägungen wählen. Das ist dann der Fall, wenn sie zu dem Staat keinerlei oder einen nur sehr geringen Bezug haben. Wählt etwa ein deutsch-italienisches Ehepaar, wohnhaft in Italien, nie-

---

844 S. o. FN 842.

845 Vgl. Neuhaus, Grundbegriffe, S. 163.

846 So auch Kötters, S. 88.

derländisches Recht als Scheidungsstatut, dann liegt der Grund darin, dass eine Scheidung in Europa nur nach niederländischem Recht sofort ausgesprochen werden kann.[847] Materiellrechtliche Gründe haben bei der Rechtswahl im Internationalen Privatrecht keinen Platz. Insoweit ist *Neuhaus*[848] nicht zuzustimmen, der meint, die Parteien könnten ein „berechtigtes" Interesse daran haben, sich einer „neutralen" Rechtsordnung zu unterstellen. „Berechtigt" ist im Internationalen Privatrecht nämlich nur das kollisionsrechtliche Interesse. Die Freiheit der Rechtswahl hat ihre Grenzen dort, wo sie auch das Kollisionsrecht hat. Die offensichtliche Umgehung von materiellrechtlich strengen Rechtsordnungen kann verhindert werden, indem die Rechtswahl limitiert wird. Denkbar wäre es demnach, das gewählte Recht davon abhängig zu machen, dass es eine durch ein „vernünftiges", „anerkennenswertes" Interesse gerechtfertigte „wesentliche", „sachliche" Beziehung[849] zu beiden Ehegatten haben muss. Dadurch würde allerdings das Bestreben der Ehegatten, nicht den Weg über die Regelanknüpfung zu gehen und stattdessen selbst darüber zu entscheiden, zu welchem Staat eine „wesentliche" Beziehung besteht, in die Hände des Gerichts gelegt. Daher ist daran zu denken, durch Vorgabe von klassischen Anknüpfungspunkten die Rechtswahl zu limitieren.[850] Die Umgehungsgefahr kann auf keinen Fall Grund sein, die Rechtswahl überhaupt abzulehnen.
Existieren im Forumstaat zwingende Sachnormen, so betrifft dies die Problematik der Eingriffsrechte, die bei *jeder* Anwendung ausländischen Rechts zum Tragen kommt – sei es durch eine Verweisung aufgrund einer Regelanknüpfung oder durch eine Rechtswahl.

(4) Suche nach einer interessengerechten Anknüpfung

Zuletzt ist das IPR stets um eine interessengerechte Anknüpfung bemüht. Sie führt nach *v. Savigny* stets zu derjenigen Rechtsordnung, mit der die engste Verbindung der Parteien besteht.[851] Die enge Verbindung kann auf objektiven und subjektiven Erwägungen beruhen.
Eine objektiv enge Beziehung zwischen den Parteien und einem Staat wird vom Gesetz vermutet, wenn die Fallkonstellation den Tatbestand einer Regelanknüpfung erfüllt, der zu dem Recht eines bestimmten Staates führt. Diesem Staat wird ein typisches Näheverhältnis zu den potentiellen Parteien unterstellt. Die

---

847 Dass derartige Fälle in der Praxis durchaus vorkommen, stellt *Reinhard* unter Angabe von Beispielen fest: Reinhard, ZVglRWiss 80, S. 161, 162.

848 Neuhaus, Grundbegriffe, S. 258, 259. *Neuhaus* schließt sich *Gamillscheg* (Nachweis bei Neuhaus, S. 259 FN 723) an und übernimmt dessen Beispiele. Danach könnten die Parteien etwa ein Recht wählen, welches ihrer Ansicht nach besonders gut ausgebildet sei oder das den Parteien bekannt sei.

849 Vgl. bereits Simitis, JuS 1966, S. 213 m. w. N.

850 Siehe näher unten Dritter Teil 3. Abschnitt § 5. II. 3. d).

851 V. Savigny, S. 95 ff., insbes. 120 f.

Regelanknüpfung schützt somit die Parteien davor, mit dem Recht eines Staates konfrontiert zu werden, zu dem sie keinerlei Bezug haben. Durch die Rechtswahl kann ein Recht zur Anwendung kommen, zu dem die Ehegatten kein Näheverhältnis haben. Denkbar wäre es, dass in diesen Fällen die Ausweichklausel eingreift, nach der trotz Wahl eines bestimmten Rechts ausnahmsweise das Recht eines anderen Mitgliedstaats anwendbar ist, mit dem die engere Verbindung besteht. Eine solche Regelung käme der niederländischen Rechtswahlklausel nahe, wonach die Eheleute ihr gemeinsames Heimatrecht wählen können, es sei denn, es besteht zu dem Staat eine engere Verbindung, dessen Rechtsordnung nach der Regelanknüpfung anwendbar gewesen wäre. Durch so eine Regelung würde allerdings ein unerwünschter Zirkelschluss entstehen: Zunächst würden die Ehepartner mit Hilfe der Rechtswahl von den objektiven Regelanknüpfungen abweichen. Später würde diese Wahl durch die engste Verbindung mit einem anderen Staat wieder eingeschränkt. Dabei wird die engste Verbindung dann an den zuvor umgangenen objektiven Anknüpfungen gemessen. Die Rechtswahl würde in diesen Fällen überflüssig und nur Rechtsunsicherheit hervorrufen.

Keine Probleme mit dem Leitprinzip des IPR gibt es, wenn die Parteiautonomie grundsätzlich Vorrang vor dem Erfordernis der engen Verbindung hat. Die Nähebeziehung zu dem Staat der gewählten Rechtsordnung ist bei der Rechtswahl dann grundsätzlich keine Voraussetzung mehr. Dabei ist zu prüfen, ob nicht der Schutz, den das typische Näheverhältnis den potentiellen Parteien zu einem Staat und seinem Rechtssystem im IPR bietet, in einem sensiblen Rechtsbereich wie dem Ehescheidungsrecht auch bei einer Rechtswahl beibehalten werden sollte. Die Frage lautet, inwieweit die Parteiautonomie im internationalen Ehescheidungsrecht wünschenswert ist und zugelassen werden kann.

Entscheidend ist hier die Ansicht des europäischen Gesetzgebers, ob das Leitprinzip die Parteiautonomie im Bereich des Familienrechts ausschließt. Lässt sich seine Meinung aus bestehenden Gesetzen nicht herausfinden, muss unabhängig von ihr untersucht werden, ob im vereinheitlichten Scheidungskollisionsrecht die Rechtswahl Vorrang gegenüber dem Leitprinzip genießen sollte. Und in einem zweiten Schritt, ob dieser Vorrang – wenn er zu bejahen ist – ausnahmslos und uneingeschränkt gelten soll: Eine Frage im Hinblick auf die limitierte Rechtswahl.

(i) Vergleich mit anderen Normen

Ob und inwieweit auch bei einer Rechtswahl eine enge Verbindung zwischen dem Staat, dessen Rechtsordnung gewählt wurde, und den Parteien bestehen muss, kann sich durch einen Blick auf andere Regelungen beantworten lassen. Es gibt Anknüpfungstatbestände, die gar keine Rücksicht auf die Nähebeziehung einer Partei, insbesondere des Beklagten, zum Staat nehmen, auf dessen Rechts-

ordnung verwiesen wird.[852] Es sind aber auch viele nationale Regelungen nicht vorbildhaft und insbesondere im europäischen Internationalen Privatrecht nicht brauchbar: Sie sind weniger auf der Suche nach der engsten Verbindung eines Sachverhalts zu einem Staat als vielmehr bemüht, die lex fori anzuwenden.
Die einzigen europäischen Regelungen, die man daher bei der Vereinheitlichung des Scheidungskollisionsrechts zunächst im Hinterkopf behalten muss, sind die der EheVO. Da in der EheVO eine Wahl des Gerichtsstandes nicht vorgesehen ist, ist es nur möglich, allgemeine Grundprinzipien und schutzwürdige Interessen herauszuarbeiten, die Rückschlüsse auf eine fiktive Meinung des europäischen Gesetzgebers zur Parteiautonomie zulassen. Diese können dann auf das Ehekollisionsrecht übertragen werden. Bei den Überlegungen sind nicht die einzelnen Anknüpfungspunkte selbst entscheidend, sondern die dahinter stehende Gewichtung der Parteiinteressen im Streitfall.
In Art. 3 Abs. 1 a Str. 1-3 EheVO wird der Schutz des Antragsgegners garantiert, sich nicht vor dem Gericht eines Staates verantworten zu müssen, zu dem er keinerlei Beziehung hat.[853] Dieses schutzwürdige Interesse sollte bei der Diskussion um die Schaffung der Rechtswahlmöglichkeit beachtet werden. Dieser Schutz kann bei der Rechtswahl u. U. völlig unterlaufen werden, wenn bspw. ein deutsch-italienisches Ehepaar – der italienische Ehegatte ist wohnhaft in Italien, die deutsche Ehefrau aus beruflichen Gründen in Deutschland – italienisches Recht als Scheidungsstatut wählt. Die deutsche Ehefrau hat zu Italien keinerlei Verbindung. Das Leitprinzip des IPR würde ihr durch das Erfordernis der engen Verbindung Schutz bieten.
Zugunsten der Parteiautonomie kann sich ein geringeres Schutzbedürfnis entweder aus weiteren Motiven der EheVO II rechtfertigen oder allein aus dem Verzicht des Antragsgegners auf den Schutz.

Art. 3 Abs. 1 a Str. 5 und 6 EheVO II

Auf den ersten Blick erscheinen die Fälle des Art. 3 EheVO II, in denen der Antragsteller bevorzugt behandelt wird, Art. 3 Abs. 1 a Str. 5 und 6 EheVO II, den Schutz des Antragsgegners zu mindern. Die *Motive* für diese Regelungen müssten auf die Situation bei der Rechtswahl übertragbar sein. Der Ansatzpunkt für die Motive des Art. 3 Abs. 1 a Str. 5 und 6 EheVO II liegt darin, dass entscheidender Zeitpunkt der Anknüpfungstatbestände derjenige ist, ab dem der Antragsteller sich vor Rechtshängigkeit des Scheidungsantrags in einem Land (vermutlich allein, sonst würde Art. 3 Abs. 1 a Str. 3 oder 4 EheVO II eingreifen) aufgehalten hat. Es wird dabei vermutet, dass der *alleinige* Aufenthaltsort mit eine Folge des Scheiterns der Ehe ist, oder dass zumindest eine Trennung der Ehepartner stattgefunden hat. Bei der Rechtswahl hingegen ist naturgemäß

852 In Deutschland z. B. Art. 17 Abs. 1 S. 2 EGBGB.
853 Zu Recht Spellenberg, FS für Geimer, S. 1267 im Hinblick auf Art. 2 Abs. 1 a Str. 1-3 EheVO I, der dem Art. 3 Abs. 1 a Str. 1-3 EheVO II entspricht.

der entscheidende Zeitpunkt entweder jener der Eheschließung oder danach, aber noch vor Scheitern der Ehe, weil sich die Eheleute von dem Zeitpunkt an nicht mehr auf die Wahl eines Rechts werden einigen können.

Der Sinn und Zweck des Art. 3 Abs. 1 a Str. 5 und 6 EheVO II beruht auf dem Gedanken, dass ab dem Scheitern der Ehe beide Ehepartner getrennte Wege gehen; sie sind wieder ausschließlich für sich selbst verantwortlich. Im Laufe der Zeit verschwindet der bisherige Schwerpunkt des Zusammenlebens, ein Schutz, den Art. 3 Abs. 1 a Str. 1-3 EheVO II bietet. In gleichem Maße wird der Schutz des Antragsgegners geringer. Entscheidend ist dabei, dass der Schutz des (späteren) Antragsgegners zum Zeitpunkt der Trennung überhaupt entstanden ist und sich nur langsam mindert. Denn das bringt Art. 3 Abs. 1 a Str. 5 und 6 EheVO II zum Ausdruck: Irgendwann kommt der Zeitpunkt, da jeder in seinem Aufenthaltsstaat die Änderung seines Status soll betreiben können.

Treffen die Parteien dagegen eine Rechtswahl, dann leben sie auch danach noch weiter zusammen, haben einen gemeinsamen Lebensmittelpunkt und tragen füreinander eine gewisse Verantwortung. Jetzt ist der (spätere) Antragsgegner noch nicht schützenswert. Der Schutz wäre erst ab Scheitern der Ehe wünschenswert: Insbesondere, wenn sich im Laufe der Ehe der gewöhnliche Aufenthalt oder die Staatsangehörigkeit geändert haben. Doch der Antragsgegner hat gar keinen Schutz, auch keinen, der sich mit Zeitablauf mindern könnte. Muss er nun – u. U. schon nach schneller Trennung – vor dem Gericht eines Landes prozessieren, zu dem er nicht die geringste Beziehung hat, so wird dies allein dadurch gerechtfertigt, dass er in einer Zeit, zu der er nicht schützenswert war und sich noch nicht mit dem Gedanken der Scheidung getragen hat, eine Rechtswahl getroffen hat. Eine solche Rechtfertigung besagt nichts anderes, als dass sich jemand an seiner einmal abgegebenen Erklärung festhalten lassen muss. Im Schuldrecht, den außervertraglichen Schuldverhältnissen u. ä. Rechtsgebieten ist das hinnehmbar. Ob dies aber auch im Familienrecht der Fall ist, in dem, wie bereits festgestellt, Verantwortlichkeit für den Ehepartner, gemeinsamer Lebensmittelpunkt und die Integration des einen Ehepartners nach Scheitern der Ehe (u. ä.) eine Rolle spielen, ist zweifelhaft. Art. 3 Abs. 1 a Str. 5 und 6 EheVO II gibt darauf keine Antwort, weil der Schutzcharakter dieser Regelung auf die Rechtswahl nicht übertragbar ist.

Art. 3 Abs. 1 a Str. 4 EheVO II

Art. 3 Abs. 1 a Str. 4 EheVO II, der den Ort des gemeinsamen Antrags als Gerichtsstand bestimmt, ist ein Zugeständnis an die Parteiautonomie und könnte ein Indiz für ein geringeres Schutzbedürfnis des Antragsgegners sein. Jedoch wird hier die Parteiautonomie sogleich wieder eingeschränkt durch das Erfordernis des gewöhnlichen Aufenthalts eines Ehegatten an dem Ort des gemeinsamen Antrags. Hier kommt der leitende Gedanke des IPR zum Ausdruck, dass zumindest irgendeine Verbindung des Sachverhalts, hier der Parteien, zum Staat bestehen muss. Der Gesetzgeber hat diese Voraussetzung gerade deshalb zusätzlich noch angefügt, weil er den Willen der Parteien, ausgedrückt durch den gemeinsamen Antrag, nicht allein gelten lassen will. Das lässt sich dem Bericht von *Borrás*[854] entnehmen, die ausdrücklich darauf hinweist, dass der Wille der Ehegatten nur in *begrenzter* Form Berücksichtigung findet und vielmehr eine faktische Bindung zum betreffenden Staat bestehen muss. Das Gebot der engen Verbindung wird nicht vollständig aufgehoben. Wenn der Grundgedanke des Art. 3 Abs. 1 a Str. 4 EheVO II die europäische Einstellung zur Parteiautonomie widerspiegelt, spricht dieser auf den ersten Eindruck zumindest eher gegen eine *uneingeschränkte* Rechtswahl.

Art. 3 Abs. 1 a Str. 4 EheVO II ist jedoch mit der Rechtswahlmöglichkeit nicht identisch. Die gemeinsame Antragstellung bringt zwar den Parteiwillen *konkludent* zum Ausdruck, vor dem Gericht genau dieses Staates geschieden zu werden. Bei der Rechtswahl hingegen zeigen die Parteien den Willen, nach dem Recht eines Staates geschieden zu werden, *ausdrücklich,* weil er einziger Sinn und Zweck der Rechtswahl ist und weil er zusätzlich durch die Form der notariellen Beurkundung (o. ä.) manifestiert wird. Die Rechtswahl offenbart daher den Parteiwillen in erheblich größerem Maße als die gemeinsame Antragstellung.

Würde der europäische Gesetzgeber die Rechtswahl zulassen wollen, kann das entweder bedeuten, dass er der Parteiautonomie einen hohen Stellenwert beimisst und sie daher uneingeschränkt gelten lassen will. Das wäre eine konsequente Entscheidung dazu, dass der in Art. 3 Abs. 1 a Str. 4 EheVO II geringer zum Ausdruck kommende Parteiwille – zur Sicherheit – durch eine weitere Voraussetzung eingeschränkt werden darf. Wird der Parteiwille dagegen ausdrücklich wie bei der Rechtswahl geäußert, bedürfte es demnach keiner Begrenzung; die Rechtswahl könnte uneingeschränkt zugelassen werden. Genauso kann die Zulassung der Rechtswahl aber auch bedeuten, dass sich der Gesetzgeber zwar für die Parteiautonomie ausspricht, aber ähnlich wie bei Art. 3 Abs. 1 a Str. 4 EheVO II nur begrenzt. Denn wenn schon der Parteiwille bei der gemeinsamen Antragstellung limitiert wird, dann erst recht bei der Rechtswahl: Beantragen die Parteien die Scheidung in demselben Staat, wollen sie *zu genau diesem Zeitpunkt* beide die Scheidung vor dem Gericht dieses Staates.[855] Eine Rechtswahl hingegen wird zu einem viel früheren Zeitpunkt getroffen; wenn später die Scheidung beantragt wird, möchte einer der Eheleute möglicherweise gar nicht mehr nach dem gewählten Recht geschieden werden. Diese Person wäre schutzlos; ein Anknüpfungspunkt, mit dem eine enge Verbindung bestünde, wäre dann hilfreich.

Die Einstellung des europäischen Gesetzgebers zu einer Rechtswahl im Scheidungskollisionsrecht, sei sie liberal oder streng, lässt sich daher aus Art. 3

---

[854] Borrás Bericht, Nr. 31 und 33.

[855] Zu dieser Anknüpfung ausführlich s. o. Dritter Teil 3. Abschnitt § 5. I. 4.

Abs. 1 a Str. 4 EheVO II nicht entnehmen. Insgesamt gibt Art. 3 EheVO keinen positiven Aufschluss darüber, ob der europäische Gesetzgeber der Parteiautonomie in „Rom III“ Priorität einräumen wird.
Es bleibt fraglich, ob bei der normierten Rechtswahl in „Rom III“ der Schutz des Antragsgegners, der vom europäischen Gesetzgeber in Art. 3 Abs. 1 a Str. 1-3 EheVO II gewollt ist, keine Bedeutung haben sollte, selbst wenn überhaupt keine Verbindung zum gewählten Staat besteht. Mindert der Grundsatz des „Full faith and credit“ möglicherweise diesen Schutz?

(ii) Full faith and credit

De Groot[856] stellt die rhetorische Frage, ob wir nicht völliges Vertrauen in die Regeln des Personen- und Familienrechts der anderen Mitgliedstaaten haben bzw. deren Rechtssystemen nicht „Full faith und credit“[857] geben könnten. Man könne als Manifestation zusätzlich eine Rechtswahl zugunsten eines Rechtssystems eines Mitgliedstaats gestatten, sogar wenn im Übrigen keine Anknüpfungspunkte bestünden.
Das Vertrauen in die Gleichwertigkeit der verschiedenen materiellen Scheidungsrechte ist, wie bereits gesagt, ein anzustrebendes Ziel. Kein Staat erhebt den Anspruch, seine Regelung sei in den Grenzen des ordre public die europaweit einzig akzeptable. Das ist aus Sicht der Mitgliedstaaten zunächst zwar wünschenswert: Niemand wird benachteiligt, die europäische Integration ist einen Schritt weiter. Doch wird dabei verkannt, dass es für den einzelnen rechtsuchenden Bürger sehr wohl einen Unterschied macht, welches Recht anwendbar ist.[858] Im Zuge der Rechtswahl kann es für eine der streitenden Parteien durchaus von Nachteil sein, dass der Gegner das für ihn günstigere Recht gewählt hat. Bei der Frage nach der Zulassung der Parteiautonomie muss der Blick auf den einzelnen Bürger gerichtet werden, nicht auf das allgemein erstrebenswerte Ziel des Grundsatzes des „Full faith and credit“[859]: Zum einen ist die Ehe ein Verhältnis, in dem man oft blind dem Partner vertraut. Die Gefahr liegt hier nahe, ohne Nachprüfung zum eigenen Nachteil eine Rechtswahl zu treffen, die vom Ehepartner vorgeschlagen wurde. Zum zweiten sind angesichts der Scheidungsfolgesachen bspw. im Vergleich zum Schuldrecht die Auswirkungen besonders groß. Das stark gepriesene Vertrauensprinzip ist aufgrund der möglichen Geset-

---

[856] De Groot, ZEuP 2001, S. 624.

[857] De Groot, ZEuP 2001, S. 624 FN 26: „Vergleiche in den Vereinigten Staaten die Restatement of the Law Conflict Second, ad Par. 2 und Par. 103.“.

[858] Dies wurde bereits mehrfach festgestellt. S. o. Erster Teil 1. Abschnitt § 1. sowie Dritter Teil 3. Abschnitt § 5. I. 1.

[859] Mit ähnlicher Begründung so auch im Ergebnis Jayme in: Mansel, Vergemeinschaftung, S. 38. Nach *Jayme* kann die politische Integration nicht Grundlage zur Lösung interindividueller Konflikte sein.

zesumgehungen für den Bürger zumindest im Rahmen der Rechtswahl nicht die gerechteste Lösung.
Gegen die Gefahr der Gesetzesumgehung wendet *De Groot*[860] ein, dass diese durch die in allen Familienrechtssystemen der Mitgliedstaaten zu erfüllenden Kriterien der EMRK, insbesondere Art. 8 (Achtung des Familienlebens), Art. 12 (Eheschließungsfreiheit) und Art. 14 (u. a. das Verbot der Diskriminierung aufgrund nichtehelicher Geburt) eingedämmt ist. Die Frage lautet demnach: Reichen diese Kriterien für die Gleichwertigkeit *tatsächlich* aus – also nicht nur aufgrund eines propagierten Vertrauens –, um dem Bürger die Rechtsunterschiede in den Mitgliedstaaten zuzumuten? Dies lässt sich je nachdem beantworten, ob man es bspw. als erheblichen oder weniger erheblichen Unterschied einstuft, wenn eine Trennungsfrist drei, vier oder fünf Jahre[861] beträgt. Für den Bürger sind das im Scheidungsverfahren ohne Zweifel erhebliche Unterschiede – die EMRK scheint *hier* gar keine Relevanz zu haben. Nach wie vor muss daher der Schutz, insbesondere des Antragsgegners, beachtet werden, wenn die Rechtswahl in bestimmten Fallkonstellationen der engsten Verbindung entgegensteht.

(iii) Verzicht auf den Schutz des Leitprinzips

Nun könnte man einwenden, derjenige, der mit dem Gegner vor oder bei der Eheschließung oder gar während der Ehe freiwillig eine Rechtswahl getroffen hat, muss jetzt auch das verwirklichte Risiko des für ihn nachteiligeren Rechts tragen. Die Rechtswahl könnte als Verzicht auf den Schutz des Antragsgegners gewertet und gebilligt werden.
Dieses letzte Argument bringt die subjektive Komponente bei der Suche nach der engsten Verbindung zum Ausdruck. Die Suche nach der engsten Verbindung ist nichts anderes als ein Weg, um den Interessen der Parteien möglichst nahe zu kommen, den Sachverhalt nach der Rechtsordnung beurteilen zu lassen, der sie am nächsten stehen.[862] Das IPR will also den Parteiinteressen gerecht werden. Folglich liegt eine interessengerechte Anknüpfung dann vor, wenn die Anknüpfung dem Parteiinteresse entspricht. Neben der Rechtswahl gibt es drei Möglichkeiten, dieses Ziel zu erreichen. Die Regelanknüpfung impliziert eine vermutete, typisierte enge Verbindung der Parteien zu einem Staat, von der angenommen wird, dass sie die Parteiinteressen widerspiegelt. Ein vermutetes, typisiertes Näheverhältnis kommt aber niemals so dicht an das tatsächliche Parteiinteresse heran, wie ein geäußerter Parteiwille. Das zeigt auch Art. 15 Abs. 2 schweiz. IPRG, wonach die Rechtsordnung des Staates, zu dem die engste Verbindung besteht, nicht anwendbar ist, wenn eine Rechtswahl vorliegt. Daneben besteht noch die Möglichkeit durch die Anknüpfungstechnik, und zwar die Al-

---

860 De Groot, ZEuP 2001, S. 625.
861 S. o. FN 858.
862 Kegel/Schurig, IPR, § 2 II 1.

ternativanknüpfung, den Parteiinteressen zu entsprechen. Letztere wurde aber bereits aus Gründen des forum shopping – in der Regel zugunsten des Antragstellers – im Zeitpunkt der Antragstellung abgelehnt. Mittels der Auffang- oder Ausweichklausel kann der Richter die Rechtsordnung suchen, mit der die engste Verbindung besteht, wenn die objektive Anknüpfung nicht zum Erfolg führt. Aber auch dann steht die Rechtswahl dem Parteiinteresse wieder näher als das Abwägungsergebnis des Richters; zudem verspricht eine solche Wahl mehr Rechtssicherheit als die richterliche Ermessensentscheidung der engsten bzw. engeren Verbindung. Insbesondere im Familienrecht, wo es keinen Vertrags-, Erfolgs- oder Handlungsort gibt, lässt sich das Statut nicht eindeutig bestimmen. So kann etwa der Ort der Eheschließung gar kein ausschlaggebender Umstand sein, der in die richterliche Abwägung mit einfließt.[863] Die Rechtswahl dient allgemein dazu, die kollisionsrechtlichen Interessen zu verwirklichen bzw. neben einer starren Anknüpfung eine weitere zuzulassen.[864] Sie ermöglicht es den Ehegatten, in der hier vorgeschlagenen „Rom III"-Version, insbesondere neben der gemeinsamen Antragstellung im Heimatstaat, den Weg über das Staatsangehörigkeitsprinzip zu gehen. Das ausgeschlossene Staatsangehörigkeitsprinzip kann auf diese Weise wieder als vom Willen der Eheleute getragenes Näheverhältnis zum Ausdruck kommen.
Wenn der Wille der Ehegatten nicht der typisierten Nähebeziehung der objektiven Anknüpfung entspricht, ist ihm daher absoluter Vorrang einzuräumen. Treffend auf den Punkt gebracht „hat die Rechtswirklichkeit bisher nicht zur Korrektur der Anknüpfung an den Parteiwillen herausgefordert"[865]. Auf etwaigen Schutz, der den normierten Anknüpfungen immanent ist, haben die Parteien somit durch ihre Rechtswahl konkludent verzichtet. Es zeigt sich, dass das Leitprinzip des IPR bei der Rechtswahl nicht hinter die Parteiinteressen tritt, sondern gerade in der Rechtswahl durch den geäußerten Parteiwillen zum Ausdruck kommt. Zurückstehen müssen nur die objektiv typisierten, vermuteten Näheverhältnisse.[866]

Zusammenfassend ist festzustellen, dass den Parteien in „Rom III" die Möglichkeit zu einer Rechtswahl eröffnet werden sollte. Parteiautonomie verträgt sich mit den vier wichtigsten Anknüpfungsmaximen des deutschen IPR. Auf den Schutz, den das Leitprinzip des IPR bietet, verzichten die Parteien, wenn sie eine Rechtswahl treffen.

---

863 S. o. FN 735.

864 MüKo/Sonnenberger, Einl. zum IPR, RN 634; Staudinger/Sturm/Sturm, Einl. zum IPR, RN 131.

865 Junker, IPRax 1993, S. 3 m. w. N. in FN 43.

866 Ähnlich Geisler, S. 81: „Das Anknüpfungsprinzip der engsten Verbindung wird nicht gänzlich durchbrochen, sondern lediglich im Parteiinteresse aufgelockert.".

d) Die limitierte Rechtswahl

Ausgehend von Deutschland, den Niederlanden und Belgien wäre es denkbar, nur eine limitierte Rechtswahl zuzulassen. Der *Deutsche Rat für IPR* schlug in seiner Sitzung v. 12. 4. 2002 vor, die Rechtswahl auf die Wahl eines der Heimatrechte oder des Rechts des gewöhnlichen Aufenthaltsortes eines der Ehegatten zu beschränken. Selbst wenn die Rechtswahlmöglichkeit nicht gegen das Prinzip der engsten Verbindung verstößt, muss dies nicht bedeuten, dass die Rechtswahl nur uneingeschränkt zuzulassen ist. Im Rahmen der limitierten Rechtswahl kann die enge Verbindung eine andere Bedeutung haben als bei der vorigen Frage nach dem Verstoß der Rechtswahlmöglichkeit gegen das Leitprinzip des IPR.

(1) Wahl des Heimatrechts beider oder eines Ehegatten

Die Rechtswahl kann insoweit beschränkt werden, dass die Ehepartner nur das Heimatrecht beider oder eines Ehepartners wählen können. *Wagner*[867] und *Sonnenberger*[868] sprechen sich für diese Einschränkung aus. Sonnenberger begründet seine Ansicht damit, dass es im Hinblick auf die fortschreitende Anknüpfung an den gewöhnlichen Aufenthalt eine Option für das Staatsangehörigkeitsprinzip sei. Richtig daran ist, dass die Heimatrechte nur noch dann zum Zuge kommen sollten, wenn dies vom Willen der Eheleute getragen wird. Dabei wird aber verkannt, dass es sich bei der Vorgabe, das Heimatrecht wählen zu dürfen, nicht um eine Erweiterung der Handlungsmöglichkeiten der Parteien handelt, sondern um eine Einschränkung. Die Ehegatten könnten sich bei einer unbegrenzten Rechtswahlmöglichkeit genauso für ihr Heimatrecht entscheiden. Als weiteres Argument führt *Sonnenberger*[869] an, er fürchte bei einer unbeschränkten Rechtswahlmöglichkeit das Vorkommen von hinkenden Ehen. Viele Staaten würden nach wie vor am Staatsangehörigkeitsprinzip festhalten und u. U. die Anerkennung von Scheidungen mit der derselben Begründung ablehnen. Dieses Argument geht über die Grenzen von Europa hinaus. Innerhalb Europas gilt die EheVO II, wonach eine Scheidung nicht aus dem Grund nicht anerkannt werden darf, weil nach dem Kollisionsrecht des Anerkennungsstaates ein anderes Recht auf die Scheidung anwendbar gewesen wäre, vgl. Art. 24 S. 2 EheVO II. Der Blick über Europas Grenzen hinaus birgt Komplikationen ganz anderer Qualität in sich, nach denen die Frage im Raum steht, ob „Rom III" überhaupt realisierbar ist oder nicht. Man denke an die teilweise unerträglichen Wertungswidersprüche zu den religiös motivierten Rechtsordnungen. Wenn also überhaupt Überlegungen zu „Rom III" in Bezug auf seine weltweiten Auswirkungen ange-

---

867 Wagner, FamRZ 2003, S. 807.

868 *Sonnenberger* auf der Sitzung des *Deutschen Rats für IPR* am 12. 4. 2002 in Würzburg: Protokoll S. 11.

869 *Sonnenberger* auf der Sitzung des *Deutschen Rats für IPR* am 12. 4. 2002 in Würzburg: Protokoll S. 12.

stellt werden, dann vorrangig letztere. *Sonnenberger* ist demnach in seiner Begründung nicht zuzustimmen.
Klarheit über die Zweckmäßigkeit einer Beschränkung der Rechtswahl auf das Heimatrecht der Ehegatten könnten Praxiserfahrungen schaffen. Die deutsche Regelung und ihre Anwendung könnten Aufschluss geben. Zu untersuchen sind Sinn und Zweck und die Auswirkungen dieser Regelungen sowie die Kompatibilität mit „Rom III". Niederländisches Recht sieht nur die Wahlmöglichkeit zwischen der lex fori und dem gemeinsamen Heimatrecht vor. Überwiegend wurde das Bedürfnis für eine lex fori-Wahl in „Rom III" bereits abgelehnt. Die Wahl des gemeinsamen Heimatstaats unter der Bedingung, dass nicht mit einem anderen Staat eine engere Verbindung besteht, erwies sich als nicht wünschenswerter Zirkelschluss. Die niederländische und die spanische Regelung können daher nicht als Vorbild dienen.

(i) Limitierte Rechtswahl in Deutschland, den Niederlanden und Belgien – Kompatibilität mit „Rom III"

Art. 14 Abs. 3 S. 1 EGBGB, Art. 1 Abs. 2 S. 2 Stb 166
und Art. 55 § 2 des belgischen Gesetzes v. 27. 7. 2004

In Deutschland können die Ehepartner gemäß Art. 14 Abs. 3 S. 1 Nr. 1 und 2 EGBGB das Aufenthaltsrecht zugunsten des Heimatrechts eines Ehepartners abwählen, soweit sich das anwendbare Recht nicht bereits aus Art. 14 Abs. 1 Nr. 1 EGBGB, dem gemeinsamen Heimatrecht der Ehepartner, ergibt. Die Rechtswahl ist daher an eine fehlende gemeinsame Staatsangehörigkeit gebunden und soll die mangelnde Übereinstimmung ausgleichen. So verhilft die Rechtswahl dem Staatsangehörigkeitsprinzip doch noch zum Erfolg und ein Abgleiten auf die unteren Stufen der Anknüpfungsleiter wird vermieden.[870] Weiterhin ordnet Art. 14 Abs. 3 S. 2 EGBGB das automatische Erlöschen der nach Art. 14 Abs. 3 S. 1 EGBGB getätigten Rechtswahl an, wenn die Ehegatten eine gemeinsame Staatsangehörigkeit erlangen. Die Parteiautonomie stellt daher vielmehr eine Überbrückung für eine Anknüpfungsverlegenheit[871] auf Zeit dar, als dass dem Willen der Eheleute in vollem Umfang Rechnung getragen wird.
In den Niederlanden besteht der Sinn und Zweck des Art. 1 Abs. 2 S. 2 Stb 166 darin, zu ermöglichen, dass auch im Staat der gemeinsamen Staatsangehörigkeit das Scheidungsurteil anerkannt werden kann.[872] Da ein in Europa gefälltes Scheidungsurteil unabhängig von der Kollisionsrechtsanknüpfung durch die EheVO II ohnehin in allen Mitgliedstaaten automatisch anerkannt wird, ist der Grund für die niederländische Rechtswahlbeschränkung auf „Rom III" nicht

870 Vgl. BT-Drucks. 10/504, S. 51.
871 So Stoll, S. 40.
872 Boele-Woelki, StAZ 1980, S. 268, zu der damals noch als Entwurf vorliegenden Reform des Internationalen Privatrechts.

übertragbar. Des Weiteren will die niederländische Rechtsordnung über die Rechtswahl der Anknüpfung an die Staatsangehörigkeit entgegen der tatsächlichen engeren Verbundenheit zu einem anderen Staat zur Anwendung verhelfen. Nur die belgische Rechtswahlklausel beruht darauf, den Ehegatten die Möglichkeit zu eröffnen, das Recht des Staates ihrer Staatsangehörigkeit zu wählen, zu dem entgegen der gesetzgeberischen Vermutung im Einzelfall eine engere Verbindung als zum Recht des Aufenthaltsorts bestehen kann.
Die deutsche und niederländische gesetzgeberische Entscheidung, dass die engste Verbindung durch das gemeinsame Heimatrecht der Ehegatten vermittelt wird, teilt „Rom III" nicht. Die Anknüpfung an den gewöhnlichen Aufenthalt, ob den gemeinsamen, den letzten gemeinsamen oder jenen in Verbindung mit dem gemeinsamen Scheidungsantrag, wird in „Rom III" gegenüber dem gemeinsamen Heimatrecht als die engere Verbindung betrachtet. Der Gedanke, dass die Rechtswahl nur die fehlende übereinstimmende Staatsangehörigkeit ausgleichen soll, wird von „Rom III" nicht getragen. Sogar die normative Anknüpfung an das gemeinsame Heimatrecht ohne Verstärkung weiterer Voraussetzungen wurde bereits abgelehnt. Dass daher das gemeinsame Heimatrecht in „Rom III" zur Disposition der Parteien stehen sollte, ergibt sich von selbst.
Weiterhin ist im deutschen Scheidungskollisionsrecht die Rechtswahl durch zwei zusätzliche Voraussetzungen beschränkt: Sie ist nur zulässig, wenn entweder keiner der Ehepartner die Staatsangehörigkeit des gemeinsamen Aufenthaltsstaates hat oder die Ehepartner ihren gewöhnlichen Aufenthalt in unterschiedlichen Staaten haben, Art. 14 Abs. 3 S. 1 Nr. 1 und 2 EGBGB.

Art. 14 Abs. 3 S. 1 Nr. 1EGBGB

Nach Auffassung des Regierungsentwurfs soll die Rechtswahl nach Art. 14 Abs. 3 S. 1 Nr. 1 EGBGB die als zu stark empfundenen Abweichungen des Aufenthaltsrechts von den sich inhaltlich nahe stehenden Heimatrechten auffangen.[873] Es handelt sich um sog. „Gefällekonstellationen". Hier kann das Aufenthaltsrecht zugunsten des Heimatrechts abgewählt werden. Das Vorliegen der Gefällekonstellationen ist zwar keine Voraussetzung der Parteiautonomie. Die Ehegatten sollen sich aber entscheiden, ob sie sich der Kontinuität und damit dem Heimatrecht unterstellen oder dem Aufenthaltsrecht anpassen wollen. Die Regierungsbegründung nimmt als Beispiel ein französisch-belgisches Ehepaar, das in New York oder Riad lebt.[874] Französisches und belgisches Recht entstammen einem Kulturkreis; sie weichen aber vom amerikanischen Recht ab. Übertragen auf eine entsprechende Regelung in „Rom III" ist fraglich, ob das

---

873 BT-Drucks. 10/504 S. 56; Staudinger/Mankowski, Art. 14 RN 18; s. a. Kötters, S. 19; Stoll, S. 40.

874 BT-Drucks. 10/504 S. 56. Ähnliche Fälle sind z. B. jene, in denen eine Iranerin mit einem Syrer verheiratet ist und beide in Hamburg leben: Staudinger/Mankowski, Art. 14 RN 188.

Ziel, „Zivilisationsgefälle" innerhalb Europas auszugleichen, überhaupt erstrebenswert ist. Zu prüfen ist, welche Konsequenzen eine solche Rechtswahlbeschränkung hat und haben soll. Dies zeigt zunächst folgender Fall: Wenn bspw. eine Deutsche und ein Grieche in Spanien leben und ihren Scheidungsantrag in Deutschland stellen, können sie als Scheidungsstatut deutsches oder griechisches Recht wählen. Allein diesen Fall will Art. 14 Abs. 3 S. 1 Nr. 1 EGBGB erfassen. Haben sich die Ehegatten bereits in Spanien integriert und die spanische Rechtsordnung für sich anerkannt, kommt ohne Rechtswahl anhand der Anknüpfungsleiter das Recht ihres gewöhnlichen Aufenthalts, Spanien, zur Anwendung.

Wenn im Beispielsfall die Eheleute dagegen ihren gemeinsamen gewöhnlichen Aufenthalt in Griechenland oder Deutschland haben, ist die Wahl des Rechts des jeweils anderen Heimatlandes nach Art. 14 Abs. 3 S. 1 Nr. 1 EGBGB unwirksam. Denn dann – so der Gedanke des Gesetzgebers – sind entweder Heimat- und Aufenthaltsrecht einander angeglichen und eine Rechtswahl ist unnötig oder das Aufenthaltsrecht, welches dem Heimatrecht eines Ehegatten entspricht, weist erhebliche materiellrechtliche Unterschiede zum Heimatrecht des anderen Ehegatten auf. Im Beispielsfall ist die Übereinstimmung der Scheidungsrechte der Heimatrechte untereinander aber nicht größer als jeweils zum Aufenthaltsrecht.[875] Dies ist daher keine „Gefällekonstellation", für den der deutsche Gesetzgeber die Rechtswahl ermöglichen wollte.

Es stellt sich nun die Frage, ob auch „Rom III" nur die „Gefällekonstellationen" erfassen soll. Folgende Gründe sprechen dagegen, in „Rom III" die Rechtswahl nur zuzulassen, wenn Heimat- und Aufenthaltsrecht divergieren: Abgesehen davon, dass die Vermutung, der zugereiste Ehegatte habe sich angepasst, zu Lasten dieses Ehepartners geht[876], ist zweifelhaft, ob in allen Fallkonstellationen eine Anpassung von beiden Ehepartnern überhaupt gewollt ist. So sind durchaus Fälle denkbar, in denen die Ehegatten sich nur für kurze Zeit aus beruflichen Gründen in dem Heimatstaat eines Ehegatten aufhalten. Zwar reicht es für eine Vermutung aus, dass sich in den *häufigsten* Fallkonstellationen der Zugezogene zu seinem neuen Staat bekennt. Auch spricht hier daher der erste Anschein dafür, dass sich die Eheleute für den Staat entschieden haben, in dem sie jetzt beide leben. Doch ist nicht ersichtlich, warum sie darüber nicht selbst entscheiden sollen.

In Deutschland sollte durch die Zurückhaltung die internationale Durchsetzbarkeit und Akzeptanz der damals noch eine Seltenheit darstellenden Rechtswahl gefördert werden. Zum einen ist die Rechtswahl heute keine Ausnahme mehr. Zum zweiten stellt sich bei einer europäischen Kollisionsrechtsregelung die Frage der internationalen Durchsetzbarkeit und Akzeptanz nicht mehr. Eine Recht-

---

875 Vgl. Stoll, S. 41.
876 So zu Recht Geimer, Sonderbeitrag der DNotZ 1985, S. 118.

fertigung für die Einschränkung ist daher heute weder im autonomen Recht noch insbesondere für „Rom III“ ersichtlich. Sie wäre jedoch aus dreierlei Gründen angezeigt. Zum einen sind dem Recht auf freie Entfaltung der Persönlichkeit nur insoweit Grenzen zu setzen, als der Staat bzw. die Staatengemeinschaft überindividuelle Interessen durchsetzen will oder der Schutz der Interessen inländischer Dritter entgegensteht. Öffentliche Ordnungsinteressen der Mitgliedstaaten stehen einer Rechtswahl im internationalen Scheidungsrecht nicht entgegen. Das liegt schon allein daran, weil sich die überindividuellen Staatsinteressen in einer europäischen Regelung relativieren. Dritte sind im Bereich der Scheidung nur insoweit involviert, als das Scheidungsurteil weitergehende Folgen für sie haben kann als allein die Gestaltungswirkung der Scheidung nach sich zieht. Die einzig denkbare Auswirkung auf Dritte hätte die Scheidung im internationalen Familienrecht auf den Kindesunterhalt, wenn für das Unterhaltsstatut das Scheidungsstatut maßgebend wäre. Da das Unterhaltsstatut der Kinder an den gewöhnlichen Aufenthalt des Bedürftigen anknüpft[877], können diese Bedenken ausgeräumt werden.

Zum zweiten ist die Ehe sowohl eine gesellschaftliche Institution als auch ein vertraglich begründetes privatrechtliches Verhältnis, über dessen Eingehen und Auflösung die Eheleute selbst entscheiden dürfen.[878] Im Vertragsrecht zweifelt niemand die Vertragsfreiheit an.[879] Das sieht man auch daran, dass schon bereits vor der durch Art. 3 EVÜ zugelassenen Rechtswahl in allen Staaten auf Schuldverträge vorrangig das Recht anzuwenden war, das die Parteien selbst gewählt haben.[880] Über die Partei- und Privatautonomie im Bereich der Vertragsverhältnisse waren sich die Mitgliedstaaten daher einig. Zwar sind Ehevereinbarungen keine Schuldverträge, auf die alle Prinzipien der Vertragsfreiheit anwendbar sind. Die Vertragsfreiheit unterscheidet zwischen „Abschlussfreiheit“ und „Gestaltungsfreiheit“. Im Eherecht gibt es laut *Hepting*[881] keine Abschlussfreiheit dergestalt, dass es im Belieben der Ehepartner stehe, ob sie das Eheverhältnis einvernehmlich ausgestalten wollen oder nicht. Zumindest formelles Einvernehmen sei in einer Ehe stets erforderlich und daher eine Pflicht, wenn die ehe-

---

877 Art. 4 Haager Übereinkommen über das auf Unterhaltspflichten anzuwendende Recht vom 2. 10. 1973.

878 Vgl. ausführlich Hepting, Ehevereinbarungen, § 1 III; s. a. Sturm, FS für Wolf, S. 637, der *Ernst Wolf* zitiert; Henrich, Familienrecht, 1. Auflage, S. 21 (zitiert von Reinhard, JZ 1983, S. 186 FN 37). Allgemein auf das Erb- und Familienrecht Bezug nehmend: Rohe, FS für Roethoft, S. 27.

879 Siehe dazu etwa die ausführliche rechtsvergleichende Darstellung des deutschen, französischen und italienischen Rechts der Arbeit von Olaf Hartenstein, Die Privatautonomie im Internationalen Privatrecht als Störung des europäischen Entscheidungseinklangs, S. 3 ff.

880 Bericht Giuliano/Lagarde, BT-Drucks. 10/503, S. 47

881 Hepting, Ehevereinbarungen, § 10 I.

liche Lebensgemeinschaft nicht auseinander brechen soll.[882] Gemeinsam aber ist der vertraglichen „Abschlussfreiheit" und der „Pflicht zum Konsens", dass der Gesetzgeber grundsätzlich nicht verbietend oder verpflichtend eingreift. „Gestaltungsfreiheit" herrscht im Eherecht insofern, als bestimmte Einzelpflichten erst dann bestehen, wenn die Ehegatten sie im autonomen Akt konkretisiert haben.[883] Nun betreffen Vertragsfreiheit und Autonomie im Eherecht nur das materielle Sachrecht, nicht das Internationale Privatrecht. Allerdings sind beide Autonomiebereiche das Ergebnis eines Ausgleichs zwischen Selbstbestimmungsrecht und öffentlichen Ordnungsinteressen. Ebenso ist im europäischen Kollisionsrecht der Gesetzgeber stets bemüht, einen solchen Ausgleich zu schaffen.[884] Des Weiteren besteht, wie bereits oben erörtert[885], ein Zusammenhang zwischen materiellrechtlicher und kollisionsrechtlicher Freiheit. Wenn die erste befürwortet wird, dann sollte auch die zweite gewährt werden.

Der dritte Grund für die Zulassung der Rechtswahl besteht in der Antwort auf die rhetorische Frage, wieso der Gesetzgeber auf der Suche nach der interessengerechtesten Anknüpfung die Rechtswahl nicht mehr in Betracht zieht. Die Ehegatten wissen selbst am besten, welche Rechtsgestaltung ihren Verhältnissen entspricht.[886] Das Leitprinzip des IPR wird daher bei der Versagung der Rechtswahl unterlaufen.

Demzufolge ist auch *Borrás*[887] zu widersprechen, die im Hinblick auf Brüssel II ohne nähere Begründung meint, im eherechtlichen Bereich habe der Wille der Eheleute nahezu keine Bedeutung. Die Rechtswahl eröffnet den Parteien eine Chance, selbst bestimmen zu dürfen, welche Rechtsordnung ihnen zusagt. Eine Rechtfertigung dafür, wieso diese Gelegenheit den Eheleuten anders als den Vertragspartnern verwehrt sein sollte, gibt es nicht. Im Rahmen der Kollisionsrechtsanknüpfung ist der Argumentation von *Boele-Woelki*[888], die sich auf die internationale Zuständigkeit bezieht, insofern auch wieder zuzustimmen, wenn sie entsprechend angepasst wird: Danach würde ihre Frage lauten, weshalb die Ehegatten, die aufgrund ihrer Staatsangehörigkeit oder ihres gewöhnlichen Aufenthalts mit mehreren Staaten verbunden sind, nicht selbst gemeinschaftlich bestimmen dürfen, nach welchem Recht sie geschieden werden wollen. Damit

---

882 Hepting, Ehevereinbarungen, § 10 I.

883 Siehe dazu näher Hepting, Ehevereinbarungen, § 10 II 1.

884 Vgl. mit einigen Beispielen Lurger, FS für Posch, S. 198 f.

885 S. o. unter der Überschrift „Privat- und Parteiautonomie in anderen Mitgliedstaaten", Dritter Teil 3. Abschnitt § 5. II. 3. d) (1) (i).

886 Ebenso Reinhard, ZVglRWiss 1981, 163. Siehe näher dazu unten zur Rechtssicherheit und der engsten Verbindung Dritter Teil 3. Abschnitt § 5. II. 3. c) cc) (1) und Dritter Teil 3. Abschnitt § 5. II. 3. c) cc) (4).

887 Borrás Bericht, Nr. 31.

888 S. o. FN 832. In Bezug auf den Gerichtsstand ist eine Parteivereinbarung zumindest solange abzulehnen, wie das Kollisionsrecht noch nicht vereinheitlicht ist.

würde auch verhindert, einem Ehegatten eine vermutete Anpassung aufzuoktroyieren.

Weiter ist zu prüfen, warum sich die Ehegatten nur bei rechtlichen Divergenzen von Aufenthalts- und Heimatstaat für eine Rechtsordnung entscheiden dürfen. Dahinter könnte der Gedanke der Gleichwertigkeit aller Rechtsordnungen stehen, die nur dann auf Wunsch der Parteien durchbrochen werden darf, wenn die Rechtsordnungen eklatante Unterschiede aufweisen und verschiedene Auswirkungen haben. Mit diesem Gedanken kann sich auch „Rom III" auf den ersten Blick identifizieren. Doch auf den zweiten Blick muss auch hier wieder umgekehrt gefragt werden, weshalb die Eheleute nicht selbst darüber entscheiden dürfen, ob sie die Rechtsunterschiede zwischen den Heimatrechten und dem Aufenthaltsrecht für eklatant halten oder nicht. Möglicherweise fühlen sie sich unabhängig vom materiellen Recht einem bestimmten Staat zugehörig. Dabei wären vielmehr kollisionsrechtliche Interessen im Vordergrund. Wenn dagegen für sie das materielle Familienrecht der Staaten ausschlaggebend ist, warum können sie nicht selbst bestimmen, dass ihnen im Falle der Scheidung bspw. ein sofortiges Urteil lieber ist, als vorher eine einjährige Trennungszeit abwarten zu müssen? Zudem ist zweifelhaft, ob es in Europa diese „Gefällekonstellationen", wie sie sich der deutsche Gesetzgeber vorgestellt hat, überhaupt gibt. Er dachte dabei z. B. an den gemeinsamen gewöhnlichen Aufenthalt zweier Europäer in einem Entwicklungsland.[889] Innerhalb Europas gibt es keine vergleichbaren extremen Unterschiede zwischen den Rechtsordnungen. Daraus lassen sich zwei gegensätzliche Schlussfolgerungen ziehen: Zum einen ist es danach nicht unbillig, auf die Scheidung das Recht anzuwenden, zu dem die meisten Anknüpfungspunkte bestehen (Staatsangehörigkeit eines Ehegatten und gemeinsamer gewöhnlicher Aufenthalt). Denn selbst wenn die Eheleute zum anderen Heimatrecht ebenfalls Beziehungen haben, unterscheidet sich dieses schließlich nicht *eklatant* – wie im oben verstandenen Sinn – vom Aufenthaltsrecht. Zum zweiten kann es aus demselben Grund dem Aufenthaltsstaat doch durchaus zugemutet werden, dass auf die Scheidung das andere Heimatrecht angewendet wird. Mit anderen Worten trifft man wieder auf die oben gestellte Frage, warum die Parteien nicht selbst entscheiden dürfen.

In Deutschland und den Niederlanden kann der Grund für eine solche die Parteiautonomie eingrenzende Haltung im Zusammenhang mit dem Verhältnis zwischen der kollisionsrechtlichen Verweisungsfreiheit und der Privatautonomie im materiellen Ehewirkungsrecht liegen. Diese Verknüpfung wird meist angesprochen, wenn danach gefragt wird, warum die Parteiautonomie im Ehekollisions-

---

[889] Palandt/Heldrich, Art. 14 RN 13; s. a. die Beispiele bei Staudinger/Mankowski, Art. 14 RN 188.

recht überhaupt Einzug gehalten hat.[890] Die Antwort liegt demnach in einer Neuregelung des deutschen materiellen Rechts seit dem 1. Eherechtsreformgesetz vom 14. 6. 1976, dem eine „individualistische, autonomiefreundliche Eheauffassung“[891] zugrunde liegt.[892] Parteiautonomie ist somit noch im Wachsen begriffen; für eine unbeschränkte Rechtswahlmöglichkeit ist somit die Zeit noch nicht reif. Der Zusammenhang zwischen Privat- und Parteiautonomie wird aber auch zum Teil verneint, weil das Familienrecht durch zwingende materiellrechtlich zwingende Regelungen geprägt sei[893], Parteiautonomie demnach im Kollisionsrecht an sich gar nicht zugelassen werden dürfte. Gegen die letzte Ansicht kommen dahingehend Zweifel auf, ob das deutsche materielle Eherecht zwingenden Charakter besitzt[894] und schon aus diesem Grund die Rechtswahl nicht zu billigen sei. Aber auch die vorherige Meinung, die eine Verknüpfung von Privat- und Parteiautonomie bejaht, führt bei der Frage nach einer Rechtswahleinschränkung in „Rom III“ aus zweierlei Gründen nicht weiter:

Dass die Eheleute die Möglichkeit der Rechtswahl erhalten sollen, wurde bereits festgestellt. Unterstützung könnte dieses Ergebnis – übertragen auf die oben geführte Argumentation – von einer vermehrten Privatautonomie in den Mitgliedstaaten finden. Warum die Parteiautonomie aber überhaupt noch eingeschränkt werden soll, beantwortet diese Argumentation nicht. Vielmehr kann das, was in den Köpfen des nationalen Gesetzgebers und der Rechtsanwender noch nicht gewachsen ist, vom europäischen Gesetzgeber schon aufgegriffen und als erforderlich erkannt werden. Denn er hat die schleppende Entwicklung der Privatautonomie auf Seiten des materiellen Rechts mangels eines europäischen Familienrechts nicht miterlebt. Er ist demnach „der Zeit des nationalen Gesetzgebers“ voraus und kann die Tendenz, die unbestritten in Richtung einer liberalisierten Ehe geht[895], aufgreifen und normieren.

Des Weiteren kann bei „Rom III“ eine Verknüpfung von Scheidungskollisionsrecht und materiellem Recht gar nicht stattfinden. Denn der Rechtswahltatbestand bzw. die fehlende Parteiautonomie schützt nur die Schutzinteressen *einer* Rechtsordnung, nämlich die des Forums.[896] Nach wie vor unterscheidet sich die

---

890 Diesen Zusammenhang sprechen einige Wissenschaftler an: vgl. Kötters, S. 21 ff.; ähnlich in diese Richtung gehend Firsching, IPRax 1984, S. 125, 127; RabelsZ 1981, S. 253 ff.

891 So mit näheren Ausführungen Hepting: Ehevereinbarungen, S. 7.

892 Um Missverständnissen vorzubeugen, ist klarzustellen, dass nicht der Schluss von der im materiellen Recht herrschenden Privatautonomie zur Zulässigkeit der Parteiautonomie im Kollisionsrecht gezogen werden soll. Privatautonomie kann sich nur im Sachrecht auswirken. Eine Dispositionsbefugnis der Parteien über das anwendbare Recht kann hieraus nicht hergeleitet werden. Hier geht es nur um eine „liberalere Haltung“ im Eherecht.

893 So in der BT-Drucks. 10/504 S. S. 51.

894 So im Ergebnis verneinend Kötters, S. 22, 23 m. w. N.

895 Siehe schon Müller-Freienfels, FS für Kegel, S. 59 ff.

896 Kötters, S. 24.

liberale, parteiautonomiefreundliche Auffassung des deutschen internationalen Familienrechts erheblich von den konservativen romanischen Rechtsordnungen. Selbst wenn sich also der europäische Gesetzgeber aus Gründen der bisher begrenzten Parteiautonomie um Zurückhaltung bemühen wollte, lässt sich nicht der Mitgliedstaat finden, an dessen materiellem Eherecht sich der Gesetzgeber zu orientieren hat. Die Frage, in wieweit Parteiautonomie zugelassen werden kann, ist somit unabhängig von der Privatautonomie in den Mitgliedstaaten zu beantworten.

Zudem kommt in der deutschen Einschränkung derselbe Gedanke zum Ausdruck, wie in dem Erfordernis der unterschiedlichen Staatsangehörigkeit, Art. 14 Abs. 3, 1. HS EGBGB. Das Aufenthaltsrecht soll nur dann zwingend zur Anwendung kommen, wenn es durch die Staatsangehörigkeit unterstützt wird. Ansonsten kann es zugunsten des Heimatrechts abgewählt werden. Diese Einschränkung dient damit auch dem internationalen Entscheidungseinklang, weil mit einer großen europäischen Akzeptanz bei einer Rechtswahl zugunsten des Heimatrechts zu rechnen ist. „Rom III" trägt auch dieses Argument nicht. Das Aufenthaltsprinzip bedarf keiner Unterstützung durch das Heimatrecht; wie bereits mehrfach erörtert, ist es allein schon vorrangiger Anknüpfungspunkt.

Als Nebeneffekt des Art. 14 Abs. 3 S. 1 Nr. 1 EGBGB wird auch verhindert, dass die Rechtswahl entgegen der vermuteten engsten Verbindung getroffen wird. Nur wenn kein Ehegatte die Staatsangehörigkeit des Staates besitzt, in dem beide ihren gewöhnlichen Aufenthalt haben, ist die Beziehung zu diesem Staat relativ schwach, während umgekehrt die Beziehung zu einem der beiden Heimatrechte verhältnismäßig eng sein kann. Der Gesetzgeber vertritt dabei folgende Meinung: Weisen die Staatsangehörigkeit eines Ehegatten und der gemeinsame Aufenthaltsort beider Eheleute auf dieselbe Rechtsordnung, besteht Anlass zu der Annahme, dass der zugereiste Ehegatte sich an das am gemeinsamen Aufenthaltsort geltende Heimatrecht angepasst hat.[897] Im Hinblick auf die Durchbrechung des Prinzips der engsten Verbindung in „Rom III" ist fraglich, ob es sinnvoll ist, bspw. einem deutsch-italienischen Ehepaar, das in Deutschland lebt, die Wahl italienischen Rechts nach „Rom III" zu verwehren. Wenn dieses Ehepaar aus beruflichen Gründen nur für eine absehbare Zeit in Deutschland lebt und die spätere Planung eine Rückkehr nach Italien vorsieht, wäre es kaum nachvollziehbar, wenn es italienisches Recht nicht als ihr Scheidungsstatut wählen könnte. Genauso liegt der Fall, wenn die Eheleute acht Monate im Jahr in Deutschland ein Eiscafé betreiben, den Rest des Jahres in Italien verbringen und sich mit diesem Land viel mehr identifizieren als mit Deutschland. Im Falle des Scheidungsantrags in Deutschland wäre der Weg über eine Ausweichklausel steinig, weil die Verbindung mit Italien wesentlich enger sein müsste als der Be-

---

[897] So Stoll, S. 41.

zug zu Deutschland und die Parteien etliche Umstände darlegen müssten, die dies beweisen. Denn selbst ein übereinstimmender Parteivortrag entbindet den deutschen Richter insoweit nicht von seiner Ermittlungspflicht[898]. Für diese beiden letzten Beispielsfälle ist vorab festzuhalten, dass die Wahl italienischen Rechts nicht *erheblich* dem Leitprinzip der engsten Verbindung widerspräche. Jedoch sind nicht alle Fälle so geartet: Wenn dieses deutsch-italienische Ehepaar nicht beabsichtigt, wieder nach Italien zurückzuziehen, könnte es näher liegen, dem Prinzip der engsten Verbindung wieder den Vorrang einzuräumen und die Wahl italienischen Rechts zu versagen.

Verhältnis zwischen der Parteiautonomie und dem Leitprinzip des IPR

Genau betrachtet ist es eine Frage der Gewichtung zwischen Parteiautonomie und dem Prinzip der engsten Verbindung. Dabei ist zu prüfen, wie viel Parteiautonomie den Beteiligten im Scheidungskollisionsrecht zugestanden werden kann und wie sehr im Familienrecht das Prinzip der engsten Verbindung gewahrt werden muss. Das Ergebnis dieser Gewichtung ist auch entscheidend dafür, ob den Parteien entweder eine unbeschränkte Rechtswahl oder nur eine limitierte ermöglicht werden darf.

Beim Zusammenspiel von Rechtswahl und Ausweichklausel, dem normierten Leitprinzip, sind die oben gestellten Fragen schnell beantwortet: Mit der Zulassung der unbeschränkten Rechtswahl wird bewusst in Kauf genommen, dass die Parteien auch ein Recht wählen, zu welchem nicht die engste Verbindung besteht. Es soll schnell Gewissheit herrschen über die Frage des anwendbaren Rechts; die Rechtswahl dient sowohl der Parteiautonomie als auch der Rechtssicherheit. Würde man die Rechtswahl mit Hilfe einer Ausweichklausel gemäß dem Recht der engsten Verbindung korrigieren, wären unbestritten Sinn und Zweck der Rechtswahl obsolet.[899]

Nicht anders aber ist es, wenn die Einschränkungen der Rechtswahl wie Art. 14 Abs. 3 S. 1 Nr. 1 EGBGB in nahezu allen Fällen, die nicht von den Regelanknüpfungen erfasst werden, eine Rechtswahl verbieten. Dann wäre die Rechtswahlmöglichkeit bedeutungslos. Zu untersuchen ist in einem ersten Schritt, welche Fälle dies sind, die nicht von den bisher für „Rom III" als sinnvoll erachteten objektiven Anknüpfungen erfasst werden. Dabei lassen sich zwei Konstellationen unterscheiden: Fälle, in denen gar keine Regelanknüpfung eingreift und Fälle, in denen die Ehepartner das Recht angewendet wissen wollen, welches der vorrangigen objektiven Anknüpfung nicht entspricht. In einem zweiten Schritt muss geprüft werden, ob die Beschränkung der Rechtswahl auf das Heimatrecht eines der Ehepartner nahezu alle diese Fälle ausschließt.

---

[898] Zur Ermittlungspflicht des Richters: BHGZ 118, 151, 162; BGH IPRspr. 1993 Nr. 103; BGH IPRspr. 1995 Nr. 61; BGH IPRspr. 1995 Nr. 1.

[899] So auch Schreiber, S. 278.

Die erste denkbare Konstellation verdeutlicht folgender Beispielsfall: Eine Österreicherin und ein Italiener lernen sich im Urlaub in Frankreich kennen, heiraten dort und leben fortan aus beruflichen Gründen getrennt voneinander in verschiedenen Staaten, in Spanien und Griechenland. Eine Beschränkung wie Art. 14 Abs. 3 S. 1 Nr. 1 EGBGB würde die Wahl aller dieser vier Staaten zulassen.
Auch in zwei weiteren Beispielsfällen wäre die Einschränkung der Rechtswahl im Hinblick auf die gemeinsame Staatsangehörigkeit kein Hindernis: Eine Deutsche und ein Italiener leben in Spanien und möchten italienisches Recht auf die Scheidung angewendet wissen. Gemäß „Rom III" würden die Eheleute nach spanischem Recht geschieden. Die Rechtswahl wäre der einzige Weg, um italienisches Recht auf die Scheidung anzuwenden. Er wäre auch trotz einer beschränkten Rechtswahl möglich, weil es demnach erlaubt wäre, das Heimatrecht eines Ehepartners, hier italienisches Recht, zu wählen. Genauso könnten sie sich für deutsches Recht als Scheidungsstatut entscheiden.
Ein italienisches Ehepaar, das in Deutschland lebt und dort seinen Beruf ausübt und seine sozialen Kontakte aufgebaut hat, möchte aus traditionellen Gründen nach italienischem Recht geschieden werden. Der Richter würde gemäß „Rom III" wieder deutsches Recht anwenden, wenn die Eheleute keine Rechtswahl zugunsten des italienischen Rechts getroffen hätten. Die Rechtswahlbeschränkung würde sie nicht daran hindern.
Wenn in diesem letzten Beispielsfall die Ehefrau hingegen Deutsche wäre, könnten die Ehegatten aufgrund der Beschränkung nicht italienisches Recht als Scheidungsstatut wählen. Denn die Ehefrau würde dem Staat angehören, in dem beide Ehegatten ihren gewöhnlichen Aufenthalt haben.
Es zeigt sich, dass durchaus Fallkonstellationen gemischt-nationaler Ehen denkbar sind, die (nicht) unter die objektiven Anknüpfungen fallen und dass die Ehepartner an der Durchsetzung ihrer kollisionsrechtlichen nicht durch die Rechtswahlbeschränkung gehindert werden. Die Limitierung ließe also die Rechtswahl nicht bedeutungslos werden. Andererseits muss gefragt werden, ob eine geringfügige Abweichung von diesen Fällen, wie sie im letzten Beispielsfall vorliegt, die Unwirksamkeit der Rechtswahl durch die Einschränkung rechtfertigt. Damit stellt sich nun die Aufgabe, Parteiautonomie und Leitprinzip direkt miteinander abzuwägen und zu untersuchen, wie viel Parteiautonomie erlaubt ist. Bei der Frage, wie diese Rechtswahlmöglichkeit im Einzelnen ausgestaltet sein sollte, hilft ein Blick auf die Entwicklung und die Grundsätze der Parteiautonomie.

Geschichte und Grundsätze der Parteiautonomie

Im deutschen Kollisionsrecht war vor der Reform des IPR von 1986 die Rechtswahl nur im Schuldvertragsrecht bekannt.[900] Gleichwohl führen die Wur-

---

[900] S. a. zu den frühen Erscheinungsformen der Privatautonomie bereits im römischen Recht: Sturm, FS für Wolf, S. 637 ff.; umfassend auch Kötters, S. 6 ff.

zeln der Parteiautonomie auch in andere Rechtsbereiche wie bspw. das Familienrecht.[901] *V. Savigny* suchte dagegen Mitte des 19. Jahrhunderts für jedes Rechtsverhältnis das Recht zu finden, dem es „seiner eigentümlichen Natur nach angehört und unterworfen ist".[902] Er maß daher dem Parteiwillen nur untergeordnete Bedeutung bei. Endgültig anerkannt wurde die Parteiautonomie erst einige Jahre später durch den Italiener *Mancini*, der den Parteien primär im Schuldvertragsrecht und Erbrecht die Freiheit zugestand, nach Belieben ihre Verhältnisse zu gestalten.[903] Bis zu den Anfängen des 20. Jahrhunderts wurde die Parteiautonomie fälschlicherweise ausschließlich im Zusammenhang mit der Privatautonomie verstanden und konnte so der steigenden Bedeutung des Staatsangehörigkeitsprinzips nicht standhalten.[904] In den 60-er und 70-er Jahren gewann die Parteiautonomie im Familienrecht wieder an Bedeutung, indem sie als Mittel genutzt wurde, die Gleichberechtigung der Eheleute gemäß Art. 3 Abs. 2 GG zu gewährleisten.[905] Die Reform von 1986 hat mit Art. 17 iVm 14 Abs. 3 EGBGB die Parteiautonomie im deutschen internationalen Ehescheidungsrecht eingeführt. Dennoch kommt in Deutschland der Parteiautonomie sowohl aufgrund der Einschränkungen der Rechtswahl als auch aufgrund der Ergänzungsfunktion nur eine „subsidiäre" Aufgabe zu.[906] Daraufhin stellt sich die Frage, ob sie diese auch im europäischen Scheidungskollisionsrecht haben soll. Erneut ist nicht ersichtlich, *warum* die Rechtswahl in Deutschland nicht gleichwertig neben der objektiven Anknüpfung steht. Dieselbe Frage ist auch an die anderen Mitgliedstaaten zu richten. Anders formuliert gibt es an sich keinen Grund für eine subsidiäre Funktion, weil die Rechtswahl den Anknüpfungsmaximen der mitgliedstaatlichen Kollisionsrechte entspricht. Ebenso wenig vertretbar ist das Argument, in einem gelungenen Anknüpfungssystem sei eine Rechtswahlmöglichkeit nicht notwendig.[907] Denn es ist nicht erkennbar, was in einem gelungen System von objektiven Regelanknüpfungen dagegen spricht, dem Parteiinteresse durch die Rechtswahl die Möglichkeit zu eröffnen, hundertprozentig realisiert werden zu können.

---

901 Vgl. hiezu ausführlich Kötters, S. 6 ff.: Insbesondere dem Ehegüterrecht wurde der Parteiautonomie Bedeutung zuerkannt, S. 8 ff.

902 V. Savigny, S. 28, 108.

903 Mancini Clunet I (1874) (Nachweis bei Keller/Siehr, S. 368), S. 285 (294). Dazu auch Jayme, Pasquale Stanislao Mancini, S. 3.

904 Kötters, S. 16.

905 Eingehend Lüderitz, FamRZ 1970, S. 171 ff.; Hepting, Ehevereinbarungen, § 2 II 1; Sturm, Zur Gleichberechtigung im deutschen Internationalen Privatrecht, Festschrift zum 50-jährigen Jubiläum des Instituts für ausländisches und intern. Privatrecht an der Universität Heidelberg, 1967, S. 154 ff., 168 ff.; ebenso ausführlich: Reinhard, ZVglRWiss 1981, S. 153 ff.

906 BT-Drucks 10/504 S. 56. So auch Stoll, S. 234: „Ein prägendes Element des internationalen Eherechtes ist die Parteiautonomie nicht.".

907 So *Firsching* zum Entwurf der IPR-Reform von 1986: Firsching, IPRax 1984, S. 126.

Privat- und Parteiautonomie in anderen Mitgliedstaaten

Erklären lässt sich die parteiautonomiefeindliche Haltung mit der in den Mitgliedstaaten eher bescheidenen Privatautonomie. Partei- und Privatautonomie sind zwar streng auseinander zu halten. Denn wenn die in Frage kommenden Rechtsordnungen ein Rechtsgebiet zwingend regeln, folgt daraus nicht, dass auch die Auswahl der schließlich maßgebenden Rechtsordnung zwingend vorgeschrieben sein muss.[908] Zudem erlaubt die Privatautonomie nur die Abänderung dispositiver Vorschriften, die Parteiautonomie ermächtigt die Betroffenen hingegen dazu, sich über eine gesamte Rechtsordnung hinwegzusetzen. Aber dennoch ist ein Zusammenhang zwischen beiden festzustellen, weil ihnen die Einstellung über die Berechtigung des einzelnen zugrunde liegt, seinen Willen und seine persönlichen Interessen über die Gestaltung seiner Rechtsbeziehungen entscheiden zu lassen.

Im Familienrecht wurden Privat- und Parteiautonomie in den Mitgliedstaaten bisher zurückhaltender zugelassen als etwa im materiellen und internationalen Vertragsrecht.[909] Ein Zugeständnis an den Parteiwillen ist es, in Deutschland, Belgien, Griechenland, Finnland, Schweden, Niederlande, Frankreich, Italien, Luxemburg, Österreich und Portugal etwa die einverständliche Scheidung anzuerkennen.[910] Materielles irisches Recht lässt zwar Trennungsvereinbarungen zwischen den Ehegatten zu.[911] Irland ist aber der einzige Mitgliedstaat, der die einverständliche Scheidung nicht kennt.

Das liberale, parteiautonomiefreundliche Internationale Privatrecht Deutschlands beruht größtenteils auf einer ausgeprägten materiellen Privatautonomie. Insbesondere in den konservativen romanischen Rechtsordnungen wird diese

908 Kötters, S. 4; Flessner, RabelsZ 1970, S. 574; Junker, IPRax 1993, S. 2; Lüderitz, FamRZ 1970, S. 172.

909 Keller/Siehr, S. 385; Neuhaus, Grundbegriffe, S. 253.

910 Vgl. in Deutschland § 630 Abs. 1 ZPO; in Belgien Art. 233, 275, 276 BS; in Griechenland Art. 1441 griech. ZGB; in Finnland wird die Ehe nur im Sinne einer Trennung von Tisch und Bett einvernehmlich aufgehoben. Eine Scheidung im Einvernehmen kennt die finnische Rechtsordnung nicht: Staudinger/Mankowski, Art. 17 RN 31. Vgl. weiter in Schweden 2. Abschnitt 5. Kapitel § 1 S. 1 ÄktB; in den Niederlanden Art. 150 iVm Art. 154 Abs. 1 BW; in Italien Art. 4 Abs. 1 legge 898/70; in Luxemburg Art. 233 Code civil unter den Voraussetzungen der Art. 275 ff. Code civil; in Österreich § 55a EheG; in Portugal Art. 1775 Código civil und in Frankreich Art. 230-236 Code Civil; das französische Recht unterscheidet bei der einverständlichen Scheidung zwischen der Scheidung mit Zustimmung des Ehegatten und jener im gegenseitigen Einverständnis.

911 Siehe etwa Sec. 30 iVm Sec 24 Guardianship of Children Acts 1964-1997.

Auffassung im materiellen Recht jedoch nicht geteilt.[912] Dies bringt dort eine restriktive Anwendung der Parteiautonomie mit sich. Mit „Rom III" wird jedoch ein europäisches Kollisionsrecht in Kraft treten, dessen Regelungen nicht ohne Blick auf künftige Entwicklungstendenzen innerhalb Europas geschaffen werden. Es besteht eine weltweite Tendenz, die Ehe zu liberalisieren[913]; Mann und Frau sind heute in den europäischen Alt-Mitgliedstaaten gleichberechtigt. Damit muss aus Sicht der ehemals konservativen Mitgliedstaaten die Notwendigkeit entfallen, die Parteiautonomie aus dem Rechtsbereich der Ehe herauszuhalten. Aber auch aus Sicht der liberalen Mitgliedstaaten, wie etwa Deutschland, ist die Parteiautonomie nicht mehr Mittel zur Gewährleistung des Gleichberechtigungsgrundsatzes, weil letzterer ohnehin besteht. Sie dient vielmehr wie im Vertragsrecht dazu, den Bedürfnissen und dem Willen der Parteien gerecht zu werden; sei es, weil die objektiven Anknüpfungspunkte selbst den kollisionsrechtlichen Interessen der Ehepartner widersprechen oder weil sie sachrechtsblind sind und die materiellrechtlichen Zielvorstellungen der Parteien nicht befriedigen. Im Bereich der Parteiautonomie verhalten sich die Mitgliedstaaten im Ehescheidungsrecht zurückhaltender als im Ehegüterrecht.[914] Es scheint, dass das Interesse des Staates nur dann hinter die Interessen der Ehegatten zurücktritt, wenn es um wirtschaftliche Überlegungen geht. Auch diese Auffassung ist heute fragwürdig. Es ist nicht nachvollziehbar, weshalb die Ehegatten im Rahmen zwingender Vorschriften über Änderungen ihres Status nicht genauso frei entscheiden dürfen, wie über ihre wirtschaftlichen Verhältnisse. Diese Überlegungen stehen in Zukunft an und werden dazu führen, dass im Zuge steigender Privatautonomie auch die Parteiautonomie immer mehr an Bedeutung gewinnen wird. Diese Perspektiven müssen bei der Diskussion um die Einführung einer Rechtswahlklausel in „Rom III" miteinfließen.

---

912 Kötters, S. 24: „Dort sind gesetzliche Leitbilder der Ehe bestimmend, wie bspw. das Verbot von Schenkungen unter Ehegatten, das Recht des Ehemannes, gegen eine Erwerbstätigkeit der Ehefrau einzuschreiten oder die Pflicht, ein Trennungsurteil zu erstreiten, bevor die eheliche Lebensgemeinschaft verweigert werden kann.". S. a. die rechtsvergleichende Übersicht bei Kühne, FS für Beitzke, S. 249 ff.

913 Siehe bereits schon Reinhart, JZ 1983, S. 184 (185) m. w. N in FN 28; ebenso Müller-Freienfels, FS für Kegel, S. 55 ff.; Kühne (Nachweis bei Firsching, IPRax 1984, S. 125), S. 94 ff.; ausdrücklich in Bezug auf das Ehescheidungsrecht Siehr, ZfRV 1984, S. 126.

914 Vgl. die rechtsvergleichende Übersicht in Staudinger/Sturm/Sturm, Einl. zum IPR, RN 139 ff. Italienisches Recht etwa gewährt Parteiautonomie nur in begrenztem Raum: Final Report, S. 34. Dazu auch Kühne, FS für Beitzke, S. 254. Zur Rechtswahl im italienischen Ehevermögensrecht Kindler, RabelsZ 1997, S. 262. Das französische internationale Ehegüterrecht wird seit dem 1. 9. 1992 von dem Haager Übereinkommen über das auf Ehegüterstände anzuwendende Recht vom 14. März 1978 bestimmt. Dessen Art. 3 gestattet den Ehegatten eine ähnlich beschränkte Rechtswahl wie das deutsche und italienische IPR.

Es fragt sich des Weiteren, wie ein Fall entschieden werden soll, in dem die Eheleute das Recht eines Staates wählen, dessen materielles Recht Privatautonomie der Ehegatten gar nicht gestattet. Ein österreichischer Richter wollte in diesen Fällen dann auch das Recht eines anderen Staates für nicht mehr anwendbar erklären.[915] Der Richter hat hier den Unterschied zwischen Partei- und Privatautonomie verkannt. Wenn die Ehegatten eine bestimmte Rechtsordnung auf ihre Scheidung anwenden möchten, ist die Zulässigkeit dieser Entscheidung völlig unabhängig davon, ob die gewählte Rechtsordnung auch in materiellrechtlicher Hinsicht Vereinbarungen verschiedener Art unter den Eheleuten zulässt. Wählen die Eheleute z. B. italienisches Recht als Scheidungsstatut, prüft der zuständige Richter u. a., ob nach italienischem Recht die Scheidungsgründe vorliegen und die erforderliche Trennungszeit abgelaufen ist. Dass das italienische Recht nur in begrenztem Umfang im Familienrecht Vereinbarungen unter den Ehegatten zulässt, kann dahinstehen. Nicht anders liegt der Fall im Hinblick auf das Verbot von Eheverträgen und -vereinbarungen im Vereinigten Königreich. Das englische Gericht kann zunächst wie jedes andere mitgliedstaatliche Gericht die Zulässigkeit der Rechtswahl nach „Rom III" prüfen und danach die Scheidungsvoraussetzungen nach dem gewählten Recht. Nur die Durchsetzung eines im Ausland geschlossenen Ehevertrages kann englischen Richtern Schwierigkeiten bereiten. Dies ist aber ein Problem des Vollstreckungs- oder Verfahrensrechts, nicht des Scheidungskollisionsrechts. Das englische Recht muss dann in dieser Hinsicht geändert werden.
Wieder eine andere Frage ist es, wie das zuständige Gericht urteilt, wenn die Eheleute nach dem gewählten oder dem durch die Regelanknüpfung für anwendbar erklärten Recht eine materiellrechtliche Vereinbarung getroffen haben, die nach dem Recht des Gerichtsstaates nicht zulässig ist. So unterliegen bspw. Trennungsvereinbarungen nach irischem Recht der Sittenwidrigkeitskontrolle. Haben die in Irland lebenden Eheleute finnisches Recht als Scheidungsstatut gewählt, wird der Richter evtl. Bedenken haben, ob er eine Sittenwidrigkeitskontrolle unterlässt, weil irisches Recht eine Rechtswahl nicht vorsieht. Das ist aber keine Frage der Gewährung oder Nichtgewährung der Rechtswahlmöglichkeit, sondern eine solche des ordre public.

Zusammenfassend ist festzustellen, dass die Parteiautonomie nicht gegen die Maximen der Vorhersehbarkeit, des Verbots der Gesetzesumgehung und der interessengerechten Anknüpfung verstößt. Bedenken bei einem Verstoß gegen das Gebot der engsten Verbindung werden durch den Verzicht der Parteien grundsätzlich behoben. Die zukünftige Entwicklung der Privatautonomie in den Mitgliedstaaten lässt eine Entwicklung in Richtung vermehrter Parteiautonomie erwarten. Dabei setzt die Parteiautonomie nicht die Privatautonomie fort. Letzte-

[915] Final Report, S. 34.

re ist nur ein Indiz für den Respekt vor der individuellen Entscheidung der Parteien, der ebenso Voraussetzung für die Parteiautonomie ist.
Eine Berechtigung für eine Einschränkung der Rechtswahl in „Rom III", wie sie Art. 14 Abs. 3 S. 1 Nr. 1 EGBGB vorsieht, ist daher nicht ersichtlich. Sie geht in ungerechtfertigter Weise auf Kosten der Parteiautonomie und sollte daher in „Rom III" keinen Eingang finden.

(ii) Art. 14 Abs. 3 S. 1 Nr. 2 EGBGB

Art. 14 Abs. 3 S. 1 Nr. 2 EGBGB setzt bei der Wahl des Heimatrechts eines Ehegatten voraus, dass die Ehegatten ihren gewöhnlichen Aufenthalt nicht in demselben Staat haben. Art. 14 Abs. 3 S. 1 Nr. 2 EGBGB dient zum einen dazu, den Rückgriff auf die Staatsangehörigkeit zu ermöglichen, bevor gemäß der Anknüpfungsleiter das Recht des letzten gemeinsamen gewöhnlichen Aufenthalts anwendbar ist.[916] In dieser Einschränkung der Rechtswahl, wie auch schon in Art. 14 Abs. 3 S. 1 Nr. 1 EGBGB, kommt zum Ausdruck, dass der Parteiautonomie erst in zweiter Linie Rechnung getragen werden soll. Primär soll die – hier vergangenheitsbezogene und daher sehr schwache – Aufenthaltsanknüpfung zugunsten des Heimatrechts korrigiert werden können.[917] Dieses Motiv würde eine entsprechende limitierte Rechtswahl in „Rom III" nicht rechtfertigen. Jede Form des Aufenthaltsprinzips, auch die vergangenheitsbezogene, ist vorrangig gegenüber dem Staatsangehörigkeitsprinzip.
Zum zweiten soll Art. 14 Abs. 3 S. 1 Nr. 2 EGBGB die schwächste Stufe der objektiven Anknüpfung – die hilfsweise Anwendung des Rechts, mit dem die Ehegatten auf andere Weise gemeinsam am engsten verbunden sind – konkretisieren[918] bzw. sie ergänzen. Zwei Gründe stützen dieses gesetzgeberische Motiv. Das erste ist auf „Rom III" nicht übertragbar. Es erschließt sich aus dem argumentum e contrario: Wenn schon die Anknüpfung an den aktuellen gemeinsamen gewöhnlichen Aufenthalt derogiert werden kann, dann können es erst recht schwächere Anknüpfungen.[919] Da „Rom III" die Rechtswahl schon nicht als Regelung betrachtet, die primär die Anwendung des Aufenthaltsrechts verhindern soll, kann auch nicht die „Erst-recht"-Schlussfolgerung im Hinblick auf die schwächere Stufe eingreifen. Gegen die zweite Argumentation hingegen ist auch in Bezug auf „Rom III" nichts einzuwenden. Sie basiert darauf, dass im Rahmen der hilfsweisen engsten Verbindung häufig keine überzeugenden objektiven Gemeinsamkeiten, wie gemeinsame Staatsangehörigkeit oder gemeinsamer gewöhnlicher Aufenthalt, vorliegen. Daher soll die Möglichkeit bestehen, dass die Eheleute durch ihren gemeinsamen Willen die Anknüpfung bestimmen können.

---

916 BT-Drucks. 10/504, S. 51; ebenso Palandt/Heldrich Art. 14 RN 13; Kropholler, Internationales Privatrecht, § 45 II 3 b; MüKo/Siehr, Art. 14 RN 49.
917 Stoll, S. 42; Palandt/Heldrich, Art. 14 RN 13.
918 BT-Drucks. 10/501 S. 51; Staudinger/Mankowski, Art. 14 RN 194.
919 Staudinger/Mankowski, Art. 14 RN 194.

Gemäß dieser Aussage soll die Rechtswahl nicht eingeschränkt und das Anknüpfungsergebnis in eine bestimmte Richtung gelenkt werden, sondern den Ehegatten die Gelegenheit gegeben werden, selbst das Recht der engsten Verbindung zu bestimmen. Damit erweist sich die „Limitierung" vielmehr als Ermunterung, die eigenen kollisionsrechtlichen Interessen selbst durchzusetzen. Diese Intention eröffnet die Möglichkeit, die Begrenzung der Rechtswahl auf Heimat- und Aufenthaltsrecht unter einem ganz neuen, im Folgenden dargestellten Gesichtspunkt zu betrachten.

(2) „Limitierung der Rechtswahl" als Orientierungshilfe

Der Sinn und Zweck einer Beschränkung der Rechtswahl, wie sie der niederländische und der deutsche Gesetzgeber vorgesehen haben, ist, wie festgestellt wurde, auf „Rom III" größtenteils nicht übertragbar. Soll die Parteiautonomie im Kollisionsrecht Eingang finden, kann sie im Gegenzug nicht eingeschränkt werden. Das muss jedoch nicht heißen, dass jede „Einschränkung" der Rechtswahl ausgeschlossen ist. Eine Limitierung der Rechtswahl ist nur dann abzulehnen, sofern sie bezweckt, die kollisionsrechtlichen Interessen der Ehegatten in ihre Schranken zu weisen. Nur wenn sie ausschließlich dieses Ziel hat, dann sollte auch begrifflich von einer „Limitierung der Rechtswahl" gesprochen werden. Denn wenn eine Rechtswahl aus kollisionsrechtsfremden Interessen heraus getroffen wird, verliert sie nach der hier vertretenen Auffassung ohnehin ihre Berechtigung. Eine „Limitierung", die in nahezu keinem denkbaren Fall dem Willen der Parteien zuwider läuft, aber doch einem gewissen Maß an enger Verbindung entspricht, stellt keine ungerechtfertigte Beschränkung der Parteiautonomie dar. Auf der einen Seite vermeidet sie eine Rechtswahl, die offensichtlich von materiellrechtlichen Erwägungen geleitet wird, mithin eine reine Gesetzesumgehung darstellt; insofern ist die Beschränkung gerechtfertigt. Auf der anderen Seite stellt sie vielmehr eine *„Orientierungshilfe"* für die Ehegatten dar, die den Weg der Rechtswahl gehen. Das bedeutet nicht, dass dadurch wieder objektive typisierte Anknüpfungspunkte den Willen der Ehegatten in seine Schranken weist. Die Limitierung muss so offen gestaltet sein, dass sie auf den freien Wunsch der Ehegatten keinen bestimmenden Einfluss ausübt. Da die Ehegatten ohnehin stets entweder das Recht wählen werden, in dem sich einer oder beide Ehegatten aufhalten oder jenes, mit dem einer oder beide Ehegatten beheimatet sind, ist dies eine sinnvolle „Limitierung". Als Vorbild kann die neue belgische Rechtswahlklausel dienen, die den Ehegatten die Freiheit überlässt, selbst zu bestimmen, ob die starre Anknüpfungsleiter und das dahinter stehende vermutete Parteiinteresse oder eine andere Anknüpfung ihren tatsächlichen Parteiinteressen entspricht. Dieses Ziel ist auch in Rom III zu verfolgen. Kollisionsrechtsfremde Beweggründe, die zu unterbinden sind, werden in der Praxis selten vorkommen. Warum sollte ein deutsch-italienisches Ehepaar, das in Spanien ununterbrochen lebt, bspw. französisches Recht als Scheidungsstatut wählen wollen? Die Anzahl derartiger Wünsche seitens der Ehegatten ist nahezu bedeutungslos. Bedenken, die bereits gegen eine Einschränkung der Rechtswahl im Hinblick auf das Heimat- oder Aufenthaltsrecht geäußert wurden[920], werden durch das Zusammenspiel beider Anknüpfungsmöglichkeiten aufgehoben.

(i) Wahl des Heimatrechts eines oder beider Ehegatten

Problematisch kann die Wahl des Heimatrechts eines Ehegatten nur im Hinblick darauf sein, dass bei der engen Verbindung immer auf beide Ehepartner gleichberechtigt geschaut werden muss. Z. B. besteht bei der Rechtswahl des Heimatrechts *eines* Ehegatten u. U. für den anderen Ehegatten gar keine Verbindung zu diesem Staat. Eine solche Befürchtung übersieht zweierlei: Zum einen ist gedanklicher Ausgangspunkt bei diesen Bedenken nicht die Parteiautonomie, sondern wieder die Suche nach der engsten Verbindung. Sie ist es, die jeglichen denkbaren Fall ausschließen will, der dem Leitprinzip widerspricht. Will man dagegen dem Parteiwillen Freiraum bieten, muss ein derartiger Widerspruch in den Hintergrund treten. Zum zweiten steht es den Parteien frei, welches der beiden Heimatrechte sie wählen.[921] Die sog. „Beschränkung“ auf das Heimatrecht eines Ehegatten wirkt sich als solche gar nicht aus.

Mit demselben Argument sind Bedenken auszuräumen, die dahingehend vorgebracht werden könnten, dass in der Beschränkung auf das gemeinsame Heimatrecht eine Diskriminierung gemischt-nationaler Ehen zu sehen ist. Zum einen haben bei der vorgeschlagenen Lösung auch die Partner einer gemischtnationalen Ehe die Möglichkeit, das Recht eines Ehegatten zu wählen. Zum zweiten fehlt es schon von vornherein an einem Diskriminierungstatbestand. Das italienische Ehepaar hat nicht mehr Wahlmöglichkeiten als ein deutsch-italienisches Ehepaar, weil es die italienische Staatsangehörigkeit hat. Nur aufgrund der Tatsache, dass sie *dieselbe* Staatsangehörigkeit haben, können die Ehegatten ihr Heimatrecht wählen. Diese Möglichkeit haben die Italiener aber genauso wie die Deutschen.

Mit der vorgeschlagenen Möglichkeit, auch das Heimatrecht nur eines Ehegatten wählen zu können, ist auch die Frage beantwortet, ob in einer Ehe, in der ein Ehegatte eine doppelte Staatsangehörigkeit hat, die Ehegatten entsprechend der deutschen Regelung des Art. 14 Abs. 2 EGBGB nur das Recht *eines* dieser beiden Staaten wählen können, falls ihm auch der andere Ehegatte angehört. Diese Beschränkung würde Doppelstaater-Ehen gegenüber den übrigen Ehen benachteiligen, die das Heimatrecht eines Ehegatten wählen können.

---

920 Die Kritik bezog sich insbesondere auf die Korrekturfunktion, die *stets* zugunsten des Staatsangehörigkeitsprinzips vorgenommen wurde. Das Heimatrecht konnte hingegen nicht zugunsten des Aufenthaltsrechts abgewählt werden. S. o. Dritter Teil 3. Abschnitt § 5. II. 3. b) und Dritter Teil 3. Abschnitt § 5. II. 3. d) (1) (i).

921 Bestehen Zweifel im Hinblick auf den tatsächlichen Willen eines Ehegatten bei der Rechtswahl, ist dies nicht ein vom Kollisionsrecht vermeidbares Problem. Es betrifft vielmehr die Wirksamkeit der Willenserklärungen, eine Frage der Form.

In „Rom III“ wird für das Vereinigte Königreich wie in Art. 3 Abs. 2 EheVO II die Staatsangehörigkeit durch das „domicile“ der Ehegatten ersetzt. Sonst wäre, wie *Sonnenberger*[922] zu Recht feststellt, ein Vorschlag für „Rom III“ nicht konsensfähig.

(ii) Wahl des Rechts am gewöhnlichen Aufenthalt

Obwohl keinem Mitgliedstaat die weitere mögliche „Beschränkung“ der Rechtswahl auf den gewöhnlichen Aufenthalt eines oder beider Ehepartner bekannt ist, könnte sie in „Rom III“ Eingang finden. Fraglich ist, für welche Anknüpfung außerhalb der Regelanknüpfung überhaupt noch ein Bedarf an Wahlmöglichkeiten besteht.

Die Wahl des Rechts am (gegenwärtigen) gemeinsamen gewöhnlichen Aufenthalt ist sinnlos, weil dies ohnehin die primäre Anknüpfung von „Rom III“ sein wird. Die Wahl des Rechts am letzten gemeinsamen gewöhnlichen Aufenthalt beider Ehegatten muss hingegen ohne Zweifel möglich sein. Interessant kann eine solche Rechtswahl sein, wenn der Richter an sich gemäß der Anknüpfungsleiter den gegenwärtigen gemeinsamen gewöhnlichen Aufenthalt anwenden würde. Will das Ehepaar das Recht eines anderen nachrangigen Anknüpfungspunktes angewendet wissen, müsste es ohne Rechtswahlmöglichkeit die Umstände darlegen, die über die Ausweichklausel das erste Anknüpfungsergebnis korrigieren. Dieser Weg ist mühevoll und sein Ausgang ungewiss. Es wäre bspw. nicht unbillig, einem Ehepaar, welches zunächst in Italien gelebt hat und nunmehr für einen absehbaren Zeitraum nach Spanien zieht, die Wahl italienischen Scheidungsrechts zu erlauben. Dann wäre durch die Rechtswahl die Anwendung des Rechts am letzten gewöhnlichen Aufenthalt eindeutig.

Problematischer könnte es sein, wenn die Ehepartner das Recht des gewöhnlichen Aufenthaltsortes nur eines Ehegatten wählen möchten. In dem Beispielsfall, in dem ein italienisches Ehepaar ununterbrochen in Deutschland lebt und nun der Ehemann nach Österreich zieht, würde für das Ehepaar zum Staat Österreich ein sehr geringer Bezug bestehen. Wie bereits festgestellt, ist eine enge Verbindung im Falle einer Rechtswahl zwar gar nicht erforderlich. Nach wie vor sollten die Parteien aber bei ihrer Wahl kollisionsrechtliche Interessen verfolgen, nicht materiellrechtliche. Letzteres ist aber zu vermuten, wenn gar kein Bezug zu dem gewählten Staat besteht. Doch der geschilderte Fall ist ohnehin nur denkbar, wenn hier die Ehefrau dem Ehemann entgegenkommen will, schließlich hat sie keinerlei Bezug zu Österreich. Sie wird aber nur dann gewillt sein, wenn auch sie die Scheidung wünscht. Dann besteht aber wieder dieselbe Situation, wie sie bereits in dieser Arbeit für „Rom III“ als Regelanknüpfung vorgesehen ist: Die Ehegatten beantragen gemeinsam die Scheidung dort, wo einer

---

922 *Sonnenberger* und *Henrich* in der Sitzung des Deutschen Rates für IPR am 12. 4. 2002 in Würzburg: Protokoll S. 12.

der Ehepartner seinen gewöhnlichen Aufenthalt hat. Die Rechtswahl wäre überflüssig.
Weiterhin sind Fälle denkbar, in denen sich ein Ehegatte z. B. berufsbedingt an zwei Aufenthaltsorten aufhält, oder gar keinen gewöhnlichen Aufenthalt hat. Die Ehegatten könnten dann ein berechtigtes Interesse daran haben, sich dem Recht am stetigen, fortwährend bestehenden Aufenthaltsort der Ehefrau zu unterwerfen.
Somit sind nicht nur fern liegende Fallkonstellationen denkbar, in denen eine Rechtswahl des gewöhnlichen Aufenthalts eines oder beider Ehegatten zu einem für die Ehepartner interessengerechten Ergebnis führt, das auf dem Weg über die Regelanknüpfung nicht erreichbar gewesen wäre. Die Bezugspunkte zu den gewählten Rechtsordnungen sind in den dargestellten Fällen auch nicht derart unbedeutend, dass Zweifel im Hinblick auf das tatsächliche Vorhandensein kollisionsrechtlicher Interessen aufkommen könnten.
Die Definition des „gewöhnlichen Aufenthalts", die im Rahmen der objektiven Anknüpfung gelten soll, findet auch bei der Rechtswahl Anwendung. Hier ist das Bedürfnis der Parteien nach Rechtssicherheit, das eine normierte, leicht feststellbare Anknüpfung erfordert, noch größer als bei der Regelanknüpfung.

Die Parteiautonomie sollte in „Rom III" grundsätzlich nicht eingeschränkt werden. Trotzdem ist eine Limitierung nicht von vornherein abzulehnen, sie bedarf nur einer anderen dogmatischen Berechtigung. Die Möglichkeit, dass die Ehegatten das Heimatrecht eines oder beider Ehepartner oder das Aufenthaltsrecht eines Ehegatten wählen können, schränkt den Wunsch der Ehegatten nicht ein. Sie gewährleistet vielmehr sowohl primär eine Orientierung der Ehegatten bei der Frage, welche Rechtsordnung für sie am günstigsten zu wählen ist, als auch ein gewisses Maß an „enger Verbindung der Parteien zum Staat", ohne die Parteiautonomie zu begrenzen.

e) Zeitpunkt der Rechtswahl

De Groot[923] fordert strenge Voraussetzungen für eine Rechtswahl. Bestimmt werden müsse, wer wählen darf und zu welchem Zeitpunkt eine Rechtswahl möglich ist. Auch die Bindungswirkung müsse genauestens bestimmt werden. Dem ist nur insoweit zuzustimmen, als aus Gründen der Gleichberechtigung die Rechtswahl von *beiden* Ehegatten getroffen werden muss. Da das Scheidungsstatut bis zur Antragsstellung wandelbar ist, ist entgegen *De Groots* Ansicht die Rechtswahl bis dahin an keinen anderen Zeitpunkt gebunden als den bei der Regelanknüpfung maßgebenden. Die Rechtswahl wurde geschaffen, um die Schwächen der objektiven Anknüpfung auszugleichen. Sie ist daher eine Ergänzung zur objektiven Anknüpfung, die das Interesse, sich der veränderten Situati-

---

923 De Groot, ZEuP 2001, S. 623, 624.

on anzupassen, nicht beschneiden, sondern häufig sogar fördern will.[924] Am häufigsten wird die Rechtswahl in der Praxis vom Beginn der Ehe bis zur tatsächlichen Trennung getroffen. Nach der Trennung werden die Ehepartner keine Einigung über das Scheidungsstatut erzielen können. Sei es auch nur, dass das daran anknüpfende Unterhaltsstatut niemals zu *beiderseitiger* Zufriedenheit führen kann. Vor der Ehe wird eine Rechtswahl auch eher selten getroffen. Meist ist der früheste Zeitpunkt jener, an dem ein Ehevertrag geschlossen wird. Eine frühe Rechtswahl ist aus Gründen der Rechtsicherheit wünschenswert, in der Praxis aber eher selten. Meist kennen die Eheleute zu diesem Zeitpunkt weder ihre Wahlbefugnis noch ihr Scheidungsstatut. Auch aus diesem Grund sollte es ihnen daher die gesamte Ehedauer über möglich sein, eine parteiautonome Anknüpfung vorzunehmen. Haben die Ehegatten ausnahmsweise schon vor Ehebeginn ein bestimmtes Recht als Scheidungsstatut gewählt, so sind keine Gründe dafür ersichtlich, warum die Rechtswahl nicht ihre Wirkung entfalten kann, wenn ihre Voraussetzungen gegeben sind. Die Wirkungen der Rechtswahl sollten daher wie im deutschen Recht[925] eintreten, wenn die gesetzlichen Voraussetzungen erfüllt sind.[926]

Weiterhin spricht für die Wandelbarkeit des gewählten Statuts die Unsicherheit der Parteien in Bezug auf das tatsächliche Vorliegen der Anknüpfungsvoraussetzungen – insbesondere des gewöhnlichen Aufenthalts. Zunächst einmal kann es einige Zeit dauern, bis sich die Verbindung zwischen den Ehegatten und zu der zu wählenden Rechtsordnung hinreichend gefestigt hat und sie sich trotz einer gesetzlichen Definition des „gewöhnlichen Aufenthalts" dessen bewusst sind. Auch muss die Möglichkeit bestehen, sich veränderten Situationen anpassen zu können.[927] Die Rechtswahl muss also zu jedem, auch späteren Zeitpunkt seit Ehebeginn noch möglich sein. Des Weiteren ist bei zweifelhaften Verhältnissen die Irrtumsrate eines juristischen Laien über die tatsächlich enge Verbindung und Auswirkungen der getroffenen Rechtswahl sehr hoch. Es darf für ihn keine nachteiligen Folgen haben, dass er im Hinblick auf die gewählte Rechtsordnung zu einem späteren Zeitpunkt schlauer ist als vorher. Eine Rechtswahlmöglichkeit *nach* Rechtshängigkeit des Verfahrens ist hingegen abzulehnen. *Kühne*[928] meint, wenn den Parteien durch Einräumung einer Rechtswahl über-

---

924 Vgl. im deutschen Recht auch MüKo/Siehr, Art. 14 RN 57; so auch die Stellungnahme des *MPI* zum Regierungsentwurf einer Kodifikation des deutschen Internationalen Privatrechts: MPI, RabelsZ 1983, S. 629.

925 BegrRegE BT-Drucks. 10/504; Kropholler, Internationales Privatrecht, § 42 I.

926 A. A. Stoll, S. 83 mit vertretbarer Begründung: „Letztendlich hängt die Zulassung einer rückwirkenden Rechtswahl allerdings davon ab, ob der Parteiautonomie unter allen Bedingungen zu ihrer Wirkung verholfen werden soll oder nicht.".

927 So auch die Argumentation im deutschen Recht: Staudinger/Mankowski, Art. 14 RN 145; MüKo/Siehr, Art. 14 RN 43, 50, 56.

928 Kühne, Lausanner Kolloquium, S. 76.

haupt Einfluss auf das anzuwendende Recht gewährt werde, dann sei nicht einzusehen, warum sie ihn nicht auch während des Verfahrens haben könnten. Hiergegen ist einzuwenden, dass die Parteiautonomie dort endet, wo sie die Prozessökonomie stört. Dann hätten es die Parteien in der Hand, durch ständig neue Rechtswahlen den Prozess unendlich in die Länge zu ziehen.

f) Form der Rechtswahl

In Deutschland muss gemäß Art. 14 Abs. 4 S. 1 EGBGB die Rechtswahl notariell beurkundet werden. Grundsätzlich sind die dafür herrschenden Gründe der Rechtsklarheit und Unerlässlichkeit der Beratung der Ehegatten[929] vorbildlich. Allerdings kennen andere Mitgliedstaaten weniger strenge Formvorschriften oder die Voraussetzungen für die notarielle Beurkundung sind verschieden. In „Rom III“ eine einheitliche Form zu fordern, würde die Mitgliedstaaten vor nahezu unüberwindliche verwaltungstechnische Schwierigkeiten stellen.[930] Wenn andererseits eine notarielle Beurkundung in der Weise verlangt würde, dass sie den Formerfordernissen aller Mitgliedstaaten, also den strengsten Voraussetzungen, entspricht, wären aufgrund der unterschiedlichen Formregelungen innerhalb Europas viele Rechtswahlen unwirksam. Gleiches gilt, wenn man stets auf die Formerfordernisse der lex fori abstellen würde. Schließlich haben die Parteien die Rechtswahl während des ehelichen Zusammenlebens getroffen. Zu dieser Zeit hatten sie zum Staat und Recht der lex fori u. U. noch gar keine Verbindung. Sie haben die Rechtswahl aber im berechtigten Vertrauen auf ihre Rechtsgültigkeit getroffen.
Sinnvoller wäre daher eine dem Art. 14 Abs. 4 S. 2 EGBGB und Art. 13 S. 1 des Haager Ehegüterstandsübereinkommens vom 14. 3. 1978[931] entsprechende Norm, nach der es genügt, wenn den Formerfordernissen für einen Ehevertrag nach dem gewählten Recht (also der lex causae) oder dem Recht am Ort der Rechtswahl entsprochen wird. Als „gewähltes Recht“ ist das von den Ehegatten ohne Rücksicht auf eine Form vereinbarte Recht anzusehen.[932] Damit wird durch die alternative Anwendung verschiedener Rechtsordnungen die Formwirksamkeit der Rechtswahl begünstigt.[933] Weiterhin wird so dem Umstand Rechnung getragen, dass die meisten Rechtsordnungen in Europa weder die Rechtswahl im internationalen Scheidungsrecht[934] noch rechtswirksame formelle Vereinbarungen im Familienrecht kennen, die Rechtswahl daran aber nicht scheitern soll.

---

929 BT-Drucks. 10/504, S. 57.

930 So sind etwa nur in Deutschland, den Niederlanden, England und Österreich die Notare und ihre Tätigkeit funktionell gleichwertig: Staudinger/Mankowski, Art. 14 RN 128.

931 Das Übereinkommen ist bisher von Österreich, Frankreich, Luxemburg, Niederlande und Portugal unterzeichnet: www.hcch.net (Stand: 18. November 1998).

932 So auch im deutschen Internationalen Privatrecht: BT-Drucks. 10/504, S. 57.

933 Staudinger/Mankowski, Art. 14 RN 125.

934 MüKo/Siehr, Art. 14 RN 59; Staudinger/Mankowski, Art. 14 RN 130.

Ebenfalls ist auf diese Weise das Problem gelöst, dass der englischen Rechtsordnung der Ehevertrag und damit eine Ehevertragsform fremd sind. Die Verweisung auf die Form der lex causae läuft im Vereinigten Königreich zwar ins Leere, nicht aber die Anwendung der Formvorschriften jener Rechtsordnung, in dessen Staat die Rechtswahl getroffen worden ist. Wenn demnach z. B. ein englisch-spanisches Ehepaar, das in Spanien lebt, englisches Recht als Scheidungsstatut wählt, genügt gemäß spanischen Formerfordernissen die notarielle Beurkundung[935]. Es ist unbeachtlich, dass englisches Recht den Ehevertrag nicht kennt.

9. Recht des Staates, dem die Ehegatten gemeinsam angehören und in dem der Scheidungsantrag von beiden Ehegatten gestellt wird

Art. 3 Abs. 1 lit. b EheVO II bestimmt den Gerichtsstaat des Staates, dessen Staatsangehörigkeit beide Ehegatten besitzen. Die uneingeschränkte Anknüpfung an die gemeinsame Staatsangehörigkeit wurde bereits ablehnt.[936] Dennoch sollte es den Ehegatten nicht unmöglich sein, ggf. ihre Nähe zum Heimatstaat kollisionsrechtlich geltend zu machen. Eine denkbare Einschränkung wäre, dass beide Ehegatten dieselbe gemeinsame Staatsangehörigkeit haben und dort im Heimatstaat die Scheidung beantragen müssen.[937] Diese Anknüpfungsregel überzeugt, was an folgendem Fall deutlich wird:
Zwei schwedische Staatsbürger, die ihren gewöhnlichen Aufenthalt im Vereinigten Königreich haben und beide eine möglichst schnelle Scheidung anstreben, werden den Antrag in Schweden stellen, um nach diesem, ihrem Heimatrecht, geschieden zu werden. Gegen diesen Wunsch ist nichts einzuwenden. Der Beschränkung der gemeinsamen Antragstellung liegt der Gedanke zugrunde, dass grundsätzlich die engste Verbindung der Ehegatten zu ihrem Aufenthaltsort besteht, es sei denn es kommen weitere Umstände hinzu, insbesondere der Wille der Ehepartner, die für einen engeren Bezug zum gemeinsamen Heimatort und -recht sprechen. Ihren Willen, auf die Scheidung das gemeinsame Heimatrecht anzuwenden, äußern die Eheleute konkludent, indem sie beide den Antrag im Heimatstaat stellen. Diese Anknüpfung hat den Vorteil, dass die Gerichte ihre lex fori anwenden können.

---

935 Art. 1321 Abs. 1 iVm Art. 1324 Abs. 3 Código civil.

936 S. o. Dritter Teil 3. Abschnitt § 5. I. 1.

937 Siehe bereits zu den möglichen Fallkonstellationen oben Dritter Teil 3. Abschnitt § 5. I. 4. b) bb). So auch Henrich, FS für Stoll, S. 447; ders. in: FS für Hausherr, S. 243; Wagner, FamRZ 2003, S. 807.

§ 6. Zeitpunkt der Anknüpfung – Wandelbarkeit und Unwandelbarkeit des Statuts

Das Scheidungsstatut sollte unwandelbar an den Zeitpunkt der Antragstellung geknüpft werden. Für die Frage, wann das genau ist, kann Art. 11 Abs. 4 EheVO I[938] nach wie vor als Orientierung dienen. Warum demnach beim Scheidungsstatut der Zeitpunkt der „Anrufung des Gerichts" entscheidend ist und nicht jener der Eheschließung, zeigt ein typischer Fall: Wenn zwei deutsche Staatsangehörige in ihrem Heimatstaat wirksam die Ehe geschlossen haben und während des Ehelebens nach Frankreich auswandern und die französische Staatsangehörigkeit annehmen, gibt es keinen Grund, die spätere Scheidung dem deutschen Recht zu unterstellen, es sei denn, die Ehepartner wollen deutsches Recht als Scheidungsstatut wählen. Dieser Wunsch ist durch frühere Rechtswahl zu realisieren, welche aber ebenfalls bis zur Anrufung des Gerichts geändert werden kann. Diese Anknüpfung ist unwandelbar, eine spätere Änderung der Staatsangehörigkeit oder des gewöhnlichen Aufenthalts der Eheleute bleibt unberücksichtigt[939]; die Orientierung findet an der Gegenwart und der Vergangenheit statt. Die Parteien sollen während des Verfahrens und erst Recht nach Abschluss des Verfahrens keinen Einfluss auf das anwendbare Recht haben.[940] Eine nachträgliche Einbeziehung eines Statutenwechsels würde sowohl der Prozessökonomie als auch dem Interesse des anderen Ehegatten an Rechtssicherheit widersprechen. Ein anschauliches Beispiel dazu liefert die Entscheidung des Reichsgerichts im Jahre 1936.[941] Dort war der Ehemann des in Deutschland lebenden deutsch-isländischen Ehepaares einen Monat nach Zustellung des Scheidungsantrags in sein Heimatland Island zurückgezogen. Damit lag zur Zeit des Beginns der mündlichen Verhandlung kein gemeinsamer Wohnsitz mehr vor. Das Reichsgericht entschied zu Recht, dass die Änderung des Wohnsitzes nach Klageerhebung keine Auswirkungen auf das Scheidungsstatut hat: „Sonst hätte

---

938 Nach Art. 11 Abs. 4 EheVO I galt ein Gericht als „angerufen" a) zu dem Zeitpunkt, zu dem das verfahrensleitende Schriftstück oder ein gleichwertiges Schriftstück bei Gericht eingereicht worden ist, vorausgesetzt, dass der Antragsteller es in der Folge nicht versäumt hat, die ihm obliegenden Maßnahmen zu treffen, um die Zustellung des Schriftstücks an den Antragsgegner zu bewirken, oder b) falls die Zustellung an den Antragsgegner vor Einreichung des Schriftstücks bei Gericht zu bewirken ist, zu dem Zeitpunkt, zu dem die für die Zustellung verantwortliche Stelle das Schriftstück erhalten hat, vorausgesetzt, dass der Antragsteller es in der Folge nicht versäumt hat, die ihm obliegenden Maßnahmen zu treffen, um das Schriftstück bei Gericht einzureichen.

939 Vgl. zur entsprechenden Vorschrift im deutschen Recht: Staudinger/Mankowski, Art. 17 RN 141.

940 Vgl. die Regierungsbegründung zur entsprechenden Vorschrift im deutschen Recht: BT-Drucks 10/504, S. 60. Zu Recht kritisch MüKo/Winkler von Mohrenfels, Art. 17 RN 33 f.

941 RG, Urteil v. 6. 4. 1936, RGZ 151, 103. S. a. die Besprechung bei Jayme, Festschrift der Juristischen Fakultät zur 600-Jahr-Feier der Ruprecht-Karls-Universität Heidelberg, S. 575 f.

es der Beklagte in der Hand, dem klagenden Teil einen Scheidungsanspruch zu entziehen."[942] Daher müssen Aufenthalts- oder Staatsangehörigkeitswechsel zumindest schon *im Zeitpunkt des Stichtags* deutlich erkennbar sein und sich bereits manifestiert haben. Bei der Anknüpfung an die engste Verbindung ist ebenfalls dieser Stichtag entscheidend, auch wenn Veränderungen gemeinsamer Verbindungen in der Zukunft mit in die Entscheidung einfließen können.
Die verordnungsautonome Definition des Art. 11 Abs. 4 EheVO I sollte das neue einheitliche Kollisionsrecht übernehmen. Zu Recht stellt Art. 11 Abs. 4 EheVO I mit dem Begriff „Anrufen des Gerichts"[943] auf die Anhängigkeit ab, nicht auf die spätere Rechtshängigkeit. Denn zwischen beiden Momenten kann je nach Gerichtsorganisation in den Mitgliedstaaten unterschiedlich viel Zeit vergehen. Aus Gründen der Rechtssicherheit sollen daher auch im Rahmen von „Rom III" die Betroffenen einheitlich in Europa ihren Anknüpfungstatbestand ab Anhängigkeit nicht mehr ändern können.

§ 7. Reihung der Anknüpfungen

III. Verhältnis Aufenthaltsprinzip – Staatsangehörigkeitsprinzip

Bei der Frage, wie die Anknüpfungen von Aufenthaltsprinzip und Staatsangehörigkeitsprinzip zueinander stehen, orientiert man sich an ihrer jeweiligen Gewichtung. Wie bereits erörtert,[944] ist der gemeinsamen Staatsangehörigkeit nach wie vor Bedeutung beizumessen. Sie tritt aber nur in Verbindung mit dem entweder konkludent oder ausdrücklich geäußerten Willen der Ehegatten in Erscheinung oder als zu beachtender Umstand bei der Suche nach der engeren Verbindung.[945] Der Parteiwille ist mit dem gewöhnlichen Aufenthalt gleichwertig und daher sollten beide im Gesetzestext auch auf einer Stufe stehen.[946] Dasselbe gilt für den gemeinsamen Antrag in dem Staat, dem beide Ehegatten angehören.
Mit den zwei Anknüpfungsprinzipien in ihrer dargestellten Gewichtung – von denen das Heimatprinzip vielmehr im Parteiwillen integriert ist – wäre die Ver-

---

942 FN 941, S. 109.

943 „Angerufen" ist das Gericht gemäß Art. 11 Abs. 4 lit. a EheVO I durch die Einreichung des verfahrenseinleitenden oder eines gleichwertigen Schriftstücks unter der Bedingung, dass der Antragsteller nachfolgend alles ihm Obliegende tut, um die nötigen Zustellungen zu bewirken (s. o. FN 938). Welche Maßnahmen das im Einzelnen sind, bestimmt auch im Rahmen von „ROM III" das Verfahrensrecht des Forumstaates.

944 S. o. Dritter Teil 3. Abschnitt § 5. I. 1.

945 A. A. *Henrich*, der die gemeinsame Staatsangehörigkeit im Rang nach dem gewöhnlichen Aufenthalt, aber ohne weitere Voraussetzungen normieren will: Henrich, FS für Stoll, S. 442 und 447.

946 Siehe dazu unten Dritter Teil 3. Abschnitt § 7. III.

einheitlichung des Scheidungskollisionsrechts sinnvoll, wenn das Recht der engeren Verbindung in richtigem Umfang hinzutritt.

I. Verhältnis der verschiedenen Aufenthaltsanknüpfungen untereinander und zur Auffangklausel

Zu prüfen ist, in welcher Reihenfolge die Anknüpfungen an den gewöhnlichen Aufenthalt auftreten. Wie bereits festgestellt[947], ist der gemeinsame gewöhnliche Aufenthalt stets vorrangig anwendbar, weil dort die engste Verbindung beider Ehegatten im Zeitpunkt des Antrags vermutet wird. Fraglich ist nur, wie das Recht des letzten gewöhnlichen Aufenthalts und jenes des Ortes, in dem der gemeinsame Antrag gestellt wurde, sofern einer der Ehegatten dort noch seinen Aufenthalt hat, zueinander stehen. Es bleibt nur die Möglichkeit, beide Anknüpfungen parallel zu stellen oder nachrangig. *Henrich* und *Wagner* sind der Meinung, dass der Parteiwille (und der Aufenthaltsort eines Ehepartners) Vorrang vor dem letzten gemeinsamen gewöhnlichen Aufenthalt haben soll.[948] Dem Willen der beiden Ehegatten sei stets der Vorrang einzuräumen. Sie gäben mit dem gemeinsamen Scheidungsantrag in einem Lande zu erkennen, nach dem dort geltenden Recht geschieden werden zu wollen. Dieser Meinung ist zu folgen: Die Anknüpfung an den letzten gemeinsamen gewöhnlichen Aufenthalt soll den Antragsgegner schützen, der sich nicht vor dem Gericht eines fremden Staates soll verantworten müssen. Insbesondere nicht, wenn er selbst keinen Scheidungsantrag stellt, also an der Ehe festhalten will. Dieser Schutzgedanke verliert seine Berechtigung, wenn der Antragsgegner durch seinen Scheidungsantrag in einem bestimmten Staat zum Ausdruck bringt, nach dem dortigen Recht geschieden werden zu wollen. Es geschieht keinem ein Unrecht, wenn beide Ehegatten die Scheidung in einem bestimmten Staat wollten und der Staat das Recht der lex fori anwendet. Zudem ist es vorzugswürdig, der gegenwärtigen und evtl. künftigen kollisionsrechtlichen Sachlage den Vorrang gegenüber der Vergangenheit einzuräumen, wenn dies vom Willen der Betroffenen unterstützt wird. Denn in der Regel entspricht die gegenwärtige Konstellation den Interessen der Ehegatten im Zeitpunkt der Antragstellung eher als jene, in der sie in der Vergangenheit zusammen gelebt haben: Zumindest dem kollisionsrechtlichen Inte-

---

[947] S. o. Dritter Teil 3. Abschnitt § 5. I. 2.

[948] Henrich, FS für Hausherr, S. 242; ders. in der Anlage zum Protokoll der Sitzung vom *Deutschen Rat für IPR* vom 12. 4. 2002 in Würzburg: Anlage 1, S. 36; Wagner, FamRZ 2003, S. 807. In dieselbe Richtung geht die Ansicht von *Boele-Woelki*, die in Bezugnahme auf Art. 1 Stb 166 keine Gründe dafür erkennt, warum die Parteiautonomie nicht am Anfang der Verweisungsnorm steht. „(...) denn die kollisionsrechtliche Fragestellung beginnt doch immer in der Hoffnung: Haben die Parteien von ihrer Rechtswahlmöglichkeit Gebrauch gemacht? Wenn ja, dann ist die objektive Anknüpfung obsolet.“: Boele-Woelki, Der favor divortii im niederländischen internationalen Scheidungsrecht, S. 172.

resse *eines* Ehegatten, der sich in das System des neuen gewöhnlichen Aufenthaltsortes integriert hat, wird entsprochen; der andere Ehegatte stimmt dem konkludent zu.
Die Anknüpfung an den letzten gemeinsamen gewöhnlichen Aufenthalt greift damit erst ein, wenn kein gemeinsamer Scheidungsantrag in dem Staat gestellt wurde, in dem ein Ehegatte seinen gewöhnlichen Aufenthalt hat.
Die Auffangklausel will Sachverhalte erfassen, die unter keine Anknüpfung der Anknüpfungsleiter fallen. Mit anderen Worten erfasst sie Einzelfälle, für die keine Regelanknüpfung vorgesehen ist, weil ihnen eine typische vermutete engste Verbindung fehlt. Demnach soll nur dann das Recht des Staates anwendbar sein, zu welchem die Eheleute aufgrund anderer nicht aufgeführter Bezugspunkte eine enge Verbindung haben, wenn das Aufenthaltsprinzip für den konkreten Sachverhalt keinen Anknüpfungspunkt finden konnte. Die Auffangklausel bildet naturgemäß immer die letzte Sprosse der Anknüpfungsleiter.

II. Verhältnis Rechtswahl zu den übrigen Anknüpfungspunkten

Die Rechtswahlmöglichkeit wurde, wie bereits erörtert, nur insoweit eingeschränkt, als die Eheleute entweder das Recht wählen können, dem sie beide oder einer von ihnen angehört, oder in dem einer seinen gewöhnlichen Aufenthalt hat. Wenn die Rechtswahl erst nachrangig zulässig wäre[949], käme dies einer weiteren erheblichen Einschränkung gleich, die aber aus Gründen der Parteiautonomie abgelehnt worden ist. Dann könnten bspw. Ehegatten, die auf absehbare Zeit einen gemeinsamen gewöhnlichen Aufenthalt haben, nicht ihr Heimatrecht wählen. Gerade diese Möglichkeit soll ihnen aber offen stehen. Entscheidet sich der Gesetzgeber für eine Rechtswahl und somit für die Parteiautonomie, soll er sie nicht wieder aufheben, indem er die von ihm für vorrangig gehaltenen Regelanknüpfungen unabdingbar wissen will. Die Rechtswahl soll somit neben den übrigen Anknüpfungen stehen.

III. Verhältnis Ausweichklausel zu den übrigen Anknüpfungspunkten

Eine Ausweichklausel kann naturgemäß nur dann zur Anwendung kommen, wenn einer der übrigen Anknüpfungspunkte bereits einschlägig war. Sie korrigiert jedes Anknüpfungsergebnis, das den Interessen der Parteien widerspricht. Damit ist die Ausweichklausel zwar nicht „subsidiär" wie im üblichen Sinne dahingehend anwendbar, dass sie nur dann einsetzt, wenn die vorherige Stufe nicht erfolgreich war. Vielmehr setzt sie eine erfolgreiche vorherige Anknüpfung voraus, die allerdings ausnahmsweise berichtigt werden muss. Sie wird daher ausschließlich rein *methodisch* nachrangig angewendet; im Hinblick auf ihre Gewichtung herrscht zwischen ihr und den Regelanknüpfungen Gleichrang.

---

[949] So aber der Vorschlag von deutschen Juristen: JUSTCIV 66, S. 27.

§ 8. Methodischer Aufbau

Es bieten sich zwei Möglichkeiten für den methodischen Aufbau an, wie die Parallelität des Aufenthaltsprinzips, der Rechtswahl und der gemeinsamen Antragstellung im Heimatstaat normiert werden kann. Alle drei können innerhalb der Anknüpfungsleiter hintereinander mit einer „oder"-Verbindung aufgeführt werden. Dadurch sind die Anknüpfungspunkte gleichsam ineinander verwoben, was ihre Gleichwertigkeit deutlich zum Ausdruck bringt. Andererseits werden sie für ihren Anwender sehr unübersichtlich. Denn nach wie vor haben die drei Anknüpfungen nichts miteinander gemein, sie werden hier nur gleich gewichtet. Diese Verschiedenheit bei gleichzeitiger gemeinsamer Wertigkeit hebt sich am besten durch eine getrennte Darstellung in drei Absätzen hervor. Das Nebeneinander der Regelungen wird deutlich, wenn im zweiten Absatz die gemeinsame Antragstellung im Heimatstaat normiert wird und dieser Absatz „ungeachtet des Absatzes 1" anwendet wird. Genauso kann mit der systematischen Einordnung der Rechtswahl verfahren werden. Sie wird in einem separaten dritten Absatz aufgeführt, der „ungeachtet der Absätze 1 und 2" angewendet werden kann. In einem vierten Absatz kann die Ausweichklausel das Ergebnis der Regelanknüpfung aus den Absätzen 1 und 2 korrigieren.

Die Aufenthaltsanknüpfungen werden im ersten Absatz aufgeführt. Die Subsidiarität des letzten gewöhnlichen Aufenthalts und des Antragsortes wird jeweils durch eine „sonst"-Verbindung mit der vorherigen Regelung verknüpft. Die Auffangklausel bildet „hilfsweise" das Schlusslicht der Anknüpfungsleiter.

Im zweiten Absatz sollte im ersten Satz das Heimatrecht in Verbindung mit einem gemeinsamen Scheidungsantrag festgeschrieben werden. In Satz zwei muss die Staatsangehörigkeit entsprechend für Irland und das Vereinigte Königreich durch das „domicile" ersetzt werden. Denkbar wäre es natürlich auch, in einem separaten Absatz klarzustellen, dass für Irland und das Vereinigte Königreich *immer* statt der Staatsangehörigkeit das „domicile" gilt. Der Rechtklarheit dient es allerdings, wenn für beide Staaten die Regelung mit dem Begriff „domicile" niedergeschrieben wird, wie sie auch für die übrigen Mitgliedstaaten verständlich ist.

Die Rechtswahlmöglichkeit sollte anschließend in Absatz vier eröffnet werden. Die beiden Orientierungspunkte, die Staatsangehörigkeit und der Aufenthalt eines oder beider Ehegatten, stehen gleichwertig nebeneinander. Zwischen beiden kann daher eine „oder"-Verbindung stehen. Die Wahl des Aufenthaltsrechts eines oder beider Ehegatten kann an erster Stelle stehen, die Wahl des Heimatrechts an zweiter Stelle. So kann der Übersicht halber die „domicile"-Regelung im Anschluss an die Wahl des Heimatrechts folgen.

Am Ende aller Anknüpfungspunkte kann das gefundene Anknüpfungsergebnis durch die Ausweichklausel korrigiert werden.

Der Klarstellung dient wie in Art. 3 Abs. 2 EheVO II hier ein fünfter Absatz, wonach das „domicile" sich nach dem britischen und irischen Recht bestimmt.

Um Rechtsunsicherheiten bei der Feststellung des gewöhnlichen Aufenthalts vorzubeugen, wird in Absatz sechs die Wohnsitzbestimmung des *EuGH* normiert.

§ 9. „Rom III"

Ergebnis der hier vorliegenden Ausarbeitungen ist folgende Regelung:

(1)Die Scheidung unterliegt

1. dem Recht des Staates, in dem beide Ehegatten ihren gewöhnlichen Aufenthalt haben, sonst
2. dem Recht des Staates, in dem ein Ehegatte seinen gewöhnlichen Aufenthaltsort hat und in dem beide Ehegatten gemeinsam die Scheidung beantragen, sonst
3. dem Recht des Staates, in dem die Ehegatten während der Ehe zuletzt ihren gewöhnlichen Aufenthaltsort hatten, wenn ein Ehegatte diesen Aufenthaltsort beibehalten hat, hilfsweise
4. dem Recht des Staates, mit dem die Ehegatten auf andere Weise gemeinsam miteinander verbunden sind.

(2)Ungeachtet des Absatzes 1 ist das Recht des Staates anzuwenden,

- dem beide Ehegatten angehören, wenn die Scheidung in diesem Staat gemeinsam beantragt wird;
- im Falle des Vereinigten Königreichs und Irlands: in dem die Ehegatten ihr gemeinsames *domicile* haben, wenn die Scheidung in diesem Staat beantragt wird.

(3)Ungeachtet der Absätze 1 und 2 können die Ehegatten das Recht des Staates wählen,

- in dem ein Ehegatte seinen gewöhnlichen Aufenthalt hat oder beide Ehegatten ihren gewöhnlichen Aufenthalt zuletzt hatten oder
- dem sie beide oder dem einer von ihnen angehört;
- im Falle des Vereinigten Königreichs und Irlands: in dem sie ihr *domicile* haben oder in dem einer von ihnen sein *domicile* hat.

Die Rechtswahl hat den Formerfordernissen zu entsprechen, die nach dem gewählten Recht oder am Ort der Rechtswahl für Eheverträge vorgeschrieben sind.

(4) Ergibt sich aus den Gesamtumständen, dass mit dem Recht eines Staates eine wesentlich engere Verbindung besteht als mit dem Recht, das nach den Absätzen 1 und 2 maßgebend wäre, so ist jenes Recht anzuwenden.

(5) Der Begriff „*domicile*" im Sinne dieser Vorschrift bestimmt sich nach britischem und irischem Recht.

(6) Der gewöhnliche Aufenthaltsort ist jener, den der Betroffene als ständigen oder gewöhnlichen Mittelpunkt seiner Lebensinteressen in der Absicht gewählt hat, ihm Dauerhaftigkeit zu verleihen, wobei für die Feststellung dieses Ortes alle hierfür wesentlichen tatsächlichen Gesichtspunkte zu berücksichtigen sind.

Zusammenfassung

Zusammenfassend ist festzustellen, dass es angesichts der Rechtssicherheit im Binnenmarkt mit seinen offenen Grenzen notwendig ist, einen einheitlichen Personenstand zu garantieren. Der Weg dahin führt neben einheitlichen Zuständigkeitsregeln und einem europäischen Anerkennungssystem im Eherecht zwangsläufig zu einem einheitlichen Scheidungskollisionsrecht, will man forum shopping und seine weitreichenden Konsequenzen vermeiden. Die Unterschiedlichkeit der nationalen Scheidungsrechte führt nämlich dazu, dass ein und derselbe Sachverhalt in den Mitgliedstaaten äußerst unterschiedlich beurteilt wird. Die Vereinheitlichung des materiellen Scheidungsrechts wurde momentan noch als illusorisch befunden. Die EheVO II bietet zwar den Vorteil eines einheitlichen Zuständigkeits- und Anerkennungssystems, das Parallelverfahren ausschließt. Im Gegenzug ermöglicht Art. 3 EheVO II aber dem Antragsteller, den Gerichtsstand mit dem dazugehörigen, für ihn günstigen materiellen Scheidungsrecht auszuwählen. Durch das umfassende Anerkennungssystem werden die Konsequenzen des Urteils noch verstärkt. Die EheVO II birgt dadurch stets die Gefahr, unter den Ehegatten einen Wettlauf zu Gericht zu provozieren.
Der Rat der EU hat dies erkannt und daher mit gutem Grund die „Rom III"-Verordnung in seinen Aktionsplan v. 3. 12. 1998 aufgenommen. Die Verordnung stellt eine deutliche Verbesserung gegenüber den Konventionen dar, da sie zu mehr Rechtssicherheit im Binnenmarkt führt. Aufgrund dieser Notwendigkeit schafft Art. 65 EGV – in den Grenzen der Subsidiarität und Verhältnismäßigkeit (Art. 5 EGV) – eine Ermächtigungsgrundlage zur vollständigen Angleichung des internationalen Privat- und Verfahrensrechts der Mitgliedstaaten durch sekundäres Gemeinschaftsrecht. Der Konflikt, ob die Vereinheitlichung des internationalen *Ehescheidungsrechts* in den Kompetenzbereich des europäischen Gesetzgebers fällt, hat durch den Vertrag von Nizza ohnehin an Gewicht verloren. Demnach ist die Gemeinschaft nun auch für die „familienrechtlichen Aspekte" zuständig. Die Ermächtigungen einerseits zum Erlass von einheitlichen Normen im Internationalen Privatrecht und andererseits solchen im Bereich des Familienrechts werden durch das Ziel, einen Raum der Sicherheit, der Freiheit und des Rechts in Europa zu schaffen, zusammengehalten. Diese Kompetenz nach Art. 65 lit. b EGV erstreckt sich insofern auf Drittstaaten-Sachverhalte, als sie einen Binnenmarktbezug durch das Anerkennungssystem der Mitgliedstaaten herstellen.
Da grundlegende divergierende Staatsinteressen innerhalb Europas im Allgemeinen nicht auf dem Spiel stehen, kann mit Hilfe von Art. 65 EGV der europäischen Integration im Bereich des Familienrechts optimistisch entgegengesehen werden. Aufgabe des europäischen Gesetzgebers ist es nun, eine umfassende Anknüpfungsregelung zu schaffen, die den potentiellen Parteiinteressen entspricht und die auf die Zustimmung der Mitgliedstaaten hoffen lässt.

Das Anknüpfungssystem einer europäischen Regelung im Internationalen Ehescheidungsrecht hat sich grundsätzlich am Prinzip der engsten Verbindung zu orientieren, weil ein Wertesystem sachrechtsorientiert ist und eine Einigung unter den Mitgliedstaaten auf *eine* Sachrechtsordnung ausgeschlossen wäre. Als Aufbau der Norm kommt unter Ausschluss anderer objektiver Anknüpfungen allein die Kegel'sche Leiter in Betracht; sie ist die einzige Lösung, um Gleichberechtigung zu garantieren und forum shopping auszuschließen.
Anknüpfungspunkte in „Rom III“ sollten primär sein das Aufenthaltsprinzip in seinen unterschiedlichen Modalitäten, gefolgt von der hilfsweisen Anknüpfung an die gemeinsame enge Verbindung zu einem Staat; parallel dazu sollte das Staatsangehörigkeitsprinzip nur gelten, sofern der gemeinsame Antrag im Heimatstaat gestellt wird oder das Heimatrecht von den Ehegatten gewählt wird. Weiterhin sollte die Möglichkeit bestehen, das Aufenthaltsrecht eines Ehegatten zu wählen. Alle Regelanknüpfungen sollten mit Hilfe einer streng formulierten Ausweichklausel korrigiert werden können. Mit folgenden Begründungen kann ein solches Scheidungskollisionsrecht auf Zustimmung stoßen:
Die fortwährende Gefahr des forum shopping und mangelnde Gewährleistung der Parteiinteressen zeigen, dass es keinesfalls genügt, die ausschließliche Anknüpfung an die lex fori kollisionsrechtlich zu rechtfertigen, um es den Gerichten zu ersparen, fremdes Recht anzuwenden.
Die Entwicklungen in den autonomen Internationalen Privatrechten der Mitgliedstaaten räumen dem Staatsangehörigkeitsprinzip heute weder die Funktion der einzigen Anknüpfung im internationalen Scheidungsrecht der Mitgliedstaaten, noch eine eindeutige Vorreiterrolle ein. Es ist also eine „Lockerung“ des Staatsangehörigkeitsprinzips zu verzeichnen, die immer mehr der Anknüpfung an den gewöhnlichen Aufenthalt den Weg bereitet. Der Grund dafür liegt in der fortschreitenden Mobilität der europäischen Bürger als einziger nachweisbarer Umstand, anhand dessen eine engere Verbindung der Betroffenen zu ihrem Aufenthaltsland als zu dem Staat ihrer Staatsangehörigkeit vermuten lässt. Integration als dessen Folge ist nicht nur wünschenswert, sondern auch wahrscheinlicher als Patriotismus. Darüber hinaus ist eine regelmäßige Identifikation des Bürgers mit dem Heimatstaat, insbesondere mit der Rechtsordnung im Scheidungsrecht, heute nicht mehr nachvollziehbar. Geringe Manipulationsmöglichkeiten beim Staatsangehörigkeitsprinzip können sich im Anknüpfungsergebnis als kollisionsrechtlich unerwünscht erweisen. Die Stabilität der Staatsangehörigkeit kann zur Verkrustung führen und den tatsächlichen Interessen der Parteien zuwiderlaufen. Die Unbestimmtheit des gewöhnlichen Aufenthalts ist wegen seiner Vorzüge im Vergleich zum Staatsangehörigkeitsprinzip in Kauf zu nehmen. Schlussendlich vermag nur der gewöhnliche Aufenthalt die durch den Erwägungsgrund (12) der EheVO I und den Zuständigkeitskriterien der EheVO II immanente geforderte Voraussetzung, eine „tatsächliche“ Verbindung zwischen Person und Staat herzustellen. Die Anknüpfung an die Staatsangehörigkeit scheint somit im europäi-

schen Scheidungskollisionsrecht nicht sachgerecht, weil sie den heutigen kollisionsrechtlichen Interessen der Parteien in der Regel nicht mehr entspricht. Diese Vermutung kann durch den Willen der Parteien, an ihr Heimatrecht anzuknüpfen, erschüttert werden. Rechtswahl und die gemeinsame Antragstellung sind Anknüpfungspunkte, die den Parteiwillen zum Ausdruck bringen. Insofern erhält das Staatsangehörigkeitsprinzip auch wieder seine Berechtigung. Den Parteiinteressen wird die primäre Anknüpfung an den gemeinsamen gewöhnlichen Aufenthalt und seine Modalitäten in der Regel am besten gerecht. Mit den zwei Hauptanknüpfungsprinzipien in ihrer dargestellten Gewichtung ist die Vereinheitlichung des Scheidungskollisionsrechts sinnvoll, wenn das Recht der engeren Verbindung und die Rechtswahl im richtigen Umfang hinzutreten.
Hilfe bei der Frage, wie die Anknüpfungspunkte konkret ausgestaltet werden, bietet teilweise Art. 3 EheVO II unter Beachtung der grundsätzlichen Gewichtung von Aufenthalts- und Staatsangehörigkeitsprinzip. Kompatibel in ihrer Terminologie und ihrem Sinn und Zweck sind mit „Rom III" aus Gründen der Gleichberechtigung beider Ehegatten nur die Aufenthaltsanknüpfungen der EheVO II.
Anpassung an alle vorstellbaren Konstellationen im internationalen Rechtsverkehr unter Ehegatten ermöglichen Auffang- und Ausweichklauseln. Sowohl die Spruchpraxis deutscher, österreichischer und schweizerischer Gerichte als auch die Anknüpfungsmöglichkeiten für denkbare Fallkonstellationen nach der hier vorgeschlagenen „Rom III"-Verordnung lassen ein Bedürfnis an Auffang- und Ausweichklausel erwarten. Bedenken gegen die Ausweichklausel können mit Hilfe von Erfahrungen aus der Rechtsprechung, dogmatischen Begründungen im Hinblick auf die Rechtsnatur und Funktion der Klausel sowie durch strenge Voraussetzungen für ihr Eingreifen ausgeräumt werden. Zudem lassen die positiv aufgelisteten Funktionen der Ausweichklausel erkennen, wo sich die Grenzen der Ausweichklausel befinden.
Ein umfassendes Anknüpfungssystem im europäischen Scheidungskollisionsrecht beinhaltet auch die Forderung, den Ehegatten die Möglichkeit einer Rechtswahl zu eröffnen. Anzunehmen ist, dass eine solche in „Rom III" eine größere Rolle spielen wird, als sie es bisher in Deutschland, den Niederlanden und Spanien tat. Der Grund ist in dem hier vorgeschlagenen Anknüpfungssystem hauptsächlich deshalb zu suchen, weil primärer Anknüpfungspunkt das Aufenthalts-, nicht das Staatsangehörigkeitsprinzip sein wird. Parteiautonomie steht im Einklang mit den vier wichtigsten Anknüpfungsmaximen des Internationalen Privatrechts. Insbesondere das Prinzip der engsten Verbindung, das die vermuteten Parteiinteressen verwirklichen möchte, wird durch den realen Willen der Ehegatten ersetzt. Ein Konflikt besteht nur, wenn mit der Rechtswahl keine kollisionsrechtlichen Interessen verwirklicht werden sollen, sondern unerwünschte materielle Scheidungsrechte umgangen werden. Dann verliert die Parteiautonomie allerdings ohnehin ihre kollisionsrechtliche Berechtigung. Wird

die „berechtigte" Parteiautonomie in „Rom III" zugelassen, sind keine Gründe dafür ersichtlich, warum sie, wie in den autonomen Kollisionsrechten, wieder eingeschränkt werden sollte. Das diesbezügliche Schweigen im deutschen Recht hat keinen Erklärungswert. Allein um der Umgehungsgefahr Einhalt zu gebieten und den Ehegatten eine Orientierung an die Hand zu geben, sollte die Rechtswahl ausschließlich zugunsten des Heimatrechts eines oder beider Ehepartner oder des Aufenthaltsrechts eines Ehegatten möglich sein.

Als letzte denkbare Anknüpfung sollte das Recht des Staates Eingang finden, dem beide Ehegatten angehören, wenn dort beide gemeinsam den Scheidungsantrag gestellt haben. Sie wird dem konkludent geäußerten Willen beider Ehegatten und ihrem gemeinsamen Bezug zum Heimatstaat gerecht.

„Rom III" in der hier vorgeschlagenen Fassung ist das Ergebnis einer Suche nach der interessengerechtesten Lösung für gleichberechtigte Ehegatten in der heutigen Zeit, in der die Mobilität innerhalb Europas zugenommen hat und in der dem Willen der Betroffenen eine immer größere Bedeutung beizumessen ist.

Literaturverzeichnis

Andrae, Marianne: Internationales Familienrecht, Baden-Baden 1999

Bangemann, Martin: Privatrechtsangleichung in der Europäischen Union, ZEuP 1994, S. 377 ff.

Baetge, Dietmar: Der gewöhnliche Aufenthalt im deutschen internationalen Privatrecht, Dissertation, Tübingen 1994

Bar, Christian von (Hrsg.): Europäisches Gemeinschaftsrecht und Internationales Privatrecht: Tagung des Instituts für Internationales Privatrecht und Rechtsvergleichung des Fachbereichs Rechtswissenschaften der Universität Osnabrück am 6. und 7. April in Osnabrück, Köln, Berlin, Bonn, München 1991 (zit.: Autor in: V. Bar, Europäisches Gemeinschaftsrecht und Internationales Privatrecht)

ders.: Internationales Privatrecht – Besonderer Teil Bd. II, München 1991 (zit.: v. Bar, IPR, Bd. II)

Bar, Christian von / Mankowski, Peter: Internationales Privatrecht – Allgemeine Lehren Bd. I, 2. Auflage, München 2003 (zit.: v. Bar/Mankowski, IPR, Bd. I)

Basedow, Jürgen: Konstantinidis v. Bangemann oder die Familie im Europäischen Gemeinschaftsrecht, ZEuP 1994, S. 197 ff.

ders.: The communitarization of the conflict of laws under the treaty of Amsterdam, Common Market Law Review 2000, S. 687 ff.

ders.: Die Harmonisierung des Kollisionsrechts nach dem Vertrag von Amsterdam, EuZW 1997, S. 609 ff.

Bassenge, Peter / Diederichsen, Uwe / Heinrichs, Helmut / Putzo, Hans / Thomas, Heinz/ Brudermüller, Gerd / Edenhofer, Wolfgang / Heldrich, Andreas / Sprau, Hartwig / Weidenkaff, Walter (Hrsg.): Palandt, Bd. 7, Bürgerliches Gesetzbuch, 63. Auflage, München 2004 (zit.: Palandt/Bearbeiter)

Baur, Jürgen / Mansel, Heinz-Peter: Systemwechsel im europäischen Kollisionsrecht, Fachtagung der Bayer-Stiftung für deutsches und internationales Arbeits- und Wirtschaftsrecht am 17. und 18. Mai 2001, München 2002 (zit.: Autor in: Baur/Mansel, Systemwechsel)

Beiztke, Günther: Grundfragen familienrechtlichen Kollisionsrechts in den neueren mitteleuropäischen Kodifikationen, ZfRV 1981, S. 110 ff.

ders.: Scheidung sunnitischer Libanesen, IPRax 1993, S. 231 ff.

Bergmann, Alexander / Ferid, Murad (Hrsg.): Internationales Ehe- und Kindschaftsrecht, Berlin, Frankfurt a. Main
- Arends, Markku: Finnland, Stand: 1. 7. 2002
- Chaussade-Klein: Frankreich, Stand: 1. 3. 2000
- Kastrissios, Eleftherios J.: Griechenland, Stand: 1. 6. 2001
- Weber, Wolfgang: Niederlande, Stand: 1. 4. 2001
- Carsten, Gebhard: Schweden, Stand: 1. 9. 2003
- Henrich, Dieter: Großbritannien, Stand: 26. 11. 2002
- Coester-Waltjen, Dagmar / Jakob, Dominik: Irland, Stand: 30. 11. 1999 (zit.: Bergmann/Ferid/Bearbeiter)

Besse, Dirk: Die justitielle Zusammenarbeit in Zivilsachen nach dem Vertrag von Amsterdam und das EuGVÜ, ZEuP 1999, S. 107 ff.

Blaurock, Uwe: Vermutungen und Ausweichklausel in Art. 4 EVÜ – Ein tauglicher Kompromiss zwischen starren Anknüpfungsregeln und einem flexible approach?, in: Gerhard Hohloch, Rainer Frank, Peter Schlechtriem (Hrsg.), Festschrift für Hans Stoll, Tübingen 2001, S. 463 ff. (zit.: FS für Stoll)

Boele-Woelki, Katharina: Die internationale Ehescheidung in den Niederlanden, StAZ 1980, S. 266 ff.

dies.: Der favor divortii im niederländischen internationalen Scheidungsrecht, in: K. Boele-Woelki, F. W. Grosheide, E. H. Hondius, G. J. W. Steenhoff (Hrsg.), Comparability and Evaluation, Essays on Comparative Law, Private Internationale Law and International Commercial Arbitration in Honour of Dimitra Kokkini-Iatridou, Dordrecht, Boston, London 1994, S. 167 ff.

dies.: Brüssel II: Die Verordnung über die Zuständigkeit und die Anerkennung von Entscheidungen in Ehesachen, ZfRV 2001, S. 121 ff.

Borrás, Alegría: Erläuternder Bericht zu dem Übereinkommen aufgrund von Artikel K.3 des Vertrages über die Europäische Union über die Zuständigkeit und die Anerkennung und Vollstreckung von Entscheidungen in Ehesachen, ABl. EG 1998, C 221/27 (zit.: Borrás Bericht)

Braga, Sevold: Staatsangehörigkeitsprinzip oder Wohnsitzprinzip? Ein Beitrag zur Reform des IPR, Erlangen 1954

ders.: Staatsangehörigkeitsprinzip oder Wohnsitzprinzip?, RabelsZ 18 (1953), S. 227 ff.

Bruns, Alexander: Der anerkennungsrechtliche ordre public in Europa und den USA, JZ 1999, S. 278 ff.

Calliess, Christian / Ruffert, Matthias: Kommentar des Vertrages über die Europäische Union und des Vertrages zur Gründung der Europäischen Gemeinschaft, 2. Auflage, Neuwied, Kriftel 2002 (zit.: Bearbeiter, in: Callies/Ruffert)

Council of the European Union: Questionnaire on the law applicable to divorce (ROME III) – Summary of the replies from delegations, Doc. 8838/00 limite, JUSTCIV 66 (zit.: 8838/00 JUSTCIV 66)

De Groot, Gerard-René: Auf dem Wege zu einem europäischen (internationalen) Familienrecht, ZEuP 2001, S. 617 ff.

Deutscher Rat für Internationales Privatrecht: Protokoll über die Sitzung der 1. Kommission am 12. April 2002 in Würzburg (nicht veröffentlicht)

Ulrich, Drobnig: Verstößt das Staatsangehörigkeitsprinzip gegen das Diskriminierungsverbot des EWGV?, RabelsZ 34 (1970), S. 636 ff.

Westermann, Harm Peter (Hrsg.): Erman Bürgerliches Gesetzbuch: Handkommentar mit EGBGB, ErbbauVO, HausratsVO, LPartG, ProdHaftG, UKlaG, VAHRG, WEG, 11. Auflage, Münster 2004 (zit.: Erman/Bearbeiter)

Europäisches Parlament: Entwurf eines Berichts über den Vorschlag für eine Verordnung (EG) des Rates über die Zuständigkeit und die Anerkennung und Vollstreckung von Entscheidungen in Ehesachen und in Verfahren betreffend die elterliche Verantwortung für die gemeinsamen Kinder der Ehegatten, KOM (1999) 220 – C5-0045/1999 – 1999/0110(CNS)

Everling, Ulrich: Die Zukunft der Europäischen Gerichtsbarkeit, EuR 1997, S. 397 ff.

Finger, Peter: Ausländische Rechtshängigkeit und inländisches Scheidungsverfahren, FuR 1999, S. 310 ff.

ders.: Rechtsakt des Rates der Europäischen Union über die Zuständigkeit und die Anerkennung und Vollstreckung von Entscheidungen in Ehesachen (und damit zusammenhängenden Kindschaftssachen) v. 30. 4. 1998 (mit Korr. v. 12. 3. 1998), FuR 1998, S. 346 ff.

Firsching, Karl: Parteiautonomie und Ehewirkungsstatut im IPR-Entwurf, IPRax 1984, S. 125 ff.

Flessner, Axel: Fakultatives Kollisionsrecht, RabelsZ 34 (1970), S. 547 ff.

Freudenthal, M. / Velden, F.J.A. van der: Europees Procesrecht en hat Verdrag von Amsterdam, in: Ewoud Honius, Ton Jongbloed, René Verschuur (Hrsg.), Van Nederlands naar Europees Procesrecht?!, Liber Amicorum Paul Meijknecht, Deventer 2000, S. 81 ff.

Hans G., Ficker: Verknüpfung von Anknüpfungen?, in: Rolf Dietz, Heinz Hübner, (Hrsg.), Festschrift für Carl Nipperdey Bd. I, München, Berlin 1965, S. 297 ff. (zit.: FS für Nipperdey)

Geisler, Stephan: Die engste Verbindung im internationalen Privatrecht, Dissertation, Berlin 2001

Girsberger, Daniel: Zehn Jahre IPRG, SJZ 1999, S. 209 ff.

Giuliano, Mario / Lagarde, Paul: Bericht über das Übereinkommen über das auf vertragliche Schuldverhältnisse anzuwendende Recht, BT-Drucks. 10/503, S. 33 ff. und ABl. EG v. 31. 10. 1980, C 282, S. 1-50

Gollrad, Walter: Staatsangehörigkeit und gewöhnlicher Aufenthalt als funktionelle Anknüpfungspunkte im Bereich des internationalen Eherechts (Art. 13–17 EGBGB), Dissertation, München 1973

Gottwald, Peter: Deutsche Probleme Internationaler Familienverfahren, in: Andreas Heldrich, Takeyoshi Uchida (Hrsg.), Festschrift für Hideo Nakamura, Tokio 1996, S. 187 ff. (zit.: FS für Nakamura)

Grabitz, Eberhard / Hilf, Meinhard: Das Recht der Europäischen Union, Bd. I EUV/EGV, München 2004

Graue, Eugen Dietrich: Rück- und Weiterverweisung (renvoi) in den Haager Abkommen, RabelsZ 57 (1993), S. 26 ff.

Groeben, Hans von der / Schwarze, Jürgen: Kommentar zum Vertrag über die Europäische Union und zur Gründung der Europäischen Gemeinschaft, Bd. 1, Art. 1-53 EUV, Art. 1-80 EGV, 6. Auflage, Baden-Baden 2004 (zit.: v. d. Groeben/Schwarze)

Großfeld, Bernhard: Neue Rechtsvergleichung, in: Peter Gottwald, Erik Jayme, Dieter Schwab (Hrsg.), Festschrift für Dieter Henrich, Bielefeld 2000, S. 211 ff. (zit.: FS für Henrich)

Gruber, Urs Peter: Die neue „europäische Rechtshängigkeit bei Scheidungsverfahren, FamRZ 2000, S. 1129 ff.

Grundmann, Stefan: Harmonisierung, Europäischer Kodex, Europäisches System des Vertragsrechts, NJW 2002, S. 393 ff.

Hartenstein, Olaf: Die Privatautonomie im Internationalen Privatrecht als Störung des Europäischen Entscheidungseinklangs. Neueste Entwicklungen in Frankreich, Deutschland und Italien, Tübingen 2000

Hau, Wolfgang: Internationales Eheverfahrensrecht in der Europäischen Union, FamRZ 1999, S. 484 ff.

ders.: Europäische und autonome Zuständigkeitsgründe in Ehesachen mit Auslandsbezug, Vortrag auf der Tagung „Übereinkommen Brüssel II" vom 09.-10.12.2002 an der Europäischen Rechtsakademie in Trier – Dokument „Zusammenfassungen und Redetexte" der Europäischen Rechtsakademie (nicht veröffentlicht)

Hausmann, Rainer: Überlegungen zum Kollisionsrecht registrierter Partnerschaften, in: Peter Gottwald, Erik Jayme, Dieter Schwab (Hrsg.), Festschrift für Henrich, Bielefeld 2000, S. 241 ff. (zit.: FS für Henrich)

ders.: Neues internationales Eheverfahrensrecht in der Europäischen Union, EuLF 2000, S. 271 ff., S. 345 ff.

ders.: Die Revision des Brüsseler Übereinkommens von 1968, EuLF 2000, S. 40 ff.

ders.: „Doppelte Staatsbürgerschaft für Ausländer: Auswirkungen im Internationalen Privat- und Verfahrensrecht", Vortrag an der Universität Konstanz, abrufbar unter: http://migration.uni-konstanz.de/german/veranstaltungen/mpf5-hausmann.htm.

Hein, Jan von: Anwendungsprobleme bei der Wohnsitzbestimmung im Rahmen des § 119 Abs. 1 Nr. 1 lit. b GVG, IPRax 2004, S. 418 ff.

Heldrich, Andreas: Internationale Zuständigkeit und anwendbares Recht, Berlin, Tübingen 1969

ders.: Heimwärtsstreben auf neuen Wegen, in: Andreas Heldrich, Dieter Henrich, Hans Jürgen Sonnenberger, Festschrift für Murad Ferid, München 1978, S. 209 ff. (zit. FS für Ferid)

Hellwig, Heidi: Die Staatsangehörigkeit als Anknüpfung im deutschen IPR: unter besonderer Berücksichtigung des Gesetzes zur Reform des Staatsangehörigkeitsrechts, Frankfurt a. Main, Berlin, Bern, Brüssel, New York, Oxford, Wien 2001

Helms, Tobias: Die Anerkennung ausländischer Entscheidungen im Europäischen Eheverfahrensrecht, FamRZ 2001, S. 257 ff.

ders.: Internationales Verfahrensrecht für Familiensachen in der Europäischen Union, FamRZ 2002, S. 1593 ff.

Henrich, Dieter: Abschied vom Staatsangehörigkeitsprinzip, in: Gerhard Hohloch, Rainer Frank, Peter Schlechtriem, Festschrift für Hans Stoll, Tübingen 2001, S. 437 ff. (zit.: FS für Stoll)

ders.: Internationales Familienrecht, 2. Auflage, Frankfurt a. Main, Berlin 2000

ders.: Wenn Schweizer sich in Deutschland scheiden lassen, in: Thomas Geiser, Thomas Koller, Ruth Reusser, Hans Peter Walter, Wolfgang Wiegand (Hrsg.), Festschrift für Heinz Hausherr, Bern 2002, S. 235 ff. (zit.: FS für Hausherr)

ders.: Schuld oder Sühne? Rechtsvergleichende Betrachtungen zum Ehescheidungsrecht, in: Andreas Heldrich, Dieter Henrich, Hans Jürgen Sonnenberger (Hrsg.), Festschrift für Murad Ferid, München 1978, S. 525 ff. (zit.: FS für Ferid)

Hepting, Reinhard: Ehevereinbarungen – Die autonome Ausgestaltung der ehelichen Lebensgemeinschaft im Verhältnis zu Eherecht, Rechtsgeschäftslehre und Schuldrecht, München 1984

Heß, Burkhard: Die „Europäisierung" des internationalen Zivilprozessrechts durch den Amsterdamer Vertrag – Chancen und Gefahren, NJW 2000, S. 23 ff.

ders.: Aktuelle Perspektiven der europäischen Prozessrechtsangleichung, JZ 2001, S. 573 ff.

ders.: Die Integrationsfunktion des Europäischen Zivilverfahrensrechts, IPRax 2001, S. 389 ff.

Hohloch, Gerhard: Internationales Verfahrensrecht in Ehe- und Familiensachen, FFE 2001, S. 45 ff.

ders.: Kollisionsrecht in der Staatengemeinschaft – Zu den Strukturen eines internationalen Privat- und Verfahrensrechts in der Europäischen Union, in: Gerhard Hohloch, Rainer Frank, Peter Schlechtriem (Hrsg.), Festschrift für Hans Stoll, Tübingen 2001, S. 533 ff. (zit.: FS für Stoll)

ders.: „Möglichkeiten und Grenzen „justitieller Zusammenarbeit" in Zivilsachen", in: Gerhard Hohloch (Hrsg.), Wege zum europäischen Recht, Baden-Baden 2002, S. 23 ff. (zit.: Hohloch)

Hohnerlein, Eva Maria: Konturen eines einheitlichen Familien- und Kindschaftsrechts – die Rolle der Europäischen Menschenrechtskonvention, EuLF 2000, S. 252 ff.

Honsell, Heinrich / Vogt, Nedim Peter / Schnyder, Anton K.(Hrsg.): Kommentar zum schweizerischen Privatrecht, Basel, Frankfurt a. M. 1996

Jayme, Erik: Pasquale Stanislao Mancini, Internationales Privatrecht zwischen Risorgimento und praktischer Jurisprudenz, Ebelsbach 1980

ders.: Die Entwicklungen des europäischen Familienrechts, FamRZ 1981, S. 221 ff.

ders.: Internationales Familienrecht heute, in: Albrecht Dieckmann (Hrsg.), Festschrift für Wolfram Müller-Freienfels, Baden-Baden 1986, S. 341 ff. (zit.: FS für Müller-Freienfels)

ders.: Die kulturelle Dimension des Rechts, in: RabelsZ 67 (2003), S. 211 ff.

ders.: Richterliche Rechtsfortbildung im Internationalen Privatrecht, in: Richterliche Rechtsfortbildung: Erscheinungsformen, Auftrag und Grenzen; Festschrift der Juristischen Fakultät zur 600-Jahr-Feier der Ruprecht-Karls-Universität Heidelberg, hrsg. von den Hochschullehrern der Juristischen Fakultät der Universität Heidelberg (Wiss. Red: Gerd Reinhard), Heidelberg 1986, S. 574 ff.

ders.: Zur Nichtigerklärung von Auslandsehen durch kirchliche Gerichte mit Sitz in Deutschland, IPRax 1999, S. 32 f.

ders.: Kulturelle Identität und Internationales Privatrecht, Heidelberg 2003 (zit.: Autor in: Jayme, Kulturelle Identität und Internationales Privatrecht)

Jayme, Erik / Hausmann, Rainer: Internationales Privat- und Verfahrensrecht, 12. Auflage, München 2004 (zit.: Jayme/Hausmann)

Jayme, Erik / Kohler, Christian: Europäisches Kollisionsrecht 1999 – Die Abendstunde der Staatsverträge, IPRax 1999, S. 401 ff.

dies.: Europäisches Kollisionsrecht 2000: Interlokales Privatrecht oder universelles Gemeinschaftsrecht?, IPRax 2000, S. 454 ff.

dies.: Europäisches Kollisionsrecht 2001: Anerkennungsprinzip statt IPR?, IPRax 2001, S. 501 ff.

dies.: Europäisches Kollisionsrecht 2002: Zur Wiederkehr des Internationalen Privatrechts, IPRax 2002, S. 461 ff.

Jayme, Erik / Mansel, Heinz-Peter: Nation und Staat im Internationalen Privatrecht, Heidelberg 1990 (zit.: Autor in: Jayme/Mansel, Nation und Staat)

Jenard, Paul: Bericht zu dem Übereinkommen über die gerichtliche Zuständigkeit und die Vollstreckung gerichtlicher Entscheidungen in Zivil- und Handelssachen, ABl. EG C 59 v. 5. 3. 1979, S. 1 ff. (zit.: Jenard-Bericht)

Johannsen, Kurt H. / Henrich, Dieter: Eherecht, 4. Auflage, München 2003

Junker, Abbo: Die freie Rechtswahl und ihre Grenzen, IPRax 1993, S. 1 ff.

Kegel, Gerhard / Schurig, Klaus: Internationales Privatrecht, 9. Auflage, München 2004 (zit. Kegel/Schurig, IPR)

Keller, Max / Siehr, Kurt: Allgemeine Lehren des internationalen Privatrechts, Zürich 1986 (zit.: Keller/Siehr)

Kindler, Peter: Internationale Zuständigkeit und anwendbares Recht im italienischen IPR-Gesetz von 1995, RabelsZ 1997, S. 227 ff.

Kötters, Ursula: Parteiautonomie und Anknüpfungsmaximen: ein Vergleich des deutschen und U.S.-amerikanischen internationalen Familien- und Erbrechts, Frankfurt a. Main, Bern, New York, Paris 1989

Kohler, Christian: Internationales Verfahrensrecht für Ehesachen in der Europäischen Union: Die Verordnung „Brüssel II", NJW 2001, S. 10 ff.

ders.: Vom EuGVÜ zur EuGVVO: Grenzen und Konsequenzen der Vergemeinschaftung, in: Rolf A. Schütze (Hrsg.), Festschrift für Reinhold Geimer, München 2002, S. 461 ff.(zit.: FS für Geimer)

ders.: Europäisches Kollisionsrecht zwischen Amsterdam und Nizza, ZEuS 2001, S. 1 ff.

ders.: Auf dem Weg zu einem europäischen Justizraum für das Familien- und Erbrecht, FamRZ 2002, S. 709 ff.

ders.: Der europäische Justizraum für Zivilsachen und das Gemeinschaftskollisionsrecht, IPRax 2003, S. 401 ff.

Kreuzer, Karl: Berichtigungsklauseln im Internationalen Privatrecht, in: Ronald Graveson, Karl Kreuzer, André Tunc, Konrad Zweigert (Hrsg.), Festschrift für Imre Zajtay, Tübingen 1982, S. 295 ff. (zit.: FS für Zajtay)

ders.: Zur Funktion von kollisionsrechtlichen Berichtigungsklauseln, ZfRV 1992, S. 168 ff.

Kropholler, Jan: Vom Staatsangehörigkeits- zum Aufenthaltsprinzip, JZ 1972, S. 16 ff.

ders.: Gleichberechtigung und Aufenthaltsprinzip im deutschen IPR, FamRZ 1976, S. 316 ff.

ders.: Das Unbehagen am forum shopping, in: Dieter Henrich, Bernd v. Hoffmann (Hrsg.), Festschrift für Karl Firsching, München 1985, S. 165 ff. (zit.: FS für Firsching) ders.: Nationale IPR-Reform und internationale Rechtsvereinheitlichung, in: Albrecht Dieckmann (Hrsg.), Festschrift für Wolfram Müller-Freienfels, Baden-Baden 1986, S. 409 ff. (zit.: FS für Müller-Freienfels)

ders.: Europäisches Zivilprozeßrecht, Kommentar um EuGVÜ und Lugano-Übereinkommen, 6. Auflage, Heidelberg 1998 (zit.: Kropholler, Europäisches Zivilprozeßrecht, 6. Auflage)

ders.: Europäisches Zivilprozeßrecht, Kommentar zu EuGVO und Lugano-Übereinkommen, 7. Auflage, Heidelberg 2002 (zit.: Kropholler, Europäisches Zivilprozeßrecht, 7. Auflage)

ders.: Der Renvoi im vereinheitlichten Kollisionsrecht, in: Peter Gottwald, Erik Jayme, Dieter Schwab (Hrsg.), Festschrift für Dieter Henrich, Bielefeld 2000, S. 393 ff. (zit.: FS für Henrich)

ders.: Die Anpassung im Kollisionsrecht, in: Andreas Heldrich, Dieter Henrich, Hans Jürgen Sonnenberger (Hrsg.), Festschrift für Murad Ferid, München 1978, S. 279 ff. (zit.: FS für Ferid)

ders.: Internationales Privatrecht, 5. Auflage, Tübingen 2004

Kuchinke, Kurt: Über die Notwendigkeit ein gemeineuropäisches Familien- und Erbrecht zu schaffen, in: Gerhard Köbler, Meinhard Heinze, Wolfgang Hromadka (Hrsg.), Europas universale rechtsordnungspolitische Aufgabe im Recht des dritten Jahrhunderts, Festschrift für Alfred Söllner, München 2000, S. 589 ff. (zit.: FS für Söllner)

Kühne, Gunther: Wechselbeziehungen zwischen ehelichem Güterrecht und Zuwendungsgeschäften unter Ehegatten – Eine rechtsvergleichende Skizze –, in: Otto Sandrock (Hrsg.), Festschrift für Günther Beitzke, Berlin, New York 1979, S. 249 ff. (zit.: FS für Beitzke)

Leible, Stefan / Staudinger, Ansgar: Art. 65 im System der EG-Kompetenzen, EuLF 2000, S. 227 ff.

Lenz, Carl Otto / Borchardt, Klaus-Dieter: EU- und EG-Vertrag, 3. Auflage, Köln 2003 (zit.: Bearbeiter, in: Lenz / Borchardt)

Levante, Marco: Wohnsitz und gewöhnlicher Aufenthalt im internationalen Privat- und Zivilprozessrecht der Schweiz, St. Gallen/Lachen SZ 1998

Lüderitz, Alexander: Erneut: Gleichberechtigung im internationalen Eherecht, FamRZ 1970, S. 169 ff.

ders.: Gerhard Kegel und das deutsche internationale Privatrecht, RabelsZ 46, 1982, S. 475 ff.

ders.: Internationales Privatrecht im Übergang – Theoretische und praktische Aspekte der deutschen Reform, in: Hans-Joachim Musielak, Klaus Schurig (Hrsg.), Festschrift für Gerhard Kegel, Stuttgart, Berlin, Köln, Mainz 1987, S. 343 ff. (zit.: FS für Kegel)

Lurger, Brigitta, Europäisches Kollisionsrecht, in: Ulfried Terlitza, Peter Scharzenegger, Tomislav Boric (Hrsg.), Festschrift für Willibald Posch, Wien 1996, S. 181 ff. (zit.: FS für Posch)

Luther, Gerhard: Einheitsrecht durch Evolution im Eherecht und im Recht der eheähnlichen Gemeinschaft, RabelsZ 45 (1981), S. 253 ff.

Mankowski, Peter: Kulturelle Identität und Internationales Privatrecht, IPRax 2004, S. 282 ff.

Mansel, Heinz-Peter: Personalstatut, Staatsangehörigkeit und Effektivität, München 1987 (zit.: Mansel, Personalstatut)

ders. (Hrsg.): Systemwechsel im europäischen Kollisionsrecht, München 2002 (zit.: Autor in: Mansel, Systemwechsel)

ders. (Hrsg.): Vergemeinschaftung des Europäischen Kollisionsrechts, Köln, Berlin, Bonn, München 2001 (zit.: Autor in: Mansel, Vergemeinschaftung)

Martiny, Dieter: Europäisches Familienrecht – Utopie oder Notwendigkeit?, RabelsZ (1995), S. 419 ff.

Martiny, Dieter / Witzleb, Normann: Auf dem Weg zu einem Europäischen Zivilgesetzbuch, Berlin, Heidelberg, New York 1999 (zit.: Autor in: Martiny/Witzleb, Auf dem Weg zu einem Europäischen Zivilgesetzbuch)

Max-Planck-Institut: Stellungnahme des Max-Planck-Instituts für ausländisches und internationales Privatrecht zum Regierungsentwurf von 1983, RabelsZ 47 (1983), S. 595 ff.

dass.: Thesen zur Reform des Internationalen Privatrecht- und Verfahrensrechts, RabelsZ 44 (1980), S. 344 ff.

Müller-Freienfels, Wolfram: Übernationales Ziel und nationale Kodifikation internationalen Privatrechts heute (insbesondere in Österreich und der Schweiz), Peter Böckli, Kurt Eichenberger, Hans Hinderling, Hans Peter Tschudi (Hrsg.), Festschrift für Frank Vischer, Zürich 1983, S. 223 ff (zit.: FS für Vischer)

ders.: „Spanierheiraten" Geschiedener Meinungsstreit, in: Alexander Lüderitz, Jochen Schröder (Hrsg.), Festschrift für Gerhard Kegel, Frankfurt a. M., 1977, S. 55 ff. (zit.: FS für Kegel)

Neuhaus, Paul Heinrich: Europäisches Familienrecht?, in: Ernst v. Caemmerer, Arthur Nikisch, Konrad Zweigert (Hrsg.), Festschrift für Hans Dölle Bd. II, Tübingen 1963, S. 419 ff. (zit. FS für Dölle)

ders.: Die Grundbegriffe des Internationalen Privatrechts, 2. Auflage, Tübingen 1976 (zit.: Neuhaus, Grundbegriffe)

Neuhaus, Heinrich / Kropholler, Jan: Das Elend mit dem Internationalen Privatrecht – Gedanken zur anstehenden Gesetzesreform, FamRZ 1980, S. 753 ff.

Pfisterer, Cornelius, Die Ehescheidung im deutsch-französischen Rechtsverkehr, Dissertation, Konstanz 2003

Pintens, Walter: Rechtsvereinheitlichung und Rechtsangleichung im Familienrecht – Eine Rolle für die Europäische Union?, ZEuP 1998, S. 670 ff.

ders.: Grundgedanken und Perspektiven einer Europäisierung des Familien- und Erbrechts – Teil 1, FamRZ 2003, S. 329 ff.

ders.: Grundgedanken und Perspektiven einer Europäisierung des Familien- und Erbrechts – Teil 3, FamRZ 2003, S. 499 ff.

Pirrung, Jörg: Europäische justitielle Zusammenarbeit in Zivilsachen – insbesondere das neue Scheidungsübereinkommen, ZEuP 1999, S. 834 ff.

ders.: EuGH und Versorgungsausgleich – keine Diskriminierung durch Anknüpfung an die Staatsangehörigkeit, in: Haimo Schack (Hrsg.), Gedächtnisschrift für Alexander Lüderitz, München 2000, S. 543 ff. (zit.: FS für Lüderitz)

Puszkajler, Karl Peter: Das internationale Scheidungs- und Sorgerecht nach Inkrafttreten der Brüssel II-Verordnung – Erste Hinweise für die Praxis anhand von Fällen, IPRax 2001, S. 81 ff.

Rauscher, Thomas: Familienrecht, Heidelberg 2001

ders.: Leidet der Schutz der Ehescheidungsfreiheit unter der VO Brüssel II?, in: Rolf A. Schütze (Hrsg.), Festschrift für Reinhold Geimer, München 2002, S. 883 ff. (zit.: FS für Geimer)

ders.: Europäisches Zivilprozeßrecht – Kommentar, München 2004 (zit.: Europäisches Zivilprozeßrecht)

Rebmann, Kurt / Säcker, Franz-Jürgen / Rixecker, Roland (Hrsg.): Münchner Kommentar zum Bürgerlichen Gesetzbuch, Bd.10, EGBGB (Art. 1-38), 3. Auflage, München 1998 (zit.: MüKo/Bearbeiter)

Reinhart, Gert: Zur Festlegung persönlicher Ehewirkungen durch Rechtsgeschäft, JZ 1980, S. 184 ff.

ders.: Zur Parteiautonomie im künftigen deutschen internationalen Privatrecht auf den Gebieten des Familien- und des Erbrechts, ZVglRWiss 80 (1981), S. 150 ff.

Reinhard, Hans-Joachim: Rechtsordnungen mit Versorgungsausgleich im Sinne des Art. 17 Abs. 3 EGBGB, Baden-Baden 1994

Remien, Oliver: Illusion und Realität eines europäischen Privatrechts, JZ 1992, S. 277 ff.

Rohe, Mathias: Staatsangehörigkeit oder Lebensmittelpunkt? Anknüpfungsgerechtigkeit im Lichte neuerer Entwicklungen, in: Christoph Engel, Helmut Weber (Hrsg.), Festschrift für Dietrich Roethoft, München 1994, S. 1 ff. (zit.: FS für Roethoft)

Roth, Marianne: Impulse für ein europäisches Familienrecht, ZfRV 2004, S. 92 ff.

Savigny, Friedrich Carl von: System des heutigen Römischen Rechts, Bd. VIII, Berlin 1849; Neudruck: Aalen 1974

Schack, Haimo: Entscheidungszuständigkeiten in einem weltweiten Gerichtsstands- und Vollstreckungsübereinkommen, ZEuP 1998, S. 931 ff.

ders.: Die EG-Kommission auf dem Holzweg von Amsterdam, ZEuP 1999, S. 805 ff.

ders.: Das neue Internationale Eheverfahrensrecht in Europa, RabelsZ 2001, S. 615 ff.

Schilling, C. v.: Wohnsitz oder Heimatrecht?, RabelsZ 1931, S. 633 ff.

Schreiber, Steffen: Ausweichklauseln im deutschen, österreichischen und schweizerischen Internationalen Privatrecht, Hamburg 2001

Schröder, Gerhard: Wohnsitz und Domizil im deutschen und ausländischen Privatrecht, Dissertation, Göttingen 1956

Schulze, Reiner: Allgemeine Rechtsgrundsätze und europäisches Privatrecht, ZEuP 1993, S. 442 ff.

Schwarze, Jürgen: EU-Kommentar, Baden-Baden 2000 (zit.: Schwarze/Bearbeiter)

Schweizerisches Institut für Rechtsvergleichung (Hrsg.): Lausanner Kolloquium über den deutschen und den schweizerischen Gesetzentwurf zur Neuregelung des Internationalen Privatrechts. Lausanne 14.-15. Oktober 1983, Zürich 1994 (zit.: Autor in: Lausanner Kolloquium)

Sedlmeier, Johannes: Internationales und europäisches Verfahrensrecht – Neuere Entwicklungen bei der gegenseitigen Urteilsanerkennung in Europa und weltweit, EuLF 2002, S. 35 ff.

Siehr, Kurt: Die gemischt-nationale Ehe im internationalen Privatrecht, in: Andreas Heldrich, Dieter Henrich, Hans Jürgen Sonnenberger (Hrsg.), Festschrift für Murad Ferid, München 1978, S. 433 ff. (zit.: FS für Ferid)

ders.: „Forum shopping" im internationalen Rechtsverkehr, ZfRV 1984, S. 124 ff.

Simitis, Spiros: Aufgaben und Grenzen im internationalenVertragsrecht, JuS 1966, S. 209 ff.

Solomon, Dennis: „Brüssel IIa" – Die neuen europäischen Regeln zum internationalen Verfahrensrecht in Fragen der elterlichen Verantwortung, FamRZ 2004, S. 1411 ff.

Sonnenberger, Jürgen: Das Internationale Privatrecht im dritten Jahrtausend – Rückblick und Ausblick, ZVglRWiss 2001, S. 107 ff.

ders.: Europarecht und Internationales Privatrecht, ZVglRWiss 1996, S. 3 ff.

Spellenberg, Ulrich: Die Zuständigkeiten für Eheklagen nach der EheGVO, in: Rolf A. Schütze (Hrsg.), Festschrift für Reinhold Geimer, München 2002, S. 1257 ff.(zit.: FS für Geimer)

ders.: Der Anwendungsbereich der EheGVO („Brüssel II") in Statussachen, in: Peter Gottwald, Herbert Roth (Hrsg.) Festschrift für Ekkehard Schumann, Tübingen 2001, S. 423 ff. (zit.: FS für Schumann)

Statistisches Bundesamt (Hrsg.): Statistisches Jahrbuch 2003 für die Bundesrepublik Deutschland, Wiesbaden 2003

dass. (Hrsg.): Statistisches Jahrbuch 2003 für das Ausland, Wiesbaden 2003

dass. (Hrsg.): Bevölkerung und Erwerbstätigkeit. Ausländische Bevölkerung sowie Einbürgerungen 2000, Fachserie 1 / Reihe 2

dass. (Hrsg.): Bevölkerung. Ausländische Bevölkerung nach Staatsangehörigkeit 2001 (in: http://www.destatis.de)

dass. (Hrsg.): Bevölkerung. Wanderungen (Außenwanderungen) 2001 (in: http://www.destatis.de)

Staudinger, Ansgar: Rom, Brüssel, Berlin und Amsterdam: Chiffren eines Europäischen Kollisionsrechts für Verbraucherverträge, ZfRV 2000, S. 93 ff.

Staudinger, Julius von: J. von Staudingers Kommentar zum Bürgerlichen Gesetzbuch mit Einführungsgesetz und Nebengesetz, Art 13-17 b EGBGB, Neubearbeitung von Peter Mankowski und Dieter Henrich, 13. Auflage, Berlin 2003 (zit.: Staudinger/Bearbeiter)

ders.: J. von Staudingers Kommentar zum Bürgerlichen Gesetzbuch mit Einführungsgesetz und Nebengesetz, Einleitung zum IPR; Art. 3-6 EGBGB, Neubearbeitung von Dieter Blumenwitz, Rainer Hausmann, Fritz Sturm, Gudrun Sturm, 13. Auflage, Berlin 2003 (zit.: Staudinger/Bearbeiter)

ders.: J. von Staudingers Kommentar zum Bürgerlichen Gesetzbuch mit Einführungsgesetz und Nebengesetzen EGBGB/IPR, Internationales Verfahrensrecht in Ehesachen (§§ 606, 606a, 621, 328 ZPO; Art. 7 § 1 FamRÄndG), 13. Bearbeitung, Berlin 1997 (zit.: Staudinger/Bearbeiter, Internationales Eheverfahrensrecht)

Stoll, Veit: Rechtswahl im Namens-, Ehe- und Erbrecht, Dissertation, München 1991

Streinz, Rudolf: Vertrag über die Europäische Union und Vertrag zur Gründung der Europäischen Gemeinschaft, München 2003 (zit.: Streinz/Bearbeiter)

Streinz, Rudolf / Leible, Stefan: Prozesskostensicherheit und gemeinschaftliches Diskriminierungsverbot, IPRax 1998, S. 162 ff.

Sturm, Fritz: Parteiautonomie als bestimmender Faktor im internationalen Familien- und Erbrecht, in: Dieter Bickel, Walter Hadding, Volker Jahnke, Gerhard Lüke (Hrsg.), Festschrift für Ernst Wolf, Köln, Berlin, Bonn, München 1985, S. 637 ff. (zit.: FS für Wolf)

ders.: Zur Gleichberechtigung im deutschen internationalen Privatrecht, in: Eduard Wahl, Rolf Serick, Hubert Niederländer (Hrsg.), Rechtsvergleichung und Rechtsvereinheitlichung. Festschrift zum 50-jährigen Jubiläum des Instituts für ausländisches und internationales Privatrecht an der Universität Heidelberg, Heidelberg 1967, S. 155 ff.

ders.: Das künftige internationale Familienrecht Italiens, in: Peter Gauch, Jörg Schmid, Paul-Henri Steinauer, Pierre Tercier, Franc Werro (Hrsg.), Familie und Recht. Festgabe der Rechtswissenschaftlichen Fakultät der Universität Freiburg für Bernhard Schnyder, Freiburg (Schweiz) 1995, S. 761 ff.

Tarko, Ihor: Ein europäischer Justizraum: Errungenschaften auf dem Gebiet der justiziellen Zusammenarbeit in Zivilsachen, ÖJZ 1999, S. 401 ff.

Thomas, Heinz / Putzo, Hans: Zivilprozessordnung mit Gerichtsverfassungsgesetz, den Einführungsgesetzen und europarechtlichen Vorschriften (EuGVVO, EheVO, ZustellungsVO, ZustDG, AVAG), 26. Auflage, München 2004 (zit.: Thomas/Putzo)

Thorn, Karsten: Entwicklungen des Internationalen Privatrechts 2000-2001, IPRax 2002, S. 353 ff.

T.M.C Asser Instituut: Final Report JAI/A3/2001/04 – Practical problems resulting from the non-harmonization of choice of law rules in divorce matters, The Netherlands December 2002 (zit.: Final Report)

Vogel, Hans-Josef: Internationales Familienrecht – Änderungen und Auswirkungen durch die neue EU-Verordnung, MDR 2000, S. 1045 ff.

Wagner, Gerhard: Scheidung von EU-Auslandsdeutschen nach Inlandsrecht – europarechtswidrig?, IPRax 2000, S. 512 ff.

Wagner, Rolf: Die Anerkennung und Vollstreckung von Entscheidungen nach der Brüssel II-Verordnung, IPRax 2001, S. 73 ff.

ders.: Das neue Internationale Privat- und Verfahrensrecht zur eingetragenen Lebenspartnerschaft, IPRax 2001, S. 281 ff.

ders.: Überlegungen zur Vereinheitlichung des Internationalen Privatrechts in Ehesachen in der Europäischen Union, FamRZ 2003, S. 803 ff.

ders.: EG-Kompetenz für das Internationale Privatrecht in Ehesachen?, RabelsZ 68 (2004), S. 119 ff.

Werwigk-Hertneck, Corinna / Mauch, Frank: Auf dem Weg zu einem Europäischen Familiengesetzbuch, FamRZ 2004, S. 574 ff.

Wilmowsky, Peter von: EG-Vertrag und kollisionsrechtliche Rechtswahlfreiheit, RabelsZ 62 (1998), S. 1 ff.

Schriften zum Internationalen Privat- und Verfahrensrecht

Herausgegeben von Rainer Hausmann und Astrid Stadler

Band 1 Frederike Schwenke: Factoring im deutsch-französischen Rechtsverkehr. 2006.

Band 2 Sinja Rüberg: Auf dem Weg zu einem europäischen Scheidungskollisionsrecht. 2006.

www.peterlang.de

FSC
www.fsc.org
MIX
Papier | Fördert gute Waldnutzung
FSC® C083411

Kolibri 360 GmbH
Ferdinand-Jühlke-Straße 7
99095 Erfurt, Deutschland
produktsicherheit@kolibri360.de

Druck:
CPI Druckdienstleistungen GmbH
im Auftrag der
Kolibri 360 GmbH
Ferdinand-Jühlke-Str. 7
99095 Erfurt